仁爱天使培养行动系列丛书

U0794194

班主任专业化成长指南

主　编　王建民　高建仁　莫　仁

副主编　杨再青　李　娟

参　编　习在瑞　赵登强　刘馨聪

西南交通大学出版社

·成　都·

图书在版编目（CIP）数据

班主任专业化成长指南 / 王建民，高建仁，莫仁主编. 一成都：西南交通大学出版社，2019.8
（仁爱天使培养行动系列丛书）
ISBN 978-7-5643-7079-4

Ⅰ. ①班… Ⅱ. ①王… ②高… ③莫… Ⅲ. ①中等专业学校－班主任工作－指南 Ⅳ. ①G451.6-62

中国版本图书馆 CIP 数据核字（2019）第 185677 号

仁爱天使培养行动系列丛书
Banzhuren Zhuanyehua Chengzhang Zhinan
班主任专业化成长指南

主　编／王建民　高建仁　莫　仁
责任编辑／孟秀芝
封面设计／吴　兵

西南交通大学出版社出版发行
（四川省成都市金牛区二环路北一段 111 号西南交通大学创新大厦 21 楼　610031）
发行部电话：028-87600564　028-87600533
网址：http://www.xnjdcbs.com
印刷：成都中永印务有限责任公司

成品尺寸　185 mm×260 mm
印张　18.75　字数　465 千
版次　2019 年 8 月第 1 版　印次　2019 年 8 月第 1 次

书号　ISBN 978-7-5643-7079-4
定价　56.00 元

课件咨询电话：028-81435775
图书如有印装质量问题　本社负责退换

序

酒泉卫生学校被甘肃省教育厅、甘肃省财政厅列为“省级中等职业教育改革发展示范学校建设计划”立项建设学校，这在该校发展史上具有里程碑式的重要意义。2015 年底，学校开始申报省级示范校建设项目。申报过程中，学校在学校管理、基础条件、教育教学、校企合作等方面都取得了可喜成绩。2017 年 4 月 27 日，学校参加省教育厅组织的答辩，6 月以全省排名第八（项目编号：GSZZSFX201708）、酒泉排名第一的好成绩正式确定为“省级中等职业教育改革发展示范学校建设计划”建设单位。2017 年 12 月，省教育厅、省财政厅正式通过学校的《建设方案》和《任务书》。省级财政计划下达专项建设资金 1 000 多万元，用 2 ~ 3 年时间完成学校三个重点专业——护理专业（老年护理方向）、医学检验技术专业、药剂专业在人才培养模式与课程体系改革，师资队伍建设，校企合作、工学结合运行机制三方面的建设，以及两个特色项目——智慧校园特色项目、“仁爱天使”培养行动特色项目的建设。

课程建设与课程改革建设涉及开发编写与重点专业和特色项目关联的教材，教材定位于中职医学类各专业，主要满足学生专业实训、专业拓展和综合素质提升，增加实用性，实验实训课程对接工作岗位，突出校企合作、案例示范、理实一体。本套教材共计 20 册，专业课程编写全程企业专家参与，素质拓展教程知名专家指导，部分教程项目法编写符合目前中等卫生职业教育生源和就业特点，体现教材内容的“实用”和强化“学以致用”特点。相信通过老师的努力、专家的严格把关，本套教材将给酒泉卫生学校的发展增添浓墨重彩的佐证。

酒泉卫生学校

2019 年 1 月

省级中等职业教育改革发展示范学校建设系列教材

序号	专业方向	教材名称	主编	实用范围
1	护理专业（老年护理方向）	老年护理	任艳萍 喻志英	护理、农村医学、康复
2		老年营养与膳食指导	李晓彬 任艳萍	护理、农村医学、康复
3		护理学基础学习指导	蔡红霞 刘丽娟	护理、农村医学、康复
4		解剖学基础项目教学	马晓梅 刘军鹏	医学各专业
5		病理学基础项目教学	石玉芹 马晓梅	医学各专业
6		健康评估	刘梅芬 宋正爱	护理
7		康复理疗技术	李 上 王建民	护理、农村医学、康复
8	医学检验技术专业	医学检验技术实训操作规范	曹利平 潘 英	医学检验技术
9		医学检验仪器使用规范	曹利平 许 强	医学检验技术
10	药剂专业	药物分析技术	戴笑娟 孙 辉	药剂
11		药物学基础	王若菲 于治国	医学各专业
12		药剂学基础	于治国 王若菲	药剂
13		药品市场营销	孙 辉 戴笑娟	药剂
14		酒泉中医药	李 上 王若菲	药剂、农村医学、康复
15	仁爱天使培养行动系列丛书	中职生心理健康教育	黄兵基 李晓彬 孙叶蛟	医学各专业
16		班主任专业化成长指南	王建民 高建仁 莫仁	入职教师、班主任
17		人文素养实用教程	李 锋 张艳梅 文 彤	医学各专业
18		杏苑诗文	李 锋 余 敏	医学各专业、教师
19		形体训练与医护礼仪实训指导	侯丽丽 王敦丽	护理、农村医学、康复
20		中职生硬笔书法训练	宋正爱 余尚军	医学各专业、教师

前　言

中职学校班主任是中职学校学生教育管理工作的主要实施者，是中职学校学生思想道德教育的骨干力量，也是中职学校学生全面发展的人生导师，在教书育人、管理育人、服务育人，及沟通学校、家庭和用人单位等方面发挥着重要作用。

《中国教育改革和发展纲要》明确指出："振兴民族的希望在教育，振兴教育的希望在教师。建设一支具有良好政治业务素质、结构合理、相对稳定的教师队伍，是教育改革和发展的根本大计。"班主任虽是学校最基层的管理者，但其作用影响到千千万万个孩子的成长、成人和成才，涉及千千万万个家庭的幸福、美满和安康，甚至关系到一个社会的和谐、一个民族的发展。因此，班主任自身素质和能力如何，直接关系到教育的成败。所以，如何培养一批优秀的班主任是我们必须研究的课题。鉴于此，甘肃省职业教育教学改革研究课题"中职班主任岗前培训现状与对策研究"的课题组成员，对省内外多所中职院校班主任工作的培养、培训情况进行了深入的调查研究。结果发现，中职学校由于专业属性的不同，大多数班主任毕业于非师范类专业，没有系统学习教育学、心理学等教育类课程的经历；班主任队伍缺乏理论指导下的实践经验；部分中职学校对班主任队伍建设不重视，或不注重班主任队伍的培养、培训，或培训缺乏专业的教材和团队，或理论培训与实践脱节，导致培训效率不高。由此可见，中职学校要实现班主任队伍"职业素养、专业知识和专业技能"的提升，专业化的培养和培训是班主任成长的必由之路。

达·芬奇说："科学是将领，实践是士兵。"教材编写组同仁在总结班主任工作的成功经验和成长历程，并借鉴优秀培训教材的基础上编写了这本《班主任专业化成长指南》，该教材收集了大批班主任工作的鲜活案例、典型经验，突出政策法规与教育生活、教育原则与教育方法、教育理论与教育实践的紧密结合，力求解决班主任工作理论和操作层面的理念问题和实践能力，探索出迅速提高班主任自身修养、管理能力和工作水平的新思路与新方法。

本书第九章、第十章、第十一章由王建民老师编写，第十三章由高建仁老师编写，第五章、第七章由杨再青老师编写，第六章、第八章由李娟老师编写，第十二章、第十四章由习在瑞老师编写，第三章、第四章由赵登强老师编写，第一章、第二章由刘馨聪老师编写。由于作者水平和编写时间有限，难免存在不妥之处，敬请各位专家和广大读者提供宝贵意见，以便修订完善。

编　者

2019 年 3 月

目 录

第一篇 班主任职业素养

第一章 班主任职业道德 ……2

第一节 班主任职业道德及其重要意义 ……2

第二节 班主任职业道德规范的主要内容 ……10

第三节 立德树人是教育的根本任务 ……16

第二章 班主任礼仪 ……22

第一节 礼仪的作用与原则 ……22

第二节 班主任礼仪的特点与意义 ……27

第三节 班主任礼仪的基本要求 ……29

第三章 班主任素质 ……40

第一节 班主任心理素质 ……40

第二节 班主任道德素质 ……43

第三节 班主任能力素质 ……48

第二篇 班主任专业知识

第四章 班主任工作概述 ……57

第一节 班主任工作的专业化 ……57

第二节 班主任角色定位 ……63

第三节 班主任工作规范 ……73

第四节 班主任工作的意义 ……80

第五章 班级管理 ……82

第一节 班级管理理念 ……82

第二节 班级常规管理 ……86

第三节 班级量化管理 ……90

第四节 优秀班集体创建 ……93

第六章 班级文化 ……101

第一节 班级文化的构成及影响因素 ……101

第二节 班级物质文化建设 ……105

第三节 班级精神文化的塑造 ……108

第七章 班级学习指导 ……111

第一节 班级学习指导的主要内容 ……111

第二节　班集体学习指导的方法与原则……119
第三节　学生应考心理辅导……120
第八章　学生激励与评价……125
第一节　学生激励机制……125
第二节　表扬艺术……133
第三节　批评艺术……141

第三篇　班主任专业技能

第九章　入学教育……155
第一节　认识职业教育……156
第二节　学生思想道德教育……160
第三节　行为规范养成教育……170
第四节　新生军训……175
第十章　班级活动设计与组织……181
第一节　班级活动概述……181
第二节　班级活动的设计……184
第三节　班级活动的组织……189
第十一章　班会的设计与实施……192
第一节　班会概述……192
第二节　班级例会……193
第三节　主题班会……199
第十二章　人际沟通与交往能力……212
第一节　班主任与学生的有效沟通……212
第二节　班主任与任课教师的有效沟通……215
第三节　班主任与家长的有效沟通……218
第十三章　就业与升学指导……221
第一节　就业指导……221
第二节　升学指导……249
第十四章　学生心理健康教育……272
第一节　班主任是学生心理健康教育的主力军……272
第二节　班主任实施心理健康教育的原则……277
第三节　班主任实施心理健康教育的方法……282
参考文献……291

第一篇　班主任职业素养

班主任工作是一门职业，是一门科学，也是一门艺术。班主任是班集体的领导者、组织者、教育者，是全面关心学生发展的主要负责人和精神关怀者，是学校最重要的“领导者”，也是直接在前线冲锋陷阵的战斗员。做好班主任工作是做好学校工作的关键。汉儒董仲舒曾精辟指出：“善为师者，即美其道，又慎其行”，班主任作为一个班级的“将领”，一言一行对学生都有示范性，潜移默化地影响着学生。

班主任工作是一项培育人的工作，要想当好班主任，带好一个班，需要班主任付出艰辛的努力，不断加强自身的道德修养，不断更新教育观念，增强责任心与使命感。

第一篇从班主任职业道德、班主任礼仪和班主任素质 3 个方面阐述班主任老师如何加强自身职业道德修养，以更好地培养学生的道德品质，有效地促进学生成长。

第一章　班主任职业道德

韩愈的《师说》曰：师者，所以传道授业解惑也。老师，不只是简单的教书匠，还要教授学生为人处事的道理与主动学习的可贵品质。其中“传道”，要求老师言传身教，即传授知识的同时培养学生的人格品质。

班主任的“德行”是班主任综合素质的外在表现，是个人“人格”力量中最有影响力的素质。学生在成长过程中不知不觉地模仿着班主任，所以班主任的世界观、言行举止、对事物的态度无时无刻不在影响着学生的心理成长。班主任素质和师德修养的优劣，直接影响着学生的成长成才。

第一节　班主任职业道德及其重要意义

班主任职业道德是班主任的立身之本、立教之本，这是由班主任劳动的对象、职责及其特点所决定的。班主任职业道德需要在教育教学的实践中不断地陶冶和精炼，加强师德修养是班主任专业化的重要内容，是提升班主任素质的关键所在。

一、道德的内涵与特点

（一）道德的内涵

道德是道和德的合成词，道是方向、方法、技术的总称；德是素养、品性、品质。道德双修是人生的哲学。道德是一种社会意识形态，是人们共同生活及其行为的准则与规范。道德往往代表着社会的正面价值取向，发挥着判断行为正当与否的作用。道德是指以善恶为标准，通过社会舆论、内心信念和传统习惯来评价人的行为，调整人与人之间以及个人与社会之间相互关系的行动规范的总和。道德具有调节、认识、教育、导向等功能，与政治、法律、艺术等意识形态有密切的关系。

首先，道德是人为的。从道德的产生或起源来看，道德是人在现实的社会生活、社会实践过程中为了满足自己的需要主动地选择和创造的，是从无到有、不断发生发展的。

其次，道德是为人的。人的需要既是人进行道德创造、道德辩护的根本动力，又是其根本目的。在道德与人的相互关系上，道德是为人服务的，人不仅是道德的创造者，而且是道德的享用者，是道德价值的体现者，这就是道德的目的。

最后，道德是由人的。从道德的存在方式或形态的视角来看，道德的由人性主要表现为道德对人的依赖：一方面，道德是人的道德，道德是人类社会特有的现象；另一方面，道德的真正存在和发挥作用离不开人的内在自觉，它不是靠强制性的力量或者自动就能发挥作用的。

由此可见，人既是道德的创造者，又是道德存在的目的，还是道德的载体。

（二）职业道德的内涵

职业道德，就是同人们的职业活动紧密联系的，符合职业特点所要求的道德准则、道德情操与道德品质的总和，它既是对本职人员在职业活动中的行为标准和要求，同时又是职业对社会所负的道德责任与义务，是人们在职业生活中应遵循的基本道德，是职业品德、职业纪律、专业胜任能力及职业责任等的总称。

二、班主任职业道德的内涵与特点

（一）班主任职业道德的内涵

班主任职业道德是在班主任职业劳动产生之后逐渐形成的，具体是指班主任在从事教育教学活动时应遵循的行为规范和必备的品德的总和。它规定了班主任在教育劳动过程中以什么样的思想、情感、态度和作风去待人接物，处理问题，做好工作，为社会尽职尽责。它是班主任职业的特殊道德要求，是调整班主任与学生、班主任与班主任、班主任与学校领导、班主任与学生家长，以及班主任与社会其他方面关系的行为准则。

班主任职业道德包括外化的师德规范和内化的道德品质两部分，班主任职业道德规范是班主任职业道德的重要组成部分。

（二）班主任职业道德的特点

1. 班主任职业道德要求的崇高性

由于班主任以立德树人、教书育人为根本任务，教书者必先强己，育人者必先律己，因此班主任职业的自身特点决定了班主任应具有崇高的精神境界和高尚的道德品质。在教育实践中，师德的所有问题都是围绕着师生关系展开的，师生关系的核心是班主任的情感问题，也就是要关心、热爱学生，树立以学生为本的教育理念。

2. 班主任职业道德意识的自觉性

班主任职业的最大特点是教育人、培养人和塑造人。班主任不仅要用自己丰富的学识教人，还要用自己优良的品格教人；不仅通过语言传授知识，而且要以自己的品格去“影响”品格。这就要求班主任以身立教，具有高度的自觉性。

3. 班主任职业道德行为的示范性

班主任的劳动对象是活生生的人，是思想没有固化的学生，他们具有向师性、模仿性的特点，这就要求班主任要时时处处起示范表率作用，不仅对学生要有学习上的影响力，而且更重要的是对学生具有人格上的感召力。高尚的师德就是一部生动的人生教科书，它对学生的影响是潜移默化的、深刻的、终身受益的。

4. 班主任职业道德内容的时代性

班主任职业道德有其自己的发展历史和独特内容，体现着人类的智慧和文明。在我国，班主任职业道德在继承中国优良的文化传统和优秀的师德遗产的同时与时俱进，不断适应时代发展的需要。

案　例

现年 13 岁的玲玲在某小学学习。2002 年 9 月下旬的一天，上数学课时，数学教师赵某在课堂上向范玲玲要数学作业，因玲玲站在座位上未动，赵老师便又重复喊了一声，让玲玲把作业交上来。但赵老师看到玲玲还没有做完作业，一气之下就把作业摔到地上，并对其来回推搡，接着又朝玲玲同学的脸上打了几耳光。当时，玲玲感到头晕眼黑，第二天开始出现高烧症状，接着出现恶心、头疼、头晕、呕吐、不能走路、尿床、神志不清等症状，后经司法技术鉴定为阻塞性脑积水。2004 年 5 月 10 日，该县人民法院开庭审理后认为，原告玲玲在学校学习期间，本身就患有疾病，被告赵某因玲玲未完成数学作业而采取推搡、打耳光的方式体罚学生，这种体罚行为是玲玲阻塞性脑积水病症的促发因素，侵害了原告的身心健康，违反了班主任职业道德及规范，应承担玲玲因此而遭受的经济损失。

思　考：

（1）这样的教育方式可取吗？

（2）立德树人、教书育人是班主任职业道德的根本任务，任课老师这样的行为会给范玲玲的身心健康造成什么样的影响？

案例分析：

这是一起班主任体罚学生的典型案例。作为班主任，这种教育学生的方式、方法是不恰当的。在教育学生时，学生之所以不按照老师的要求去行为或者顶撞老师，是因为她没有能够很好地认清事情的好坏。此时，班主任应该采用合理的解决方法，比如情感教育法，用自己的真情去打动学生，用真情去感化学生，而非采用外在的压力迫使学生按照老师的意愿和想法进行活动。这样既得不到最佳的教育效果，也有损班主任师德形象。

在教育教学工作中，班主任（班主任）应该做到：

（1）遵守宪法及其他各项法律、法规。要带头遵守《中华人民共和国教育法》和《中华人民共和国教师法》等有关教育的法律、法规，坚持德法并重。

（2）学法、知法、懂法，自觉增强法律意识，全面履行班主任的义务，正确行使班主任的权利，并运用法律武器，维护学校、学生和自己的合法权利。

三、班主任职业道德建设的重要意义

班主任是教育事业发展的基础，是提高教育质量、办好人民满意教育的关键。师德是班主任素质的核心，是班主任的立身之基和执教之本，是加强和改进青少年学生思想道德建设的重要保证。

（一）加强师德建设是全面建成小康社会的客观需要

教育兴衰，系于教师，尤其是班主任，班主任素质，重在师德。古人云：“师者，人之模范也。”无数事实说明，班主任的整体道德水平不仅在社会主义现代化建设中具有特别重要的作用，而且在全社会的道德建设中具有特别重要的地位。加强师德建设，教育和引导广大班主任把教书育人、立德树人放在首位，率先垂范、做先进生产力和先进文化发展的弘扬者和推动者。只有做到这一点，才能在深入推进社会主义现代化建设、全面建成小康社会的伟大进程中发挥应有的作用。

（二）加强师德建设是促进班主任专业发展的内在要求

班主任是一种良心职业，师德是一种职业品质，具有特殊的教育价值。陶行知先生说：“因为道德是做人的根本，根本一坏，纵然是你有一些学问和本领，也无甚用处。”这段话不仅过去适用、今天适用，未来同样适用。师德是班主任专业发展的内在维度与应有之义，更是班主任职业的灵魂所在，是衡量专业水平高低的重要标准与内容，缺失了师德的专业发展是没有根基的发展。班主任专业发展必须从师德建设抓起，从师德完善做起。班主任只有具有立德树人的精神追求，才会把全部身心都奉献给教育事业，用更高的理性自觉和满腔热情去钻研专业与教育实践，更好地促进自身的专业发展，最终实现专业幸福感。

（三）加强师德建设是促进学生全面健康成长的唯一选择

师德是一种重要的精神体现，班主任的品德直接关系到人才培养的质量。俗话说，学生是教师尤其是班主任的影子，有什么样的班主任就会有什么样的学生。师德对学生的影响是终身的，而且它比知识传授所产生的影响更强烈、更持久。道德的终极价值是心灵的互动，班主任只有了解学生的身心特点与成长规律，加强相互理解与沟通，充分理解与尊重学生，才能打开学生的心灵之门，走进学生的内心世界。也只有这样，教育才可能获得真正的成功，学生的健全人格才能得到有效的培养。班主任只有具有良好的道德，才能在教书中实现育人，通过立德实现树人的根本目的。

相关链接

教育部关于印发《中等职业学校教师专业标准（试行）》的通知

教师〔2013〕12号

各省、自治区、直辖市教育厅（教委），各计划单列市教育局，新疆生产建设兵团教育局：

为贯彻党的十八大关于加快发展现代职业教育的重大部署，落实教育规划纲要和《国务院关于加强教师队伍建设的意见》（国发〔2012〕41号）精神，构建教师队伍建设标准体系，建设高素质“双师型”中等职业学校教师队伍，教育部制定了《中等职业学校教师专业标准（试行）》（以下简称《专业标准》）。现印发给你们，请结合实际认真贯彻执行。并就有关事项通知如下：

《专业标准》是国家对合格中等职业学校教师专业素质的基本要求，是中等职业学校教师开展教育教学活动的基本规范，是引领中等职业学校教师专业发展的基本准则，是中等职业学校教师培养、准入、培训、考核等工作的基本依据。各地教育行政部门、中等职业学校师资培养培训院校（机构）、中等职业学校要把贯彻落实《专业标准》作为加强教师队伍建设的重要任务和举措，认真制订工作方案，精心组织实施，务求取得实效。

各地、各校要采取多种形式组织开展《专业标准》学习宣传活动，帮助广大中等职业学校教师和师范生准确理解《专业标准》的基本理念，全面把握《专业标准》的内容要求，把《专业标准》作为开展教育教学实践、提升专业发展水平的行为准则。要紧密结合实际，抓紧制订贯彻落实《专业标准》的具体措施。依据《专业标准》调整中等职业学校教师培养方案，科学设置教师教育课程，改革教育教学方式。将《专业标准》作为教师培训的重要内容，依据《专业标准》制定教师培训课程指南。将《专业标准》作为中等职业学校教师考核的重要依据，进一步完善考核的内容和指标。

教育部

2013年9月20日

中等职业学校教师专业标准（试行）

为促进中等职业学校教师专业发展，建设高素质“双师型”教师队伍，根据《中华人民共和国教师法》《中华人民共和国职业教育法》《中华人民共和国劳动法》，特制定《中等职业学校教师专业标准（试行）》（以下简称《专业标准》）。

中等职业学校教师是履行中等职业学校教育教学工作职责的专业人员，要经过系统的培养与培训，具有良好的职业道德，掌握系统的专业知识和专业技能，专业课教师和实习指导教师要具有企事业单位工作经历或实践经验并达到一定的职业技能水平。《专业标准》是国家对合格中等职业学校教师专业素质的基本要求，是中等职业学校教师开展教育教学活动的基本规范，是引领中等职业学校教师专业发展的基本准则，是中等职业学校教师培养、准入、培训、考核等工作的基本依据。

一、基本理念

（一）师德为先

热爱职业教育事业，具有职业理想、敬业精神和奉献精神，践行社会主义核心价值体系，履行教师职业道德规范，依法执教。立德树人，为人师表，教书育人，自尊自律，关爱学生，团结协作。以人格魅力、学识魅力、职业魅力教育和感染学生，做学生职业生涯发展的指导者和健康成长的引路人。

（二）学生为本

树立人人皆可成才的职业教育观。遵循学生身心发展规律，以学生发展为本，培养学生的职业兴趣、学习兴趣和自信心，激发学生的主动性和创造性，发挥学生特长，挖掘学生潜质，为每一个学生提供适合的教育，提高学生的就业能力、创业能力和终身学习能力，促进学生健康快乐成长，学有所长，全面发展。

（三）能力为重

在教学和育人过程中，把专业理论与职业实践相结合、职业教育理论与教育实践相结合；遵循职业教育规律和技术技能人才成长规律，提升教育教学专业化水平；坚持实践、反思、再实践、再反思，不断提高专业能力。

（四）终身学习

学习专业知识、职业教育理论与职业技能，学习和吸收国内外先进职业教育理念与经验；参与职业实践活动，了解产业发展、行业需求和职业岗位变化，不断跟进技术进步和工艺更新；优化知识结构和能力结构，提高文化素养和职业素养；具有终身学习与持续发展的意识和能力，做终身学习的典范。

二、基本内容

维度	领域	基本要求
专业理念与师德	（一）职业理解与认识	1.贯彻党和国家教育方针政策，遵守教育法律法规。 2.理解职业教育工作的意义，把立德树人作为职业教育的根本任务。 3.认同中等职业学校教师的专业性和独特性，注重自身专业发展。 4.注重团队合作，积极开展协作与交流
	（二）对学生的态度与行为	5.关爱学生，重视学生身心健康发展，保护学生人身与生命安全。 6.尊重学生，维护学生合法权益，平等对待每一个学生，采用正确的方式方法引导和教育学生。 7.信任学生，积极创造条件，促进学生的自主发展
	（三）教育教学态度与行为	8.树立育人为本、德育为先、能力为重的理念，将学生的知识学习、技能训练与品德养成相结合，重视学生的全面发展。 9.遵循职业教育规律、技术技能人才成长规律和学生身心发展规律，促进学生职业能力的形成。 10.营造勇于探索、积极实践、敢于创新的氛围，培养学生的动手能力、人文素养、规范意识和创新意识。 11.引导学生自主学习、自强自立，养成良好的学习习惯和职业习惯

续表

维度	领域	基本要求
专业理念与师德	（四）个人修养与行为	12.富有爱心、责任心，具有让每一个学生都能成为有用之才的坚定信念。 13.坚持实践导向，身体力行，做中教，做中学。 14.善于自我调节，保持平和心态。 15.乐观向上、细心耐心，有亲和力。 16.衣着整洁得体，语言规范健康，举止文明礼貌
专业知识	（五）教育知识	17.熟悉技术技能人才成长规律，掌握学生身心发展规律与特点。 18.了解学生思想品德和职业道德形成的过程及其教育方法。 19.了解学生不同教育阶段以及从学校到工作岗位过渡阶段的心理特点和学习特点，并掌握相关教育方法。 20.了解学生集体活动特点和组织管理方式
	（六）职业背景知识	21.了解所在区域经济发展情况、相关行业现状趋势与人才需求、世界技术技能前沿水平等基本情况。 22.了解所教专业与相关职业的关系。 23.掌握所教专业涉及的职业资格及其标准。 24.了解学校毕业生对口单位的用人标准、岗位职责等情况。 25.掌握所教专业的知识体系和基本规律
	（七）课程教学知识	26.熟悉所教课程在专业人才培养中的地位和作用。 27.掌握所教课程的理论体系、实践体系及课程标准。 28.掌握学生专业学习认知特点和技术技能形成的过程及特点。 29.掌握所教课程的教学方法与策略
	（八）通识性知识	30.具有相应的自然科学和人文社会科学知识。 31.了解中国经济、社会及教育发展的基本情况。 32.具有一定的艺术欣赏与表现知识。 33.具有适应教育现代化的信息技术知识
专业能力	（九）教学设计	34.根据培养目标设计教学目标和教学计划。 35.基于职业岗位工作过程设计教学过程和教学情境。 36.引导和帮助学生设计个性化的学习计划。 37.参与校本课程开发
	（十）教学实施	38.营造良好的学习环境与氛围，培养学生的职业兴趣、学习兴趣和自信心。 39.运用讲练结合、工学结合等多种理论与实践相结合的方式方法，有效实施教学。 40.指导学生主动学习和技术技能训练，有效调控教学过程。 41.应用现代教育技术手段实施教学

续表

维度	领域	基本要求
专业能力	(十一)实训实习组织	42.掌握组织学生进行校内外实训实习的方法，安排好实训实习计划，保证实训实习效果。 43.具有与实训实习单位沟通合作的能力，全程参与实训实习。 44.熟悉有关法律和规章制度，保护学生的人身安全，维护学生的合法权益
	(十二)班级管理与教育活动	45.结合课程教学并根据学生思想品德和职业道德形成的特点开展育人和德育活动。 46.发挥共青团和各类学生组织自我教育、管理与服务作用，开展有益于学生身心健康的教育活动。 47.为学生提供必要的职业生涯规划、就业创业指导。 48.为学生提供学习和生活方面的心理疏导。 49.妥善应对突发事件
	(十三)教育教学评价	50.运用多元评价方法，结合技术技能人才培养规律，多视角、全过程评价学生发展。 51.引导学生进行自我评价和相互评价。 52.开展自我评价、相互评价与学生对教师评价，及时调整和改进教育教学工作
	(十四)沟通与合作	53.了解学生，平等地与学生进行沟通交流，建立良好的师生关系。 54.与同事合作交流，分享经验和资源，共同发展。 55.与家长进行沟通合作，共同促进学生发展。 56.配合和推动学校与企业、社区建立合作互助的关系，促进校企合作，提供社会服务
	(十五)教学研究与专业发展	57.主动收集分析毕业生就业信息和行业企业用人需求等相关信息，不断反思和改进教育教学工作。 58.针对教育教学工作中的现实需要与问题，进行探索和研究。 59.参加校本教学研究和教学改革。 60.结合行业企业需求和专业发展需要，制定个人专业发展规划，通过参加专业培训和企业实践等多种途径，不断提高自身专业素质

三、实施要求

(一)各级教育行政部门要将《专业标准》作为中等职业学校教师队伍建设的基本依据。根据中等职业学校教育改革发展的需要，充分发挥《专业标准》的引领和导向作用，深化教师教育改革，建立教师教育质量保障体系，不断提高教师培养培训质量。制定中等职业学校教师准入标准，严把教师入口关；制定中等职业学校教师聘任(聘用)、考核、退出等管理制度，保障教师合法权益，形成科学有效的中等职业学校教师队伍管理和督导机制。

(二)开展中等职业学校教师教育的院校要将《专业标准》作为教师培养培训的主要依据。重视中等职业学校教师职业特点，加强专业建设，深化校企合作；完善教师培养培训方案，科学设置教师教育课程，改革教育教学方式；重视教师职业道德教育，重视职业实践、社会实践和教育实习；加强从事中等职业学校教师教育的师资队伍建设，建立科学的质量评价制度。

（三）中等职业学校要将《专业标准》作为教师管理的重要依据。制定中等职业学校教师专业发展规划，注重教师职业理想与职业道德教育，增强教师育人的责任感与使命感；开展校本研修，促进教师专业发展；完善教师岗位职责和考核评价制度，健全中等职业学校教师绩效管理机制。

（四）中等职业学校教师要将《专业标准》作为自身专业发展的基本依据。制定个人专业发展规划，爱岗敬业，增强专业发展自觉性；大胆开展教育教学改革，不断创新；积极进行自我评价，主动参加教师培训和自主研修，逐步提升专业发展水平。

第二节　班主任职业道德规范的主要内容

现行的《中小学教师职业道德规范》（2008 年修订）的主要内容为：爱国守法、爱岗敬业、关爱学生、教书育人、为人师表、终身学习。这六条基本内容体现了班主任职业特点对师德的本质要求和时代特征。而“爱”与“责任”是贯穿其中的核心和灵魂。

一、爱国守法——教师职业的基本要求

爱国主义是中华民族的传统美德，也是中国特色社会主义的核心价值体系的一个重要方面。爱国守法包括两个方面的含义：爱国和守法。爱国的基本要求，一是牢固树立中华民族和国家利益至上的意识。自觉维护祖国的独立、统一、尊严和利益；二是为建设富强、民主、文明、和谐的社会主义国家做出力所能及的贡献；三是在教育教学中，积极实施爱国主义教育。守法不仅仅是法律层面的要求，也是道德层面的要求。作为班主任职业道德规范，守法强调班主任要自觉地学法、懂法和守法，同时在教育教学中，严格遵守宪法和教育相关法律法规，使自己的教育教学活动合法、规范，做到依法执教。

教师要做到依法执教，首先必须做一个遵纪守法的公民，遵守社会秩序，恪守社会公德；其次，教师必须认真学习和领会有关教育、班主任和未成年人的法律法规，把依法执教这一班主任职业道德规范与其他相关法律法规联系起来，完整地理解依法执教的全部内涵。

案例 1

2002 年 2 月，美国一所中学的 28 名学生在完成一项生物课作业时，从互联网上抄袭了一些现成的材料，被女班主任发现，28 名学生生物课成绩被判为零，他们还将面临留级的可

能。在一些学生家长的抱怨和反对下，学校要求女班主任提高学生的分数，女班主任愤然辞职，学校有近一半的老师表示，如果学校要求老师改分数，他们也将辞职。班主任们认为，教育学生成为诚实的公民比通过一门生物课的考试更为重要。社会上一些公司也要求学校公布这 28 名学生的名单，以确保公司永远不录用这些不诚实的学生。

思　考：

（1）这个案例说明了什么道理？

（2）什么是诚实守信？

案例分析：

本案例中，学生抄袭作业是违反考试纪律、不诚实的表现，应当予以教育。但是采取何种方式进行教育呢？面对一些学生家长和学校要求提高分数的压力，这位女班主任愤然辞职，其教育方式得到了近一半老师的支持。这位班主任不仅要求学生做到诚实守信，而且自己首先做到了诚实守信，坚持原则，不给学生加分数。

作为班主任应该以身作则，为人师表，诚实是必须具备的基本品格。班主任劳动的对象是正在成长中的学生，“教育学生成为诚实的公民比通过一门课的考试更为重要”。我们应让学生先成人，再成才。班主任的言行必须起示范作用，教育学生本分做人。这位班主任不仅能自觉按班主任道德要求行事，认真履行道德义务，而且还能敢于与违背班主任道德的人和事做斗争，以强烈的道德责任感维护道德的严肃性和正义性，以自身正直的道德人格力量引导、感召学生和其他班主任。

二、爱岗敬业——教师职业的本质要求

爱岗敬业是爱岗与敬业的总称。爱岗和敬业互为前提、相互支持、相辅相成。爱岗是敬业的基石，敬业是爱岗的升华。

爱岗敬业指的是忠于职守的事业精神，这是职业道德的基础。爱岗敬业的要求分为三个层面：“忠诚于人民教育事业，志存高远，勤恳敬业，甘为人梯，乐于奉献”，是教师爱岗敬业的前提和基础；“对工作高度负责，认真备课上课，认真批改作业，认真辅导学生”，是对教师工作所涉及内容的具体要求；“不得敷衍塞责”，是教师在教育工作中必备的工作态度。

爱岗敬业最终必须落实到教师认真负责、精心施教的工作态度上。对工作有高度责任感是一种高尚的职业道德情感，也是做好本职工作的巨大动力。班主任的责任感，在于把培养教育好下一代当成不可推卸的责任，当成神圣的职责。班主任要把教书育人作为终身职业，把自己的理想、信念、青春、才智毫无保留地献给学生和教育事业，做好本职工作。

三、关爱学生——师德的灵魂

关爱学生，即关心爱护学生，没有爱就没有教育，这是教师职业道德规范的基本要求之一，也是身为人师的基本素质之一。教师对待学生的态度是衡量师德高低、素质优劣的基本标准。关爱学生是教师的天职，是做好教育工作的根本保证。

关爱学生有利于培养学生的自信心，关爱学生有利于培养学生的仁爱心，关爱学生有利于增强教师的感召力。在关爱学生的过程中，要求教师做到以下几点：第一，平等公正地爱学生。第二，关爱的同时要严慈相济，做学生的良师益友。对青少年学生务必要严格要求，严格管理，爱和严是相辅相成的。第三，关爱的体现是为学生着想。关爱学生就要处处替学生着想，想学生之所想，急学生之所急，坚持一切为了学生，为了一切学生，为了学生的一切，这样的关爱才算是落到了实处。第四，关爱的大忌是体罚、心罚。

教育的前提是尊重，关爱学生首先要尊重、信任学生。马卡连柯说过："我的基本原则永远是尽量多地要求一个人，同时也尽可能多地尊重一个人，……"人皆有自尊心。处在青春期的学生敏感而脆弱，更需要班主任的悉心呵护。班主任只有从心底去爱护学生，尊重学生，用一颗真诚的心去贴近学生、启发学生、感染学生，学生才会在一种健康、自由、愉快的环境中接受教育、自觉学习，从而产生有效的教育效果。

案例 2

2012 年 5 月 8 日晚，佳木斯市第十九中学一群学生准备过马路时，一辆客车突然失控冲了过来，与前方停在路边的另一辆客车追尾相撞，被撞客车猛力冲向正要过马路的学生。危险瞬间，本可以躲开逃生的女班主任张某，奋不顾身去救学生，自己被卷入车轮下，双腿粉碎性骨折，高位截瘫。

思　考：

（1）班主任张某为了救学生，自己被卷入车轮下，双腿粉碎性骨折，高位截瘫。这体现了班主任什么样的职业道德？

（2）在这种危机情况你会怎么做？

案例分析：

关爱学生是师德的灵魂。爱是教育的根基，爱学生是班主任的天职，没有爱就没有教育。倡导关爱学生，就是要求班主任有热爱学生、诲人不倦的情感和爱心。而保护和扶助学生，是班主任职业必须遵守的精神底线，也是班主任职业区别于其他任何一种职业的特征。关注孩子们身边的危险，保护好每一位孩子，让他们健康安全成长，是班主任、学校、教育主管部门乃至社会应该担负的共同责任。班主任在进行教学活动以及组织课外活动时，要时刻注意保护学生的安全，做到未雨绸缪。若遇到危急情况，班主任应该挺身而出，保障学生的生命安全。

张老师在危及学生生命安全的紧急时刻，把自己的生命置于不顾，忠于职守，舍身保护学生的生命安全，她的班主任道德行为是自发的、自律的、瞬间主动的，是班主任永远的典范。爱岗敬业是班主任神圣的职责，张丽莉老师奋身保护学生，是其对教育事业具有强烈的责任感和深厚的感情的表现。她的行为展现了班主任崇高的师爱，筑造了伟大的师魂，彰显了她伟大的责任心，升华了中华民族的师德精神。班主任发自内心去爱护和尊重学生的人格、个性和自尊心，是爱学生的前提。设身处地地考虑学生的年龄、学生的言行，放低身段理解学生的心理，赏识他们，激励他们，尊重他们，关爱他们成长轨迹中的每个细节，才能让学生拥有自信，走向成功。

四、教书育人——教师的天职

教书育人的核心是育人。教书是手段，育人是目的。教书育人指的是教师在组织教学活动过程中，以教育内容为载体，强健学生的体质，传授给学生系统的科学文化知识，培养学生正确的审美观和健康向上的人格。教师要遵循教育规律，实施素质教育，以培养学生良好的品行，促进学生的良好发展。

教书育人是教师最核心的职责与任务。教师要根据社会发展的需要和学生身心发展的规律，在教育教学过程中，自觉地把教学和教育结合起来，尽职尽责，既传播科学文化知识，又进行思想品德教育，把学生培养成为德、智、体、美、劳全面发展的一代新人。这既是班主任的基本职责，又是教师应当遵循的道德规范。

教师是人类灵魂的工程师，教书是育人工作的一部分，教好书是教师的主要职责，育好人是教师的天职所在。履行教书育人的职责，应满足以下两点要求。

一是遵循教育规律。在教育教学中，只有遵循教育规律，尤其是遵循青少年身心发展的规律，才能实现教育目的。教育要适应青少年身心发展的顺序性，循序渐进地促进学生的身心发展；教育也要适应青少年身心发展的阶段性，对不同年龄阶段的学生，在教育内容和方法上应有所不同。

二是因材施教。在教育教学中，根据不同学生的认知水平、学习能力以及自身素质的差异，教师应选择适合每个学生特点的学习方法，进行有针对性的教学，发挥学生的长处，弥补学生的不足，激发学生学习的兴趣，树立学生学习的信心，从而促进学生全面发展。教师应尊重学生的兴趣、爱好、意志、性格等方面的不同特点，充分发挥学生的个性；从每个学生的实际出发，对他们提出相应的要求，制定与其相适应的发展目标。

案例 3

《论语》记载，有一次，孔子讲完课，回到自己的书房，学生公西华给他端上一杯水。这时，子路匆匆走进来，大声向老师讨教："先生，如果我听到一种正确的主张，可以立刻去做吗？"孔子看了子路一眼，慢条斯理地说："总要问一下父亲和兄长吧，怎么能听到就去做呢？"子路刚出去，另一个学生冉有悄悄走到孔子面前，恭敬地问："先生，我要是听到正确的主张应该立刻去做吗？"孔子马上回答："对，应该立刻实行。"冉有走后，公西华奇怪地问："先生，一样的问题你的回答怎么相反呢？"孔子笑了笑说："冉有性格谦逊，办事犹豫不决，所以我鼓励他临事果断。但子路逞强好胜，办事不周全，所以我就劝他遇事多听取别人意见，三思而行。"

思　考：

（1）同样的问题，为什么孔子给出了不同的答复？

（2）班主任实施“因材施教”的前提是什么？

案例分析：

本案例中，子路和冉有问孔子相同的问题，孔子却给出了完全不同的答复，让子路再征求一下父亲和兄长的意见，而让冉有直接去实行，究其原因是，孔子清楚两个人的性格，针对性地给予意见建议。

在不同的学习场合，不同类型、不同能力水平的学生，其学习表现（也是不尽相同的）是极为复杂的，需要班主任凭着自己的经验和智慧灵活地设计出因材施教的方法。首先班主任要留意观察，分析学生学习的特点。班主任要根据学生的学习风格，在教学中有针对性地选择教学方式，而且要引导学生认识自己的学习风格特点，促使学生把学习风格转化为学习策略。

因材施教是一项重要的教学原则。在教学中，班主任要根据学生的认知水平、学习能力以及自身素质的差异，选择适合学生个性发展的教学方法，进行有针对性的教学，发挥学生的长处，弥补学生的不足，激发学生的兴趣，树立学习的信心，从而促进学生全面发展。

三是培养学生的创新精神。创新是一个民族进步的灵魂，是一个国家兴旺发达的不竭动力。创新精神是一种发现问题、积极探求的心理趋向，是推崇创新、追求创新、以创新为荣的观念和意识。只有在强烈的创新意识引导下，学生才会产生强烈的创新动机，树立创新目标。教师要注意给学生创设一个平等、宽松和民主的环境，营造创新氛围，允许学生在课堂上提出问题、质疑教师，培养学生在学习过程中的多向思维能力。教师要尊重学生的观点，发掘学生的兴趣和潜能，鼓励学生运用正确的方法去探索、去创新。

四是综合评价学生。教育就是要培养社会所需要的合格人才，对于合格人才的培养班主任是关键。社会对人才的需求是多元的，教师应树立科学的评价观，从多维度评价学生，以合格及特长的标准对学生进行评价，这样的评价方法能有效地发挥教育导向，全面促进素质教育的实施，促使学生学会做人、学会做事、学会合作、学会学习。

五、为人师表——教师职业的内在要求

为人师表是教师自觉地以自身的纯正品德为学生做表率、做榜样、做示范，即以身作则、言传身教。“学为人师，行为世范。”要照亮别人，首先自己身上要有光明；要点燃别人，首先自己心中要有火种。捷克教育家夸美纽斯说过：“教师的职务是用自己的榜样教育学生。”学生希望他们的老师不仅是教师、学者，还是长辈、朋友；不仅要有广博的知识，还要有高尚的人格；不仅应精于教书，还应勤于育人。一个好教师，不仅对学生要有学习上的影响力，而且更重要的是具有人格上的感召力。

倡导“为人师表”就是要求教师言传身教，以身立教，正如孔子所说：“其身正，不令而行。”首先，为人师表的这种巨大教育力量来自教育者的自我对象化的严格律己性，即凡是要求学生做到的自己率先做到；其次，身教是活生生的、真实的、直观的；最后，身教不凭借言教，是通过平等交往而耳濡目染、潜移默化的，不带任何“压力”，因此它最容易激发学生的敬仰、信任、共鸣、向往和模仿，从而对教师的言教也愿意听从。这就表明，班主任的为人师表是自觉地将自身品德外化为教育手段，其高效性是任何教育力量都不可比拟的，从而达到了教育的至高境界。

六、终身学习——教师专业发展的不竭动力

倡导“终身学习”就是要求教师做终身学习的表率。终身学习是时代发展的要求，也是教师职业特点所决定的。教师必须树立终身学习的理念，拓宽知识视野，更新知识结构，潜心钻研业务，勇于探索创新，不断提高专业素养和教育教学水平。班主任的终身学习包括以下内容。

一是师德的学习。师德建设是班主任队伍建设的核心目标。师德修养的状况直接影响到青少年的健康成长。教育大计，教师为本；教师修养，立德为本。在“德”与“才”的关系中，德是才的基础和根本，才是德的优化与升华，因此，在班主任终身学习发展中必须将师德修养放在第一位。

二是教育科研能力的学习。教育科研能力是班主任的基本能力。研而不学则罔，善学才能善研。要坚持工作学习化，学习工作化，做到学以立德、提高境界，学以增智、开阔眼界，学以致用、改造世界。

三是反思能力的培养。反思是班主任以自己的教育教学活动为考核对象，对自己的思想和态度、行为和方法、教育和管理进行审视与分析的过程，是一条通过提高参与者的自我觉察水平来促进能力发展的途径。波斯纳提出过一个班主任成长的简要公式：经验+反思＝成长，并指出“没有反思的经验是狭隘的经验，至多只能形成肤浅的知识，如果班主任仅仅满足于获得经验而不对经验进行深入的思考，那么他的发展将大受限制”。可见，反思对于班主任的专业成长具有重要意义。

四是现代教学手段的掌握。班主任只有具备较高的教学能力，才能适应素质教育的要求。现代教育要求班主任以现代教学思想为指导，掌握所教学科的知识结构、能力结构，在教学中调动学生主体的积极性，师生互动，培养学生的创造性素质，而且要善于总结自己的教学，不断提高教学水平。

五是对学生和自身的研究。学生是教育的对象，不了解学生现状、发展及个性情况，教育教学就没有针对性。班主任在学习过程中既要研究学生群体又要研究学生个体，既要研究学生现状又要研究学生发展。班主任对自身研究的目的主要是要学会自我调控，正视社会发展中的现实，在学习中认真分析自己的现状，扬长避短，不断提高自己的调控能力，以良好的心态投入到教育教学中。

相关链接

中等职业学校教师职业道德规范（试行）

（2000 年 5 月 16 日 教育部、全国教育工会印发）

一、坚持正确方向。学习、宣传马列主义、毛泽东思想和邓小平理论，拥护党的路线、方针、政策，自觉遵守《教育法》《教师法》《职业教育法》等法律法规。全面贯彻党和国家的教育方针，积极实施素质教育，促进学生在德、智、体、美等方面全面主动地发展。

二、热爱职业教育。忠诚于职业教育事业，爱岗敬业，教书育人。树立正确教育思想，全面履行班主任职责。自觉遵守学校规章制度，认真完成教育教学任务，积极参与教育教学改革。

三、关心爱护学生。热爱全体学生，尊重学生人格，公正对待学生，维护学生合法权益与身心健康。深入了解学生，严格要求学生，实行因材施教，实现教学相长。

四、刻苦钻研业务。树立优良学风，坚持终身学习。不断更新知识结构，努力增强实践能力。积极开展教育教学研究，努力改进教育教学方法，不断提高教育教学水平。探索职业教育教学规律，掌握现代教育教学手段，积极开拓，勇于创新。

五、善于团结协作。尊重同志，胸襟开阔，相互学习，相互帮助，正确处理竞争与合作的关系。维护集体荣誉，创建文明校风，优化育人环境。

六、自觉为人师表。注重言表风范，加强人格修养，维护班主任形象，坚持以身作则。廉洁从教，作风正派，严于律己，乐于奉献。

第三节　立德树人是教育的根本任务

教师承担着教书育人的重任，不仅是社会美好价值的坚守者和弘扬者，还是人类文明的传承者和创新者，党和国家历来高度重视教师队伍建设。《国务院关于加强教师队伍建设的意见》中明确提出，要“以提高师德素养和业务能力为核心，全面加强教师队伍建设”。

党的十八大报告把教育放在改善民生和加强社会建设之首，充分体现了党中央对教育事业的高度重视和优先发展教育的坚定决心。报告对教育提出了一系列新要求、新论断，其中“把立德树人作为教育的根本任务”是在党的全国代表大会报告中首次提出的，是我党的重大政治宣示，令人精神振奋，倍受鼓舞。教师必须坚持立德树人，切实加强师德建设。

“培养什么人、怎样培养人”，是我国社会主义教育事业发展中必须解决好的根本问题。党的十八大报告提出要“立德树人”，坚强而有力地回答了这一事关党和国家前途命运的问题，具有里程碑意义。它抓住了教育的本质要求，明确了教育的根本使命，符合教育规律和人才培养规律，进一步丰富了人才培养的深刻内涵。

“立德树人”要求我们必须坚持德育为先。“德为才之帅。”德是做人的根本，是一个人成长的根基。当今我国正处于开放的国际环境与多元文化的背景之中，而青少年学生又正处在世界观、人生观、价值观形成的关键时刻，德育为先更具有必要性和紧迫性。德育为先，要在继承的基础上创新。把社会主义核心价值体系融入教育全过程，把理想信念教育作为教育核心价值观的重中之重，把弘扬以爱国主义为核心的民族精神和以改革创新为核心的时代精神作为重要内容，引导和教育学生自觉践行社会主义核心价值体系。

“立德树人”要求我们必须着眼促进学生全面发展。人的全面发展是人类的崇高追求，是人的发展和社会发展的最高目标、最终价值取向。教育作为实现人的全面发展的重要途径，必须以学生为本，关注学生的全面发展、和谐发展、持续发展、终身发展和健康成长。在坚持德育为先的同时，全面加强和改进智育、体育、美育。全面实施素质教育，坚持文化知识学习与思想品德修养的统一、理论学习与社会实践的统一、全面发展与个性发展的统一，促进德育、智育、体育、美育有机融合，着力培养学生的社会责任感、创新精神和实践能力，提高学生综合素质，使之成为德智体美劳全面发展的社会主义建设者和接班人。

“立德树人”要求我们必须坚持培育学生健全人格。教育是塑造人的灵魂的伟大事业，是“心灵与心灵的沟通，灵魂与灵魂的交融，人格与人格的对话”。要培养学生积极的心理品质和乐观向上的品格，学会创造幸福，分享快乐。关注学生的内心世界，塑造学生纯真完美的心灵。加强学生心理辅导，注重对学习困难学生、贫困家庭学生、单亲家庭学生、留守儿童、流动人口子女等特殊学生群体的关怀和帮助。高度重视对学生的人文关怀，营造良好的师生关系、同学关系，为培育学生健全人格提供良好氛围。要焕发学生的生命活力，把学生发展从知识层面提升到生命发展层面。

“立德树人”要求我们致力于“让每个孩子都能成为有用之才”的教育理想。教育作为培养和造就人才的崇高事业，满足每个人的个性需要和期望是教育的最高境界。党的十八大报告提出“让每个孩子都能成为有用之才”，在党的全国代表大会上提出关怀“每个”、培养“每个”，这是对教育战线提出的重大命题，是对教育人才观、质量关的科学阐释，也可称之为我们的教育理想。这就要求我们要尊重教育规律和学生身心发展规律，为每个学生提供适合的教育，为每个学生提供公平的受教育机会，满足每个学生的学习需要，使每个学生都主动地、生动活泼地发展，使不同家庭背景、不同智力水平、不同性格志向的学生潜能都得到充分的发展，都获得教育的成功，人人都能成才。

案例 1

2014 年 9 月，黑龙江哈尔滨依兰县高级中学高二年级十七班班主任冯某，因为“教师节”学生没有买礼物给他，训斥了自己班学生整整一堂课。后来同学们认为，老师都发火了，所以现场集资。该班一位学生家长在接受当地电视台采访时讲述，班上同学最终凑了 400 元左右，加上班费 200 多元，一共花费 600 多元给班主任买了礼物。

思　考：

（1）教育的根本任务是什么？

（2）班主任如何在教育教学过程中“立德树人”？

案例分析：

本案例中，班主任冯某因“教师节”没能收到班级学生送的礼品，对全班学生进行无理批评和教育，全班同学为了避免老师“刁难”他们，以“凑份子”的形式花 600 多元为老师买礼物。这是班主任忽视个人身份，放松自我要求，将国家和教育部门的纪律与规定置若罔闻，明知故犯，这种顶风违纪的行为，违反了班主任师德师风的要求，严重损坏了班主任形象。

案例 2

肇庆市怀集县一高一女生在 2013 年春节期间诞下一名 3.1 千克重的男婴，该男婴的生父竟然是该女生初三时的班主任，且此名班主任称愿意对她负责。

思　考：

（1）该班主任触犯了哪些法律？

（2）班主任职业是神圣的，班主任职业的基本要求是什么？

案例分析：

爱国守法是对班主任职业的基本要求。班主任职责是神圣的，班主任应该成为守法的楷模。依法执教要把法定的职业规范转化为教育教学实践活动，以法律为尺度，严格依照法律进行班主任职业行为选择。从某种意义上来说，班主任的教育教学活动，实际上就是在“执法”。因此，班主任的教育教学活动，一定要合法、规范、严谨，要用相关的法律法规来指导自己的教育教学实践。要求班主任从教育的方法到手段都符合法律的规定。该初中老师与学生产生恋情，并在非法情况下使其产下一子，这违反了《中华人民共和国未成年人保护法》《中华人民共和国教师法》以及《中华人民共和国教育法》，违背了班主任职业道德，性质严重，社会影响恶劣，危害学生的终身，也损害了自身形象，影响了班主任群体的社会形象。

爱岗敬业是教师的本质要求，教书育人是教师的天职，为人师表是教师职业的内在要求。而该班主任违背了班主任最基本的责任，置学生的前途和命运于不顾，做不到为人师表，端正自身的行为，提升自身的品行，没有在学生中起到表率作用，对学生的思想与道德修养产生了极不良的影响。

作为班主任，教书不仅是其谋生的重要手段，又是其实现人生价值的主要载体。教书与育人，犹如一枚硬币的正反面，二者应是有机统一、不可分割的整体，缺一不可。为人必须立德，这是人之为人的根本。班主任尤须立德，这是由班主任不仅是科学知识的传播者和创造者、教育改革创新的倡导者和实践者、良好社会风气的引领者和带动者，更是学生健康成长的指导者和引路者这个特殊的社会角色所决定的。立德既是班主任自身完善的客观需要，更是青少年健康成长的必然要求。立德树人是师德建设的根本目标。立德的根本目的在于树人。

☞ 相关链接

中小学教师违反职业道德行为处理办法

（2018年修订）

第一条　为规范教师职业行为，保障教师、学生的合法权益，根据《中华人民共和国教育法》《中华人民共和国未成年人保护法》《中华人民共和国教师法》《教师资格条例》和《新时代中小学教师职业行为十项准则》等法律法规和制度规范，制定本办法。

第二条　本办法所称中小学教师是指普通中小学、中等职业学校（含技工学校）、特殊教育机构、少年宫以及地方教研室、电化教育等机构的教师。

前款所称中小学教师包括民办学校教师。

第三条　本办法所称处理包括处分和其他处理。处分包括警告、记过、降低岗位等级或撤职、开除。警告期限为6个月，记过期限为12个月，降低岗位等级或撤职期限为24个月。是中共党员的，同时给予党纪处分。

其他处理包括给予批评教育、诫勉谈话、责令检查、通报批评，以及取消在评奖评优、职务晋升、职称评定、岗位聘用、工资晋级、申报人才计划等方面的资格。取消相关资格的处理执行期限不得少于24个月。

教师涉嫌违法犯罪的，及时移送司法机关依法处理。

第四条　应予处理的教师违反职业道德行为如下：

（一）在教育教学活动中及其他场合有损害党中央权威、违背党的路线方针政策的言行。

（二）损害国家利益、社会公共利益，或违背社会公序良俗。

（三）通过课堂、论坛、讲座、信息网络及其他渠道发表、转发错误观点，或编造散布虚假信息、不良信息。

（四）违反教学纪律，敷衍教学，或擅自从事影响教育教学本职工作的兼职兼薪行为。

（五）歧视、侮辱学生，虐待、伤害学生。

（六）在教育教学活动中遇突发事件、面临危险时，不顾学生安危，擅离职守，自行逃离。

（七）与学生发生不正当关系，有任何形式的猥亵、性骚扰行为。

（八）在招生、考试、推优、保送及绩效考核、岗位聘用、职称评聘、评优评奖等工作中徇私舞弊、弄虚作假。

（九）索要、收受学生及家长财物或参加由学生及家长付费的宴请、旅游、娱乐休闲等活动，向学生推销图书报刊、教辅材料、社会保险或利用家长资源谋取私利。

（十）组织、参与有偿补课，或为校外培训机构和他人介绍生源、提供相关信息。

（十一）其他违反职业道德的行为。

第五条　学校及学校主管教育部门发现教师存在违反第四条列举行为的，应当及时组织调查核实，视情节轻重给予相应处理。作出处理决定前，应当听取教师的陈述和申辩，听取学生、其他教师、家长委员会或者家长代表意见，并告知教师有要求举行听证的权利。对于拟给予降低岗位等级以上的处分，教师要求听证的，拟作出处理决定的部门应当组织听证。

第六条　给予教师处理，应当坚持公平公正、教育与惩处相结合的原则；应当与其违反职业道德行为的性质、情节、危害程度相适应；应当事实清楚、证据确凿、定性准确、处理恰当、程序合法、手续完备。

第七条　给予教师处理按照以下权限决定：

（一）警告和记过处分，公办学校教师由所在学校提出建议，学校主管教育部门决定。民办学校教师由所在学校决定，报主管教育部门备案。

（二）降低岗位等级或撤职处分，由教师所在学校提出建议，学校主管教育部门决定并报同级人事部门备案。

（三）开除处分，公办学校教师由所在学校提出建议，学校主管教育部门决定并报同级人事部门备案。民办学校教师或者未纳入人事编制管理的教师由所在学校决定并解除其聘任合同，报主管教育部门备案。

（四）给予批评教育、诫勉谈话、责令检查、通报批评，以及取消在评奖评优、职务晋升、职称评定、岗位聘用、工资晋级、申报人才计划等方面资格的其他处理，按照管理权限，由教师所在学校或主管部门视其情节轻重作出决定。

第八条　处理决定应当书面通知教师本人并载明认定的事实、理由、依据、期限及申诉途径等内容。

第九条　教师不服处理决定的，可以向学校主管教育部门申请复核。对复核结果不服的，可以向学校主管教育部门的上一级行政部门提出申诉。

对教师的处理，在期满后根据悔改表现予以延期或解除，处理决定和处理解除决定都应完整存入人事档案及教师管理信息系统。

第十条　教师受到处分的，符合《教师资格条例》第十九条规定的，由县级以上教育行政部门依法撤销其教师资格。

教师受处分期间暂缓教师资格定期注册。依据《中华人民共和国教师法》第十四条规定丧失教师资格的，不能重新取得教师资格。

教师受记过以上处分期间不能参加专业技术职务任职资格评审。

第十一条　教师被依法判处刑罚的，依据《事业单位工作人员处分暂行规定》给予降低岗位等级或者撤职以上处分。其中，被依法判处有期徒刑以上刑罚的，给予开除处分。教师受到剥夺政治权利或者故意犯罪受到有期徒刑以上刑事处罚的，丧失教师资格。

第十二条　学校及主管教育部门不履行或不正确履行师德师风建设管理职责，有下列情形的，上一级行政部门应当视情节轻重采取约谈、诫勉谈话、通报批评、纪律处分和组织处理等方式严肃追究主要负责人、分管负责人和直接责任人的责任：

（一）师德师风长效机制建设、日常教育督导不到位；

（二）师德失范问题排查发现不及时；

（三）对已发现的师德失范行为处置不力、方式不当或拒不处分、拖延处分、推诿隐瞒的；

（四）已作出的师德失范行为处理决定落实不到位，师德失范行为整改不彻底；

（五）多次出现师德失范问题或因师德失范行为引起不良社会影响；

（六）其他应当问责的失职失责情形。

第十三条　省级教育行政部门应当结合当地实际情况制定实施细则，并报国务院教育行政部门备案。

第十四条　本办法自发布之日起施行。

第二章　班主任礼仪

“礼者，所以正身也；师者，所以正礼也。无礼何以正身？无师，吾安知礼之为是也？”（《荀子·修身》）可见，班主任礼仪的根本内涵就是为人师表、以身作则，为学生、为社会树立良好榜样。

第一节　礼仪的作用与原则

我国是具有悠久历史的文明古国和礼仪之邦，礼仪文化源远流长。礼仪是精神文明建设的基础层次，是中华民族的传统美德。各行各业都有各自的礼仪，在一个文明程度较高的社会，教师总是被当作其他社会成员的楷模。教师的礼仪水平、文明程度和品德修养不仅关系到亿万青少年学生的健康成长，而且关系到学校的声誉和整个社会的文明水准。因此，了解和掌握教师礼仪的内容、特点及其作用，对于教师立德树人、教书育人具有十分重要的意义。

一、礼仪的含义

礼仪是在一定的社会关系基础上，在人类的相互交往中逐步产生和发展起来的。在现代，礼仪是指一个国家和民族为了维系社会生产方式和社会交往而约定俗成的最基础的行为规范模式，也是一个国家和民族道德风貌、文明程度的反映。礼指敬神，引申为尊敬。孟子说：“尊敬之心，礼也。”仪，容也，引申为形式。把人的内心对他人、工作、事业、社会、自然、民族、国家的尊敬之心、热爱之情、援助之意通过礼貌、礼节、仪表、仪式表达出来，就是礼仪。

二、礼仪的作用

礼仪是人的思想品德、文化修养和气质等内在因素的外部表现，是社会主义精神文明建设的重要组成部分。讲究礼仪既能折射出人的素质，也是现代文明社会的标志。因此，礼仪在现代社会人际交往中具有举足轻重和不可估量的作用。

（一）礼仪是道德的示范

道德是调整人们相互关系的行为规范的总和，礼仪是道德规范体系的重要组成部分，是道德调整最明显的方式和最直接的手段。在现代文明社会，人与人之间的交往都以礼仪为规则，礼仪渗透到人们社会生活的各个方面，指导着人们的交往行为。比如在家庭成员之间，少尊长、长爱幼、夫妻相敬、亲族和睦，这是礼仪的道德观念所形成的天伦之乐。在公共场合，待人以礼，与人为善，时时事事不忘礼节，用礼仪调节社会生活、协调谐人际关系。因此，礼仪是社会确定的人们共同遵守的行为规范，是人们道德修养的外在表现。

（二）礼仪是行为的准则

礼仪是人们交往中的行为规范和准则，它通过评价、劝阻、示范等教育形式纠正人们不正确的行为习惯，倡导人们按礼仪规范的要求去协调人与人之间的关系，维护社会的正常生活。礼仪从属于道德，当一个人注意用良好的道德标准要求自己时，他也就懂得了约束自己行为的重要性和必要性，从而做到一言一行都用礼仪来规范和检验。在社会交往中，观察一个人的行为就可知道这个人的基本道德品质，因为举手投足是人的道德修养的表达。因此，我们应尽可能多地熟悉和掌握礼仪知识，严格用礼仪规范约束自己的行为，使自己在交往对象的心目中保持良好的形象，赢得完美的信誉。

（三）礼仪是交往的枢纽

礼仪是人际交往的润滑剂，是沟通和发展人际关系的必要条件。社会交往是人们相互接触、加深了解、沟通意见的一种最普通、最常见的行为方式。人与人进行交往，双方第一个见面礼是握手向好，面带温和笑容，彼此从眼神传递中流露出诚意，这是构成人际交往的首要的礼仪条件。正是通过讲究礼仪这一枢纽，达到促进情感交流、改善和保持良好人际关系的目的。在社会交往中，“礼多人不怪”，朋友之间不能失却礼仪；在家庭关系中，“礼到人融洽”，夫妻、长幼之间不能忽视礼仪；在工作联系中，“礼尽人舒畅”，同事、上下级之间不能没有礼仪。因此，礼仪是人际交往的枢纽，尽管人们之间的矛盾冲突不可能都通过礼仪来消除，但它能帮助人们艺术地处理各种复杂的关系，减少冲突和摩擦，促进社会的和谐、稳定和发展。

（四）礼仪是文明的标志

礼仪是社会文明程度的重要标志，在一些特定的场合和环境下，礼仪可以反映国格，是衡量一个国家文明程度的标准之一。同样，在日常的社会生活中，礼仪可以反映人格，是衡量一个人道德水准高低和有无教养的尺度之一。人们在社会交往中施行礼仪，以对他人的尊重为前提，以自尊、自重、自强、自律为基础，以满足交流知识与信息、寻求友谊和理解的需要为目的。因此，我们必须重视礼仪，讲究文明，培养严于律己、宽以待人的风范，养成举止得体、谈吐优雅的仪态，使文明智慧的气息和伦理道德的氛围得到强化，促进良好社会风尚的形成，推动社会主义精神文明建设。

三、礼仪的原则

在现代社会，礼仪可以有效地展现施礼者和还礼者的教养。风度与魅力，体现着一个人对他人和社会的认识水平；尊重程度，是一个人的学识、修养和价值的外在表现。因此，我们在礼仪实施过程中应遵循一些基本原则。

（一）尊重原则

尊重对方是礼仪规范的灵魂。尊重上级是一种天职，尊重同事是一种本分，尊重下级是一种美德，尊重客人是一种常识，尊重对手是一种风度，尊重所有人是一种教养。尊重能使人产生信任感和亲切感，维持人际交往中的心理距离，为进一步交往打下情感基础。

案例 1

北京林业大学的小刘毕业后在一家外企工作，这也是她应聘的第一份工作。和求职中屡屡受挫的同学相比，她几乎算一次成功。当别人向她讨教经验时，她说，细节决定成败这一道理在找工作时同样适用。

小刘应聘的第一家单位是一家美国保健品企业。那时，公司只招聘一名客服助理。为顺利进入面试，小刘开始准备简历。她说，现在很多大学生从网上下载简历，没有新意，容易被企业冷落。为此，她制作简历时，结合招聘职位沟通能力要强的要求，强调自己食品专业出身，性格开朗，尤其突出曾任校园就业指导服务中心助理团外联部部长、副主席职位等诸多细节，表明自己沟通能力强，适合客服岗位。

一周后，小刘和20多名应聘者道顺利过关。复试时，小刘衣着整洁，穿衣问题虽是小节，却体现了对他人的尊重。她还特地提前半小时到达，守约不是大事，却能给人严谨的好印象。复试由总经理亲自主持，是一对一的交谈，小刘刚开始也很紧张，因为相比与她一起前来应聘的同学，她的优势并不特别突出。当主考官要求她介绍下自己有什么特点时，小刘冷静下来，她拿实例回答考官：大三下学期，一边准备六级英语和期末考试，每天还要抽2小时到社团工作，由于合理安排学习和工作时间，在完成工作的同时，英语六级考试也顺利通过。在担任学校社团工作期间，她负责联系用人单位来学校举办讲座和招聘活动，这对没有任何经验的她是一种挑战。她经常从网上挑选、联系、邀请用人单位，在这个过程中，她虽遭遇挫折，却在很大程度上锻炼了自己较强的抗挫折能力。

面试完毕时，她把椅子轻轻搬回原位应聘人员。这时，主持面试的总经理脸上产生了微妙的变化，并热情地说再见。

因为这个细节，她成为唯一被录用的应聘者。招聘经理后来告诉她，面试时，考官都会观察应聘者是否迟到。那天她不但没有迟到，还是应聘人员中唯一一个把椅子搬回原位的应聘者。这个小小的举动决定了她最后的胜出。

思　考：

（1）没有优势的小刘为什么能够在第一次面试中就被录用？

（2）面试时，小刘注重了哪些方面的礼仪？

案例分析：

小刘顺利通过了面试，并且成为唯一被录用的应聘者，其原因有以下几点：

第一，认真制作简历。在简历制作上她没有像其他人一样在网上下载，为了突出新意，她仔细研究招聘岗位，结合招聘职位沟通能力要强的要求，强调自己食品专业出身，性格开朗，尤其突出曾任校园就业指导服务中心助理团外联部部长、副主席职位等诸多细节，表明自己沟通能力强，适合客服岗位。

第二，注重细节。一是在服装选择上，小刘衣着整洁。二是守时，提前半个小时到达面试现场。三是回答准确，具有针对性。小刘针对招聘岗位要求回答考官的提问，突出英语六级水平，社团工作中负责讲座和招聘活动，这些正是招聘单位所需要的。四是面试完毕时，她把椅子轻轻搬回原位。

第三，尊重招聘方。人作为社会成员，都有要求社会和他人尊重自己的心理需要，同时，“爱人者，人恒爱之：敬人者，人恒敬之”。在礼仪交往中，你发自内心地表示尊重别人，也一定会得到别人的尊重。如果慢待对方，就很难期望对方会尊重自己。在人际交往中尊重别人就是要尊重他人的人格，人的社会地位有高低，职务有区别，但在人格上都是平等的。尊重别人就是要尊重他人的劳动，尊重他人为社会做出的贡献。

（二）适度原则

人际交往是一门艺术，既有一定的规则，又因时间、地点、对象不同而有微妙的差别，其中如何掌握交往中的适度原则，就是掌握这门艺术的关键之一。在人际交往中，要仪表大方，服饰得体，言语行为不卑不亢；“要气度高雅，但是不能骄傲自负；要亲切和气，但不能虚情假意；要坚定，但不能固执己见；要谦虚，但不能言过其实；要相人欢喜，但不能举止轻浮”。这里的高雅与自负、亲切与虚假、坚定与固执、谦虚与言不符实、使人好感与举止轻浮都是指在人际交往中要注意“适度”。“适度”的反面就是“失态”或“出格”。

案例 2

猴子种葡萄

猴子很聪明，而且善于模仿人类的动作。猴子想学种葡萄，便走到葡萄园里。它见园丁正给葡萄苗浇水，就说：“原来种葡萄需要水、这还不容易！我要给葡萄苗浇更多的水，让它结更多的葡萄！”于是，他把一棵葡萄秧子插进河里，葡萄秧被淹死了。

猴子又来到葡萄园里，它看见园丁在给葡萄秧施肥料，就说：“哦，原来葡萄需要肥料，我要给葡萄施更多的肥料，它就能结更多的葡萄！”于是，它把葡萄秧栽在粪堆上，葡萄秧被烧死了。猴子再次来到葡萄园里，这时已是冬天，猴子看见园丁用稻草把葡萄秧包起来埋在地下，就说：“哦，原来我的葡萄秧栽不活，是因为葡萄秧苗害怕寒冷。这次我定要着意保护，使它免受风霜！”次年春天，猴子种上一株葡萄秧，而且学着园丁对葡萄秧越冬的管理技术，用稻草把葡萄秧包得结结实实地埋在地下，没几天葡萄秧就被闷死了。

思　考：

（1）在班级管理、问题学生教育过程中，班主任如何把握好“度”？

（2）聪明的猴子模仿人类种葡萄的过程中学会了浇水、施肥、防寒等技术，为什么最终还是没有种好葡萄？

案例分析：

聪明的猴子模仿人类种葡萄最后失败了，这个故事告诉我们：任何事物都是质和量的对立统一。没有无质之量，也没有无量之质。掌握事物质和量的统一很重要的一点，是掌握事物的“度”。只有把握好事物发展的度，才能保持事物的相对稳定，保持一定的质。

众所周知，葡萄的正常生长是多种生存条件综合作用的结果。只有按时浇水，适时、适量施肥，越冬防寒措施跟上，葡萄秧才能枝繁叶茂、茁壮生长。猴子虽然认识到水分、肥料乃葡萄秧生长之必需，却没能掌握合理灌溉、施肥的技术，造成葡萄秧生长期间水分过剩、营养过旺，导致死亡。另外，葡萄植株越冬时，既要防寒保暖以免冻死，又要保持通风通气。而猴子只知道防寒保暖，却不知道还需通风通气，以致将葡萄秧活活闷死。俗话说“物极必反”，这个故事说明，任何事物都必须保持其一定质的数量界限，虽然在一定界限内，量的变化不会改变事物的质，一旦超出这个界限，量的变化就会引起质的变化。在自然现象和社会现象中，任何事物都有个“度”，只有使事物保持特定质和量的界限，才能不断促进事物发展。

（三）真诚原则

中国有句古语“礼至情至”，但礼到情到要有一个条件，就是其中要渗透“真诚”，有礼而不真诚，就达不到“情至”的效果。著名的盲聋哑作家海伦写道：“我接触到的手虽然无言，却极富表现性。有的人握手能拒人千里，我握着他们冷冰冰的指尖就像和凛冽的北风握手一样。也有人的手充满阳光，他们握住你的手，使你感到温暖。”同样是握手，但海伦却真切地感到其中有着天壤之别，原因就是这两种人的手是否灌注着人间的真诚。

我国古代的思想家、教育家孟子在几千年前就深刻地论述了要做到对人真诚，必须“老吾老以及人之老，幼吾幼以及人之幼”。这就是说，人要有仁爱之心，心理换位，推己及人，这样才能在人际交往中坦诚相见，礼到心到，见礼知心，才能使对方在交往时犹如沐浴在温暖的阳光之中。

（四）自律原则

礼仪是一种规范，要靠人们的自身信念、习惯去维系，自律原则就是主动对自己的行为进行约束，礼仪不是法律，不是由司法机关强制执行的。伟大的教育家陶行知说："慧眼观人长处，正心慎我独时。"陶行知先生在这里指出了道德修养的一个重要特点，就是要提高自己的道德水平，必须做到慎独。个人的礼仪规范水平实际上反映了自己的社会化程度，一个人要按照礼仪规范行动，既要排除社会不良风气的影响，又要排除自己内心不良动机的干扰，这就必须靠自身的意志力去约束自己。从一个人的道德水平的发展趋势看，总是从他律向自律过渡的，即从"要我做"到"我要做"。

第二节　班主任礼仪的特点与意义

班主任不仅是文化知识的传播者，而且是学生思想道德的教育者，班主任在传播知识的同时，以自己的言行举止、文明礼貌对学生产生潜移默化的影响。

一、班主任礼仪的特点

班主任礼仪是礼仪的一种形式，是班主任职业道德的组成部分，是班主任处理和调节教育活动中人与人之间关系的行为规范和准则。它与教育活动紧密相连，与其他行业人员的礼仪有着不同的特点。

（一）班主任礼仪要求的先进性

班主任职业的最大特点是培养、塑造新的一代，是做人的工作。因此，班主任不仅要用自己的丰富学识教人，而且更重要的是要用自己的品格育人；不仅要通过语言传授知识，而且要以自己的品格去"传授"品格，即以自己的良好德行和礼仪习惯去影响学生的心灵，使之成为健康、聪明、活泼的新一代。正是基于这个特点，人们把教师称为"人类灵魂的工程师"，因而社会对班主任的礼仪要求比较高，其灵魂必须纯洁，道德必须高尚，礼仪必须规范。

（二）班主任礼仪行为的示范性

班主任职业的特点和性质决定了班主任要做"人之楷模"。青春期学生正处在德、智、体、美等方面的成长过程中，是个性初步形成和发展时期，模仿性强，可塑性大，易受成人和外界环境的影响。这不仅要求班主任具有较高的师德水准，而且还要求班主任具有完善的品格和良好的礼仪，成为学生心目中的典范。如果班主任对待学生彬彬有礼、温文尔雅，能使学生感到班主任和蔼可亲、平易近人，就能建立融洽的师生关系；同时也能让学生从班主任的礼貌行为中受到良好熏陶，有利于学生礼仪习惯的培养。英国教育家洛克说："做导师的人自己应当具有良好的教养，随人、随时、随地都有适当的举止与礼貌。"

（三）班主任礼仪内容的整体性

班主任礼仪的内容十分丰富，包括言谈举止、待人接物、步态手势、面部表情、衣着仪容等方面，但它们是统一的有机整体，共同反映和体现着班主任的道德意识和伦理思想，而且彼此之间也是相互制约和相互作用的。师德高尚的班主任必然是语言文明、仪表端庄、举止稳重、遵纪守法的人，不会有道德品质很好而礼仪行为很差的"优秀班主任"，也不会有纪律松散、法制淡漠而言行举止仍能为人师表的"模范班主任"。一言以蔽之，只有诚于中，方能形于外。

（四）班主任礼仪影响的深远性

班主任礼仪是班主任个人道德情操的外在表现，它不仅是对班主任个人行为的规范要求，而且也是教育学生的重要手段，起着"以身立教"的作用。班主任良好的礼仪行为不仅是学生效仿的榜样，而且还有助于学生克服自己长期形成的仪容不整、姿态随便等不良习惯。青少年学生自制力差，养成一种好的行为习惯固然不容易，克服一种不良的行为习惯则更困难。这不仅需要班主任反复地教育引导，更需要班主任的身体力行、为人师表。

二、班主任礼仪的意义

班主任是人类智慧的化身，是青少年学生的榜样。班主任礼仪是一种强有力的教育因素，它不仅关系到班主任个人的形象和教育威信，而且直接关系到整个教育事业的发展和学生的健康成长，在教育工作中起着十分重要的作用。

（一）班主任礼仪有助于学生思想品德的培养

班主任是学生的知识、思想和行为的指导者、示范者，班主任的礼仪行为常常被学生模仿。从衣着发型、举止姿态、语言特点、谈吐风格，到待人接物、人际交往等，都会有学生暗自效仿。班主任礼仪对学生是一种"无言之教"。如果一个班主任不修边幅，精神沮丧，只能给学生一种萎靡不振、放荡不羁的感觉。相反，班主任举止端庄、仪表大方、风度优雅地出现在学生面前或站在讲台上，学生顿时会产生一种敬意。因此，班主任礼仪对学生思想品德的教育和培养有直接的影响。

（二）班主任礼仪有助于班级管理效果的提高

班级管理是一门综合性很强的艺术，它不仅要求班主任具备渊博的知识、科学的方法，而且要求班主任具有与其职业相符合的仪表、举止和风度。班主任礼仪具有较强的外显性和感染性。当班主任走进教室，他的仪表、举止已经向学生“说了话”，班主任在三尺讲台上循循善诱时，朴素得体的服饰、稳重从容的举止，给学生一种心情舒畅、踏实可靠的感觉。如果班主任不注重仪表、举止，讲课时只顾侃侃而谈，唾沫四溅，就会引起学生的反感，影响其教育教学的效果；如果班主任举止端庄，衣着大方，姿态动作严谨稳重，从容敏捷，表现出一种适度的美，教育教学就会取得更佳的效果。

（三）班主任礼仪有助于优良校风的形成

学校是教育和培养学生的地方，因此，社会总是把学校看成书声琅琅的知识殿堂、新秀云集的人才摇篮、贤师林立的文明学府。这就要求学校的校风必须和它肩负的神圣使命相吻合。优良的校风要靠全体师生员工的共同努力才能形成，其中起重要作用的是班主任。因为校风好坏的关键看学生，学生的教育培养看班主任。如果我们的班主任都能“甘为春蚕吐丝尽，愿化红烛照人寰”，就能成为严谨治学、孜孜以求、诲人不倦、无私奉献的群体。班主任群体风貌的优化会通过校内外各项活动对其他教师潜移默化地产生深刻、持久的吸引和趋同作用，从而促进优良校风的形成。

（四）班主任礼仪有助于社会主义精神文明的建设

礼仪属于社会公德，是每个社会成员应共同遵循的最基本的公共生活准则。礼仪教育是社会主义精神文明建设的基础工程。学校是社会主义精神文明的发祥地，而学校精神文明建设的关键在班主任。班主任的天职决定了他首先要教育好自己，要言传身教，为人师表，然后才有可能用自己高尚的情操、文明的礼仪、优雅的风度去净化学生心灵，使之养成良好的礼仪习惯，再通过一批又一批学生去净化社会风气，从而增强公德意识，提高民族素质，这对于培育和践行社会主义核心价值观，促进社会和谐、人际友善具有重要意义。

第三节 班主任礼仪的基本要求

班主任礼仪是班主任在与他人交往时应当遵循的行为规范和准则。其主要内容和基本要求分为个人礼仪、教学礼仪、集会礼仪和交往礼仪 4 个方面，其中，个人礼仪是最重要、最基本的，是教学礼仪、集会礼仪和交往礼仪的前提和基础。

一、个人礼仪

《中小学教师职业道德规范》(2008 年)中要求班主任做到“衣着得体，语言规范，举止文明”，因此班主任个人礼仪可归纳为：谈吐文明，准确优美；举止从容，风度优雅；仪态端庄，稳重大方；衣着朴素，整洁得体。

(一)谈吐文明，准确优美

班主任的语言是表达思想、传播知识、塑造学生心灵的基本载体，也是衡量班主任能力的重要依据。班主任应像音乐家选择音符谱写出催人奋进的健康乐章一样，选择美好纯洁的语言拨动学生的心弦，滋润学生的心田，使他们茁壮成长。因此，班主任的语言要文明纯洁，健康向上，要在文明的语言中表现出高尚的道德品质。

班主任的主要任务是传播文化科学知识，班主任语言的准确规范是学生正确理解教学内容的前提，也是一个班主任做好教学工作应该具备的基本功。班主任必须加强自身的语言修养，不仅要说好普通话，还要做到抑扬顿挫、简明扼要、快慢有致、高低得当、轻重适度。班主任的语言必须是有感情的，不仅应做到以情动人、以情感人，同时还应做到悦耳动听。语言感情饱满和形象动人是优秀班主任的重要标志之一。

(二)举止从容，风度优雅

风度是人的精神气质在举止方面的外在表现。举止从容，风度优雅，是班主任礼仪的动态特点，它要求班主任做到文质彬彬、温文尔雅、举止得体、庄重潇洒、不卑不亢、落落大方。

培根说：“相貌的美高于色泽的美，而秀雅合适的动作的美，又高于相貌的美，这是美的精华。”在高度文明的社会里，班主任举止从容，风度优雅，给人一种愉悦感，受到人们的尊敬和喜爱。班主任的举止从容、风度优雅包括以下方面。

一是谈笑有节制。不管是课上还是课下，班主任的言谈都要适度，做到既达意抒情又不使学生厌烦。笑是人类生活的“润滑剂”，但无论如何，班主任的笑都要有分寸，要会笑。那种旁若无人的纵情大笑，表里不一的做作之笑，只会引起学生的反感。

二是举止要从容。举止从容是自信心和自尊心的一种表现。班主任这一职业是一种责任最重大、最光辉的职业，因此每个班主任的举止言谈都应从容坦荡。举止做作或过于随便，也是不受学生欢迎的。

三是动作要得体。准确、有力而又得体的动作，如同画龙点睛，会使师生间的交流顿时生辉。动作如果太少则显得死板，缺少生气和感染力；如果太多则显得琐碎零乱，使得动作与内容脱节，也有失稳重；如果太杂则显得喧宾夺主，分散学生的注意力。

四是正确运用“体态语言”。所谓体态语言，是指用人体的某一部分形态变化来表露某种心情或思想的方式，比如皱眉表示厌烦，微笑表示欣喜，扬眉表示吃惊等。班主任恰当地使用“体态语言”，有意识地让自己的“体态语言”为教育教学服务，会起到意想不到的效果。

（三）仪态端庄，稳重大方

仪态是指一个人的仪容和姿态。仪态端庄，稳重大方，是指班主任的仪容和姿态要端正、庄重，自然而又不失分寸。其具体要求如下：

一是发型。具体来说，每个班主任可以根据实际情况，如性格和所学专业特点等来考虑选择发型。女班主任的发型应以端庄、稳重，自然为主，以含蓄、优雅为好，不宜云鬓高卷或长发飘拂。男班主任可根据自己的发质与脸型来选择发型，但不宜烫发和留长发。

二是眼睛。眼睛是心灵的窗户，是最能流露灵魂的器官。班主任的目光应该明亮有神，充满挚爱和期待，而不应该黯然无色，含有厌恶和敌意。

三是姿态。我国自古以来就很重视人的姿态美，所谓“站如松，坐如钟，行如风，卧如弓”，就是古人对姿态美的要求。端庄、稳重、大方的姿态，敏捷准确的动作，不仅本身就是一种美，而且可以弥补形体上的某些缺陷，也有助于身体健康。

（四）衣着朴素，整洁得体

衣着是指人的服饰，除了服装，还包括手表、眼镜、首饰等。朴素主要是指衣服的颜色或式样不浓艳、不华丽。整洁是指衣服要整齐清洁，不能尘埃遍布、马虎邋遢。得体是指穿的衣服要得当、合体。

班主任是知识和教养的化身，穿着得体，使内在的学识修养与外在的衣着打扮和谐统一，不但可以对人的形体、容貌、仪态、风度起衬托作用，而且会使学生觉得班主任容光焕发，富有学识和教养，感到亲切明快，听起课来自然会提高情绪，学有成效。

按照整洁、朴素、得体的标准去要求，班主任的衣着应做到“三个适合”：一是适合自身的体型、个性、年龄、教学风格等；二是适合教学内容；三是适合面对自己的学生。因此，班主任的穿着打扮要符合班主任的职业特点、道德要求和审美标准。

案例 1

某大学二年级语文李老师喜欢清凉，常穿吊带装、露背装、超短裙或很薄的衣服上课。只要她转过身在黑板写字时，背后就会露出一大片，甚至还可以透过她很薄的外衣隐隐约约看到里面的内衣。这常常让学生们瞠目结舌、不知所措，有的学生上着课便走起神来。

案例 2

某学校一个体育老师，平时对自己就要求不严格，穿衣服很随意，上课时戴墨镜，穿有洞的牛仔裤。一次他穿着凉拖给学生上课，被学生联名举报。

思　考：

（1）服装就像每个人的名片，作为班主任应合理搭配。

（2）针对班主任，服装得体的标准是什么？

案例分析：

案例 1 中，女班主任穿吊带装、露背装、超短裙或很薄的衣服上课；案例 2 中，体育老师穿衣服很随意，戴墨镜，穿有洞的裤子，踩着凉拖上课，这些衣着打扮都是严重违反班主任职业道德的。

合理的服饰、得体的装扮是班主任职业道德和职业规范的一部分，也是班主任们顺利开展工作、取得教学成功的一个前提。爱美之心人皆有之，但追求美的同时要注意场所，注意所从事的职业。因此，每一位班主任在服饰方面绝不能掉以轻心，都应该学会在人前亮出一张无声却别具风采的名片，让自己的职业生涯更加完美。

如果说服饰是班主任的“第二张皮肤”，那么班主任的仪态则是心灵的影子，是教师内在涵养的外部显现。仪态美是一种深层次的、含蓄的美，它赋予一个班主任恒久的魅力。一个仪态稳健端庄、潇洒大方的班主任不仅能让学生情绪饱满，心情愉悦，还能给学生树立好的榜样。因此，一个新时代的班主任应该有良好的仪态，掌握正确的站姿、坐姿、行姿、蹲姿，使自己时时刻刻都不失班主任风范，成为学生的表率。

相关链接 1

女班主任着装的“八项注意”

1. 注意过于性感的服装不能穿。
2. 注意衣服不可过紧过松。
3. 注意不要盲目地追赶时尚，拒绝奇装异服。
4. 注意重质不重量，不追求名牌，但要保证质量。
5. 注意搭配的和谐，饰品宜从简。
6. 注意整洁。
7. 注意颜色不可太鲜艳，以免分散学生注意力。
8. 注意不能擦浓烈的香水。

相关链接 2

班主任着装“六忌”

1. 忌脏，即不宜懒于换洗衣服而使衣服皱皱巴巴。
2. 忌露，即不宜身穿露胸、露肩、露背、露腰以及露大腿的服装。
3. 忌透，即外穿的衣服不能过于单薄透明，不外穿吊带衫。
4. 忌短，即不能穿着过于短小的服装，不应将肌体部位暴露出来。
5. 忌紧，即不宜穿着紧紧地包裹身体的服装。
6. 忌异，即不宜着装过分怪异、色彩过于艳丽。另外，班主任不能浓妆艳抹，不佩戴夸张的耳环、项链等饰物，不能染指甲和头发。

二、教学礼仪

教学是学校的中心工作，课堂是班主任工作的主要场所。课堂教学是一门艺术，要上好一堂课或开好一节班会课，取得理想的教育教学效果，班主任除了要遵循教学规律、坚持各项教学原则、优化教学方法外，教学礼仪在其中也起着不可缺少的作用。

（一）组织教学的礼仪

组织数学是课堂的重要环节。班主任组织教学的目的是使课堂保持安静、有序，使学生在物质上和心理上都做好准备，为教学的顺利进行创造良好的气氛。

1. 上课时组织教学的礼仪

上课时，班主任迈着从容的步伐走上讲台，和学生相互问好或相互行礼，是相互尊重、讲礼貌礼节的表现，也是班主任组织教学的必要环节。其礼仪要求是：

班主任从容地走上讲台，把课本、讲义、教具等轻轻地放在讲桌上。

班主任："上课！"

班长："起立！"

班主任面带微笑，用温和的目光把全班同学环视一遍。

班主任："同学们好！"

全体学生："老师好！"

班主任："请坐！"

2. 教学过程中组织教学的礼仪

班主任组织教学不仅仅体现在课堂开始或结束时，而是贯穿在整堂课中。在课堂上，一部分学生可能会出现各种不同程度的违纪行为，扰乱课堂教学秩序，影响教学活动的正常开展。对此，班主任既不能放任不管，更不能体罚或变相体罚学生。为了不影响正常教学活动，班主任在组织教学时，既可以用言语信号处理违纪行为，如说"请不要讲话""有什么问题下课后再讨论"等；也可以用目光、手势、表情、姿态等非言语信号处理违纪行为。

3. 下课时组织教学的礼仪

下课时，班主任要与学生礼貌告别，保持愉快的心境。其礼仪程序是：

班主任："下课！"

班长："起立！"

班主任："同学们再见！"

全体学生："老师再见！"

有的班主任在学生施礼的时候，根本不看学生，只是埋头收拾自己的东西；有的班主任急着走出教室，学生还站在那里，班主任已出了教室门；有的班主任还未宣布下课，学生一阵忙乱，班主任也不管，由着学生去。这些都既不符合教学要求，也不符合礼仪要求。

（二）课堂语言礼仪

语言是一种传递信息的符号，是社交活动的重要工具。班主任的语言是教书育人最基本、最重要的工具。教学语言不同于一般语言，它是一种在规范性、科学性的基础上形成的富有情感和生动形象的审美化语言。班主任课堂语言不仅影响知识的科学性，而且还直接影响教育学生的效果。高尔基说："作为一种感人的力量，语言的真正美，产生于言辞的准确、明晰和动听。"

班主任在课堂语言礼仪方面的基本要求是和气、谦逊、文雅，不说粗话、脏话，不强词夺理、恶意伤人。班主任的语言是友好还是敌意，是冷静还是激动，是诚恳还是虚假，是谦恭还是傲慢，是同情还是讥笑，学生都可以从班主任的语调中感受到。一般说来，班主任的语调应该抑扬顿挫、平和温柔、亲切感人，不能对学生使用蔑视、憎恶、讨厌之类的语气，不要对学生粗暴地大喊大叫。

三、集会礼仪

（一）升降国旗礼仪

国旗是一个国家的标志，爱护国旗就是维护祖国的尊严。升降国旗制度已成为学校的一项基本制度，这是对师生进行爱国主义教育的最形象、最生动的有效途径和方法。

1. 升旗仪式的程序

出旗—升旗—奏（唱）国歌—国旗下讲话。

师生应列队站在相应的位置，班主任站在本班学生的队伍后面，或站在专门的班主任站列场地。师生庄重地站好后，仪式主持人宣布升旗仪式开始。

第一项：全体肃立。

第二项：出旗。

第三项：升国旗、奏（唱）国歌、行礼。

第四项：礼毕。

第五项：国旗下讲话（由校长或班主任等代表进行简短而有教育意义的讲话）。

2. 降旗仪式的程序

师生列队站在相应的位置后，仪式主持人宣布降旗仪式开始。

第一项：全体肃立。

第二项：降国旗、奏（唱）国歌、行礼。

第三项：退旗。

第四项：礼毕。

如果学校有工作布置，可安排在降旗仪式后进行。

班主任在参加升降国旗仪式时，应严肃认真，精神饱满，不能谈笑风生、自由走动、东张西望；还应带头唱好国歌，并以自己的激情来感染学生。即使在寒冷的冬天，也应该脱帽，不能把手插在口袋里。如果升降国旗不举行仪式，凡经过现场的班主任都应带头面向国旗，自觉肃立，待升降国旗完毕后，方可离开。

（二）典礼礼仪

典礼是按一定的规范和程序举行的庆贺性的礼仪活动。学校举行的典礼的种类很多，有为庆祝一件事情或一项活动的开始而举行的典礼，如开学典礼、奠基典礼等；有为庆祝一件事情或一项活动的胜利完成而举行的典礼，如毕业典礼、庆功表彰典礼、竣工典礼等。班主任参加的主要是开学典礼和毕业典礼。

1. 开学典礼

开学典礼的程序一般如下：主持人宣布典礼开始，全体起立，奏国歌；主持人介绍与会的学校领导和任课班主任代表；学校领导讲话，着重介绍学校情况，对新生提些要求和希望，并预祝学业圆满；班主任代表讲话，代表全体班主任对新生表示欢迎和祝贺，谈谈教学的有关情况，介绍一些学习方法，提出学习上的要求和希望；新生代表发言，典礼结束。

2. 毕业典礼

毕业典礼的程序与开学典礼大体相同，不同的是，毕业典礼上还要颁发毕业证书。作为几年学习、生活的总结和肯定，颁发毕业证书是非常严肃庄重的，寓意也非常深刻，这不仅是颁发一本证书，而且还代表着一种肯定、一种希望、一种美好的祝愿。此外，学校领导讲话，主要是对学生学成毕业表示祝贺，简要介绍毕业生在校的突出表现，对毕业生提出希望。班主任代表讲话，主要是总结毕业班同学的成绩，鼓励毕业生在新的学校里或工作岗位上努力学习或工作，奉献社会，为母校争光。毕业生代表发言，一般来说，首先对学校领导、教职员工的教育培养表示谢意，然后表示决心，即毕业后进入高一级学校学习，或步入工作岗位后认真学习，努力工作，争取以优异成绩向母校汇报，为母校争光。

班主任参加开学典礼和毕业典礼时应注意以下礼仪：一是着装整洁，按时到会。开学典礼和毕业典礼是学校较为隆重的大型集会。班主任应注意自己的着装，既要庄重，又要带有喜庆色彩，不可太随便。二是态度诚挚，积极发言。刚入校的新同学希望从班主任那里听到关于学校的介绍，希望从班主任的言谈举止中消除对新环境的陌生感。毕业班的学生已与班主任建立起比较深厚的感情，他们希望从班主任那里再次感受到师生之间的情谊，希望再次聆听班主任的谆谆教诲，受到鼓舞，获得力量。因此，班主任在与学生交流时要满腔热忱，踊跃发言，而不能采取置之不理、无所谓的态度。

（三）会议礼仪

会议礼仪是指召开会议前、会议中、会议后，参会班主任应注意的一系列礼仪规范，懂得会议礼仪对会议精神的执行有较大的促进作用。

1. 召开会议的礼仪

召开会议的单位和个人首先要明确开会的目的，不开无目的的会，不然解决不了问题还浪费时间。同时要安排好会场，使会议有秩序地进行，还要掌握好开会的时间，尽量不开长会，以免耽误大家的工作时间。

2. 参加会议的礼仪

一是遵守会议纪律，做到准时、有序。班主任是学生学习的榜样，如果是班主任和学生共同参加的会议，班主任应该提早进会场，或带领学生进入会场。入场时，不要勾肩搭背、大声谈笑、东张西望、寻人打招呼。入场后，应按指定地点入座。在会议过程中，班主任应带头认真聆听，关掉手机等通信工具，不要随便讲话议论。

二是尊重报告人。当报告人出现在主席台上时，应立即安静下来，在会议主持人介绍后，要报以热烈的掌声。在报告人做报告时，要端坐静听，不要交头接耳、窃窃私语，不要看报纸杂志、吃东西、东张西望。对报告的精彩部分，以鼓掌表示赞同。当报告结束时，为表谢意应报以热烈的掌声。如果对报告中的某些观点不同意，应采取正确而礼貌的方式予以处理，切不可当场在下面议论、喊叫、喝倒彩、鼓倒掌。

三是在会议上发言时应注意礼仪。如果要发言，请先举手，得到主持人同意后，方可发言。在其他老师发言时，应认真倾听，不要随便插话，不要做出无所谓或不耐烦的样子，更不能强行打断别人的讲话。自己在发言时，应注意观点明确、论据充分、以理服人。当别人批评自己的观点或对自己的观点提出不同看法时，要虚心听取，即使别人说得不对，也要让他把话说完，不要急躁，切忌出言不逊、恶语伤人。

四、交往礼仪

班主任的交往礼仪主要体现为班主任的日常行为礼仪和人际交往活动的方式，具体表现为与学生交往的礼仪、与同事交往的礼仪、与学生家长交往的礼仪。

（一）与学生交往的礼仪

良好的师生关系既是保证教育活动顺利进行的前提条件，又作为一种无形的、潜在的教育因素，影响着教育过程和效果。

班主任与学生交往的礼仪，除了在课堂上表现出来，在平时的接触中也能表现出来。有的班主任可能在课堂上比较重视礼仪，课下又是另一种模样，而这种不经意的、下意识的言行对学生同样会产生影响。

1. 与学生相遇时的礼仪

师生在校园里朝夕相处，相互间如能做到礼仪周到，将会增进师生之间的感情，促进学校工作的顺利开展。班主任与学生见面时要主动打招呼问候，面带微笑；学生向班主任问好时，班主任要及时回应。

2. 与学生谈话时的礼仪

作为班级的主要管理者，班主任为了做好学生工作，经常要与学生进行谈话，谈话时要讲究举止，分清场合。

（1）提前通知，有所准备。谈话最好提前与学生打招呼，这既是一种礼貌，又是对学生的尊重。最好先简要说明内容，让对方有思想准备，然后商定谈话的时间、地点、方式，让对方认可，并对对方的合作表示谢意。

（2）热情迎候，设置平等气氛。要热情迎候谈话学生的到来，不能在门口谈话或一边工作一边与学生谈话，这是对学生的不尊重、不礼貌。与学生谈话时，座位安排及距离要适当注意，要让学生坐在与自己平等的位置上。

（3）举止端正，行为有度。谈话时，语气要平和，目光要注视对方，赞成的内容应点头示意。与犯了错误的学生谈话，如果对方不接受谈话内容，甚至发脾气，班主任要有耐心，摆事实、讲道理，不提高音量，不反唇相讥，表现出良好的道德修养。

（4）分清场合，入情入理。班主任的表情要与谈话对象、内容协调一致。慰问、安抚类谈话，既要深沉、严肃地与学生分担痛苦，又要坚定自信，给人以力量和鼓舞；反映问题类谈话，既要细心听取、全面了解、不厌其烦，又要把握政策、以理服人、苦口婆心；工作谈话，既要简单明了、抓住实质，又要态度和蔼、有涵养、不失风度；说明问题、批评类谈话，要先消除对方的畏惧心理，缩小对方的感情差距，然后提出中肯批评，表情一般要严肃、认真。

班主任与学生进行谈话时，忌谈话中言过其实，故意夸大或缩小；忌对学生拉长语调，放慢语速，压低音量；忌传播不利团结或道听途说的事情；忌批评时事实不清，不分场合。

（二）与同事交往的礼仪

班主任与任课教师、同事交往中，应该体现平等、互敬互爱、互帮互助。讲究与同事交往的礼仪，不仅能减少同事之间的摩擦和误会，创造和谐的工作环境，还能使自己心情愉快，提高工作效率。班主任与同事交往的礼仪要注意以下几个方面：

一是以礼相待。相遇时主动热情地招呼对方，如“早”“再见”“辛苦了”等，使对方感到心情舒畅。

二是尊重同事。在他人特别是在学生面前，不揭其他教师之短，以免损害同事的威信，挫伤其自尊心；不在背后议论其他教师的个人生活作风、工作态度等，以免言谈在传播中失真，产生不必要的误会；生活和工作过程中不打探同事的私事。

三是注重办公室礼仪。办公室是班主任在学校工作和休息的地方，一般多人共用一间办公室，每位班主任都应该自觉遵守集体生活的礼貌和规范。其一，言谈举止文明高雅，保持办公室安静；不随便翻动别人的东西，不打听别人的私事，不背后议论其他教师；当别的班主任找学生谈话时，不随便插嘴干扰。其二，积极参加办公室的清洁工作。自己的东西不乱丢乱放，保持整洁。其三，照顾别人，乐于助人，保持团结。

（三）与学生家长交往的礼仪

班主任与学生家长的关系是人际关系中的一种特殊关系，在交往过程中，班主任作为经过专业培训的教育者，要对家庭教育进行帮助和指导，争取家长对学校教育的理解、支持与配合，形成教育合力，班主任必须以理服人，同时也要以“礼”服人。

1. 召开家长会的礼仪

在家校交往中，不只是班主任走进学生家庭，在不少场合是班主任将家长请到学校来。为解决问题或通报（告知）集体家长，召开家长会，已经成为班主任工作不可或缺的常规内容。

（1）会议准备要充分。

召开家长会，必须做好相应的准备工作。准备工作，不仅包括个人仪表服饰、教室环境等，更重要的是还包括会议的前期准备，使会议开得生动、活泼，富于实效。会议要有一定的主题，在预定的主题下，也要让家长有发挥的余地。

（2）招待家长要热情。

家长是各式各样的，他们文化程度不同，工作性质不同，职位职务不同。班主任在接待家长时要把握好以下原则：客不分贵贱，一律都热情相迎。这里说的“热情相迎”主要指一种态度，是对客人来临的欢迎和尊重，切不可厚此薄彼。应该明白，进了家长会的会场，任何人只有一个身份那就是“家长”。忘记了这一条，就是对家长的最大失礼。

（3）注意与家长互动交流。

开家长会时，班主任老师要向家长汇报学生的在校表现，这是必要的，但切不可把家长会开成一讲到底的“一言堂”。家长会应该确定某一主题，但在确定主题的同时，也得考虑留出相当的时间让家长发言，表达自己的看法或征求家长的意见。只有那样做，才能集思广益。

（4）不搞公开批评。

班主任应实事求是地介绍学生的情况，应多一些表扬、鼓励，少一些批评、指责；多一些商量的口吻，少一些命令的口吻；多给家长一些发言的机会，一点解释的时间，虚心听取家长提出的意见和建议；千万不要把家长当作发泄的对象，把家长当作什么都不懂的人教训一番。

（5）珍惜时间，讲究效率。

家长们都有自己的职业，时间都比较紧张，百忙中抽出时间参加家长座谈会，班主任事先一定要有充分的准备，目的要明确，中心要突出，内容要丰富，使家长有备而来，满意而归，有所收获。

2. 个别接待家长的礼仪

在学校工作中，接待个别家长是常有的事。对家长能否做到以礼相待，直接关系到接待的效果，也关系到对学生的教育，这是不可忽视的。

（1）针对家长个性，采取不同措施。

每一个家长都有自己的独特个性，我们要了解这些个性、顺应这些个性。个性并不等于缺点。比如，有的家长比较开放，有的家长则比较沉默寡言；有的家长比较爱面子，有的家长则无所谓；有的家长文绉绉的，有的家长则比较粗放。我们要根据不同家长的个性特征，选取不同的应对措施。

（2）要选择合适的交谈场合。

接待个别家长一般不要在办公室中进行，因为一是容易影响别的班主任的工作，二是在该环境中交谈会影响交谈的效果。现在学校的条件都比较好，最好在专门的接待室中交谈。有时，为了调节交谈的气氛，在幽静的校园中进行交谈也未尝不可。

（3）注意与家长进行思想交流。

为缓和气氛，保持交流畅通，提高交流质量，班主任与家长之间可以聊聊家常，这样有利于班主任与家长间的互相了解，也有利于相互促进。在思想交流上，班主任要主动，而不要把自己的思想、情绪、看法紧紧地包裹起来。可以这样说，班主任本身的思想越透明，家长就会越欢迎你，你的工作也越能得到家长的配合。

（4）要尊重家长的看法，平等协商问题。

班主任与家长之间是平等的，交流的出发点和落脚点是统一的。在接待家长时，班主任要学会平等协商，切不可武断，也切不可自己说了算，更不要责备或训斥家长。说话要留有余地，要充分征求家长的意见。在具体问题上有不同看法时，要尊重家长的看法。即使家长的看法有不对的地方，也要有耐心，有的问题可以留待以后再说。

班主任的举手投足、一颦一笑，都蕴含着教育的力量。班主任要想被别人尊重，首先要提高自身的素质与个人修养，只有这样才能做到言传身教，为人师表。只要班主任遵循礼仪的尊重、适度、真诚、自律等基本原则和要求，就能应对自如，以不变应万变。

3. 迎访礼仪

（1）收拾门庭，做好准备迎访。

作为班主任，主要是迎接学生和学生家长的来访。班主任的迎访工作包括在学校的迎访工作和在家里的迎访工作。迎访包括迎客、待客、送客三个环节。班主任在接待来访时，首先应将办公室、会客室或家里的客厅收拾干净、整洁。当接到客人来访预约时，更应该根据客人的年龄、性别、特征以及来访目的等做适当的物质和精神方面的准备。

（2）热情待客，礼貌周到。

当客人进门后，要请坐、递茶，并向家属做介绍。入座后，要营造轻松、和谐的谈话气氛，关注客人提出的问题。谈话时，态度要真挚、平易、稳重、热忱；谈话的目光要友好，神态要坦然，手势要得体。在交谈过程中，语言应该文雅、有礼貌。在交谈过程中，不要时常看钟表，这会给人一种下“逐客令”的感觉。

（3）微笑送客，心境愉快。

当客人告辞时，应起身相送，并使用“慢走”“走好”“欢迎下次再来”等客气用语，并将客人送至门口，而且应在客人完全消失在视线以外或消失在拐弯处时再返回。

第三章　班主任素质

班主任在教书育人过程中，承担着各种不同的角色：在与学生探讨知识时，他是老师，循循善诱；在关心学生生活时，他是母亲，无微不至；在与学生交往中，他是朋友，无话不谈；在学生犯错时，他又是医生，治病救人。班主任是学校德育工作的核心力量，他们不仅要教书，而且要育人；不仅要培养学生成才，而且要培养学生成人。要培养出一个好的集体，给学生创造出一个长身体、长知识、长能力的良好环境。班主任的素质如何，直接关系到素质教育的成败。新时期班主任基本素质主要包括班主任心理素质、道德素质、知识素质、能力素质、教育管理素质等。

第一节　班主任心理素质

班主任工作是塑造学生心灵的工作。一个班主任如果具有良好的心理素质，就会对学生发展起到潜移默化的作用，从而使其工作走上一个新的台阶。在现实生活中，班主任会遇到许多不如意，比如职称问题没有解决，工作没有得到合理的安排，评优树模问题，实事求是地指出学生的不足但家长不理解，等等。这诸多的不如意给班主任的身心带来了很大的压力，如果班主任不能较好地调节自己的心态，而是把生活中、工作中的不如意带进课堂，带进班级，就会影响工作。所以作为班主任一定要及时调整自己的心态，为自己创设一个愉快的工作氛围，把思考的快乐、进取的喜悦带给学生。

一、心理素质的内容

班主任心理素质的内容包括许多方面，这里主要从情感、意志力、兴趣爱好和性格四个方面予以分析。

（一）丰富的情感

情感是推动人们前进的巨大动力。为了培养学生丰富的、健康的、高尚的情感，促进学生良好道德品质的形成和发展，班主任应该具备丰富而高尚的情感。班主任的情感对学生的各个方面都有影响。首先，班主任提出的要求容易转化为学生的迫切需要，成为推动他们前进的动力。其次，教育教学过程既是认知性的学习过程，又是情感交流的学习过程，班主任的情感能够激发学生学习的兴趣，使学生认真听讲，积极思考，提高学习效率。最后，班主任丰富的情感，高尚的道德品质，还有利于学生的身体健康。

（二）坚强的意志力

意志力是指一个人自觉地确定目的，并根据目的来支配、调节自己的行动，克服各种困难，从而实现目的的品质。孟子曰："天将降大任于斯人也，必先苦其心志，劳其筋骨，饿其体肤，空乏其身，行拂乱其所为，所以动心忍性，曾益其所不能。"这段话生动地说明了意志力的重要性。班主任要实现个人能力提升、班级工作较好开展等预定目标，需要具有火热的感情、坚强的意志、勇敢顽强的精神，克服前进道路上的一切困难。班主任要具有自觉性、坚定性、果断性、自控性等良好品质。要对学生充满信心，鼓励学生不怕困难，不怕失败，勇往直前，坚决地执行规定。坚定的意志力与情感的关系也相当密切。高尚的、积极的情感对意志力起着强大的促进作用；相反，则起着破坏、阻挠作用。班主任要善于控制、克服消极的情感和激情。

（三）广泛的兴趣爱好

对事物保持浓厚的兴趣绝不仅仅体现在你拥有了多少技能或特长，其更大的价值在于它赋予了你强大的生命感受力。兴趣爱好从一个侧面体现了班主任的知识素质和能力倾向，它不仅是班主任自身发展的需要，也是班主任教育教学工作的需要。首先，班主任广泛的兴趣爱好，可使他不断发现新的知识，有利于开展教育教学工作。其次，它可使班主任在娱乐之中陶冶自己的情操，逐步形成和完善自己的个性品质，有利于开发出有益于学生娱乐生活的广阔天地。最后，它对学生具有榜样示范和潜移默化作用。总的来说，一个具有广泛兴趣爱好的班主任，很容易与各种学生找到共同语言，从而成为学生的忠实朋友。学生们也愿意接受这样的班主任的指导和帮助。

（四）良好的性格

性格决定命运，此结论已被越来越多的人所接受。一个人长大后能否过得幸福，很大程度上取决于他的性格。拥有好的性格、阳光的心态，就等于拥有了幸福。有了健康、积极、阳光、快乐的心态，在人生的旅途中，遇到再大的坎坷和不幸也能乐观地面对，以苦为乐，克服困难，走向坦途。相反，如果性格不好，悲观、狭隘，内心黑暗，不仅遇上坎坷没有勇气与毅力去跨越，即使在顺境中也会自寻烦恼，身在福中不知福，从而找不到幸福感。

调查与研究发现，学生的性格乃至兴趣习惯与其班主任总是相似。有的班主任老师热情、外向，充满激情，走进他们所带的班级，你会觉得自己年轻了，心情舒坦了；相反，班主任性格内向，行为拘谨，不善与人沟通，他所带的学生也会呆若木鸡，冷若冰霜，麻木不仁，走进这样的班级，给人一种压抑的感觉。

著名教育家乌申斯基说："在教育中的一切都应以教育者的人格为基础，因为只有人格才能影响人格。”身教胜于言教，这种无言的人格感化胜过任何刻意的“教育”，其间所蕴含的道德营养会耳濡目染、潜移默化地渗透到学生的灵魂深处，对学生一生的影响是巨大的、深远的。

案　例

某中学一位教历史的女班主任，教学多年，经验丰富，深受学生的欢迎，师生关系相处不错。但是，一件偶发事件，使学生对她的态度转变了180度。某年12月26日（毛泽东诞辰）早晨，她按时走进教室，笑容可掬地准备讲课。猛一抬头，看见学生把一尊毛主席小型塑像放在讲台上，塑像旁边插着一面国旗，国旗面向学生飘着。她一看即刻火冒三丈，怒火中烧，把课本往讲台上一摔，指着塑像，莫名其妙地向学生大吼起来："是谁干的？赶快说出来到底是谁干的？是谁？是谁？……"一连串的盘问后，全班同学都吓愣了，不明白老师为什么大怒，没有一个人敢说话，课堂上僵持了几分钟，死一般沉寂。这位老师气仍未消，急匆匆地喊来该班的班主任。班主任也急了，本来班风还是不错的，这下子可怎么向老师交代。这位老师声色俱厉，喊着："今天，大家就当着班主任的面，每个人都在这张纸上写下一句话：'是谁干的？'否则就休想上我的课，以旷课缺考论处。"一堂课就这样莫名其妙地结束了。从此，历史课的课堂气氛急转直下，学生学习的积极性一落千丈。

思　考：

（1）因教学经验丰富、业务能力强，这位班主任赢得了学生的敬重。为什么那日见到此情景却如此大发雷霆，情绪难以控制呢？

（2）班主任是否因“师道尊严”就可以不顾学生的感受，将自己的喜怒哀乐强加于学生？

（3）班主任的情感和性格是如何影响学生的？

案例分析：

由这个案例，我们不得不对这位班主任的所作所为有所思考，虽然这位老师的教学业务能力得到学生的认可和敬重，可是由于一件小事就引发了她的情绪且难以控制。学生在讲桌上放毛泽东的塑像是一种怀念先驱、爱国情结的体现，但这位老师不仅没有对这种行为予以肯定和褒扬，反而盘问是谁做的，这种做法改变了这位班主任在他们心目中的形象，也严重损坏了班主任的道德风范。

二、心理素质提高的途径

1. 热爱教育事业、接纳自我是提高自身心理素质的前提

热爱是最好的老师。班主任不仅是一个职业，而且是一个需要甘于奉献的事业。对学生真诚的爱，既是班主任良好心理素质的一种表现，也是一种重要的教育力量，亲其师，方能信其道。热爱自己的教育岗位，不断进取，不断学习先进教学理论，努力提高自己的教育教学水平和能力。能够接纳自我、善待自我、尊重自我的人才能更好地理解、接纳和善待学生。

2. 磨砺意志、塑造性格是提高自身心理素质的基本方法

教育是一种精神消耗，班主任的劳动特点是周期长，见效慢，过程复杂而艰巨。班主任若没有坚忍的意志和优良的性格是不可能取得成功的。班主任的意志品质和性格还直接影响着学生的意志品质和性格的形成，学生接受知识的过程也是其个性品质形成的过程，班主任通过一定的教育内容、教育方法以及本人的人格特征、言行举止等对学生进行影响。因此，班主任应该自觉地磨砺意志，矫正不良性格，提高自身心理素质。

3. 关注心理健康、学会自我调节是班主任心理素质提高的有效措施

当前，职业学校生源质量下滑，学生教育难度大，就业、升学压力增大，前所未有的社会要求与竞争压力使班主任常处于巨大的精神压力之下，容易产生职业倦怠和心理疲劳，普遍存在着烦躁、抑郁紧张、焦虑等不良情绪。从职业道德规范看，人们对于班主任的品德要求显然更为严格。被奉为“至圣先师”的孔子就常常担心自己“德之不修，学之不讲，闻义不能徙，不善不能改”；孟子强调“教者必以正”，要求“独善其身”；董仲舒提出“善为师者，即美其道，又慎其行”等，如此种种，为班主任提出了基本的职业操守规范，成为社会评定衡量班主任的主要依据。

自我调节的具体方法有：一是合理释放“宣泄法”。这是一种通过适当渠道把胸中的郁闷释放出来的方法。当你被一件事所困扰时，不要闷在心中，而要把它讲给你所信任的人听。这既可以使情绪得到缓解，又可以从对方那里得到忠告，从而更快地找到解决问题的方法。二是情绪转移法。转换情景，转移注意，改变心境。三是暗示微笑法。笑能消除精神和神经的紧张。当你自感情绪欠佳或精神紧张时，可以和亲朋好友娱乐一番，讲几句笑话，笑上一阵，利用积极的心理暗示改变心情。四是升华转化法。这是调节情感的最高形式，就是将因为某些挫折或困扰而引起的消极情绪转化为具有社会价值的行动，将挫折转化为动力，将压抑变为激励，把全部精力投入到教育教学过程，能使人忘却烦恼，给自己带来愉悦等。

4. 提高自我修养、寻求人格完善是班主任心理素质提高的最高追求

“学高为师，身正为范。”历代教育家提出的“为人师表”“以身作则”“循循善诱”“诲人不倦”等，既是师德的规范，又是班主任良好人格特征的体现。班主任通过自我学习，自我提高，自我净化，将规范、准则内化为自我的要求，通过不断修炼充实生活，丰富体验，陶冶情趣，增加底蕴，完善自我。对于班主任而言，应该不断更新知识，在思索中不断创新，在知识获取中获得成长，在育人过程中实现育己。

第二节　班主任道德素质

苏联教育学家苏霍姆林斯基曾说过：“理想、原则、信念、兴趣、好恶、伦理、道德等方面的准则在教师的言行上取得和谐、一致，这就是吸引青少年心灵中的火花。”这就说明了班主任的良好品德情操对学生思想品德的发展作用极大，而这种巨大作用是与班主任道德素质

分不开的。在教育过程中，班主任的良好道德作用于学生的心灵，塑造学生的灵魂，对于学生的性格爱好、品质等都有极强的感召力。它不仅影响个人的学生时代，而且可能影响学生的一生。

一、道德素质的内容

（一）热爱祖国

热爱祖国，忠于党，是每个中国公民最基本的人生准则和政治道德准则。而作为承担教育管理任务的班主任，就更应以浓厚的爱国之情去影响教育学生，以自己的爱国行动为学生做出表率，不仅热爱祖国辉煌的历史，也热爱祖国充满希望的今天，更热爱并努力创造祖国美好的未来。热爱祖国，就要热爱中国共产党，提高对党的认识，加深对党的感情。有的班主任可能会想：我不是共产党员，难道也需要提高这方面的素质吗？答案是肯定的。因为我们从事的工作，是关系着祖国未来和社会主义事业的育人工程。我们工作的最重要依据是党的教育方针，它体现了我们党在培养人才方面的基本思想。离开了党的领导和党的方针政策，我们的教育事业又如何发展？我们又如何培养出德智体美劳全面发展的社会主义建设者和接班人？

（二）忠于教育事业

热爱教育事业，是对每个教育工作者职业道德的基本要求之一，对班主任更是如此。有的班主任在总结自己的实践经验时说：一个班主任需要有三种力，即动力、能力和精力。缺乏动力不愿干，缺乏能力不会干，缺乏精力不能干。三者之中，首要的是动力。动力来自对社会主义教育无限热爱的事业心。有了强烈的事业心，才能在平凡而又艰辛的岗位上，孜孜不倦地工作，默默无闻地发扬无私奉献精神，把自己的毕生精力和才华都献给祖国和人民的教育事业。班主任工作既光荣又辛苦，尤其是职业教育，更需要班主任有强烈的事业心，能主动地战胜一切困难，出色地完成党和人民委托的重任。

（三）热爱学生

尊师爱生，是当今学校的新型师生关系。爱学生是班主任的本职。班主任只有爱学生，才能更好地实现教书育人的任务；只有爱学生，才能唤起学生尊敬班主任的感情，学生才能听从班主任的教导和管理，按照班主任的要求去做。班主任不仅要爱优秀的学生，也要关心学习、思想、纪律方面存在不足的学困生。

热爱学生是班主任职业感情的集中表现，是教书育人的重要因素。班主任的教育对象是富有情感、富有思想、活生生的学生。班主任只有付出真诚的爱，才能使他们体验到真挚的温暖，从而引起共鸣，达到良好的教育效果。

（四）坚定信念

班主任要坚定教书育人理想信念，教育信念是灵魂，是统帅，它在很大程度上支配着班主任职业活动的目的、方向和动力，成为班主任行动的指南、力量的源泉。

班主任的专业角色内涵比任课教师丰富得多，他除了完成教书育人的任务外，还要关心学生的生活、学习、工作以及学生的素质，对班集体的发展承担重要责任。第一，教育信念直接关系到班主任的教育态度和教育行为，是班主任做好班级工作的内在动力；第二，坚定的科学教育信念是班主任职业道德的重要支柱；第三，坚定的科学教育信念是支配人的行为的目标导向，是班主任自身专业成长的关键。一个班主任只有坚定教育信念，才会在班级工作中创造闪亮的业绩，才会自觉地提高专业水平，实现专业成长，进而才能既教好书又育好人。

（五）正确的政治立场

习近平总书记指出："坚持党性，核心就是坚持正确政治方向，站稳政治立场，坚定宣传党的理论和路线方针政策，坚定宣传中央重大工作部署，坚定宣传中央关于形势的重大分析判断，坚决同党中央保持高度一致，坚决维护中央权威。"每一位登上讲台的班主任，都必须毫不动摇地坚持正确的政治方向。

中国课堂承担着培养社会主义建设者和接班人的重任，班主任的言行对学生思想行为和成长成熟有着重大的影响。因此，每一位班主任都应时时绷紧政治这根弦，善于从政治上观察和研究问题，认清形势，站稳立场，注意在课堂上必须坚持正确的政治方向。班主任在班级工作的过程中，要理直气壮、旗帜鲜明、不遗余力地做好党的路线方针政策的宣传工作，彰显热爱党、热爱社会主义、热爱祖国和人民、热爱党的教育事业的高尚情怀和情操。

（六）作风正派

班主任对自己要高标准、严要求，要经常认真地运用自省、自勉的方式预防和克服各种不良的思想和行为。要求学生具有良好的文明行为，自己就要做到言行和举止文明；要求学生遵纪守法，自己就要带头遵纪守法。班主任只有言行一致，表里如一，才能说服学生，感染学生。只有自己具有这样的正派作风，才能做学生的楷模，才能真正做到为人师表。

二、道德素质提高的途径

（一）敬业爱岗，树立正确的事业观

当今社会是物质和精神、经济与文化相互促进、相互发展的社会，在市场经济大潮的影响下，班主任队伍受到了冲击，出现了不稳定的因素，部分班主任下海经商，也有望梅垂涎之人。而教育事业则需要那些两袖清风、一支红笔伴终生、热衷于教育事业的志士凡人。"耐

不得清贫就不要做教师”，这句话正是教师乃至班主任高尚情操的真实写照。热爱教育事业不是一句空话，敬业爱岗更不是动听的口号。对班主任来说，既要做到以勤精业，又要做到以德育人。以勤精业是热爱教育事业的具体体现，它要求对所教学科积累“精专”和渊博的文化知识；以德育人则要求班主任要不断加强自身的道德修养，以身作则，注重从日常点滴去培养学生的健全人格和良好品德，为学生的成长、成才营造良好的教育氛围。

（二）学习教育法规，树立法制观念

现代社会是文明、民主、公正、法制化的社会。作为一名合格的班主任，必须遵纪守法，认真贯彻执行《教师法》中规定的义务，严格遵守《中小学教师职业道德规范》的要求。因此，要想成为一名合格的班主任，首先必须要知法、懂法，不难想象一个连基本法律法规都不懂的人，如何能够承担教书育人的责任。对班主任来说，必须认真学习《义务教育法》《教师法》《未成年人保护法》《预防未成年人犯罪法》等法律法规。其次必须守法，用法律法规和班主任规范约束自己的行为，从而养成良好的行为习惯，不断提高自己的人格修养和思想品德，在班级工作与学生的接触中，处处以身作则，以德育人、以德服人，成为学生学习的楷模和典范。

（三）热爱学生，树立正确的学生观

热爱学生是班主任的天职。教育的先决条件也是爱，但是爱只停留在表面是不够的，爱要在心理上与学生相容。也就是说，爱要体现理解，体现宽容，体现原谅，爱要学会赏识，爱要充分信任。只有这样师生关系才能体现平等和尊重，才能形成正确的学生观，才能达到教育工作“随风潜入夜，润物细无声”的效果。

（四）谦虚谨慎，树立正确的集体观

每位班主任都应清醒地看到，班主任地位的提高和受社会尊重的程度与班主任队伍素质的高低和整个班主任集体的形象息息相关。因此，班主任要注意工作中的协同动作，协商共事，严于律己，宽以待人，切不可无视他人，唯我独尊。

（五）争取配合，形成正确的家校观

家长是孩子的第一任老师，家庭教育在孩子成长过程中起着举足轻重的作用。学校教育如若没有家长的配合，要取得良好的效果，那简直是天方夜谭。因此，作为一个合格的班主任，就应积极争取家长的配合，定期召开家长座谈会，时常家访，向学生家长讲明学校每年的家教工作的主题，提出明确的要求，宣讲教育常识；但同时要注意不要打“小报告”，泄怨气，这样只能适得其反，会引起家长、学生和班主任之间不良的连锁反应，更不能向家长索要、谋求好处，从而引起教育上的不公正性，降低班主任威信，亵渎班主任自身的道德情操。

（六）强化角色意识，处处显示师德

班主任和学生的关系与其他任课老师和学生的关系相比，有着特殊性。班主任与学生接触的机会最多，时间最长，不仅要负责学生的学习与生活，更要教会学生如何做人。为此，班主任应具有强烈的角色意识，随时想到责任，想到自己应该是学生的楷模和榜样。从这一点出发，就理应要求自己在政治思想、道德品质、文化素养、工作作风、性格习惯、兴趣爱好、言谈举止等方面加强修养，时时处处以身作则，做学生的表率，用自己模范的行动去影响学生、感染学生。对学生喊破嗓子不如做出样子，对学生说千遍“给我干”不如来一遍“跟我干”。

案　例

北京市五中胡老师新接任一个班级，第一次走进教室，全班同学就哄堂大笑起来，笑声中夹杂着“真像”“像极了”这样一些细声碎语。随着学生的目光向黑板望去，黑板上画了一个很大的女人的人头侧面像：高高的眉骨，翘翘的鼻子，加上作画者在特征处明显的夸张手笔，一眼就可以断定，画的是她自己。望着这带有滑稽意味的画像，她窘极了，面孔涨得发热。

“太放肆了，竟敢拿老师开心”，她真想好好惩治画像的学生。但理智又告诉她：不能这样，老师的尊严不能靠训斥、压服来维护。几十双眼睛正盯着自己，看自己怎样处理这件事，任何冲动、发火都可能造成不良后果。笑声还在持续，胡老师却平静下来，像是没有发生任何事情一样。这意想不到的平静，使学生们停止了笑声，好奇地望着老师。胡老师拿起黑板擦，走到画像前看了一眼，对学生们说：“画得多好啊！确实像！这位同学要把画画这个特长发挥下去。”然后慢慢地把画像擦掉，开始讲起课来。这堂课胡老师格外努力，讲得绘声绘色，吸引了全班同学。正当大家听得入神的时候，下课铃响了，课没有讲完，她惋惜地合上书本，轻声说：“时间不够用了。”言外之意，讲课前那场小乱子损失了大家的时间，这时，不少同学把责备的目光投向一位同学，那位同学慢慢低下了头。比后，胡老师培养那位同学的特长，还常常做他速写的“模特”，这位同学后来成为一所重点学校的美术班主任。

思　考：

（1）胡老师如何巧妙地化解了“窘境”？

（2）不同的选择，不同的结局。作为班主任或任课老师，当你遇到这种“窘境”时，你是如何面对和处理的？

案例分析：

教育是一种艺术。胡老师在窘境中，出乎意料地采取了忍让、宽容的态度，泰然地进行了“冷处理”，肯定了作画者画画的技术，还鼓励他发挥特长。使作画的学生受到感动，产生内疚。师生之间没有产生对立，也没有挫伤学生爱好美术的积极性，在老师的爱护、扶持和鼓励下，学生的特长得到了充分发展。这是多么成功的教育！假如当时胡老师控制不住自己的情绪，冲动起来，不仅师生关系会紧张恶化，而且可能摧毁这枝美术之蕾。由此可见，冷静、忍让、宽容也是一种教育手段，有时是很有效的教育手段，而它所要求的就是班主任要有较强的自制能力。

第三节 班主任能力素质

班主任应具备的能力主要有缜密有方的组织管理能力、机智灵敏的应变能力、广泛灵活的交往协调能力、深刻敏锐的观察分析能力、沉着冷静的自制能力、生动艺术的语言表达能力等，只有具备这些能力，班主任才能顺利做好各项教育工作。

一、能力素质的内容

（一）深刻敏锐的观察分析能力

班主任做好工作的前提是全面了解学生，而了解学生最基本的素质就是观察能力。赞科夫说："对一个有观察力的班主任来说，学生的乐观、兴奋、惊奇、疑惑、恐惧、困窘和其他内心活动的最细微的表现，都逃不出他的眼睛，一个班主任如果对这种表现熟视无睹，他就很难成为学生的良师益友。"所以，深刻敏锐的观察分析能力是班主任的重要能力。

一个有敏锐观察力的班主任，能从学生的细微表现中，捕捉学生思想感情的起伏变化，科学地预测问题的趋势，把问题扼杀在萌芽状态。

☞ 案例 1

一次寒假过后，新学期开始，延安市侯老师走进教室，向全班同学问候新春好，同学们也齐声问侯老师好，可侯老师发现在大家的声音中有一个声音非常特别，仿佛是要有意引起老师的注意，寻着声音望去：咦！××同学像变了一个人似的。以往那身朴素、活泼的学生装不见了，雪白的衬领，一身崭新、笔挺的外套，还故意露出了手腕上闪闪发光的手表，满脸得意扬扬的神气。侯老师觉得有些不太对劲，过新年穿身新衣服，本是件极平常的事，班主任不该干涉，可侯老师却敏锐地感觉到，××同学衣着变化的背后潜藏着某种思想上不健康的苗头。经过了解，这个学生假期经常去其父亲工作单位的招待所就餐，他看到进出招待所的客人和工作人员穿着都很讲究，很神气，自觉寒酸，也就开始注意打扮起来，还央求哥哥把手表借给他戴。对这种追求衣着打扮、追求时髦的思想、表现，如果不及时教育，发展下去，是很危险的。因此，侯老师与家长联系，密切配合，共同工作，经过一段时间的努力，终于使这位同学认识到艰苦奋斗光荣、奢侈腐化可耻的生活哲理，他集中精力学习，进步得很快。

思　考：

（1）班主任做好学生工作的前提是什么？

（2）侯老师察觉××同学的微小变化，并迅速判断出背后可能存在某种不健康的苗头，侯老师这种敏锐的观察力是如何形成的？

案例分析：

本案例中，侯老师用敏锐的观察力发现了××同学的反常表现，通过与家长沟通，最后了解了真相。经过侯老师与家长的共同教育，××同学开始专注学习。

敏锐的观察力是班主任所必须具备的能力素质之一。班主任要善于从学生的外部表现，了解学生的内心世界和个性特点，经过分析和研究，找出其产生的原因及发展过程，从而探索教育的特点与规律。班主任只有具备敏锐的观察力，才能全面、深入、迅速地了解学生，做好教育工作。

（二）生动艺术的语言表达能力

语言表达是班主任能力结构中的重要因素之一，也是直接影响教育效果的一个重要条件。语言表达，就是把自己的思想、感情、知识、意愿、要求等，通过语言准确表达出来的能力。正确的教育思想，要通过准确的语言来表达。要启迪学生的心灵，要陶冶学生的情操，犹如琴师操琴一样，运用生动艺术的语言拨动学生的心弦，引起强烈的共鸣。许多优秀班主任在教育学生中能取得显著成效，除了具有较强的事业心、责任感，具有渊博的知识和丰富的经验外，善于运用丰富、生动、形象的教育语言也是一个重要因素。相反，有的班主任语言单调乏味，内容空洞，含混不清，以致粗俗污秽，恶语伤人，尽管他们也有教育好学生的良好愿望，但由于语言欠佳，不能达到预期效果，甚至适得其反。

班主任应当是语言艺术的专家，除了一般要求的语言要准确、明了、简练、通俗、规范、流畅外，还应当具有说服力、感染力、鼓动力，能使学生入耳、入脑，能打动学生的心灵。

（1）采用准确、鲜明、生动形象的比喻。例如，用“被同一块石头绊倒两次，这是一种灾难”的比喻来教育学生不要重犯错误，这比干巴巴的说教要好得多。

（2）引用一些诗句、典故、轶事来借题发挥。例如，在“争分夺秒，为中华腾飞而努力学习”的主题班会上，用“不知道明天做什么的人是不幸的”“时间是组成生命的材料”，就能收到先声夺人的效果。

（3）应用富有哲理性的警语、格言、绝句。一些脍炙人口的至理名言，会使学生刻骨铭心，时常回味。一位毕业生给中学班主任老师写信说，老师讲的“有所作为是生活中的最高境界”这句话，给他留下了深刻的印象，使他受挫而不气馁。

（4）讲求风趣、诙谐和幽默。平淡、单调、枯燥的语言引不起学生的兴趣和积极思维，而趣味性的语言具有特殊功能，运用广为流传的笑话、典故来调节、刺激学生的思维，能收到较好的效果。

（三）机智灵敏的应变能力

应变能力是班主任应当具备的一种能力。它是指班主任善于因势利导，随机应变处理各种意料之外的问题的能力。有了这种能力，班主任就能在复杂多变的情境中，做出最合理的决定，采取最恰当的教育方式。这种能力也可称为“教育机智”。

班主任的工作对象是生动活泼的学生。几十名学生的思想、情绪、个性等千差万别，构成了班主任工作的纷繁复杂、千变万化。想取得良好的教育效果，就要求班主任在教育方法选择和实施上，必须准确、及时、适度，根据具体情况灵活运用，因材、因时、因人施教。

案例 2

一次，班上举行“我们是红军的新一代”诗歌朗诵比赛。有一个先天生理缺陷、口齿不清的学生小孙，也走上讲台。她一口气吐出“长征路上”四个字后，好不容易才把“百花开”三个字说出来。这时，毛老师发现坐在末排的一个学生噘着嘴在学她，眼看小孙朗诵下去就会引起哄堂大笑，这既会影响朗诵比赛的效果，又会伤害小孙的自尊心。毛老师立即用眼睛示意同学，一起鼓掌。当掌声一停，毛老师就鼓动大家说：“同学们，小孙决心学习红军不怕难的精神，上台来朗诵，这很好！看到同学有困难，大家来帮助，这才是红军的好作风。好，我们大家和她一起来朗诵。”毛老师刚说完，整个教室里便响起了响亮的朗诵声，小孙的含混不清的声音便融入大家的声音里了。朗诵完毕，小孙很激动。

思　考：

（1）为什么毛老师能巧妙地对学生小孙的突发情况予以处理？

（2）在班级管理过程中如何进行因材、因时、因人施教？

案例分析：

本案例中，毛老师很巧妙地化解了学生小孙的紧张心情，鼓励大家一起帮小孙朗诵，既机智地化解了尴尬局面，又没有伤害小孙的自尊心。这个案例看来十分简单，却表现出毛老师在特定条件下灵活处理、恰如其分地采取最有效的方法教育学生的高超教育艺术。它是班主任深思和果断相结合的产物，也是班主任深入了解学生和不断积累教育经验的结果。

马卡连柯认为：“教育技巧的必要特征之一，就是要有随机应变的能力。”班主任应变能力强，引导得法，处理得当，就可以对教育过程中突然出现的情况，迅速做出明确判断和正确处理，这不仅仅可以“化险为夷”，甚至可以“锦上添花”。

（四）广泛灵活的交往协调能力

协调各方面的力量共同做好教育工作，是班主任工作的一项重要任务。实践证明，班主任只靠个人的力量来完成对学生的全部教育任务是不可能的。必须协调科任班主任、家长、社会等各种教育力量，充分调动各方面的积极因素，对学生进行协调一致的影响。要协调，首先就得建立良好的关系，这种关系的建立要靠交往，班主任要善于同有关部门、同各种有关人员交往。于是，交往协调能力就成了班主任不可缺少的能力。

首先，任课教师如果都能和班主任通力合作，团结一致，形成一个以班主任为核心的目标统一的教育集体，教育效果就会超过班主任一个人的力量。这就要求班主任必须努力做到：一是主动与任课教师互通情况，研究问题，确定方向，讨论措施，制订计划。二是经常诚恳地向任课教师征求意见，了解情况，发现问题，及时解决。三是热情地邀请任课教师参加班级活动，使师生增加感情，沟通思想，配合工作。四是科任老师个人或家庭有困难，可引导学生做些力所能及的事情。

案例 3

河北省石家庄市孙老师的班中有部分学生不尊敬老师，上课随便说话，甚至顶撞老师，一些任课教师因此大动肝火。为了转变这种情况,孙老师把学生分成若干小组，以“老师是怎样教育我们的”为题，分别调查各科老师的工作情况。在调查中，同学们了解到：有的老师为上好一节课，经常备课到深夜；有的老师家里放着生病的孩子顾不得管，到学校辅导同学上晚自习；有的老师把病假条锁在抽屉里，坚持为学生上课……学生们深有感触地说：“为教育我们，老师们付出了多少心血呀！过去我们不认真听课，还顶撞老师，真是太不懂事了。”元旦前夕，他们召开了一次“感谢您，辛勤的园丁”的主题班会。班会上，团支书代表全班同学向老师献词，同学代表宣读给任课老师的慰问信，向老师们赠送小礼品。参加班会的老师们都激动地讲了话，整个班会自始至终沉浸在隆重热烈的气氛中。这次活动，加深了师生间的了解，增进了学生对任课老师的尊敬之情。同学们自觉、主动地为老师做好事，刻苦学习，尊敬任课老师的良好班风逐步形成。科任老师对班级工作也开始关心和支持，从而推动了班级工作。

思　考:

（1）班主任如何与任课教师形成合力，共同教育管理班级，产生“1+1≥2”的效果?

（2）班主任如何协调做好学生、任课老师、学校等方面的工作?

案例分析:

协调各方面的力量共同做好教育工作，是班主任工作的一项重要任务。实践证明，班主任只靠个人的力量来完成对学生的全部教育任务是不可能的。必须协调科任班主任、家长、社会等各种教育力量，充分调动各方面的积极因素，对学生进行协调一致的影响。要协调，首先就得建立良好的关系，这种关系的建立要靠交往，班主任要善于同有关部门、同各种有关人员交往。于是，交往协调能力就成了班主任不可缺少的能力。

首先，任课老师如果都能和班主任通力合作，团结一致，形成一个以班主任为核心的目标统一的教育集体，教育效果就会超过班主任一个人的力量。这就要求班主任必须努力做到：一是主动与任课老师互通情况，研究问题，确定方向，讨论措施，制订计划。二是经常诚恳地向任课老师征求意见，了解情况，发现问题，及时解决。三是热情地邀请任课老师参加班级活动，使师生增加感情，沟通思想，配合工作。四是任课老师个人或家庭有困难，可引导学生做些力所能及的事情。

在协调任课老师方面，很重要的工作是加强对学生的尊师教育，让学生尊敬每一位任课老师，珍惜老师的劳动成果。

其次，班主任是学校和社会、家庭联系的纽带和桥梁，必须做好这方面的协调工作。班主任要和家长建立良好关系，保持密切联系，通过家长及时了解学生在家里的表现和各方面情况，并向家长反映学生在校的各种情况，以便共同做好教育工作。

（五）优秀的教学科研能力

班主任都要承担一定的教学任务，但光有广博的基础理论、专业知识，还不能把课教好。班主任还必须具备优秀的教学能力，即引导学生学习、把握现代科学基础理论和基本技能的能力，它是班主任在学生中立威望、提高信誉、提高教育工作效能的决定性条件之一，包括以下内容。

（1）能有效地组织教学。班主任是教育活动的组织者和指导者，他们必须具备组织好教学的能力。首先，能够从整体出发，周密地制订教学计划，使教学有具体、明确的目标。其次，能组织好课堂教学这个中心环节。要求班主任在充分钻研教材的基础上，编写出切实可行的教学计划，根据教学内容合理分配教学时间，组织教学活动。既不过分匆忙，又不拖沓松垮；既有班主任的教，又有学生的学；既有班主任的知识传授，又有学生动脑动手的能力训练，把师生的活动和谐地统一在积极的教与学的气氛中，呈现出合理的课堂教学结构。最后，能够组织好课外活动，培养学生的学习兴趣和能力。

（2）能全面掌握和驾驭教材。驾驭教材是指要深入领会编者意图，然后根据大纲要求和学生实际，对教材进行艺术处理，深入浅出，化难为易，化抽象为具体，突破难点，突出重点，并用学生容易理解和感兴趣的方式进行教学。

（3）能灵活运用教育方法。教育方法是完成教育任务的重要手段。教育方法是否灵活多样，是否符合学生的心理需求，直接影响着教育效果。首先要给学生创造一种积极活跃的学习气氛，创设一个快乐的学习环境。其次能根据教育的需要，采用不同的教育方式，同时根据学生的年龄特点、知识水平，选择适当的教育方法，并且不断改革创新，灵活运用，使学生感到耳目一新。

（六）缜密有方的组织管理能力

班主任要对整个集体进行工作，就要求班主任具有组织者、管理者的才能，即善于组织良好的班集体，善于组织丰富多彩的教育活动，善于管理班级各项工作。同时，又要针对个别同学的情况采取切实可行的方式方法做些个别转化工作。这是班主任的基本能力之一，缺少这种组织管理和个别转化的能力，班级工作就会陷入一片杂乱，顾此失彼，即使再卖力，也只能是“事倍功半”。

在班级治理上，安排各项工作要统筹兼顾，考虑问题要周密，使各项工作井井有条，井然有序。要善于把学校教育要求同本班的实际结合起来，成为一个有机部分。要制定明确具体，切实可行的治理目标。要善于培养学生自主、自治、自理的能力和精神，使学生发挥班级主人翁的作用。

班主任善于组织良好的班集体的能力，主要表现在骨干力量的挑选和培养，形成正确的班级舆论等方面。有经验的班主任，总是把自己最主要的精力放到组织班集体上。一个良好的班集体形成之后，集体自身就成为一种强大的教育力量，每个学生的成长，就可以置于集体的共同约束、陶冶和进步之中。组织班集体的关键在于能够通过自己创造性的工作，不断引导集体向新的目标前进。

班主任组织管理和驾驭班级的能力，是在实践中不断提高的。班主任在实践中一方面要注意学习，运用现代管理科学的理论知识；另一方面要重视学生的反馈，善于从学生反馈中得到纠正偏差的信息，不断提高自己组织和管理班集体的水平。

案例 4

丹东市优秀班主任王老师通过发电影票这样的小事，对学生进行先人后己、互助友爱的教育，收到很好的教育效果。过去班级里发电影票都是采取抽票办法，抽到好的票的学生高高兴兴，抽到不好的票的学生垂头丧气。王老师觉得这种办法不好，对学生产生一些不好的影响，所以在他接任班主任后第一次发电影票时，就改变了抽票的办法。他先是启发学生：“除了抽票这个办法，还有没有什么更好的办法呢？比如，怎样才能照顾一下眼睛不好的同学……”教室里静了一会儿。他又进一步启发说“如果我们不用抽票这个办法，有哪位同学能自愿要座位不好的票呢？”过了一会儿，一位男同学怯生生地举起手来说：“老师，我可以要座位不好的票，我的眼睛没有毛病”。他的话赢得了一片掌声，接着便是“我要”“我要”的喊声。喊声平息下来后，王老师把电影票交给文娱委员，她先把一张最不好的票留给自己，然后把其他票发给同学们。发光票后，王老师又提出一个问题“过去抽票，抽到不好的票垂头丧气，而这次发票，领到不好的票却高高兴兴，这是为什么？”让每个同学写一篇心得体会。从那以后，每逢发电影票，同学们总是互相谦让，争着要座位不好的票，先人后己、互助友爱的风气在班上逐渐形成。

思　考：

（1）班主任如何在班级管理中渗透思想教育，变“管”为“育”，使每项管理活动都成为教育机会？

（2）同样是发票，采取不同的方法，为什么“不好的”座位，同学们却抢着要？

案例分析：

王老师为了帮助视力上有困难同学，改变以往抽票确定座位的形式，充分调动学生的爱心和热心，抽票中同学们互相谦让，争着要座位不好的票，先人后己、互助友爱的风气在班上逐渐形成。

班主任工作既要面对整个班级，又要面对个别学生。对整个集体进行工作，就要求班主任具有组织者、治理者的才能，即善于组织良好的班集体，善于组织丰富多彩的教育活动，善于治理班级各项工作。同时，又要针对个别同学的情况采取切实可行的方式方法做些个别转化工作。这是班主任的基本能力之一，缺少这种组织治理和个别转化的能力，班级工作就会陷入一片杂乱，顾此失彼，即使再卖力，也只能是“事倍功半”。

二、能力素质提高的途径

（一）参加实践，总结经验

要积极投身教育实践，做好班主任工作。教学和教育活动是班主任最基本的实践活动。这些活动既是增长班主任才干的广大舞台,也是培养班主任道德品质和能力素质的重要课堂。通过教育实践，师生朝夕相处，可以培养热爱和献身人类教育事业、热爱学生的高尚品德。在师生朝夕相处的教育过程中，班主任亲眼看到自己的辛勤劳动化作学生在德智体美劳方面的进步，看到学生走上工作岗位后成为各条战线上的有用之才并且做出较大贡献时，便会感到极大的欣慰和幸福，从而更加热爱教育事业。

（二）加强学习，勇于创新

当今的班主任多数还属于经验型，沿袭着传统的教育方法，过分看重原有的知识经验，以固有的思维方式看待一切，形成一种思维定势，并以此来指导自己的工作，结果往往是事倍功半，有时甚至出现事与愿违的现象。所以，作为一位优秀的班主任，应该有强烈的创新意识，不断学习教育理论，掌握教育规律，更新教育观念，变消极的思维定势为积极的思维定势，针对学生实际采用灵活有效的教育手段。

（三）相互借鉴，共同提高

在一所学校里，班主任之间相互学习、借鉴，择其善者而从之，其不善者而改之，这对于更好地开展班主任工作、更快地提高班主任能力素质必然是大有裨益的。

为了使班主任之间的相互学习和借鉴卓有成效地进行，并且成为一种习惯、一种风气，应着重抓以下工作：

（1）总结。一些班主任工作经验丰富，教育管理效果较好，但不注重总结和积累。针对这种状况，要引导班主任充分认识到勤于总结的必要性，领悟、掌握总结的方法，使他们通过经常性的总结将感性认识上升到理性认识，使其经验更科学，更具有理论的色彩。

（2）交流。在工作实践中，某一位班主任对某些问题的思考可能更多、更深刻，所采取的方法可能更周全、更科学些。对同一问题的思考，各个班主任的角度可能并不相同：对不同方法的使用，他们也会显露出差异。班主任们坐在一起，谈体会，说经验，畅所欲言，各抒己见。相互启发，相互补充，则受益是无穷的。

引导和鼓励班主任之间相互学习和借鉴，使好的经验和做法得到肯定、完善和推广，从而促进了班主任工作的科学研究，促进了班主任向着科研型、理论型的高层次提高，形成了一个相互配合、相互支持的良好环境。

（四）听取意见，解剖自己

严格解剖自己，认真进行自我批评，是提高班主任能力素质的重要方法。班主任师德素质实质上是不断克服自己头脑中旧的道德观、教育观，逐步树立起无产阶级的道德观、教育观的过程。班主任要认真开展自我批评，必须要有自知之明，承认自己的缺点和不足之处，严格解剖自己。同时，还必须虚心听取别人的意见和批评，在别人对自己的评价中，更好地认识自己。班主任要以社会主义的师德原则和规范作为自己的行为准则，以社会、学校中的模范人物、优秀班主任为榜样，追求高尚的师德目标。这些都表明，进行不断而认真的自我批评和自我解剖是提高班主任素质的重要方法之一。

（五）良好的人际关系

处理人际关系的能力也是班主任必备的素质。班主任是联系班级与科任班主任、团队组织的纽带，是班级的组织者和指导者。良好的人际关系对于班主任来说必不可少，它既能保证教育工作的开展，又有利于其教育工作真正收到好的效果。没有这样的能力，就很难和任课教师、教育团队共同做好协同教育工作。另外，班主任还是沟通社会、学校、家庭的桥梁，良好的人际关系能力，能促使“三方”工作的顺利开展和进行。

第二篇　班主任专业知识

法国作家卢梭说过：“榜样，榜样，没有榜样，你永远不能成功地教给儿童以任何东西。”罗曼·罗兰也说过：“要撒播阳光到别人心中，总得自己心中有阳光。”班主任是学生在学校生活中接触最多的人，我们的一举一动、一言一行都深深地印在学生的眼里，投射到他们的心中。从素质和能力要求来看，班主任应当具有促进每一位学生全面发展的知识和相应的教育技能，班主任的知识、能力和素质应当根据现代教育的要求进行全方位开掘，使班主任表现出必要的专业精神、专业品质和专业技术。

本篇包括班主任工作概述、班级管理、班级文化、班级学习指导、学生激励与评价五章内容。

第四章　班主任工作概述

班主任是学校中全面负责班级学生的思想、学习、健康和生活等工作的教师，他是班级的组织者、领导者和教育者，也是班级中全体任课教育、教学工作的协调者。班主任的基本任务是：按照德、智、体、美、劳全面发展的要求，开展班级工作。全面教育、管理、指导学生，使他们成为有理想、有道德、有文化、有纪律、身心健康的公民。

第一节　班主任工作的专业化

随着社会的发展和进步，专业化已成为社会职业发展的重要趋势，成为衡量职业成熟度的重要指标。2004 年，《中共中央、国务院关于进一步加强和改进未成年人思想道德建设的若干意见》中指出“选派思想素质好，业务水平高、奉献精神强的优秀教师担任班主任”。其中“好”“高”“强”是对班主任岗位专业性的最精辟、最本质的概述。班主任工作的专业性有利于促进学生全面和谐发展，有利于班主任队伍整体素质水平的提升，有利于学校管理质量的优化。班主任专业化既是一个目标，也是一个过程。

一、班主任专业化的内涵

（一）班主任专业化的含义

班主任专业化的内涵基本上与教师专业化的内涵相近。教师专业化是指教师在获得国家规定的学历标准的基础上，建立现代教育理念，修炼崇高的职业道德，并经过教师职业培训而获得必要的专业知识、专业能力和教师资格，确保专业地位的过程。班主任专业化与教师专业化具有共同性，因为“一个优秀的班主任，首先应该是一个优秀的教师”。然而，班主任的专业角色与教师的专业角色是有所不同的，他们除了和任课教师一样要完成好教学工作，还要履行班主任的职责，对所辖班级学生的生活、学习、工作和学生的素质以及班集体的形成与发展承担重要责任，对学生和班集体进行教育和管理。因此，班主任专业化就是以教师专业化为基础，以专业的观念和要求对班主任进行选择、培养、培训、管理和使用的过程。它主要包括：在职业道德上，从一般的道德要求向专业精神发展；在专业知识和能力上，从“单一型”向“复合型”发展；在劳动形式上，从“经验型”向“创造型”发展。

（二）班主任专业化的内容

班主任工作是一项专业性很强的工作，不仅需要先进教育理念的引领和高尚人格力量的支撑，而且更需要班主任的教育智慧和专业能力。班主任要增强专业发展意识，就应当在专业认知、专业能力、专业道德等方面不断提升自我，超越自我。

一是要深化专业认知。专业化的班主任需要有清醒的专业自觉，不能仅凭经验工作。班主任除了与一般任课教师一样要了解和掌握教育学、心理学、伦理学等教育理论知识外，还需要了解德育原理、班主任管理学的基本理论和实践知识，需要掌握班级管理学相关理论知识并逐步运用到学生教育和班集体建设与管理中去，形成自己的工作风格。

二是要增强专业能力。知识虽然是能力的基础，但知识并不必然地转化为能力。一个专业化的班主任必须具备多方面的能力。如：深入了解和研究学生的能力、创建班集体的能力、做好个别学生工作的能力、组织开展各种班队活动的能力、灵活机智的应变能力、交往协调能力以及熟练地运用网络开展德育工作的能力等。此外，班主任还应有较强的教育科研能力。

三是要提升职业道德。任何一种职业都要求从业人员具有相应的职业道德，对班主任来讲，职业道德更有其特殊意义，这也是由班主任专业劳动的特殊性决定的。班主任的教育劳动，既是道德教育的过程，又是班主任做人的过程，也是班主任展现自己道德人格的过程。班主任自身的道德作为道德教育的内容和手段参与到教育劳动中，教育的内容和手段与班主任的道德是融为一体的。因此，班主任专业化要求班主任具有高尚的职业道德，班主任的职业道德是一种宝贵的教育资源。

二、班主任专业化的重要性

《教育部关于进一步加强中小学班主任工作的意见》中明确指出：“班主任岗位是具有较高素质和人格要求的重要专业性岗位。”这表明，班主任工作是一项不可替代的专业性职业，班主任除了应具备一般教师的基本品质外，在专业知识、专业技能和专业道德等方面还有更高的要求。

（一）班主任专业化是时代发展的要求

现代学校是以班级授课制为基本模式的，班级制度随着班级授课制的产生而产生、发展而发展。许多国家的学校教学和生活指导都是以班级为单位实施的。以班级为单位的班主任工作为学生和未来之间架设了一座由此达彼的桥梁。班主任工作是以完整的人作为工作对象的，因此班主任工作是一项专业性很强的工作。但是，长期以来，由于班主任所受专业训练严重不足，加之教育自身存在的问题，班主任在班级教育管理实践中没有能够表现出必要的专业精神、专业理论、专业技艺，班主任工作存在着诸多问题。少数班主任由于教育理念的落后、工作方式的粗暴、角色认知的错位，在教育工作中制造了一系列的“反教育”现象，对学生的身心发展造成了伤害，给班主任工作的信誉蒙上了阴影，这使班主任工作陷入某种尴尬的境地。因此，新时期的班主任必须经过专门的系统训练，必须具备班主任工作的专业性系统知识。

（二）班主任专业化是教师专业化发展的必然结果

教师专业化是国际教师教育的发展潮流和趋势。我国教师法规定了“国家实行教师资格制度”，经国家教师资格考试合格者，取得教师资格。联合国教科文组织和国际劳工组织在20世纪60年代就倡导“教师应当成为一门专业”。1996年，世界教育大会第80号建议《加强教师在多变世界中的作用之教育》，再次提出教师专业化的要求，并把它作为“改善教师地位和工作条件之策略”。

班主任岗位的专业性既源于又应高于一般教师劳动的专业性，是教师专业发展的深化和扩展。班主任在学生素质发展中的地位与作用日益受到关注，在普遍要求全体教师都要努力承担育人工作的情况下，班主任的责任更重，要求更高。人们逐步认识到，现代班主任不仅仅是班集体的组织者、教育者、管理者，同时还是学生主要的“精神关怀者”、影响学生成长发展的“重要他人”。因此，现代班主任应当成为具有专门的职业道德、职业理论、职业技能的专业教育工作者。相对于教师专业化而言，班主任工作是一个更微观的领域，是教师专业化向纵深发展的必然结果。

（三）班主任专业化是改变班主任工作的迫切需要

长期以来，班主任工作被看作“人人能为”的、不具有专门学问的工作。这种观念应该彻底打破。班主任的教育劳动是一种专业性的劳动，要胜任班主任的教育劳动，就需要逐渐地走向专业化。

由于多种形式的班主任在职培训逐年升温及班主任学习积极性的不断提高，班主任专业化成熟速度正在加快。但从总体上看，班主任队伍的专业水平仍然不能满足素质教育不断深化的需要和社会对他们的要求，班级管理和班级文化构建能力处于较低水平。有关调查显示，不少班主任在接手一个新的班级时，往往缺乏对这个班的班级文化建设前瞻性的构思。同时，在班级工作中围绕班级文化特色开展工作的习惯和意识淡薄，工作起来多就事论事，甚至被动地跟着学生的表现走。当然，也有很大一部分教师非常注意班级文化建设，但是，常常苦于没有解决问题的好方法，或者在开展班级工作时感到力不从心。

班主任专业化不仅是改变班主任工作现状的迫切需要，也是提高班主任学术地位和班集体建设水平的关键。班主任只有自己行动起来，努力提高自己的专业知识和专业能力水平，使自己从经验型班主任向研究型班主任发展，使自己的专业成熟程度不断提高，真正成为训练有素的不可替代的角色，才能从根本上改变班主任的职业形象，提高班主任的社会地位和学术地位，使班主任工作成为令人尊敬和羡慕的职业。

案例 1

新生入学，王老师接管了一个新的班级，在组建新班集体的那一刻，她就下决心要带好这个班级，力争通过自己的努力把这个班建设成“市级文明班集体”，为此她投入了大量的时间和精力。每天早上开车到学校跟学生们一起早读，下午自习她坚持在教室跟自习，晚自习放学后还会去学生宿舍找学生聊天谈心，起早贪黑地努力完成各项管理工作。她了解到有个别学生生活费不够用，便主动与学校食堂联系，争取让她去勤工助学；有时候学生宿舍东西坏了学校没时间修理，她就借了修理工具到学生宿舍自己动手修；女生宿舍内部发生矛盾，她会尽自己的能力出面解决。一个学期下来，整个班级的表现让她很失望，她突然感觉很无助、很失败。整个班级纪律涣散，各项常规考核成绩年级排名靠后，更不用说在任何评比中获得奖项，班级经常是学生科批评的对象。王老师对自己的班级管理能力产生了怀疑，认为自己付出了那么多的时间、精力，却是这样的结果，心里产生强烈的挫败感。

思 考：

（1）王老师在班级管理中勤跟、勤讲、勤要求，为什么没有营造出班风好、学风正的班集体？

（2）针对这些问题，你如何扭转纪律差、卫生差、考核差的现状？

案例分析：

王老师花费大量时间和精力在新班级的管理上，但是没有收到良好的效果。良好班集体的形成不是一朝一夕的事，也不是班主任一人之力就可以实现的。首先，有经验的班主任会在班集体成立之初结合班级学生所学专业、就业方向等情况制定班级的发展目标，选拔和任用一批有能力的负责人和有思想的班干部，让这些“左膀右臂”和她一起治理这个班级；其次，通过个别学生的表现善于发现班级中存在的问题，能够准确分析班级各项考核结果并找准根源，进而有的放矢地进行教育和指导。

三、班主任专业化的重要体现

在整个中职教育教学工作中，班主任工作非常重要。从教育事业来看，职业教育贯彻党的教育方针中“培育中国特色社会主义事业合格建设者和接班人”的任务，都要通过班主任来实现。从学生的成长来看，班主任在中职教育阶段对学生的成长影响非常大，是学生学习做人做事最具影响力的指导者。

（一）班主任的地位作用体现了班主任岗位的专业性

《教育部关于进一步加强中小学班主任工作的意见》（以下简称《意见》）从加强学校班主任工作重要性的高度，对班主任的地位和做用做了精辟的阐述，指出：“中小学班主任是中小学教师队伍的重要组成部分，是班级工作的组织者、班集体建设的指导者、中小学生健康成长的引领者，是中小学思想道德教育的骨干，是沟通家长和社区的桥梁，是实施素质教育的重要力量。”在学生教育中，班主任绝不是可有可无的。针对个别学校取消班主任、削弱班主任作用的做法，《意见》明确指出“每个班必需配备班主任”。在现实生活中，我们注意到，许多家长不仅要选择好学校，而且要选择优秀的班主任。这种现象也说明了社会对班主任在学生成长、发展中的专业地位和重要作用的认同。

（二）班主任的工作职责体现了班主任岗位的专业性

由于班主任与学生接触次数较多，沟通便利，影响深远，肩负着育人的重要职责，因此，《意见》对班主任的工作职责做了进一步明确，要求班主任做好学生的教育引导工作和班级的管理工作，组织好班集体活动，关注每一位学生全面发展；善于利用各种教育资源，不仅要协调好各任课教师，还应成为沟通学校、家庭、社会的纽带。为了履行工作职责，班主任需要付出几倍于他人的努力，没有白天黑夜、课内课外、校内校外之分；需要全身心地投入，把自己的青春和精力、知识和才智全部奉献给班级的每一个学生。因此，班主任工作是一项艰巨的工作，诸多的教育问题都会在班主任工作中显现出来。有一定专业素养的教师才能胜任班主任这一专业性岗位。

（三）班主任的任职条件体现了班主任岗位的专业性

长期以来，由于受班主任工作“人人能为”思想观念的影响，在实践中，往往出现“只要是教师就能当班主任，只要是教师就得当班主任”的情况。针对这种现象，《意见》指出，“认真做好中小学班主任的选聘和培训工作。”“班主任应由取得教师资格、思想道德素质好、业务水平高、身心健康、乐于奉献的教师担任。”“班主任要忠诚党的教育事业，热爱学生，善于做学生的思想工作，具有符合素质教育要求的教育观和较强的教育教学和组织能力，掌握教育学、心理学的基本知识和方法，熟悉相关法律法规；品德高尚，为人师表，具有团结协作精神和较强的人际沟通能力。”这就表明，不是所有的教师都能当班主任，也不是所有的教师都能当好班主任，当班主任是有条件的和必须经过选择的。班主任除了应具备一般任课教师的基本品质外，在专业道德、专业知识、专业技能等方面还有一些更广、更高、更深的要求，这就决定了班主任岗位的专业性。

四、班主任专业化的主要途径

（一）培养对职业的热爱之情

热爱是最好的老师。只有热爱自己所从事的这个职业，我们才会投身其中，乐此不疲，才会关注事业的发展，关注个体生命价值的实现。

有人说，个人和集体之间的关系可以分为四种，即雇佣型、职业型、事业型、生命型。雇佣型的人，为挣钱而去工作；职业型的人，为良心而工作；事业型的人，为实现人生的价值而工作；生命型的人，视集体如自己生命的全部。单位不欢迎雇佣型的员工，提倡事业型和生命型的员工。同样的，一个班主任老师只有把自己从事的职业提高到事业型和生命型的高度，只有对自己从事的职业充满无限的热爱之情，才会主动地加强自己的班主任专业化。

（二）培养读书的习惯

读书对一个人的影响是巨大的，上至达官贵族，下至黎民百姓，都对读书给予极大的关注。但这并不代表每人都具备善于读书的习惯。一般的公众不具备良好的读书习惯还可理解，作为为人师表的教师不具备良好的读书习惯，就值得反思了。

班主任要不断更新知识，不断改进自我固有的知识模式，养成善于读书的良好习惯。这里的习惯，应当涵盖读书的意识、兴趣、方法、目标等。作为一名教师，尤其是一名班主任，在读书的选择上，应当既注重“博”，更注重“专”，班主任应当读些专业化的书籍。

案例 2

大神探福尔摩斯家喻户晓，他给人的感觉是无所不知、无所不能的。有一天，他的助手华生突然对他的知识结构发生了兴趣，对他进行了一次知识结构的调查，结果使华生大为惊讶：文学知识——无；哲学知识——无；天文学知识——无；政治学知识——浅薄；植物学知识——不全面，但对于鸦片知之甚详，对毒剂有一般的了解，而对于实用园艺学却一无所知；地质学知识——偏于实用，但也有限，他一眼就能分辨出不同的土质，他在散步回来后，曾把溅在他裤子上的泥点给我看，能根据泥点的颜色和坚实程度说明是在伦敦什么地方溅上的；化学知识——精深；解剖学知识——准确，但无系统；惊险文学——很广博，他似乎对近一世纪中发生的一切恐怖事件都深知；提琴拉得很好；关于英国法律方面，他具有充分实用的知识。

思　考：

（1）福尔摩斯的知识是如此的有限，为什么能够无所不通、料事如神呢？

（2）班主任工作烦琐复杂，妥善处理各项事务最有效的途径是什么？

案例分析：

福尔摩斯与华生的对话就更值得玩味了。华生问他：“你的知识是如此的有限，为什么能够无所不通、料事如神呢？”福尔摩斯顺手打开面前的酒柜说：“我的酒并不多，也并不太高级，但什么酒放在什么地方我一清二楚，我可以随时拿到我所需要的酒。而很多人的酒柜很大，却杂乱无章，找不到他所需要的酒。”福尔摩斯最大的特点就是能够在需要的时候调动它所具有的有限的知识，当他觉得知识不够用时，及时补充知识。不能综合运用自己的知识，就像杂乱无章的酒柜，数量虽然不少，可惜实际需要运用的时候却无法调动。

（三）培养敏锐的问题意识

西方哲学史上有一个著名的故事：在剑桥大学，维特根斯坦是大哲学家穆尔的学生。有一天大哲学家罗素问穆尔："谁是你最好的学生？"穆尔毫不犹豫地说："维特根斯坦。"罗素又问"为什么？"穆尔回答"因为在我所有学生中，只有他一个人在听我的课的时候，老是露出迷茫的神色，老是有一大堆问题。"后来维特根斯坦的名气超过了罗素。有一次有人问维特根斯坦："罗素为什么落伍了？"他回答："因为他没有问题了！"

穆尔和维特根斯坦的问题，更侧重于疑问，我们所说的问题，当然有这方面的意思，但更指一种事实的存在。在我看来，具备敏锐的问题意识，是一个人不断进步的重要前提，也是一个人做好工作的重要保证。作为一名班主任，每天面对着几十名学生，什么情况都可能遇到，什么事情都可能发生，如果不具备一双善于发现问题的眼睛，你就不能胸有全局，就不能弘扬正气在恰当之时，就不能消灭倾向在萌芽之中，就有可能陷于被动。因此，一个优秀的班主任，首先应当是一个善于发现问题的班主任。

（四）培养立足本位的研究思路

有些班主任老师，尤其是年轻的班主任老师，觉着班主任工作纷繁复杂，茫然无边，备感无助。这固然与缺乏教育经验有关，但也与自己的研究视点有关。不少教师的失误在于把研究当成了空中的楼阁，漂亮而宏大，却云里雾里，力不从心，难以建构。而如果把研究当成坚实土地上的一座茅屋，朴素而自然，则必然了然于胸，举重若轻，日有所成。

立足本位的研究，是最聪明的选择，是最富有智慧的研究。作为当代职业教育的实践者，中职教师非常有必要从教育的基本问题出发探讨自己对教育的理解，并反思自己的教育实践范式是否符合职业教育自身发展的规律的要求，这样，教师推进的教育才是真正的教育。

每个学生都是一本需要仔细阅读的书，是一朵静等开放的花朵，是一支需要点燃的火把。在教育学生的漫漫长路上，让我们每一个班主任潜下心来教书，静下心来育人，解读班主任专业化，读懂班主任专业化，使自己在不断解读中前行，不断实践中提升！

第二节　班主任角色定位

班主任应充分意识到：教育经验固然重要，但经验不等于科学，某一教育措施在某一时刻对某一教育对象（或群体）是有效的，但在另一时刻对另一教育对象可能是无效的，甚至是有害的。因为教育对象是不断变化的，学生是活生生的具有不同个性的发展着的主体。教育主体的多元性，要求班主任扮演多种角色。

一、班主任是学生发展的"重要他人"

作为尚未成熟的个体，中职学生需要寻求学习和生活的导师、榜样、知己，需要寻求自己能够认同同时又能理解自己、引领自己的"重要他人"。美国心理学家艾里克森的研究认为：人生发展有 8 个阶段，每个阶段都有影响其发展的"关键影响人"（也就是"重要他人"），儿童期的关键影响人是母亲、父亲、家庭，学龄期的关键影响人则可能是邻居、教师、同伴和学校等。班主任很可能成为学生发展的关键影响人、成为学生心目中的“导师”。

（一）重要他人的内涵

“重要他人”是美国社会学家米尔斯在米德的自我发展理论的基础上首先明确提出的一个概念。所谓重要他人，是指对个体的社会化过程具有重要影响的具体人物。也有人将它解释为“对个体的自我发展（尤其是在儿童时期）有重要影响的人和群体，即对个人的智力、语言及思维方式的发展和对个人的行为习惯、生活方式及价值观的形成有重要影响的父母、教师、受崇拜的人物及同辈群体等”。学生的重要他人可分为两个层次：一是“互动性重要他人”，二是“偶像性重要他人”。互动性重要他人是学生在日常交往过程中认同的重要他人，往往会对学生社会化的所有方面产生潜移默化的影响；偶像性重要他人是指因受到学生特别喜爱、崇拜或尊敬而被学生视为学习榜样的具体人物，一般是社会知名人士，并非学生的直接互动对象。班主任与学生朝夕相处，对学生的身心发展产生着全方位的影响，是学生的互动性重要他人。作为学生的重要他人，班主任一般承担以下角色任务。

1. 家长代理人

家长代理人的角色是指班主任应像学生的父母一样，爱护学生，无微不至地关心学生的学习和生活，认真负责地对待学生，耐心周到地帮助学生，并对学生在学校的安全和保护承担监护人的责任。除了家长，学生的另一个社会权威就是班主任，他们常常自然地把自己父母具有的许多特征行为模式，把与父母相处的经验、体会，移植到与班主任的交往中，把对父母的期望寄托或转移到班主任身上。同时，家长把未成年的孩子送到学校，也是向学校，特别是负责学生全面教育的班主任移交了部分监护权。尤其是在寄宿制学校，班主任要像家长一样，对学生的学习、生活起居、人际交往等多方面予以关心和指导。

2. 学生楷模

班主任要对学生产生正面的影响，就必须首先成为学生的楷模，成为学生的榜样。教师往往被人们誉为“人类灵魂的工程师”，这不仅是对教师的赞誉，也是对教师的职业期待。中职学生正处在成长的过程中，模仿学习是他们的主要学习形式，班主任就是学生认同与模仿的主要对象，班主任的仪表体态、言行举止等都对学生起着很大的示范作用，并对学生的心灵产生深刻而久远的影响。

3. 心理保健者

学生在身心发展过程中不可避免地受到社会生活中各种因素的影响，可能会出现一些心理问题，这就要求班主任承担起心理保健者的角色任务。同时，生活质量普遍改善所带来的人们对心理健康预期的提高，也使人们对班主任增加了心理调节者的角色期待。在教育过程中，班主任必须充分了解每个学生的情感、意志、能力、气质、性格等心理特征，尊重他们的人格，有的放矢地实施教育，确保他们心理的健康发展。

4. 学生的朋友和知己

在现代社会，中职学生不仅希望班主任成为他们知识上的教师和生活中的导师，也非常希望班主任成为他们真诚、坦率、无话不说的挚友。班主任在教育教学过程中应更多地接近学生，认识到班主任与学生在人格上是平等的，班主任是值得学生信赖的朋友。只有赢得学生的信赖，学生才会向班主任敞开心扉，甚至把不愿告诉父母、同伴的秘密向班主任倾诉。当然班主任的朋友角色不同于一般的纯粹情感意义上的朋友，它同时还要服从教育目的，完成教育任务。

（二）班主任成为学生重要他人的意义

班主任从事的是以心育心、以德育德、以人格育人格的精神劳动。因此，要满足班主任的角色要求，履行班主任的基本职责，出色地完成班主任的工作任务。学生是活生生的个体，班主任就不能以对待物的方式来对待学生，而要努力成为学生心目中的重要他人。如果班主任没有得到学生的认同，那么班级教育和管理就只能成为冷冰冰的责罚、约束和控制，容易引发学生的逆反心理和消极行为，班主任要完成自己的工作职责就困难重重。相反，“亲其师，信其道”，一旦学生把班主任视为自己生命中的重要他人，对班主任产生了认同感和信任感，那么，班主任就容易调动起学生自我教育的自觉性和主动性，班主任工作的开展就会取得事半功倍的效果。

（三）班主任成为学生重要他人的原则

如果班主任想要成为学生成长中的重要他人，就必须全方位提高自己的能力和水平，以高尚的人格感染学生，以渊博的学识吸引学生，以出色的能力折服学生，以真挚的情感打动学生。

1. 以高尚的人格感染学生

人格不仅是一个人的个性特征的表现和精神境界的表征，而且还具有一种巨大的感召力、凝聚力和向心力。《意见》指出：“班主任岗位是具有较高素质和人格要求的重要专业性岗位。”人格健全的班主任有一种特殊的吸引力，会对学生产生积极的暗示作用。在向师性心理的作用下，学生会不自觉地学习、模仿班主任，从而受到“润物细无声”的教育。人格的教育作用往往是潜在的，但正因为如此，它所发挥的作用往往更本质、更深入、更持久。

2. 以渊博的学识吸引学生

班主任首先是教师，是知识的传播者和学习知识的引导者，没有基本的教学知识、精深的专业知识、广博的文化知识，很难得到学生的认同并成为学生的重要他人。同时，班主任工作面广量大、繁杂多样，涉及学生学习、生活的方方面面，如果没有渊博的学识，就很难做好班主任工作。

3. 以出色的能力使学生信服

能力是顺利实现某种活动的心理条件。能力表现在所从事的各种活动中，并在活动中得到发展。毫无疑问，有着出色能力的班主任才能受到学生的欢迎，成为学生成长中重要的人，从而对学生产生应有的教育影响。班主任工作的重要性和复杂性对班主任的专业能力提出了很高的要求，一个合格的班主任必须具备观察能力、组织管理能力、语言表达能力、协调能力等综合能力。

4. 以真挚的情感打动学生

现代教育观认为，教育的根本目的是促进学生的全面发展，它包括生理、心理、认知情感等方面的发展。研究表明，教育的效果不仅与班主任的知识结构和教学技巧密切相关，更与班主任对学生的情感态度有关。正向的情感态度往往能最大限度地激发学生的潜能，使教育效果呈几何级提升；而负向的情感态度则会使学生情绪低迷，甚至产生厌学情绪。班主任对学生的情感冷漠通常会带来学生对班主任的加倍冷漠，导致师生关系僵化，甚至形成敌对局面。因此，在工作中，班主任要保持积极的情感状态，努力开掘与学生情感沟通的渠道，合理调控自己的教育行为，用自己的情绪来影响、感化学生。

☞ 案例 1

在新学期第一次班会上，我让学生李红给大家做自我介绍，她顿时脸通红，而且埋着头一言不发，我一看情况不对，赶紧让她坐下。等班会课结束以后，我去找她谈心，没想到还是埋着头一言不发。我的直觉告诉我，这个孩子一定有心理阴影。后来，我就打电话向她的母亲了解情况，原来自从她的亲生父亲过世后，她就判若两人。知道了这些信息后，我决定，一定要帮助这个可怜的孩子走出阴霾。

于是我再一次找到她，把我了解的情况给她讲了，还告诉她我会尽最大的努力帮助她。我问她："你是否相信老师？"她点了下头，当时我非常高兴，我终于打开了困惑孩子许久的心结。再后来，我在课堂上有意地经常提问她，并安排基础好的同学给她温习功课，同时我的第一个学生家访也安排到她家。慢慢地，这个孩子改变了，她的性格越来越开朗，学习也越来越主动。现在她是班上第五名、全年级第十名，有一天她还对我说："老师，其实以前我是最恨学数学的，但是自从有了你的鼓励，我现在再也不怕数学了。"听到学生这番话，我瞬间格外地舒畅。

还有一件事也让我记忆犹新。我曾经在班上做过一次调查，我问班上有没有同学知道自己的生日，知道的请举手，刹那间全班同学的手高高举起。我又问有没有同学知道父母的生日，知道的请举手，这一次就惨了，我只看到了屈指可数的两只小手。

我并没有去责怪学生，但是从此我在班上做了一件事情。我把每个学生的生日都记下来，按照月份分好类，每当学生生日那天，我就会送一张生日贺卡给他们。一个学期过去了，当我再一次问有没有同学知道父母的生日时，我看到了一片壮观的景象。更让我感动的是，不知道学生什么时候知道了我的生日，每个同学在我生日时折一颗桃心给我，我打开了其中几颗，发现里面写得满满的祝福！

思　考：

（1）李红学习飞跃的主要诱因是什么？

（2）在日常学习生活中，班主任应该在哪些方面给学生以示范引领？

案例分析：

林崇德教授在他《教育的智慧》一书中这样写道："我认为，疼爱自己的孩子是本能，而热爱别人的孩子则是神圣。因为，不论是人类还是动物，都疼爱自己的孩子，鸡妈妈为护小鸡而奋起，狗妈妈为护幼崽而狂吠，这些都是一种本能的反应；父爱和母爱虽然比动物对幼崽的爱要丰富和广阔，但仍然是建立在血缘关系上的本能之爱。然而教师对学生的爱却出自职责，这种爱只讲付出不计回报；这种爱是神圣的；这种爱是教师教育学生的感情基础。学生一旦体会到这种感情，就会'亲其师'，从而'信其道'，也正是这个过程中，教育实现了其根本的功能。"由此可见，老师给予学生的真挚的情感至关重要。

每个学生都希望得到关心、信任、爱护和尊重，然而他们更看重的、更在意的是班主任的爱。班主任对待学生的态度如何，直接影响他们的学习、生活，甚至心理健康。因为班主任的爱不仅是一种态度，还是一种积极的心理暗示和评价。这种态度和评价在学生的心理上会产生非同寻常的心理分量，会让他们潜意识地联想到自己在老师心目中的位置。如果学生得到了这份爱，就相当于得到了肯定，得到了赞许，得到了奖励，他们就会产生一种健康的、积极的、愉悦的心态，在困难和挫折面前迎难而上，勇往直前。

班主任对学生的爱，表面上是一种教师对学生的爱，事实上是师生间一种爱的传递，我们关爱学生、尊重学生、信任学生，必然也会得到学生的尊重、信任、爱戴和支持。苏联教育学家苏霍姆林斯基说："我敢拿脑袋担保，如果学生不愿意把自己的欢乐与痛苦告诉老师，不愿意与老师开诚相见，那么，谈论任何教育终归都是可笑的，任何教育都是不可能有的。"所以我认为，如果班主任想要了解学生的内心世界，必须打开他们的心灵之窗，而打开心灵之窗的最好钥匙就是爱。

二、班主任是学生的主要精神关怀者

在班主任的地位和作用中，班主任最重要的角色是学生的精神关怀者。哲学家雅斯贝尔斯认为："教育过程首先是一个精神成长过程。"精神关怀更深刻、更准确地反映了班主任教育劳动的意蕴，体现了班主任以人为本的教育理念，表达了班主任对学生的情感和态度。因此，精神关怀应当成为班主任工作的核心内容。

（一）班主任精神关怀的内涵

教育是促进人发展的一种社会活动。教育虽然不可能解决所有的精神问题，但教育对人的精神关怀是非常必要的。没有教育赋予人的知识、技能、精神和信念，人类教育发展史只能是荒诞的，缺乏价值的。

黑格尔曾说过："人的本质是精神。"人不仅是一种客观的存在，而且是一种精神的存在。人的精神存在，是一个相对于物质存在而言的人的主观存在和意识存在，即对存在的意识状态、对生命的意义和价值的主观理解、感受、向往与追求，是人不同于物的根本标志，也是人不断超越物质世界，包括超越人自身的动力因素。“精神”的最终立足点或归宿应该是个人的精神生活，即与物质生活相对应的精神进化和满足。所谓精神生活，是指人在处理自我、他人与人类关系过程中的思想倾向、情感态度和价值意识。

教育就其本质而言，就是精神传递的过程。教育工作者就应该用精神关怀来充盈我们的教育，用精神关怀来培养学生的关怀精神。只关注学生勤奋学习和获取知识，不关注学生精神成长和人生幸福的教育是不完整的教育，同样，只关注学生学习，不关注学生精神成长的教师，不是一个好教师。教育是一个“动心”和让人“心动”的过程，而“动心”和“心动”的过程是通过精神传递来完成的。所以说，在学校教育中实施精神关怀，这不仅是一个教育理念问题，还是一个教育本质问题，同时也是教育者的责任问题。

（二）精神关怀是学生成长的需要

学生的成长过程是身体发育和精神发育的过程。学生的精神发展需要一个稳定和谐的、充满精神关怀的环境。学生在成长过程中不可避免地会出现心理偏差，需要精神关怀来发现、分析、矫正，学生的心理创伤需要精神关怀来抚平。目前，就家庭教育来讲，存在着过分重视物质关怀、对孩子学业期待过高和对学校教育过分依赖等现象；就社会教育而言，则存在着成人追求多元化、成人社会教育意识缺失等问题。这些问题的存在给学生带来了难以回避的负面影响，这就对学校教育提出了更高的要求，学生对精神关怀需求更为突出。当下，青年学生拜金主义、享乐主义、奢靡之风盛行，从学生现状来看，学生需要精神关怀，需要班主任浓浓的关爱。

（三）精神关怀是促进班主任专业发展的关键

班主任的教育劳动是一种专业性的劳动，要胜任班主任的教育劳动，就需要逐渐地走向专业化。专业化的班主任首先应具备实施精神关怀的意识和素养，更应具备实施精神关怀的具体操作系统，使精神关怀贯彻到教育的全过程，使每一位学生在充盈着精神关怀的环境中健康成长。

精神关怀是班主任专业化的核心内容。教育实践表明，一个班主任仅仅拥有知识和能力，还不足以成为好班主任；班主任对学生的精神关怀，班主任自身的情感人格，是影响班主任工作质量和水平的重要因素。精神关怀的深层次意义在于为班主任专业化成长提供了不竭动力。班主任专业发展具有双重含义：从班主任个体角度来看，专业发展是一个不断学习、不断沉淀的过程，它伴随着班主任的整个职业生涯；从班主任职业角度来看，从职业到事业再到专业，作为社会分工的班主任也是一个不断发展、不断完善的过程，即便达到了专业层次，它也有一个不断提升的要求，而不可能一蹴而就，臻于至境。维持班主任专业发展的最大动力还是来自班主任内在的精神需求和道德鞭策，主要表现为对教育事业的热爱和责任感。正是这种热爱和责任感促使班主任不断完善自我，以适应社会发展对班主任提出的更高要求。

（四）班主任精神关怀的具体要求

精神关怀的内容是很广泛的，关心、理解、尊重、信任是精神关怀的基本表现，也是学生基本的精神需求。因此，在实际工作中，班主任精神关怀应当体现在注重学生的个体差异，关注学生的精神需求，唤醒学生的主体意识，促进学生的全面发展等方面。

1. 注重学生的个体差异

注重学生的个体差异，研究其产生和发展的规律，以便恰当地采取有效对策与方法，是班主任精神关怀的首要问题。苏霍姆林斯基曾说："最主要的是在每一个孩子身上发现最强的一面，找出他作为人发展根源的'机灵点'，做到使孩子能够充分地显示和发挥他的天赋素质，达到他年龄能达到的卓越成绩。"教育成功的艺术在于善于察觉"学生的天赋"，发现学生的个体差异，以便确定使其得以施展智力和创造力的领域。

在班级教育过程中，班主任注重学生的个体差异，主要包括三方面的内容：首先，关注学生的个体差异，发现学生的特殊才能和"闪光点"，如人际交往的艺术、灵活的动手能力等方面的特点，并予以针对性的培养和引导。其次，对有不良行为倾向、学习习惯不好和情绪不稳定的学生，帮助其分析原因，予以恰当的帮助和矫正。最后，帮助不同的学生找到"表现自己"的领域和方面，发现自己的长处，并且达到某种"完善的高度"，认识自我，树立自信心，让每一个学生都能找到自己个性和才能发展的独特性和成长点，从而调动学生内在的学习积极性，引发其学习的兴趣。

2. 关注学生的精神需求

学生的需求包括物质需求和精神需求。班主任精神关怀的真实意蕴不是教化学生在空洞的精神王国里生活，而是要告诫学生在物质文明建设的同时，不要陷入功利性泥潭不能自拔。青少年在此社会转型时期出现的道德失范、心理失衡等问题，本质上就是独尊技术知识教育、缺乏精神关怀教育的恶果。班主任在精神关怀上要引导学生实现从功利物欲到精神境界的升华，使学生执着于崇高真诚和友善的精神追求。

3. 唤醒学生的主体意识

学生主体意识的觉醒，是青少年学生提升思想品德境界和全面发展的重要前提。班主任对学生进行精神关怀，不是只向学生灌输一些思想道德修养的知识，或将一些外在的社会道德规范强加给学生，而是注重唤醒学生的主体意识，不断地激发学生的主体发展欲望，使之自觉地将外在的社会规范、要求内化为自身的成长、发展需要，从而在内心获得一种提升境界、完善人生的动力。班主任对学生的精神关怀，能激发学生丰富和发展道德需要，使他们通过自身德性的提升和完善，体验精神上的幸福感。

案例 2

在英国，一个爱"捣乱"的小学生，他为了看一看动物内脏是什么样子，就和几个小朋友一起把校长心爱的狗杀了，校长得知后非常生气，但处理方法却令人耳目一新：校长罚学生画一幅人体骨骼图和一幅血液循环图。学生知道自己惹了大祸，便认真地画好两幅图交给了校长。校长见学生认错态度较好，图画得不错，便免去了这几个学生的处分，杀狗的事就这样了结了。学生在画图的过程中深深体会到自己知识的缺乏，从此发奋学习。那位带头杀狗的学生就是后来获得诺贝尔奖的解剖学家麦克劳德。这位校长以奇特的教育方式，既让学生认识了错误，也保护了他的自尊心和好奇心，使他得到一次学习的机会。如果当时那位校长从个人的恩怨出发，给学生处分，甚至将其开除，很可能就断送了麦克劳德的前程。

思 考：

（1）班主任要有"大人不计小孩过"的宽广胸怀，应该摈弃稍有错误便给处分的"杀鸡给猴看"的教育方式。

（2）如果换作你，学生伤害了你心爱的东西，你会如何应对？

案例分析：

"捣乱"的学生在每个班级都可能有，但处理他们的方法各不相同，不同方法所带来的结果也迥然不同。案例告诉我们，不是所有的错误都一定要给处分，也不是所有的教育一定就是不能容错，这位校长奇特的教育方式既帮助学生认识了错误，也保护了他的自尊心和好奇心。如果当时那位校长从个人思想出发，直接处分学生，很可能就葬送了麦克劳德的前程。现代社会的高度分工和市场经济的功利主义，使人过分以社会的需求来塑造自身。因此，教育成了造"零件"、成"器"的教育。作为班主任，不能只求机械化地打造每一个学生，而应该从学生的主体出发，不断打磨他，发现他的特殊才能和闪光点。

4. 促进学生的全面发展

班主任应当把对学生的精神关怀放在优先地位或基础地位。只有重视精神的关怀和培育，才能使学生理智地使用自己所学的知识和技能造福社会、家庭和个人，成为全面发展的人，并能够以诚挚的心情对待他人，为他人负责；才能使他们的行为表现出自我控制而能够拒绝诱惑，不顺从自私而行的冲动，一贯地实践为他人负责的原则；才能使他们的言行一致，能够按照自己的价值观而生活，从而使其成为具有美德的个人。反之，放松或忽视对学生精神的关怀和培育，就可能造成学生的品德不良和信念不够坚定，由于缺乏自我控制力，学生容易成为私欲的奴隶。班主任的责任就是通过对学生的精神关怀，培养学生的整体素质，促进学生全面、均衡发展。

三、班主任是全面关心学生发展的人生导师

（一）班主任全面关心学生发展的内涵

全面关心学生发展主要包括三层意思：关心学生的全面发展、关心学生的终身发展和关心全体学生的发展。

1. 关心学生的全面发展

学习是学生的天职，学生必须把知识学习作为自己教育生活的重要任务。同时，学生还需要实现人的个性化发展和社会性成长。针对学生的身心发展特点，班主任要从以下几方面关心学生的全面发展。一是关心学生的思想发展；二是关心学生的知识学习；三是关心学生的社会成长；四是关心学生的身心健康。

2. 关心学生的终身发展

全面关心学生的发展，就是要拓展学生的发展空间，关注学生当下的发展和未来的发展，把发展的可能性变成发展的现实性和持续性。

教育要为学生的终身发展负责。学生的当下发展和未来发展之间是不矛盾的，二者相互渗透，相互影响，共同促进学生的成长。班主任在帮助学生脚踏实地、循序渐进地实现当下发展的同时，还应"风物长宜放眼量"，引导学生树立远大理想，规划职业生涯，为自我发展定下目标和勾画蓝图。班主任要让学生认识到，除了学习知识之外，还应该在德性、体格、情感、意志、能力等方面全方位地锻炼自己，提高自己，为将来走向社会奠定基础。

3. 关心全体学生的发展

教育具有甄别和选拔功能，但这并不意味着就要只盯着学生的成绩，根据成绩论资排辈，把学生分为三六九等，而应该关心全体学生的发展，真正实现"让每一个学生都能成功"这一教育目标。

当然，关心全体学生的发展并不是要实行教育平均主义，给予每个学生完全相同的教育，让他们成为标准化的"零件"。恰恰相反，关心全体学生发展的真义是对每个学生实行适合的教育，让他们成长为个性化的社会人。每个学生都是独特的个体，呈现出各不相同的个性化特征，因此在班级教育和管理中，关心全体学生的发展意味着在态度上对学生一视同仁的同时，在教育策略上必须对学生进行有针对性的、区别化的教育。班主任要有全面的发展眼光，发现学生的特长和潜能，把握每个学生的发展特点，分析他们的发展优势，对其进行个性化的教育与指导，让每一个学生都能成为独特的"我"。

（二）班主任全面关心学生发展的意义

1. 全面关心学生发展是教育目的的根本要求

《中华人民共和国教育法》规定："教育必须为社会主义现代化建设服务、为人民服务，必须与生产劳动相和社会实践相结合，培养德、智、体、美等方面全面发展的社会主义建设者和接班人。"这一表述应该视为国家关于教育目的的权威表述。

教育目的是一种宏观描述，在具体的实践过程中，首先，班主任需要对其内容进行分解、细化，落实到学生素质结构的每个方面，帮助学生实现全面发展；其次，班主任要对教育目的的实现过程有全面的了解和深刻的把握，在此基础上合理规划教育目的实现的目标、阶段、途径和方法，全程关注学生的发展；最后，由于学生发展水平和能力的差异，教育目的在每个学生身上达成的程度、方式和效果都会有所不同。因此，班主任还必须根据学生的实际情况提出具体的要求，关心全体学生的发展。

2. 全面关心学生发展是学生成长的本质需求

学生的发展在本质上是人的发展。马克思主义哲学告诉我们，人的发展应该是全面的发展。因此，班主任全面关心学生发展是满足学生作为人的本质需求，是推进学生生命走向完满的基本路径。在工作中，班主任应该正确理解人的全面发展的内涵，首先要着眼于学生基本素质的全面达标，让学生成为一个完整的人；其次要注重学生素质发展的平衡性和协调性，让学生成为一个和谐的个体；再次要鼓励学生“跳一跳，摘果子”，在现有的发展基础上，尽自己最大的能力追求更高、更强、更远的目标，让学生成为一个成功的个体；最后要增强学生个性发展的意识，培养学生自主发展的能力，让学生成为一个自由的个体。

（三）关心学生全面发展对班主任的具体要求

1. 更新教育理念，引导学生全面发展

“差之毫厘，谬以千里。”如果教育理念出现了偏差，那么教育行动就会严重偏误，甚至会与教育目的南辕北辙、背道而驰。正确、先进的教育理念是行动的动力，是推动教育行动向前发展的动力。因此，在实际工作中，班主任首先必须树立先进的教育理念。随着社会的变迁，人们对人的认识、对教育的理解会不断深入，这就要求班主任能够敏锐地把握教育改革和班主任工作的最新动向，在审问、慎思、明辨的基础上有选择地予以接纳，以锻铸教育思想，优化教育理念。

2. 搭建成长平台，鼓励学生自主发展

全国模范班主任任小艾在调查中发现，学生不喜欢的老师主要有“保姆型”“警察型”“保姆型 + 警察型”等类型。不管是事必躬亲、大包大办的“保姆型”班主任，还是“严防死守”、独断专行的“警察型”班主任，虽然他们的行为方式有所不同，但是行为背后却有相似的学生观，即学生是不成熟的个体，需要班主任加以约束和呵护。这种学生观或许不错，但是，如果对未成熟的学生进行保姆似的呵护或警察般的约束，学生没有自主发展的空间，缺乏自我锻炼的机会，那么学生如何能够走向成熟呢？特别是对处于心理断乳期的中学生而言，过于精细的呵护或过于严厉的管束不仅不会有好的教育效果，而且还容易激发他们的逆反心理和对立情绪。因此，班主任应该理解并尊重学生的独立自主意识，准确把握学生的知识和能力水平，为学生提供自我锻炼和自我展示的平台，让学生在自主实践中实现自主发展。

3. 实施多元评价，支持学生个性发展

“全面发展”和“个性发展”在语义上具有一定的相对性，但在实质上，二者之间并不存在对立关系。根据马克思关于人的学说，人的全面发展的本质是促进每一个人的个性“获得充分的自由的发展”。这可以从两个方面来理解：“首先，‘全面发展’是‘个性发展’的基础。没有人基本素质的相对完整、和谐的发展，个性及特长的发展就缺乏基础，就会失衡，这样的个性和特长发展实际上就是片面和畸形发展。其次，‘个性发展’又是‘全面发展’的动力。人的发展要想真正形成自己突出的个性特点并具有较强的可持续性，就必须使自己的素质达到一定的全面性，特别是在人的那些最基本的素质方面，更是不能缺失。这样，‘个性发展’就成了人追求‘全面发展’的动力。”

在学生评价中，班主任应该借鉴多元智能理论，善于发现学生的优点，鼓励学生在全面认识自我的基础上扬长避短，实现“合格＋特长”发展。班主任要辩证看待学生的个性特征，有时候，从一个角度来看，学生的个性是缺点；如果从另一个角度来看，可能就是其独特的优势。

第三节　班主任工作规范

一、班主任的工作职责

班主任岗位的主要职责有十条。

第一条：对学生进行政治思想、思想品德、职业道德教育。

（1）按照学校德育工作规划和计划，有目的、有计划地进行政治思想品德教育，落实各项管理制度，培养正确的政治思想观点和良好的行为习惯与心理品质，创建良好的班集体，形成积极向上、团结友爱的班风。

（2）领导和组织学生参加学校的各项活动，培养集体主义思想。

（3）定期与家长取得联系，密切配合，三位一体，共同教育学生。

第二条：认真制订班主任工作计划，确定班级目标管理；确定学生全面发展的培养目标，既要有德、智、体、美、劳全面提高的目标，又要有学生个性特长充分发展的目标，既要有优等生、中等生的发展目标，又要有后进生的提高目标，学期末做好工作总结。

（1）制定班规班约，争创优秀班集体。

（2）班主任要做到“六到位”，即升旗到位，出操到位，例会、班会到位，学生活动到位，劳动、卫生到位，学生就寝到位。

第三条：教育指导学生提高学习质量。

（1）教育学生树立远大理想，明确学习目的，端正学习态度，寓思想教育于学习中。

（2）指导学生掌握科学的学习方法，提高学习效率，学好各门功课。

（3）了解和研究学生的学习情况，经常与任课教师交换意见，平衡和控制学生的作业负担。

（4）面向全体学生，培养优秀生和和特长生，转化差生，创造比、学、赶、帮、超共同进步的气氛。

第四条：关心学生的生活与健康。

（1）积极组织和发动学生参加文体活动。配合体育教师上好“两操一课”。

（2）教育学生爱清洁、讲卫生，养成良好的生活习惯和卫生习惯。

（3）负责学生的考勤。

（4）组织指导学生开展有益于健康的课外活动。支持学生参加社团，寓教于乐。

（5）经常进行安全教育、法制教育和国防教育。

第五条：加强劳动教育和艰苦奋斗教育，组织领导学生参加学校安排的公益劳动和公益活动，对学生进行劳动观点和劳动技术教育，培养一定的劳动技能。

第六条：领导班委会工作，培养班干部并指导本班共青团工作。有计划、有目的地组织主题班会。每月至少组织一次主题班会。主题班会要有教案，每学期将四次主题班会总结交学生科。

第七条：调查研究，全面了解学生，积累学生思想品德、学习成绩、健康状况等方面的资料，有针对性地做学生工作。学期结束时，实事求是地给学生写出操行评语。操行评语是对学生一学期来的思想品德、学习、劳动、健康状况等做出的全面总结和评论，既是教育的结果，又是进一步教育的依据；既是考察学生品德行为的方式，又是对学生进行教育的手段，班主任应认真对待。

第八条：负责保护好教室内的一切设备及公共财物，对学生进行爱护公物教育。

第九条：努力提高班主任的自身素质，搞好德育科研。要深化教育改革，必须“向教育科学要质量”。班主任工作实行科学管理，关键在于提高班主任自身的素质，班主任每年至少写一篇德育工作论文。

第十条：搞好班主任工作资料的积累（如计划、总结、主题班会、学生考勤、成绩、家访记录、多种活动记录等）。

二、班主任的常规工作

（一）一日常规

（1）按日检查和记载本班学生的出勤情况。时刻关注学生的一日常规，发现问题（包括学生健康问题）要及时向学校领导汇报。

（2）与任课教师配合，指导学生的早读。

（3）每日必须到场组织学生做早操、课间操。

（4）保持学校和班级的清洁。组织学生做好每日的教室、寝室和清洁区的清洁工作，做到桌椅整洁，地面干净，内务摆放有序，卫生工具排列整齐。

（5）引导学生节约粮食，教育学生节约用水、用电和爱护公物，做到桌面无刻画、墙壁无污痕、图书无破损。

（6）时刻注意学生安全，严防事故发生。

（7）勤观察、了解、检查学生学习、课内外纪律、清洁卫生等情况，发现个别学生的行为不符合《中职生日常行为规范》及相关规定，及时教育指正，并做好考核记录。

（8）下晚自习后，到公寓检查学生的就寝情况。

（二）周常规

（1）每周一组织好本班学生参加升旗仪式。

（2）组织好本班学生的课外活动，协助体育教师组织学生参加体育锻炼。

（3）做好每周的班级工作计划，开展好班会活动。有系统地对学生进行常规教育。对违反校规、校纪的学生进行耐心细致的教育，决不允许体罚和变相体罚。

（4）凡学校、年级组织的活动都要做好工作组织，并与有关教师共同管理，严防意外事故发生。

（5）每周按学校安排组织学生进行一次彻底的大扫除，以确保学生学习环境的舒适、卫生。

（6）要掌握各科的作业量，及时与任课教师协调，控制总量，减轻学生过重的课业负担。

（7）有计划地调整学生座位，以保护学生视力。

（三）月常规

（1）每月指导学生出一期班级黑板报。

（2）每月召开一次班团队干部工作会议，听取班团队干部工作汇报，并指导班团队干部开展工作。

（3）每月组织学生召开一次主题突出、目的明确的主题班会。

（4）每月有计划地进行家校沟通（至少四次），并做好记录，帮助家长解决一些子女教育问题。

（5）对问题学生、后进生要建立档案，制订帮教计划，跟踪、考察、关心、热爱他们，促其转化。

（四）学期初常规

（1）做好学生注册工作，并查收假期作业。

（2）根据本班学生实际，制订班级工作计划，确定奋斗目标。

（3）在开学后，按学校要求保质保量完成学校环境卫生清理工作。

（4）在正式上课前，要编排好学生座位以及集体活动的排队顺序。

（5）在开学一周内，对本班学生的思想认识、行为表现、生活状况、家庭环境、学习基础、身体健康情况进行初步摸底。

（6）改选和培养班团队干部。

（7）完成班主任手册有关项目的填写。

（五）期末常规

（1）组织学生温书迎考，考后做好质量分析。

（2）写好学生操行评语，填好学籍表、学生素质手册，写好班主任工作总结。

（3）做好“三优”评比工作，按要求上交相关表册。

（4）整理好问题学生、后进生档案，并将档案与他们见面，使他们能见进步、知其不足、受到激励。

（5）汇报班级体育锻炼达标情况。

（6）清点班级财产，并与总务科做好交接工作。

（7）编排班级学生假期通信网络。

（8）布置好假期工作，做好假期安全教育。

三、班主任工作的原则和方法

（一）班主任工作的原则

1. 学生主体原则

所谓学生主体原则，是指学生是认识的主体，是自我发展的主体。班主任要做好工作，就应该把学生当成教育过程的主体，当成班级管理的主体，充分调动班级每个学生的积极性，充分尊重并努力发挥学生的主体作用。贯彻学生主体原则，要求深入了解学生的需要，调动学生的积极性，引导学生分析和评价。

2. 因材施教原则

因材施教是指班主任在班级管理中，要从学生个体的实际情况出发，根据他们年龄特征、个别差异进行不同的教育。班主任要达到好的教育效果，就必须考虑学生的性别、年龄、认知方式、能力、性格、气质、成长背景等方面的差异，有针对地进行教育。

贯彻因材施教原则，要求：① 全面、深入、客观地了解学生的个性特点和内心世界。② 根据学生的年龄特点和个性特点确定适合的教育政策。

案例 1

冉有问：“闻斯行诸？”子曰：“闻斯行之。”公西华曰：“由也问：‘闻斯行诸？’子曰：‘有父兄在。’求也问：‘闻斯行诸？’子曰：‘闻斯行之。’赤也惑，敢问。”子曰：“求也退，故进之；由也兼人，故退之。”（《论语 · 先进第十一》）

选文的大意是：冉有问：“先生，我要是听到正确的主张，就应该立刻去实行吗？”孔子马上回答：“对，应该立刻实行。”冉有走后公西华奇怪地问：“先生，一样的问题你的回答怎么相反呢。”孔子笑了笑说：“冉有性格谦恭，办事犹豫不决，所以我鼓励他遇事果断，但是子路逞强好胜，办事不周全，所以我就劝他遇事多听取别人的意见，三思而行。”

思　考：

（1）对相同的问题孔子为什么给出不同的答案？

（2）什么是“因材施教”？

3. 集体教育原则

集体教育原则是班主任在工作中，要注意依靠学生集体，通过集体教育个人，充分发挥集体在教育中的作用。贯彻集体教育原则，要求：① 建立良好的班集体，通过集体教育个人。② 加强教育的针对性，通过个人教育集体。

案例 2

有一天，社员彼特连柯上班迟到了。马卡连柯得知了这件事情的报告后，他把彼特连柯所属分队的队长叫了来，对队长说：“你的队里有人上工迟到。”“是的，彼特连柯迟到了。”队长答。“以后不要再有这样的情形。”“是，以后不会有了。”

可是彼特连柯第二次又迟到了，马卡连柯仍然不把他本人找来，而是把全分队集合起来，并责备他们说：“你们分队里的彼特连柯第二次迟到了。”

马卡连柯责备了全分队，分队集体保证以后不会再有这样的情形。散会后，分队立刻教育彼特连柯，并对他说：“你上工迟到，这就等于说我们全分队都迟到了。”该分队以后就把彼特连柯当作分队的一个成员，当作整个集体的一分子而向他提出了许多严格的要求，而彼特连柯也就在集体的影响下，克服了迟到的现象。

思　考：

（1）针对彼特连柯“迟到”，两次教育为什么效果不同？

（2）什么是“集体教育”？

4. 民主平等原则

民主平等原则是班主任在工作过程中，要认识到教师与学生在人格和社会地位上是平等的，在班级管理中要尽量尊重学生，信任学生。贯彻民主平等原则，要求：① 尊重学生的个性，严禁简单、粗暴地对待学生。② 依据学生的意愿和利益来管理班级。③ 严格要求学生。

5. 严慈相济原则

严慈相济原则是班主任在工作中，要把热爱学生与严格要求学生相结合，爱寓于严、严出于爱，让学生不断获得和产生成长与进步的内在动力。贯彻严慈相济原则，要求：要真诚地热爱关心每一位学生的成长，要向学生提出恰如其分的要求。

6. 以身作则原则

以身作则原则是指班主任在工作中，要严格要求自己，率先垂范，要求学生做到的自己先要做到。贯彻以身作则原则，要求：① 勤于学习，自我提高。② 严于律己，率先垂范。

③ 言行一致，持之以恒。

7. 实践活动原则

班主任在班级管理中组织丰富多彩的活动教育学生，这就是实践活动原则。开展各种各样的活动是教育学生的手段，也是了解和研究学生的方法。班主任要引导学生努力实践，敢于实践，做到言行一致。

8. 公平公正原则

公平公正原则是指班主任在班级管理中，能一视同仁，不论成绩好坏、表现好坏等都公平对待。

9. 启发疏导原则

班主任在教育学生中，循循善诱，以理服人，从提高学生的思想认识入手，调动学生的主动性，促使他们积极向上。启发诱导原则是《学记》中最基本的一个教学原则。《学记》认为："君子之教，喻也。"所谓"喻"，即启发诱导。

（二）班主任工作的方法

1. 说理教育法

说理教育法是指通过摆事实，讲道理，启发学生积极思考，从而提高思想认识的一种工作方法。其特点是：一是强调正面教育，提高思想认识；二是注意启发自觉。

2. 激励法

激励是指激发人的动机和内在动力，激励人朝着所期望的目标采取行动的心理过程。激励的基本类型：责任激励、理念激励、奖罚激励、荣誉激励、情感激励、竞赛激励。掌握激励法的关键不在于区分激励法的类型，或者无论运用哪种激励方法，最关键的是由内而外地激起学生上进的动力。

3. 榜样示范法

榜样示范法是指以榜样的人格力量、非凡成就等引发学生在感情上的共鸣、给学生以鼓励、教育、鞭策，激发学生模仿和追赶的愿望。

在班级管理中，班主任给学生树立的榜样一般有：以班干部和优秀学生作为榜样示范；班主任的榜样示范；选取社会先进典型人物作为榜样。要遵循以下三点：① 榜样的选择要注意时代性；② 榜样要典型；③ 榜样的选择要遵循可亲、可近、可学的原则。

4. 角色模拟法

通过各种教育形式，让学生进入不同情境，担当不同角色，去表演、感觉、体验、理解角色，从而掌握现代道德观念和行为规范。

案例 3

上海星期 8 小镇是国内首家采用星期 8 模式的儿童娱乐场所，专为 3～13 岁孩子创建的角色扮演主题乐园：以 2/3 的比例打造真实生活场景，既有设施林立的街道，又有各式风格的建筑，更有各色不同品牌商店和工厂，是儿童体验、娱乐、创造、学习的情景世界。在这里，4 岁的牙医、5 岁的女主播、6 岁的消防员、7 岁的司机、9 岁的飞行员、10 岁的警察……

星期 8 小镇是一个寓教于乐的情景体验天地，由大大小小的约 45 个主题场馆组成，每个主题馆设计上皆具有较强的真实感，让孩子在逼真的环境中，通过亲自动手参与、快乐的角色体验，激发孩子的潜能与兴趣，全面提升孩子的动手能力，协调、统筹能力，团队合作、与他人相处的能力，战胜挫折的能力这 4 种“关键能力”。

5. 暗示法

暗示法是指在无对抗的条件下，用含蓄、诱导的间接方式对人们的心理和行为产生影响，从而诱导人们按照一定的方式去行动或接受一定的意见，使其思想和行为与暗示者期望的目标相符合。暗示法可分为环境暗示、语言暗示、行为暗示、经验暗示、印象暗示。这五种暗示中，环境暗示和行为暗示尤为重要。班主任加强班级物质文化和精神文化建设，为学生的发展布置朴素、大方、优雅的班级环境，营造一个和谐、温暖的班级氛围，这就是环境暗示。班主任注重自身修养的提高，发挥言行示范作用就是行为暗示。

案例 4

第二次世界大战期间，由于美国兵力不足，而战争又的确需要一批军人，于是美国决定组织关在监狱里的犯人上前线战斗。为此，美国特意派了几个心理学专家对犯人进行战前的训练和动员，并随他们一起到前线作战。训练期间，心理学专家对他们并不过多地进行说教，而特别强调犯人们每周给自己最亲的人写一封信。信的内容由心理学家统一拟订，叙述犯人在狱中的表现是如何好、如何改过自新等。专家要求犯人们认真抄写后寄给自己最亲爱的人。三个月后，犯人们开赴前线，专家们要犯人给亲人的信中写自己是如何做到服从指挥、如何勇敢等。结果，这批犯人在战场上的表现比起正规军来毫不逊色，他们在战斗中正如他们信中所说的那样服从指挥、勇敢拼搏。

思　考：

（1）是什么使得犯人有了和正规军一样的战斗力？

（2）班级管理过程中如何有效使用“心理暗示”？

6. 契约法

契约法是指在班级中师生通过契约明确各自在人、事、物等中的权力与义务，进而实现管理的目标。在传统的班级管理中，班主任是班级管理的主体，学生的主体性得不到重视，学生的权利得不到尊重，自主意识就更无从谈起。而班级契约化管理，将师生双方放在平等的地位，允许双方充分表达自己的意愿和想法，双方自觉履行契约所规定的权利、义务，促进了学生在班级管理中主体地位的体现。契约法是班级管理的新走向，分为正式契约和心理契约两种基本形式。正式契约是正式与具体的，它对权利与义务进行了明确的规定，班主任和学生协商后，只要各项条款清楚明确，双方都感到公平合理，签名同意后契约即可生效。

第四节　班主任工作的意义

班级是学校教育、教学工作最基层的组织单位，而班主任则是这个单位的领导者、组织者和管理者。班主任工作是塑造学生灵魂的工作，班主任对创设良好的班集体，全面提高学生素质，陶冶学生情操，培养全面发展的人才，具有举足轻重的地位和作用。

一、班主任是班集体的组织者和教育者

班级是学校教导工作的基本单位，也是学生学习、活动的基层组织。当学校把几十名来自不同家庭、不同学校的年龄相当、身心发展水平相近的学生编成一个班级的时候，还不能说这样的班级就是一个集体。它需要由教育工作者通过大量的工作，有目的、有计划地组织、培养而建设成为一个真正的集体。班主任对班集体的组织建设负有专门的责任。

二、班主任是学生全面发展的指导者

中职学生正处在身心发展的重要时期，他们要长身体、长知识、增长独立生活和工作的能力，需要班主任专门指导，从而在德、智、体诸方面得到全面的发展。特别是在当今时代，班主任不仅要教会学生去适应社会生活，同时还要帮助他们开发潜能，指导他们去创造新的生活。班主任的工作就是要不断开发学生的潜能，使学生的创造力得到充分发展，从而为社会做出更大贡献。班主任对学生的全面发展起着重要的作用。

三、班主任是联系班级中各任课教师的纽带

在一个班级中往往有好几位教师任教，他们都肩负着教书育人的重任。但是教育、教学的成果不是靠哪位教师单独创造出来的，而是教师集体长期共同劳动的结晶。班主任的作用就是使各位教师互相配合，步调一致，统一教育要求，形成教育合力，以增强教育的整体效应。

四、班主任是沟通学校与家庭、社会的桥梁

学生处在学校、家庭、社会三种教育的交互影响下，从多方面接收信息、受到各种影响。班主任正是按照国家的教育目的、教育政策以及学校的教育要求来协调各方面对学生的影响

的，在沟通学校、家庭、社会教育的过程中起着桥梁作用。

五、班主任是学校实施教育教学工作的得力助手和骨干力量

学校一般是通过班级来开展教育教学工作的。国家教育目的的贯彻落实，学校工作计划的实施，各项活动的开展以及学生的成长都取决于班级工作的开展，取决于班主任工作的质量。因此，班主任在学校工作中有着特殊的地位和作用，他是学校领导的得力助手，是办好学校的骨干力量。与其他教师相比，班主任与学生接触最多，对学生影响最大，对学校各项工作的顺利进行以及对学生的个性形成与发展起着更重要的作用。因此，学校应当选派最优秀的教师来担任班主任。

第五章　班级管理

班级管理是一个动态的过程，是一种有目的、有计划、有步骤的社会活动，这一活动的根本目的是实现教育目标，使学生得到充分的、全面的发展。

第一节　班级管理理念

理念，顾名思义，即理性的观念或想法。管理理念，即理性的管理观念或想法，是指作为班级工作的领导者、组织者和实施者的班主任，如何充分调动学生的主体性，如何对学生进行思想品德和行为规范的教育，如何指导和帮助学生学习，如何构建优秀班集体的观念和想法。管理理念的形成和成熟不仅需要班主任具有强烈的事业心、责任感，更需要班主任潜心教学，摸索积累，不断提炼。

一、共同参与，培养学生的主人翁意识

班级建设过程中，班主任是主导，学生是主体。班主任要发挥学生的主体作用，调动他们的积极性，让每一个成员都真正拥有主人翁的自豪感和责任感，学生有了这种责任感，就会产生极强的内驱力，积极参与班级建设，自我完善，进而提升班级的凝聚力。

1. 在活动中培养学生主人翁意识和集体荣誉感

学生的个性特征因人而异，兴趣爱好各不相同，有针对性地开展灵活多样的集体活动有助于培养学生的主人翁意识。集体活动为同学们提供了表现自己的机会，使他们的聪明才智得以发挥，特长得以展示，表现欲望得到满足，同时也为学生之间架起了沟通的桥梁，使他们由相识到相知、相容、相助，活动期间你拼我赶激发了他们拼搏向上的劲头，他们的人格受到尊重，参与意识、主人翁精神大大加强，使学生成为班级真正的主人。

2. 在班级建设中，建立平等治和谐的师生关系

班主任要关心爱护每个学生，尊重学生的人格，平等对待每个学生，营造一种融洽和谐的班级气氛，让每个学生真正从心里感到集体是温暖的。这种和谐健康的气氛使学生得到潜

移默化的影响，心理研究证明：人的友谊的深浅，感情好坏，对交流思想有极其重要的影响。由此可见，和谐的班级气氛、师生关系对学生思想、班风的形成起着相当大的作用。

3. 放权让位，培养学生班级活动的自主性

苏霍姆林斯基说："只有能够激发学生去进行自我教育的教育，才是真正的教育。"在班级工作中，班主任应坚持"说服为主，灌辅为辅"的原则，变"一言堂"的说教为"群言堂"的辨析。班级管理过程中，应让学生自己讨论、计划、安排班级活动，从内容的确定、形式的选择，到具体的活动实施以及结果评价，都由学生自己来进行。结合班级特点，安排有班级特色的活动。

二、关心、关爱每一个学生

瑞士著名的教育家裴斯泰洛齐曾经说过这样一段话："从早到晚我一直生活在他们中间……我的手牵着他的手，我的眼睛注视着他们的眼睛。我随着他们流泪而流泪，我随着他们微笑而微笑……"魏书生也曾经说过："要珍惜学生心灵中闪光的东西，以他们自己的光芒，照亮自己的黑暗。"美好的人生为爱所唤起，蹲下来，用欣赏的眼光去看待学生，就会发现，其实每个孩子都很努力。关心关爱学生，首先要求教师做到客观公正地看待学生。教师要善于发现每个学生的闪光点，精心呵护，正确引导。即使是所谓的"差生"，也应该相信他们不是天生就"差"，可能是缺少一把打开他们智慧大门的钥匙。陶行知曾经告诫我们："你的教鞭下有瓦特，你的冷眼里有牛顿，你的讥笑中有爱迪生。"我们不能把目光仅停留在成绩优秀的学生身上，班主任应关心爱护每个学生，让每个学生都能自由、健康地发展。

班主任对学生的爱和理解，可以使学生感到温暖、关怀，可以沟通师生之间的感情。班主任在把爱奉献给学生的同时，自己也在收获着学生们的爱。

案例

某职业学校某班级学生李钰，基础较差，每次作业都不能按时完成，作业字迹潦草，书写混乱。一次，因为作业本没有按时上交，我让学习委员把她叫到我办公室，还没有等我开口，她先说话了："老师，我很笨，作业不会做，没有给您按时交，请您原谅。"听了这话，我很诧异，一个成绩如此差的学生，竟然说出这么动听的话，真让人感动。我不假思索地对他说："李钰，你刚才说的话像一个笨孩子说的话吗？只有聪明的人才能说出这样的话。希望你在学习上多下功夫，一定会取得好成绩的。"在以后的学习当中，她坚持认真书写，作业也能按时上交。

有一次上护理实训课，在无菌操作测试中，当我点到她的时候，有许多同学喊："她做不了，老师你就不要测她了，画个'零蛋'就行了。"我看到了她怯生生的眼睛，护士服里的身体也在发抖，眼睛躲闪着，那是双寻求帮助的眼睛。我赶紧说："你来操作，让学习委员站在你旁边给你指导。"在学习委员的帮助下，她顺利地做完了实训操作，我向她点点头，并给她

竖起了大拇指，她会心地笑了，我相信她会永远记住我的鼓励。最终，她的学习成绩有了很大的提高，突破了及格的大关，中专毕业后参加学校组织的护士资格证考试辅导班，一次就顺利通过了考试。

思　考：

（1）学生是花朵，班主任是园丁，不同的花朵需要不同的培育、修剪方式。园丁如何针对不同的花朵进行因人而异的护理、关爱？

（2）如何理解任小艾老师书中提到的“教育不能没有感情，没有爱的教育，就如同池塘里没有水一样，不能称其为池塘”？

案例分析：

李钰基础差，班主任并没有放弃她，而是不断地鼓励她，通过对话表扬她很聪明，指导她认真学习，认真书写。在进行护理实训操作时，有同学嘲笑她，这时老师用眼神给了她信心，为了化解她的紧张心理，老师让学习委员指导她，她顺利完成了技能操作。老师的关心、关爱，最终让她重新拾起了学习的勇气，也让她品尝到了学习的快乐。

三、精心培养班干部，大胆放权

陶行知先生说“教是为了不教”，魏书生老师也认为“管是为了不管”。那么，班主任管理班级的最终目的也是达到“不管”，即培养学生的自我约束、自我管理的能力。

班主任工作千头万绪，事务繁杂，既抓教学业务，又抓班级管理，有时还兼顾其他班的课。这样一来，就要选出一支好的班干部协助班主任管理班级。班干部是班主任的得力助手，选举班干部时一定要民主、公正、公平、公开，不能由班主任点名委任班干部，这样做不能服众。选出班干部以后，人员分工要明确，各司其职又协调配合，共同管理好班级。同时，班主任要放手让班干部去管理班级，要信任他们，鼓励他们，指导他们如何去抓班级管理。如果指导得好，班主任工作事半功倍，班主任也就能抽出更多时间去钻研教材、传授更多的知识给学生了。

四、营造健康、快乐的生活、学习氛围

美国教育家伯尔凯·史密斯曾经说过：“一个办得成功的学校应以它的文化而著称，即有一个价值和规范的结构、过程和气氛，使教师和学生都被纳入走向成功的教育途径。”

健康快乐、积极向上的氛围，像和煦的春风一样看不见摸不着，却又让每个人舒服、自然、享受。这样的氛围是无形的力量，它能引导人、陶冶人、教化人，塑造美好的人格，并以潜移默化的感召力、向心力、和凝聚力，使生活在这个特定环境中的师生在主动追求生命完善的过程中获得生命存在的意义。

班主任要充分调动学生的积极性，组织开展丰富多彩的班级活动，充实学生的学习生活，丰富学生的精神世界，把班级营造成为学生能健康、快乐成长的乐园。

五、培养学生的创新精神

创新教育也称创造教育，就是培养创造力的教育，已成为近几年世界范围内教育改革的焦点和核心。

陶行知先生曾提出："要解放学生的头脑，让他们去想；解放学生的眼睛，让他们去看；解放学生的双手和双脚，让他们去实践；解放学生的时间和空间，让他们去发展。"坚持这种创造性教育思想，对培养学生的创造性个性品质，使学生具有创新精神，具有深远的意义。

人的潜在资质、潜在能力的发展是无限的。因此，班主任在班级管理过程中要时刻想到每个学生都有潜能，并观察学生潜能的表现苗头，为他们提供表现的机会和条件，使他们不断地呈现新的面貌。

相关链接

班级管理经验 49 条

1. 第一年热情，深入学生；第二年反思，静思奇招；第三年成熟，以情感召。
2. 对任何工作，要干，就努力干好。
3. 班内发现典型，推行典型引路，以点突破，全面提高。
4. 对每位学生的家庭情况了如自掌，准确把握每个学生的思想动向。
5. 选准干部，用好干部，培训干部。
6. 开展班级活动，缓和内部矛盾，转移紧张关系，形成团结氛围。
7. 紧抓学生生活细节和行为习惯。
8. 激发学生积极性，保护学生积极性，强化学生积极性。
9. 让学生产生"犯错会给班主任惹麻烦"的想法，增强学生自律意识。
10. 强迫学生服从自己的意志是行不通的，强迫不如疏导。
11. 跟紧，抓紧。
12. 抓班级工作，关键在抓凝聚力，根本在抓人心。
13. 发现班级和学生个人的闪光点，抓好教育管理的突破口。
14. 从学生生活上开始教育，注重细节。
15. 对自控能力差的学生宽容，但和其商定"底线"。
16. 处理学生问题，坚持"大事化小"和"小题大做"的原则。
17. 胡萝卜加大棒。
18. 发现和培养有号召力的学生担任班委，加强学生自我管理，实现"兵教兵"。
19. 感谢我的学生，因为我们共同成长。
20. 当众不批评，私下不留情。
21. 经常为学生的行为而感动，经常加学生的成长而幸福。
22. 欲排座位，先分小组，自由组合，宏观调控。

23. 每月让学生写一篇《老师我想对你说……》缓解矛盾，发现问题。

24. 与学生来往，其乐无穷。

25. 高目标，低要求，有底线。

26. 开展感恩教育活动，通过指导学生节假日给家长打电话、写信等方式实现综合教育。

27. 努力加强学生的班级认同感，增强集体荣誉感。

28. 走进学生，与学生共同学习、共同生活、共同成长。

29. 教育因细节而美丽。

30. 让每个学生有理想、有目标、有活力、有干劲。

31. 指导学生做人，学生生活哲理，全心关爱困难。

32. 从小处着眼实施教育，从低起点要求学生发展。

33. 人的情绪要么发泄出来，要么隐藏心底，而隐藏的往往是危险的，我引导学生正确地发泄。

34. 师生关系的和谐，是教育管理的前提和关键。

35. 以母亲的眼神看待学生，师生间会有很多温馨。

36. 勤交流，多鼓励，善赏识，现优秀。

37. 充分暴露问题，抓住主要矛盾；主动消除隔阂，加强师生交流。

38. 分层管理，因材施教；偏爱学困生，博爱中学生，严爱优等生。

39. 因人管理，实事求是；机动灵活，各个击破。

40. 只要对学生的生活和发展关心够了，怎么管都会成功。

41. 教育因爱而美丽，生命因爱而长青。

42. 着眼于学生的前途和长远发展而实施教育和管理。

43. 教育，从起点开始；管理，从卫生开始。

44. 真心善待学生，绝不误人子弟。

45. 遇事忌急，静观其变，表松内紧，伺机而动，把握火候，彻底治理。

46. 鼓励学生干好自己的事，实现人人有责，人人有成功感。

47. 培养学生自信心，消除学生自卑感。

48. 给学生一个宣泄的出口和平台。

49. 讲学生感兴趣的东西，积极引发学生兴趣点。

第二节　班级常规管理

《教育部关于进一步加强中小学班主任工作的意见》要求，班主任“要做好班级的管理工作，加强班级的日常管理、维护班级良好的教学和生活秩序”，并对做好班级管理工作提出了具体要求。做好班级常规管理是班主任最基础的工作，是保证良好教育教学秩序的需要，也是班主任的一项重要基本功。

班级常规管理涉及学生班级生活的方方面面，而班级经常性的工作主要包括学习活动、日常纪律、环境卫生、班务档案等。班级常规管理主要就是针对这些经常性的工作开展的。

一、班级常规管理的内容

班级常规管理主要包括教学常规管理、行为常规管理、安全教育、偶发事件的处理等内容。

1. 教学常规管理

教学常规管理主要包括维持正常的教学秩序、学生座位的安排、自习课纪律、考试纪律等。班主任对建立稳定、正常的教学秩序负有主要责任，应加强班级日常管理，把抓好学生学习作为工作的中心任务，对学生进行学习目的性教育；通过开展生动活泼的活动，激发学生的学习热情；教给学生正确的学习方法，制订适合学生自己的学习计划；建立良好的课堂纪律，活跃课堂双边活动；发挥班干部的带头作用，开展学生学习互助，提高班级所有成员的学习成绩：上好自习课，提高学生自学能力，正确地应对考试。

2. 行为常规管理

行为常规管理具体包括考勤、请假制度、升旗、校服、课间良好行为、广播操、自行车的摆放爱护公物、学生交通管理、学生值周、教室文化建设、卫生保健、住校生的日常管理、假期生活管理、班级总结评比等。

3. 安全教育

安全教育包括家庭安全、学校安全、户外安全、心理健康与人身安全等。以学校安全为例，安全教育具体包括学校用电安全问题、体育运动中的安全问题、劳动安全问题、春游秋游中的安全问题等。班主任对学生进行安全教育时，要提高学生的安全意识，普及安全常识，但不可因噎废食，以为学生安全考虑为借口，取消必要的户外社会实践活动的开展。

4. 偶发事件的处理

偶发事件是指在教育过程中遇到的事先难预料、出现频率较低，但必须迅速做出反应，加以特殊处理的事件。偶发事件的主要成因有天灾人祸、外来干扰、人际关系冲突、恶作剧、违法行为、感情障碍、性格异常等。偶发事件的发生不是偶然的。一位善于观察的班主任往往可以发现一些问题发生的迹象，具有一定的预警性，做到防患于未然。偶发事件发生后，要求班主任当机立断，抓住时机，妥善解决。偶发事件因其特殊性，往往不能依靠常规方法解决，需要班主任运用高度的教育机制加以特殊处理，并善于引导学生做事后反思，将该事件处理的全过程作为一种教育资源，使全班同学能从中受到教育。

二、班级常规管理的实施

班级常规管理是学校管理的一部分，学校总体目标的实现、学校规划和规章制度的实施都要通过班级管理来实现。班主任在班级常规管理过程中，首先是班级的组织者和领导者。要明确班级管理目标，以教育方针为指导，以学校办学目标为导向，采取科学的管理方法，与学生建立良好的师生互动关系。其次是学校实施管理工作的助手，必须服从领导决策，积极贯彻学校工作思路，创造性地开展工作。再次是联系各任课教师的纽带，应主动协调好与任课教师的关系，主动向任课教师反馈学生的意见与要求，主动听取任课教师对班级管理的意见和建议。最后是沟通社会教育、家庭教育的桥梁，需主动争取家长和社会等有关方面的配合与支持，整合各种教育力量和资源，对学生进行有效教育与引导。

1. 班级常规管理的特点

班级常规管理体现在对班级各项日常活动的管理中。班级常规管理具有如下特点：

（1）教育性。班级常规管理的过程是对学生进行教育的过程。

（2）广泛性。班级管理涉及面广，在某种意义上班级是社会的缩影，班级管理是学校管理的缩影。

（3）细致性。班级管理是微观管理，学校工作千头万绪，都要通过班级来实施和落实。因此对班级常规管理工作，事无巨细都要"管"。

（4）多样性。班级常规管理的对象是未成年的中小学生，班主任在管理中应做到寓教于乐，要针对不同的教育内容和任务，根据不同年龄段学生的特点，选择和采用多种生动活泼的方式方法，采用恰当的管理方法，才能收到好的教育效果。

2. 班级常规管理的实施

（1）加强班级规章制度建设。班级常规管理因其日常化而显得非常琐碎，同时，班主任还会接到来自学校、上级主管部门的临时性工作安排，经常陷入疲于应付的被动状态。为此，班主任应提高班级管理的科学化水平，加强班级的规章制度建设，通过制度建设将自己从琐碎的事务性工作中解放出来，但应避免形式主义，有章不依；避免以班主任个人意志代替规章制度；避免规章制度空泛不实，缺乏可行性，难以考察评估。

（2）培养学生自主管理能力。在班级常规管理中，班主任应尊重学生的主体地位，发挥学生的主体作用；应树立学生是班级常规管理的主人意识，班级管理追求的不是他治而是自治，不是他律而是自律；应通过创设机会、提供岗位等形式，让学生学会自我管理，真正成为班级常规管理的主人。

相关链接

"勤严细实"的班级管理绝招

一、"勤"是班主任工作的前提条件

俗语说："一勤天下无难事。"要做好班级工作，管理好学生，勤是不可少的。也只有经常性地深入了解，才能管理好班级。

1. 勤接触

俄国教育家乌申斯基说过："如果教育家从一切方面教育人，那么首先就必须从一切方面去了解人。"所以为了做好班级工作，首先要深入学生，多方面去了解，掌握学生的思想、性格等，与学生形成融洽的师生关系和朋友关系，多与学生交流谈心，加强师生之间的心灵沟通，减少教育时的阻力。

2. 勤表扬

俗语说："数君十过，不如赏君一长。"要做好班级工作，多表扬学生好的方面，通过这种积极的鼓励，形成一种良好的班风，激发人人向善的意识，从而达到管理班级的目的。

二、"严"是班主任工作的基础

俗语说："严师出高徒""严是爱，松是害。"这些都充分说明了严的必要性。所以要想做好班级工作，教育好学生，就必须严。

1. 严于律己

班主任深知严的重要性，一言一行都会成为学生学习模仿的榜样。班主任只有以身作则，严于律己，才能达到"言传身教"的目的，才能令学生信服。

2. 严格要求学生

学习本身是自觉的，但学生本人有一定的惰性，要达到预想效果，就必须要严。只有严格要求学生，以班规来形成约束力，用纪律来约束学生，才能形成好的班风与纪律。

课堂中的严肃与课后的随和有机结合，师生关系融洽，如同朋友一般。建立良好的朋友关系，才有利于班级工作的开展。同时要做到"严而不厉，严而有度"。

三、"细"是班主任工作的关键

要想管理好班级与教育好学生，就必须把工作做细。

1. 细心

做学生思想工作必须细心，只有使其动心，学生才能明白老师的用心。也只有细心做工作，才能使学生明理，明理则顺心，从而达到教育的目的。

2. 细思

面对一些问题，学生常会犯错，班主任不断反复地思考：为什么会出现同样的错误？该如何来杜绝？经过细思后，促使自己想出一些较好的解决方法，从而根本上改变学生再犯的现象。

3. 细管理

针对学生出现的各种情况，应从细管理。做到分工明确，各司其职，从而切实解决了不少曾令人头痛的问题，如实行值日生负责制、班干部午休坐班制等。

四、"实"是班主任工作的保证

班主任工作的开展，离不开实效。只有把工作做到实处，才能赢得学生的心。

1. 从实际出发，明确目标

从实际入手，制订符合学生个人的实际情况，提出个人及班集体的奋斗目标。要求人人做一个合格的中学生，为己争光，争当三好学生。在班集体上，从营造良好的班风和你追我赶的良好竞赛局面入手。

2. 办实实在在的事

从关心每一位同学着手，在自己力所能及的范围内尽力为班上的同学做一些实实在在的事，如购置一些茶具、水壶，供学生口渴时有水喝；或订几份不同的报纸，供学生课后阅读，扩大视野，丰富知识；当学生生病时，组织班干部去探望安慰……

第三节　班级量化管理

班级作为一个群体，具有群体的一般特征，即遵守共同的行为规范、在感情上互相依赖、在思想上互相影响、有着共同的奋斗目标。但班级又是一个特殊的群体，这个群体中的每一个成员，都处在成长过程中，每位学生的个性差异都很大。班级常规管理头绪多、事务杂，教室、宿舍、公共卫生区等区域的卫生及学生的日常行为规范，往往要花去班主任许多时间和精力，有时甚至为此疲于奔命，一有疏忽就会出现漏洞。因此，在班级常规管理过程中，不断改革管理体制，摸索新的管理模式，变“教师一人管”为“学生人人管”，逐步实施由学生全员参与的量化班级常规管理制，会有效地克服班级管理的弊端，取得良好的成效。

一、什么是班级量化管理

班级量化管理是指在制定统一的目标和一定的考核标准的前提下，根据班级的具体情况，在出勤、卫生、纪律、工作、学习等方面制定出统一的标准，对学生进行定性、定量考核，做出及时评价，与学生德育考核挂钩的一种班级管理制度。实行班级量化管理制度，会调动班级每位学生的工作、学习积极性，克服人为因素的影响，为提高学生思想道德等各种素质的养成，实现学校教育教学的总目标，开创了一条新路。

二、如何进行班级量化管理

1. 探索阶段

班级量化管理大致可分为两个阶段。

第一阶段，主要实行班级动态管理与学生的量化考核。首先，制定学生考核标准、内容及管理体系，并确定每一内容的考核分值；其次，建立监督、检查、考核机制，主要由班干部担任，专项负责人根据负责的项目实施的难易程度，配上一些干事。班干部和干事是班级管理的责任人，是动态考核实施者，每天对学生的出勤、纪律、值日、好人好事等情况进行考核，每周末统计一次并公布，同时把考核结果反映班主任。班主任每天不定时地了解班级各项管理情况，及时反馈学生，并要求整改；每周根据考核统计结果进行总结、教育。

第二阶段，实行班级量化管理，即在班主任、班干部动态管理的基础上把量化管理的范围进一步扩大到与学生、班级有关的各个方面，开始对学生进行全方位管理，在学生中开展扎扎实实地“争做优秀学生”的活动。每天考核组成员按统一标准，对班级各位学生在校内（如班级、寝室等）的各方面表现进行定性、定量检查考核，每周汇总一次，每月评出优秀学生、优秀寝室，在班内公开表扬。这样，学生在学习生活上有章可循，有理可依，老师对学生的评价客观具体，学生们基本上能够做到在学校、班级的规章制度范围内处理自已的事情，班级管理井然有序。在一定程度上，班集体对学生个体的评价落实到了一些具体的规章制度上，学生从不适应到适应，再到认真地执行，班级的整体评价体系就基本形成了。在这个体系中学生成了班级管理的中心和主体，调动了自主管理的积极性，班级凝聚力大大增强。

2. 实施过程

第一步：确定工作方法。根据学校工作思路，结合班级具体情况确定本学期班级量化管理的方法与工作目标。

第二步：制订量化管理体制。根据班情，针对班级常规管理的各项工作如出勤、纪律卫生、仪容仪表、学作、好人好事及违纪情况等，制定了量化细化考核的指标，如课堂纪律情况表、班级请假表、出操集会记录表、学科作业上交登记表、出勤考核表等。又如卫生管理，分地面打扫、拖地、黑板、墙壁、门窗、公共场地等，实行承包责任制，落实到个人，并与学生德育考核挂钩，根据工作情况细化考核的加、减分值，在实施过程中落实到学生专项负责，使学生明确各自的工作任务和责任。

第三步：组织学习，提高认识，组织全体学生认真学习学校、班级的各项规章制度和考核制度，并且说明考核内容和方式，让每一位学生明确本班常规管理的各项工作，提高的思想认识。

第四步：组织实施，采取监督考核或不定期抽查等多种方式。每天公布部分考核结果。如有扣分，则查明原因及责任人并通知本人。

第五步：总结反馈，进行有效调控。班主任不定期组织学生反馈，公布前一阶段的考评情况，总结班级管理的成绩，指出普遍存在的问题，及时表扬先进，树立典型；适时批评，督促后进。这样就形成了一个“人人有事做，事事有人做，事事时时有人查”的全方位管理体制。这样及时总结反馈，使班级工作管理进入有效调控之中。

第六步：学期终端考核、考评考核过程中坚持定性与定量相结合、过程与终端相结合的原则，以定量分析为主、结合定性分析，对每位学生做出实事求是的评价，按规定的标准评出优秀学生，在优秀学生中推选优秀学生干部、学生积极分子等人选，并予以奖励。

实行班级量化管理，能够有效地促进班主任管理工作，同时使学生参与班级管理工作的能力得到锻炼和提高， 极大地调动了学生自主管理的积极性，个人荣誉观念明显增强，集体主义思想深入人心，班集体观念、主人翁意识得到提高，班级管理更加有序、高效。

相关链接

班级管理量化考核细则

一、考核原则

1.考核目的：通过有效的班级管理，培养学生的集体荣誉感，强化学生的团队意识，发扬团结互助的集体主义精神，形成良好的班风学风。

2. 考核对象：以小组为单位进行考核。每位小组成员的得失分情况，全部统计到本小组的量化积分中。

二、考核细则

（一）纪律方面

1. 考勤（负责人：值日班委）

（1）迟到、早退一次扣 1 分，旷课一次扣 3 分，请假一节扣 0.5 分；

（2）上课期间（包括早读、自习课、老师不在时等）无故离开教室者扣 5 分。

2. 纪律（负责人：纪律委员）

（1）上课被老师点名批评者一次扣 1 分；

（2）上课（特别是自习课）说话、插嘴者一次扣 2 分；

（3）上课看课外小说者一次扣 1 分，屡教不改者加倍扣分；

（4）上课吃东西，扔纸条、听音乐、打游戏机者若发现一次扣 1 分；

（5）无理狡辩、顶撞老师者扣 10 分，并给以相应处理；

（6）讽刺、挖苦、顶撞班干部者一次扣 5 分，并交以班主任处理。

3. 体育活动（负责人：体育委员）

（1）无故不参加升旗、课间操、集会等活动者扣 3 分；

（2）升旗、课间操、集会等动作散漫者扣 2 分。

（二）学习方面（负责人：学习委员、各科代表）

1. 按时按量按质完成各科作业，拖欠一次扣 1 分，少交一次扣 2 分；（课代表登记并将不交作业的名单报给学习委员）

2. 各科代表做好相应科目上课期间各小组的量化积分记录，当天下午放学后交学习委员；

3. 月考、期中、期末考试，考入年级前 50 名者加 10 分，年级前 100 名者加 5 分，班级前 5 名者加 5 分，班级前 10 名者加 3 分，倒数 5 名者扣 5 分，进步 5 名以上者加 5 分；

4. 期末成绩与期中成绩相比前进 1 个名次者加 1 分，每科前三名分别奖 5、4、3 分。

（三）卫生方面（负责人：劳卫委员）

1. 轮到值日不打扫者每次扣 3 分，迟到者扣 2 分；

2. 打扫不合格被批评者扣 1 分；

3. 随地乱扔纸屑者每次扣 1 分；

4. 各自桌椅底下有纸屑、饮料瓶、果皮之类者扣 1 分；

5. 随地吐痰者扣 1 分。

（四）生活方面（负责人：生活委员）

1. 吸烟者每次扣 15 分，并给予纪律处分；

2. 打扑克、猜拳者每次扣 10 分；

3. 去营业性电子游戏室打电子游戏、进营业性舞厅及台球和网吧者每次扣 10～15 分；

4. 女生佩戴首饰、男生留长发者扣 2 分，并责令立即整改，做出处理，否则扣除 5～10 分，并做出相应处理；

5. 对老师同学说脏话、乱取乱叫侮辱性绰号者扣 5 分；

6. 在教室内打球、过分喧闹者扣 5 分；

7. 破坏财物者（教室门窗、粉笔、黑板擦、劳动工具、个人财物等）扣 10 分，并赔偿损失；

8. 打架、偷窃、赌博、敲诈勒索者扣 20 分，再另行处理。

（五）其他方面

1. 班委、小组长、课代表分别依考核情况加 3 分（优秀）、加 2 分（合格）、扣 1~3 分（不合格）；

2. 在学校举行的活动中获班级一、二、三等奖的分别加 5、4、3 分；获学校一、二、三等奖的分别再加 5、4、3 分；

3. 好人好事，视其情况加 1~5 分；

4. 举报违规违纪的，视其情况加 0.5~2 分；

5. 班干部不认真履行职责秉公办事，失职、包庇他人者，发现一次扣 3 分，并做出相应纪律处分；

6. 班干部、课代表违纪违规者扣 1 分，小组长违纪违规者扣 0.5 分。

三、奖惩办法

1.小组奖惩办法（负责人：班长、团支书、组织委员）

（1）每天班长、团支书、组织委员总分一次，做到日日清；

（2）每周班委会对各小组量化得分汇总一次，做到周周清；

（3）每月班主任和班委会成员结合月考成绩，对各小组得分汇总一次（各小组月考平均名次结合平时量化成绩），做到月月清；

（4）每月按照小组量化积分评选出“学习优秀小组”“进步最快小组”“纪律优秀小组”“劳动卫生优秀小组”“团结互助优秀小组”各 1 个。

2. 组员奖励办法（负责人：班主任、班委成员、组长）

（1）每周各组组长推荐，班委成员、各小组组长集体考评，评选出班级“纪律之星”“劳动之星”“文明之星”等各 1 名；

（2）结合任课教师意见，班主任组织班委成员、各小组组长集体考评，评选出本周“展示之星”“预习之星”“互助之星”“勤奋之星”等各 1 名。

第四节　优秀班集体创建

一个优秀班集体对学生的发展具有极其重要的影响作用。班主任作为班级的组织者、领导者和管理者，在创建班集体的过程中担负着重要责任。班主任需按班集体形成的条件，通过各种途径和方法，促进班级从松散阶段、散聚阶段到形成阶段，再到成熟阶段，这样逐级发展，使其成为一个良好的班集体。

一、确定班集体建设的目标

班主任开始接新班的时候，要着手给全班确立一个共同的目标，让班集体的每个成员有共同努力的方向。一个良好的班集体有一个集体的奋斗目标，在实现目标的过程中会产生激励效应，形成强大的班级凝聚力。从时间上来划分，班集体的目标可分为长期目标、中期目标、近期目标。

（一）长期目标

以普通中职为例，长期目标可以理解为班集体三个学年的奋斗方向。长期目标具有概括性、全局性、根本性的特征。通过长期建设，使班集体具有健全的组织系统、严格的规章制度与纪律、强有力的领导核心、正确的舆论和优良的传统，发挥其整体功能。通过有计划地开展各种教育活动，使班集体不断提高自我、完善自我和发展自我。

（二）中期目标

中期目标是相对于长期目标和近期目标而言的，它可以是一学年的，也可以是一学期的。中期目标可以包含在班级学年或学期工作计划中。如把班集体建设成为学习型班集体、常规管理先进班集体等。在个人道德行为方面，它包括养成良好的行为习惯、有较强的生活自理能力等。在智力培养方面，它包括形成正确的学习态度、科学的学习方法、良好的学习习惯，形成求实探索、团结进取的学风等。

（三）近期目标

近期目标可以理解为每一阶段所要达到的目的，如抓好课堂纪律、搞好卫生、做好课前准备等，还应体现在每次精心设计组织的教育活动之中，近期目标具有具体性和可操作性的特征。

相关链接

让学生勾勒自己心中的理想班级，勾勒自己心中理想的班集体

新接手一个班风不佳的班级时，在策略上，我觉得班主任最重要的是要打破惯有思维，切忌仅凭管理其他班级的经验，或者直接套用原班主任对班级的固化模式来管理。

既然是新接手的班级，不妨以全新的视角来审视，给学生全新的机会和希望。所以，我认为不要急于纠错，以简单粗暴的方式来扭转班风。而应借开学之机，把建设良好班风的愿景播撒在每个学生的心田。

我通常的做法是，在第一节班会课上，让学生勾勒自己心中理想的班集体。我首先会抛给学生几个问题：你想要一个怎么样的班集体？为什么？你能为这个班集体做些什么？然后

让学生在课堂上思考、讨论，并写下思考、讨论的结果。

这几个问题并不难，学生都能够畅所欲言，新接手一个班风不佳的班级时，在策略上，描绘各自心中美好的班级。

首先，学生在思考心中的理想班级时，就是在自由地表达心中的美好意愿。在潜意识里，已经拿出主人翁的精神在思索，在勾勒自己心仪的班集体形象。结果显示，学生们渴望一个温暖、团结互助、奋发上进且富有创意的班集体。这说明他们愿意打造一个有共同目标，在行动上相互支持、心理上相互依存、情感上荣辱与共的班集体。而这种意愿，能带给他们全新的动力，使其积极参与到班级建设中来。

其次，当学生用心思考深层原因时，就会明白，一个良好的班集体能够营造积极的学习氛围，促进同学之间的团结友爱，有利于培养良好的交际能力，等等。这对于个人学习、生活和成长都起到了约束、感染、熏陶、激励等作用。只有意识到班级发展与个人成长的关系，学生才能树立强烈的集体荣誉感。

最后，对“我能为这个班级做什么”，一方面，认真思考并回答这个问题，能让学生意识到：个人是集体的细胞，每个人的点滴行动都会影响集体的荣辱。也就是说，“我怎么样，这个班级就会怎么样”。如果每一个小“我”都是积极向上的，班级就会凝聚成一股积极向上的力量；如果“我”是颓靡不振的，便会拉低班级的“精神颜值”。这些思考，无疑会增强学生的集体归属感。一旦学生有了归属感，就会承担起相应责任，就不会轻易做出有损班级荣誉和利益的事情。另一方面，回答这个问题，能让学生客观地认识自我，发现自己的优缺点。每一个学生都是班级的主角，都有自己的特点，都是班级的建设者，都能为集体做出自己的贡献。例如，学习成绩比较差，但体育有专长的学生，可以在体育方面对全班同学起到表率作用。主题班会课后，我会收集学生的意见，把学生各自心中的理想班集体进行综合归纳，然后构建一个清晰的蓝图，作为班集体建设的共同目标。而学生针对“我能为这个班集体做什么”的回答，不仅是我快速全面地了解学生性格特点的重要信息来源，更能为下一步制定班规、选拔培养班级骨干和积极分子队伍提供重要的依据。我始终相信，良好班风的建设，最终依赖的还是集体的力量。班级建设的共同目标既已确定，何愁建设不了一个良好的班集体？

二、选拔和培养班干部

一个纪律严明、健康向上的优秀班集体，不仅要有一位称职的班主任，还要有一支素质良好、能独立工作的班干部队伍。班干部是班级的骨干和领导核心，是班主任的得力助手，是班级工作顺利开展的保证。有了良好的班干部队伍，班级才会有活力，才会有发展。另外，班集体建设应当充分发挥学生的主体作用，而选拔和培养班干部则是班集体建设目标的组织保证，也是建设优良学生集体的重要力量。

（一）民主选拔班干部

民主选拔班干部是优化班级管理、加强班集体建设的关键。民主选拔新干部，既有利于充实和完善班干部队伍，又有利于培养学生的民主思想、主体意识，调动全班学生参加班级活动的积极性。由于班干部是通过学生民主选举产生的，所以能得到学生的信赖和支持，这有利于他们创造性地开展班级活动，也利于增强班集体的凝聚力。

（二）积极培养班干部

班干部选拔产生以后，要积极培养、指导和提高他们独立工作的能力。既要防止包办代替、不大胆放手，又要防止只使用、不教育提高。对班干部既要交给任务，又要教给方法；既要热情鼓励，又要严格要求；既要在培养中使用，又要在使用中培养。支持、鼓励并发挥其特长是发挥班干部作用的主要方法。

案　例

2007 年 8 月，我担任新一届初一的班主任，在新生入校之前，我认真阅读了学生的档案，了解学生以前担任过什么职位、有什么特长、成绩如何等，特别是把每名学生的名字和照片记忆清楚，为新生的到来做好接待的准备工作。新生入校的第一周军训是了解学生、掌握性格、观察能力的大好时机，有一名叫陈忠国的学生给我留下深刻的印象。该男孩性格稳重，态度认真，自尊心非常强，学习又好，但性格却很内向，少言寡语，胆子有些小，有时非常自卑。经过几次交谈，我发现这名学生很有可塑性，我决定把他作为培养目标，毅然推举他担任临时班长，从思想工作入手，树立其自信心，传授其工作方法，锻炼其工作能力。有一次，偶然的机会见到了他小学的班主任，交谈中了解到他家庭的一些情况，父母的离异、父亲的过错、邻里的冷眼，在其幼小的心灵上留下了很难弥补的伤痕。同学的讥讽更使他抬不起头，性格的自闭使他少言寡语，他很怕周围的同学知道他家的情况，让他难堪。了解这一情况后，我制订了一个“转化”计划，帮助他尽快抹去家庭的阴影，树立起自信心，心理上得到健康的发展。

首先，从关心体贴入手，经常问一问学习、生活上有什么困难，谈一谈老师对他的期望信任，使他逐渐感受到老师的关爱和呵护，拉近师生之间的距离，打消其对周围人的戒备心理，近而在思想上克服自卑心态，用行动说明我是没有错的，树立自强、自尊、自爱的人生观，使自己融入集体，为下一步开展工作奠定良好的思想基础。

其次，让他意识到班级好坏同自身工作的关系以及带领全班同学共同进步的重要意义，意识到“班兴我荣、班衰我耻”的责任，成为老师的得力助手。学会能够发现问题，找到解决问题的方法，能够调动其他班委一起工作。同时灌输，学习是学生的基本任务，作为班长，应协助班主任及科任教师做好学习指导，加强对班干部学习目的的教育，使他们端正学习态度、掌握学习方法、严守学习纪律、培养学习习惯、树立勤奋好学的学习风气，还要加强培养班干部的自学能力和辅导学困生的能力，班干部不仅是好学生，而且是好“老师”。在他的倡导下，每名班委和学习较好的同学都有一名帮教对象，班级形成了较好的学习风气。

最后，指导他加强自身修养和几点意识。① 在同学之间建立平等意识。不管是自己还是其他同学，都是同一个班的学生，都是一同求学的朋友，大家都处于平等的地位，切不可以“小干部”自居，要让他懂得，想做好班级工作，不能只靠几个班干部，要从同学中来，到同学中去，团结同学，广泛征求同学们的意见，采纳同学们的合理建议，调动所有同学的积极性，大家心往一处想，劲往一处使，共同做好班级工作。② 培养其树立自律意识。伟大的教育家孔子曾说过：“其身正，不令而行；其身不正，虽令不从。”这就要求班干部以身作则、身先士卒，处处以更高的标准要求自己，因为班干部不仅是指令的发布者，还是行动的引领者，应以自己的模范行为去取得全班同学的信任。只有这样才能给其他同学做出表率，真正做到以身作则。③ 明确自己的职责意识。既然是班干部，对班里的各项工作就有不可推卸的责任，要让他们各负其责，力争做到全心全意，尽职尽责，所有班干部都要有较高的团队精神、同心协力、互帮互助，为共同搞好整个班集体而努力。④ 培养其较强的集体荣誉感和竞争意识。无论是学习还是其他活动，都要有不服输的精神，要充分调动全班同学的积极性，敢于拼搏，大胆工作，不断创新，用自己的意识去带动全体同学，让全班同学感到有这样一位好班长而自豪。

常言道：“良言一句三冬暖，恶语伤人六月寒。”除了以上几点，还要提醒班长讲究一些工作方法，教给他们一些工作技巧，避免无意中伤害同学。比如，我向我班的班干部传授了“六少六多”真经，即：少向老师告状，多和同学商量；少用大声语，多说悄悄话；少出口伤人，多以理服人；少凭权压人，多用权理事；少以权谋私，多公道处事；少自以为是，多和气待人。当然要做到这“六少六多”并不是一件容易的事，还要在日常工作中对其言传身教。

现在的班长，工作中老师在和不在一个样，每天早操小结，晚自习结束后全天总结，包括：上课同学的听课状态；自习同学的利用效率；课间同学的纪律情况；各寝室的卫生、纪律情况等。其他班委也都被调动了起来，各科代表对作业情况的统计；学习委员对当天同学学习状态的分析；卫生委员对值日生全天值日情况的评价，等等。班级工作井然有序。

三、形成集体规范和舆论氛围

“不以规矩，不成方圆。”一个集体要维护自己的统一，必须有步调一致的行为准则和恰当稳定的判断标准，这就是集体规范。学生对自己言行的控制能力和辨别是非的能力还相对较弱，学生的任务不仅仅是学习专业知识，还包括学习如何做人，树立正确的世界观、人生观、价值观、道德观、集体观。对于学生，仅靠说服教育是不够的，还必须有科学的管理，制定一系列切合本班实际、全体同学认同的集体规范。集体规范的制定必须体现集体成员的主人翁地位，学生既是接受管理的客体，又是进行管理的主体，只有当学生高度自理并积极参与才能达到班级管理的最佳效果。

（一）以科学的班级规范管理人

所谓班规，是指班级中经常进行的相对稳定的工作内容和工作制度。它不以教师、班集体领导机构和班级学生的更换而变动，是一种对班级起管理作用、师生共同自觉遵守的班级制度。如，班级的工作常规有：学期初要做出计划，学期中要检查，学期末要进行工作总结评比，这些工作要制度化和规范化。学生的生活常规有：遵守课堂纪律，考试不作弊，遵守学校纪律，爱护公共财物；每天下午一定时间的课外体育活动，每月一次的文艺活动等。

在中学阶段，学生比较关心与自己息息相关的事情，参与意思较高，集体规范可由教师和学生共同拟订。下面是适合中学生的班规制作程序。

1. 班主任先有腹案

班主任在开学前要理清对学生行为表现的期望，也就是在开学前就要思考并确定学生的哪些行为是可以接受的，哪些是不被允许的。但是这项工作并不容易，因为学校活动极为复杂，所涉及的学生行为极为烦琐。一般而言，教师在构思时，可分别从整法、秩序、礼节、安全、课业、公物使用、学校规定等方面来决定对学生的期望。但是并非全部的期望、规范在第一天就向学生沟通，有的可以在日后适当的时机再提出。中学生的班规一般分为生活公约和规定事项两部分：全班学生遵守的一般性行为归为“生活公约”，通常以具体的文字书写，张贴在教室的角落；例行性工作的做法和步骤则归为“规定事项”，由于规定事项较为烦琐，通常由老师先拟好，于开学时向全班解说、示范。

2. 让学生表达期望

除了老师的期望，学生对班级也有自己的期望，老师可以设计一些形式，让学生表达自己对班级的期望，以便于班级规范的制定。如利用作文簿或周记，让学生以“我们的班级”“如何使班级更好”等为题，写下对班级的期望。老师批阅后，将每个人的期望大致整理，发给每位学生，作为制定班规时的参考。另外，也可以利用小组讨论的形式，首先将班上的学生分组，观察班上同学的生活习惯，找出大家在上下课等活动时的秩序或整洁上的偏差行为。每组自行利用课余时间，先讨论观察后的心得，再做成笔记。老师尽可能地对小组的讨论提供协助、建议。在下次班会时，各小组选派一名组员，报告该组所提出的“班规”内容及其奖惩细则。

3. 期望转化为具体班规

教师期望和学生期望必须转化为明确、清楚的班规，学生才有遵循的依据。在班规制定时，应注意以下原则：

（1） 内容简洁。班规的条文要简明扼要，并且要明确、合理，这样才能在日常学校生活中被学生贯彻实施，班规不使用抽象的名词，让学生茫然不知所措。班规条文的词句要切合学生生活经验，使学生易于了解、乐于遵循。

（2）数目要少。条文数目不宜过多，5 ~ 10 条最为恰当，以免多而不精。学生也记不住。当学生学会一些规则后，再逐渐增加。班规好比目标，一次订太多等于没有班规。

（3）正面措辞。班规的内容用语宜具有正面意义，因为正面的鼓励往往比负面的禁止有效。因此要告诉学生“该如何做”，而不是告诉他们“不可以做什么”。如，以“对人要尊重”取代“不能吵架、打架”，以“对公物要爱惜”取代“不可以破坏公物”等。

（4）掌握先机。学期一开始就要订立班规，以后可以利用班会时间加以增加或修改。若是需要用到小组讨论的方式或征询学生对班级的期望时，可能需要花一周的时间进行“民意调查”，但是要把握住学期开始这段时间。

苏霍姆林斯基曾说过：“用环境、用学生自己创造的周围情境、用丰富集体生活的一切东西进行教育，这是教育领域中最微妙的领域之一。”班主任应让班规的制定与实施过程成为对学生进行民主与法制教育、集体教育、社会责任感教育的过程。

（二）以正确的集体舆论引导人

集体舆论是指在集体中占优势的、为多数人赞同的言论和意见，它以议论或褒贬等形式肯定或否定集体的动向或集体成员的言行，成为监督个人或集体发展的一种力量。积极的、正确的集体舆论能起到明辨是非、祛邪扶正、凝聚人心、催人奋进的正向作用。集体舆论对学生的影响，往往比班主任个人的力量大得多、有效得多。经常见到很多犯错误的学生并不怕班主任的批评，而怕集体舆论。培养正确的集体舆论，坚持正确的集体舆论导向，班主任工作就会取得主动，就会事半功倍；反之，会给班主任工作造成极大的困难。所以，坚持集体舆论导向是培养良好班风的一个重要步骤。集体舆论持久地发生作用，就会形成一个班级的班风，班风是一种无形的力量，可以潜移默化地影响全班的思想和行为。

班主任重视班集体舆论的导向作用，为此要做到：

（1）注意舆论倾向，正确加以引导。班主任要注意班级学生的舆论倾向，有意识地把舆论中心引向正确的方向。通过对学生的思想和行为的肯定或否定评价，以及为什么要肯定或否定，把舆论中心引到正确的方向上来。这样可以培养学生积极向上的进取精神，使集体中的大多数人对是非、善恶、美丑等有较强的识别判断能力。如，班集体里涌现出来的好人好事，不论是大是小，不论是先进学生还是后进学生做的，都应及时予以表扬，这样才能有助于形成人人想做好事、争做好事的风气。

（2）有目的、有意识地组织和吸引学生参加各种集体活动，在活动中培养正确的集体舆论。正确的集体舆论只有在集体活动中才能形成。班主任可通过文艺活动、体育竞赛、社会实践、公益活动等形式，培养学生对集体的荣誉感和责任感，以及学生为集体增光添彩的良好习惯。

（3）充分运用舆论阵地，诸如班会、团队活动、墙报、黑板报、思想评论专栏等形式。黑板报和专栏应该形式多样，内容丰富，既要有对好人好事的赞颂，也要有对不良倾向的评论；支持先进，维护正气，抵制歪风邪气，不断提高学生判断是非的能力。

（4）把握住学生自我教育的时机。如，某校初二（2）班一名课代表，他每次都会把不交作业和抄写别人作业的学生名单汇报给老师，引起班上一些同学的反感，背地里大家叫他“叛徒”。班主任没有直接批评学生，而是在班上讨论了3个问题：老师究竟是哪边人？如果你是这个课代表，你会怎么做呢？认真负责、坚持原则到底好不好呢？讨论取得了令人满意的效果。这种方法有利于集体舆论的形成，而且也强化了学生的自我教育意识。

（5）用榜样的力量感召人，班主任可以用榜样人物的思想、精神、行为和态度去影响学生的言行，引导学生积极向上。班主任作为班集体的直接教育者、组织者、管理者和指导者，应该起表率作用。良好的班风首先来自班主任的自身形象，班主任的人格魅力具有潜移默化的教育力量。其自身形象越是趋于完善，越能吸引学生，具有感召力。所以，班风建设的首要问题是教师的师德作风建设。

总之，健康的集体舆论是班集体建设的重要组成部分，它不会自发形成，需经历一个复杂的渐进过程，需要班主任在班级教育理论的指导下，用科学的方法积极引导，努力实践并付出创造性劳动，使学生在班集体的良好氛围里积极进取、全面发展。

第六章　班级文化

班级文化是一个班级的灵魂，是班主任、任课教师与学生共同营造的班级软环境，对师生的言行举止发挥潜移默化的作用。先进的班级文化可以让生活于其中的每个学生都能获得最大的发展，使学生的心灵得到净化、心态得到改善、情操得到陶冶、视野得到拓宽。

第一节　班级文化的构成及影响因素

班级文化有广义和狭义两种理解。广义的班级文化，是指班级生活中的一切文化要素。狭义的班级文化，是指班级全体成员共同创造出来的独特文化，班级成员在班主任引导下，朝着班级目标迈进过程中所创造的物质财富和精神财富的总和。班级文化主要包括物质文化、制度文化和精神文化三个层面。

一、班级文化的构成及相互影响

（一）班级文化的构成要素

1. 青少年文化

青少年文化是一种现实存在的文化。中职学生正处于青春期，随着他们主体意识的觉醒、信息渠道的通畅、社会价值观的多元化，他们开始有自己的见解，并创造出属于自己的文化，这种文化必然以某种方式表现出来，如选择自己喜爱的衣服、发型，对各类明星的追逐，对动漫的迷恋等。可以说，青少年文化是新一代人成为主体的最初尝试，否认青少年文化的必要性，也就是否认学生成长的可能性。对于青少年文化中的消极因素，班主任不能简单打击或禁止，要抓住时机、积极引导，变不利为有利，变“盲目崇拜”为“榜样示范”。

案例 1

万飞，某职业院校一名学生，在校期间，自由散漫，抽烟喝酒，属于老师心目中的“问题学生”，同学们的远离对象，班会课中的反面事例。在班级中，他得不到老师的认可、同学的友谊。一次，他在朋友的生日宴会上认识了出手大方的王大哥，王大哥经常请他去餐馆吃喝，带他去电子游戏厅玩游戏机，王大哥成了万飞最好的朋友和偶像。一天，王大哥突然对万飞说："最近有个家伙让我很头痛，能否帮大哥出口气？完事后请你去游戏厅玩个痛快。"被王大哥这么一蛊惑，万飞手拿木棒，朝那个人的头上猛击一棒，导致其头部受了重伤。

思　考：

良好的班级文化本身就是一种教育资源，班主任如何营造良好的班级育人文化？

案例分析：

在这个案例中，万飞在班级中没有得到老师的充分认可和同学的关爱，这种隐形的班级文化，使他压抑孤独，遇到了社会青年他以为找到了知己，实际却是在错误的道路上越走越远。因此，我们在营造班级文化时，一定要关注学生的内心世界，加强与学生的交流，抓住时机、积极引导。

2. 同辈文化

在班级中，我们看到有些学生经常在一起，他们三五成群，形影不离，这就是学生的同辈群体。同辈群体是学生自发形成的非正式群体，是由于有相同或相似的爱好、兴趣观念，空间距离的接近，性别关系等建立起来的。对于这个年龄阶段的学生而言，同辈文化的影响居于重要地位，它不以人的意志为转移。

从教育价值上划分，同辈文化可以分为积极的、中性的和消极的。在班级中，积极的同辈文化能够给学生以积极的价值参照，促进学生身心健康、全面发展。中性的同辈文化是指没有价值判断的同辈文化。消极的同辈文化是指与社会主流文化相抵触的价值观和行为规范。班主任应对班级中的同辈文化加以调查，对于积极的同辈文化大力支持与鼓励，丰富班级文化的内容；应对消极的同辈文化细心瓦解，让积极的同辈群体吸纳这个群体的成员。

3. 教师文化

学校文化是学校历史的积淀，是学校自我发展的主题，是学校管理中最具向心力和凝聚力的部分，是学校的核心价值观。而学校文化主要是人的文化，教师文化又决定着学生文化的形成，是文化中的核心和灵魂。它直接影响着学校的发展方向和速度，对学校的可持续性发展和品牌建设起着决定性的作用。教师的教育理论的专业素养、学科知识的专业素养、教育教学实践能力的专业素养，决定着建构学校文化和教师文化的水平。学校文化建设需要依靠有学术功底又热爱教学的教师，有睿智的教师才有精彩的课堂，才有优质的教育质量，因此教师的专业发展是建设教师文化的关键所在。

4. 教育文化

教育是一种教书育人的过程，可将一种最客观的理解授予他人，而后在自己的生活经验中得以自己所认为的价值观。教育，是一种提高人的综合素质的实践活动。

教育有狭义和广义之分。狭义的教育指专门组织的学校教育，广义的教育指影响人的身心发展的社会实践活动。教育者按照法律法规和行业规范，根据学校条件和职称，有目的、有计划、有组织地对受教育者的心智发展进行教化培育，以现有的经验、学识推敲于人，为其解释各种现象、问题或行为，以提高实践能力，其根本是以人的一种相对成熟或理性的思维来认知对待，让事物得以接近其最根本的存在，人在其中，慢慢地对一种事物由感官触摸而到以认知理解的状态，并形成一种相对完善或理性的自我意识思维。但同时，人有着自我意识上的思维，又有着其自我的感官维度，所以，任何教育性的意识思维都未必能够绝对正确，而应该感性式的理解其思维的方向，只要他不偏离事物的内在；教育又是一种思维的传授，而人因为其自身的意识形态，又有着另样的思维走势，所以，教育当以最客观、最公正的意识思维教化于人，如此，人的思维才不致偏差过大，并因思维的丰富而逐渐成熟、理性，并由此走向最理性的自我和拥有最正确的思维认知，这就是教育的根本所在。

教育文化是一种社会现象，是人们在长期生产劳动创造过程中形成的产物，同时又是一种历史现象。确切地说，文化是一个国家或民族的历史、地理、风土人情、传统习俗、生活方式、文学艺术、行为规范、思维方式、价值观念等的统称，是人类在社会历史发展过程中所创造的物质和精神财富的总和。它包括物质文化、制度文化和心理文化三个方面。

（二）班级文化构成要素间的相互影响

教育文化和教师文化依据制度的力量在班级文化中占据着优势地位，但青少年文化、学生同辈文化的作用也不容忽视。随着学生年龄的增长、年级的升高，学生文化对班级文化的影响和作用正在逐渐加强。青少年文化、同辈文化、教师文化、教育文化等在班级里发生冲突是一种正常现象，班主任要把握全局，抓住机会，促进各种文化的融合。当学生文化与教育文化发生冲突时，班主任要发挥自己的教育智慧，通过多种方法使学生心悦诚服地接受学校的各项具体要求。只有让学生意识到自己的缺点和不足，学习效果才能更好。

二、班级文化的影响因素

（一）社会文化

班级是一个小的社会系统，社会文化会以各种方式渗透到班级中。班级是学校的基本教育教学单位，是社会组织的一个部分，因此它能折射出整个社会的状态，如社会的价值观念、行为方式、思想观点、人际关系等，都可以在班级中反映出来。

社会文化有主流文化和亚文化之分，社会主流文化往往通过教育文化存在于班级文化之中。社会主流文化进入班级具有一定的滞后性，班级文化可能不会反映社会主流文化的新发展；教师和学生各自所属群体的文化在一定程度上有亚文化的成分。因此，优化社会亚文化中的不利因素也是班级文化建设的重要工作。班主任作为班级文化的主要引领者，在营造班级文化氛围时要充分考虑社会文化的影响：既要承认班级文化应反映社会主流文化及其新发展，又要注意社会亚文化的多种影响，变不利为有利，克服其消极影响。

（二）家庭文化

苏霍姆林斯基说，家庭的智力气氛对于儿童的发展具有重大意义。儿童的一般发展、记忆在很大程度上取决于家庭的智力兴趣，如成年人读些什么、想些什么，以及他们给儿童的思想留下了哪些影响。由此可见，家庭文化氛围对于培养青少年一代具有重要的影响。从某种意义上讲，家庭的文化氛围决定了孩子的未来。良好的家庭文化氛围为青少年的发展奠定了坚实的基础；而不良的家庭文化氛围则会使孩子的身心健康受到严重损害。正如杜威所说，家庭中正常关系的失调，是以后产生精神和情绪的各种病态的肥沃土壤。

家庭文化是班级文化的影响源之一。每个学生进入学校、班级之前都带有自己的文化背景，带着自己独特的家庭背景参与到班级生活中，容易形成班级里多种价值观的冲突。根据对学生影响的不同，家庭文化可以分为积极的家庭文化、消极的家庭文化和中立的家庭文化三类。班主任在新接手一个班级时，应通过学生档案、学生卡片或者家访等形式，详细了解学生的家庭情况，如父母所从事的职业、家庭的经济状况、单亲家庭孩子的生活状况等。在了解学生的基础上，班主任结合自己的工作目标开展工作，这样可以做到心中有数、防患于未然，避免简单、粗暴地解决问题。

☞ 案例 2

学生小雨，是一个从日本回来的孩子。很有专研精神，在学习上总是一丝不苟。但由于受两个国家不同教育制度的影响，有些思维和习惯与我们的其他学生显得格格不入。但由于他的谦虚和耿直，他同样赢得了老师和同学的喜爱。可突然有一阵子，他好像变了个人似的，对待学习也不像刚转来时那么用心了。有时上课也不听课，趴在桌子上不动。我以为他是哪里不舒服，可不管怎么询问他就是不回答。学习成绩也明显下降。作为老师，我开始思索，是不是我的教学方法让他不适应了呢？我和其他任课老师交流也是同样的情况。找同学了解情况，同学们也是感觉他现在变了个人似的，动不动就和同学发脾气，不再像以前那样受人欢迎了。于是我找了一个合适的时机和他进行了交流。刚开始的时候他将自己封闭的很紧，不和老师说心里话。但作为老师我能感觉出来他的内心很压抑。我告诉他："我不仅仅愿做你的老师，更愿做你的朋友。"也许是被老师的真情打动了，这个高高大大的男孩眼里竟噙满了泪水，他用并不是很顺畅的汉语向我讲述了内心的苦闷。原来他的父母带着他从日本回来后就离异了。妈妈一个人去了北京做买卖，把他寄宿在姥爷家。最近他的爸爸常常来姥爷家闹事。有时脾气不好的姥爷就把火气发在他的身上。加上环境的不适应，这个原本性格很阳光的男孩子变得很迷茫！他觉得身边没有人能够理解他，他的苦闷无处诉说，甚至开始对为什么要学习乃至人活着的意义都产生了困惑……

思　考：

（1）班主任如何架构好“家”与“校”的大桥？

（2）在孩子的教育成长过程中，家长是孩子的第一任老师，家庭是孩子的第一所学校，如何让这“第一任老师”“第一所学校”配合我们做好孩子的教育？

案例分析：

受环境的变迁、父母的离异等因素的影响，小雨还不成熟的心理产生了很多的困惑，而这些困惑又找不到倾诉的对象，长期压抑着他，导致他性格上的突变。由此可见，家庭教育文化对孩子心理健康的影响是不容忽视的。家庭教育不仅是学校教育的基础还是学校教育的补充。一个家庭教育水平的高低决定了孩子做人起点的高低，也为孩子的学校教育和社会教育打下了基础。家庭教育配合得好，父母具有良好的性格和高尚的道德情操，学校教育就能在家庭中得到强化和巩固。家庭教育如果配合不好，或者家长的行为习惯较差，就会大大削弱和抵消学校教育，学校教育就不能很好地发挥其教育的职能作用。因此，作为教育工作者，班主任在向学生传授科学文化知识的同时，绝不能忽略对学生心理健康方面的教育。要适时的、平等的与学生进行心灵的沟通，了解学生的心理状况，并及时与家长进行交流，力争达到教育的真正目标——培养全面发展的人才。

（三）学校文化

学校文化是学校成员共有的态度、期望、信仰，包括学校的教育目标、校风、学风、教育设施、学生社团、学校制度和学校传统等，是一系列传统习惯、价值规范、思维方式和行为模式的综合。学校文化具有传承性、教育性、规范性，它潜移默化地影响着学校的制度、环境、人际关系和学校的校风、学风及教风。学校文化是一个学校在较长时期的积淀中形成的结果，它通过各种载体与活动影响着学校内的人员，同时丰富着学校文化的内容，并逐渐形成每个学校自己的学校文化特征。班级是学校组织中的一个基本组成单位，班级文化必然要反映学校文化和受到学校文化的制约。

总之，班级文化由青少年文化、同辈文化、教师文化和教育文化组成，同时又会受到社会文化、家庭文化和学校文化的影响。班级正是在这些文化的互动中逐渐形成自己的文化模式，这种文化模式无疑将成为影响每个学生个体发展和班级发展的重要因素。

第二节　班级物质文化建设

优美的环境是一部立体的、多彩的、富有吸引力的书籍，有着春风化雨、润物无声的作用，它有利于陶冶情操、美化心灵、激发灵感、启迪智慧，对学生具有潜移默化的教育影响力和感染力。

一、班级环境对学生的影响

苏霍姆林斯基说："只有创造一个教育人的环境，教育才能收到预期的效果。"教室的布置是班级文化的重要组成部分。

教室作为学生主要的学习生活场所，其文化环境是以学生为主体创造出来的，而文化环境反过来又会改造学生，决定和影响他们的成长、发展。

在学校为班级提供良好教育设施的基础上，班主任要树立班级经营的理念，善于创造、经营人性化的、温馨的教室环境。班主任要发挥自己的主导作用，既要从美化环境布置入手，对教室里各种设施的摆放提出明确的要求；又要突出学生的主体作用，以学生为本，关注学生的生活需要，把班级建设成学生眷恋的家园。

二、班级环境布置的原则

（一）彰显班级个性

一项关于班级文化的调查发现，有 73%的学生不能说出教室里的标语和名人名言，班级文化已流于形式。每个班级要设法通过教室的特色来彰显班级个性。班级的个性不仅表现为外在的标志、文字等，还需要班主任发挥引领作用，发掘内涵，形成班级真正的个性。

（二）凸显班级文化主题

班级文化建设既要有主题也要有副题。在主题统领下，不同时期应该有不同的副题，即阶段性的目标，便于集中学生的注意力，使其逐步改变缺点，完善自我。这样班级才能有新鲜感，也便于集中学生的专注力，完成当前阶段的主要任务。

（三）强化学生主体作用

黑板报是班级文化建设的一项重要内容。现在的学生思维活跃，个性鲜明，民主意识增强，班主任要充分正视学生的特点，从学生的实际出发，激发学生的主动性和积极性，给学生一个创新的思维空间、一个实践的舞台、一次展示创造力的机会，使学生成为具有生命力和创造力的主体，真正实现"让墙壁说话、让环境育人"的目的。

（四）发挥激励作用

班级环境的布置，不仅要给学生以美的感受，发挥潜移默化的熏陶作用，还要具有直接的激励作用。一位年轻的班主任是这样激励学生的："爱拼才会赢，想赢就会拼，把握青春，放飞理想。"

三、如何营造班级物质环境

马克思说，人创造环境，同时环境也创造人。幽雅的人文气息、厚重的教室文化环境对人潜移默化的教育影响是不言自喻的。这种潜移默化的教育往往具有滴水穿石的力量。班级环境既然对学生的发展具有如此重要的影响，那么班主任应该如何创建有利于学生发展的班级环境呢？

（一）营造整洁美观的环境

教室的净化是一个班级精神风貌的外在表现，是教室文化建设的基础。教室环境应该做到“五无”，即地面无杂物、痰迹，墙面无污渍，桌椅无刻印，门窗无积尘，卫生无死角，要给人以干净、清爽的感觉。对教室里各种设施的摆放应提出明确的要求：小组桌椅的排列既要左右对称，又要前后等距；各小组课桌之间的通道，要横平竖直，保持通行顺畅；平台上的电教用具、学生的作业本、学具等要摆放整齐，包括卫生柜、小黑板等都要摆放有序。针对上述要求，班主任可以设计若干岗位，让学生自主管理，既可以培养学生的责任意识和做事能力，又可以保障班级文化建设落到实处。

（二）建立生物角，培养学生的责任意识

班级生物角既可以培养学生的爱心、耐心和恒心；又可以美化教室，使教室具有生活气息。一个班级有了花、有了鱼，虽然可能会发生学生把花盆碰翻、把鱼缸打碎的情形，但这恰恰能够约束学生的行为，激发学生的责任感，培养学生的生活情趣。作为班主任，应给学生提供更多感悟成长的方式，使学生的生活更富有情趣，让学生学会关爱生命。

（三）建立图书角，营造书香氛围

高尔基说，我读的书越多，越使我同世界亲近，生活对我越明亮和有意义。班主任应该引导学生多读书、读好书，师生共同读书来体会读书的快乐，为学生营造读书的氛围。通过发动学生从家里带书、师生捐款买书和订阅杂志等办法建立班级资料平台，由专门人员或学生轮流担任管理员，负责图书的编码和借阅；班主任安排读书时间，对学生的阅读进行指导；帮助学生制订读书计划，通过家校协作强化学生的读书习惯；让学生养成写读书笔记的习惯，好读书更求甚解；在班级内组织读书征文，让学生仔细体味读书的快乐。当师生走进书香弥漫的一方天地时，会油然升起一种庄严神圣的感觉。

（四）墙面布置，凸显学生主体作用

墙面布置应尽量减少成人意志和规训意识，凸显班级文化特色，避免千篇一律。班级应成为学生身心舒展的精神家园，要充分发挥学生的主体作用，放手让学生去设计、布置班级环境，让学生的心声得以倾诉。

第三节　班级精神文化的塑造

班级精神文化是班级文化的核心和灵魂，是班级学生的精神支柱和共同信奉的价值准则，具有强大的凝聚力。它包括群体意识、舆论风气、价值取向、审美观念等。

一、班级精神文化对学生的影响

班级精神文化是班级文化的主导价值取向，是班级成员共同的行为准则。随着学生年龄的增长，教育文化发挥作用更要依赖于班级文化。积极的班级精神文化有利于教育文化发挥作用，能对学生产生内在的激励作用，帮助学生最大限度地利用、占有教育资源，获得全面、和谐的发展，进而增强班集体的向心力和学生的归属感，形成健康向上的班级文化氛围；消极的班级精神文化对教育文化起破坏作用，使少数人的行为蔓延成一种群体意识，从而使班级的正常生活由有序到无序，从而使班集体处于一种混乱、失控的状态。

二、塑造班级精神的途径与方法

班级精神是一种无形的力量，会对生活在其中的每个人产生潜移默化的影响。班级精神文化不是空洞无物的，它可以通过一些途径加以塑造。

（一）设计班级标志物

1. 班　训

班训是班级个性、特色的高度概括和班级精神文化的标志，是班风、教风、学风的参照目标。班训主要是对学生的要求、训导、告诫和防范。班训可长可短，以简洁、流畅、特色鲜明、目标明确、有个性为宜。班训贵在践行、内化，转变为学生的自觉观念和行为。

2. 班　歌

音乐可以调节身心的紧张状态、舒缓疲劳，提高审美能力。一首好的班歌，旋律活泼、欢快奋进，可以激励学生刻苦努力、奋发向上，增强班级的凝聚力。在班集体活动和学校活动中唱班歌，能增强集体的凝聚力，给人以集体的自豪感、信心和勇气，对全班同学来说是一种无形的精神力量和教育力量。

3. 班　徽

作为班级的象征，班徽在班级宣传和培养学生的集体荣誉感方面有重要作用，是反映班级文化、特征、精神的一种形象、物化的标志。班徽通常来源于班级的口号、班号，标志着大家从属于一个班级并且团结一心。它是整个班级的精神的提炼，能够反映大家的共同追求和大家共同的归属感。班徽是班级活力和荣耀的象征。

（二）榜样示范

榜样的力量是无穷的。在班级中评选“最佳值日班长”“周好学生“月优秀学生干部”“最佳寄宿生”等，树立典型，鼓舞士气；设立各种“进步奖”，“放大”后进生的点滴进步，增强他们不断进取的自信心，这样既可以给后进生以希望，也可以给优等生以压力，带动整个班级形成一种积极向上、奋发进取的风气。

榜样具有一种无形的鞭策力量，有利于促进学生身心的健康发展，榜样包括现实生活中的各种典型人物、历史人物以及学生周围的典型人物，学生中的优秀生、班级中的先进学生更具有教育力量。这样的榜样是具体的、真切的，并且具有很强的感召力，可以促使学生在耳濡目染的同时认真思考，在思考和比较当中受到鼓励，在班级中既可以形成向好学生、好的行为学习的氛围，也可以形成正确的舆论。这是形成班集体的主要手段。

（三）开展集体活动

班级活动可以增进师生之间、学生之间的理解，增强学生的合作意识和班集体的凝聚力。心理学研究表明，一个集体若没有丰富的集体活动，必然死气沉沉，缺乏活力，这将有碍班集体的健康发展。要想让班集体充满生机和活力，最重要的是组织学生开展各项有益的活动，况且中职学生有强烈的表现欲，他们希望通过自身的表现来展示自己的能力和才华，进而获得认可与成功。在活动中，学生可以得到更多的锻炼机会，在班级中孕育团结友爱的风气，培养学生良好的行为习惯，使健康向上的意识转化为学生的内在动力。在活动中，班主任不仅要扮演导演、倡导者和指导者的角色，还应充分相信学生、尊重学生、依靠学生，大胆地放手让学生去实践。同时，有经验的班主任也会抓住学校开展活动的机会，带领全班同学积极参与、精心准备，在这个过程中学生和教师的心贴近了，班级的凝聚力增强了，班级焕发出勃勃生机。

（四）运用电子媒介

随着信息技术的发展，多媒体技术越来越多地走进学校、班级和学生的课堂生活中。鲜活的画面、优美的音乐、生动的案例、丰富的信息量在改变学生学习方式的同时，更带来视觉的冲击、美的享受和心灵的震撼。

网络是一种全新的学习、沟通和娱乐方式，它为形成良好的班级精神拓展了空间。班级网站、教师博客、学生博客如同一个个精神家园，班主任可以利用其不受时空限制、快捷、方便等优势，增进师生的相互了解，拉近教师与学生、学生与学生、教师与教师、教师与家长、学校与家庭之间的距离。同时要引导学生利用好网络，为班级文化的发展争取更多的资源。

（五）利用传统节日

利用各种传统节日开展各项专题活动。把专题教育与日常教育相结合，提高学生的思想素质，培养学生良好的道德品质，既可以利用这个机会加深学生对中华民族传统文化和其他民族文化的了解，也可以对学生进行礼仪常识、人际交往等实践性知识的指导，指导学生学会做人、学会做事、学会学习、学会生存。

（六）师生的情感交流

一份民意调查显示：大多数教师都说爱自己的学生，但对学生进行调查时却得出了不同的答案，相当比例的学生并没有感受到教师的爱。这是为什么呢？ 这是一个引人深思的问题。教师在对学生进行教育时，忽略了说出爱，忽略了把爱用学生能接受、能体会到的方式表达出来，很多冲突也因此积累甚至爆发。礼物能传递爱，让学生知道老师对自己的关注和期待，让学生对教师更亲近和信任；礼物能传递爱，让学生学会表达爱、学会爱，充满爱心地步入社会。

三、在冲突与融合中铸造班级精神

在班级文化建设中，班主任要给学生创造一个有利于教育文化发挥作用的积极向上的班级文化氛围，为学生形成共同的价值追求创造条件，同时，要从学生实际出发，着眼于班级每个成员获得最大可能的积极发展，建设具有特色的班级文化价值体系。

班级精神并非自发形成，而是在冲突与融合的过程中逐渐形成的。班级是来自不同地域、不同阶层、不同社区的互不相识的学生组成的集合，每个学生都具有不同的价值观。要让班级中的学生在某些价值取向上逐步获得共识需要一个过程，班级精神是在班级生活中逐步形成的，它的形成与班级成员需要的满足有关，班级精神的最终形成，需要班级成员能够在某一价值取向上达成一致，这种达成一致的过程就是协商的过程。在班级中，教师与学生、学生与学生、教师与教师之间具有不同的价值观，经过一系列冲突、碰撞和融合，班级的价值观最后得以形成。

积极的班级精神的形成，一方面取决于教育文化是否能满足学生发展的需要，另一方面取决于班主任的职业素养和个人人格。班主任固然可以利用自己的权威地位形成主导的价值取向，但是有时因为缺少与学生的交流、对话、沟通，班主任推崇的价值观不能够成为全体成员的一致追求，一个看似统一的班级其实蕴含着危机。班主任应该在了解班级学生的基础上，依据教育文化的要求，提出班级的目标（主导价值取向），再根据学生的表现和反馈判断自己的目标是否适合学生、能否被学生所接受，并据此做出进一步的调整和判断。

总之，班主任负有协调、整合各种不同的文化要素，构建和谐统一的班级文化的重任，要认识到班级文化构成的复杂性、各种文化存在的合理性与必然性，并在此基础上开展班级文化建设；面对班级客观存在的各种不同文化要素及其可能的矛盾冲突，要善于把握全局，发挥自己的教育智慧，促进不同文化之间的融合，进而形成和谐的班级文化生态。

第七章　班级学习指导

《中学班主任工作的暂行规定》明确指出，班主任要承担“教育学生努力完成学习任务，会同各科教师教育、帮助学生明确学习目的，端正学习态度，掌握正确的学习方法，提高学习成绩”的职责。所以，作为班级的组织者、教育者和领导者，作为学生成长的引路人，班主任责无旁贷地要肩负起指导学生学习活动的任务。这中间包括对学习方法、学习兴趣、学习能力等多方面的指点与指导。

第一节　班级学习指导的主要内容

一、激发学生的学习动机，提高学习兴趣

根据心理学的观点，学习动机是直接推动学生进行学习的一种内部动力，即“我为什么要学习”，它是一种学习的需要，这种需要是社会和教育对学生学习的客观要求在学生头脑中的反映，可以说，学习动机是学生掌握知识、形成高尚完美品格的重要组成因素，甚至有人认为动机是“学习过程的核心”。从我国中小学生的现状看，一部分学生的学习动机不明确，有的学生认为：“到年龄就得上学”“因为来学校，所以要读书”“不上学就没事干”“上学是为了混日子”，他们的学习效果可想而知；还有一部分学生学习动机以片面的外部动机为主，学习是为了某种客观需要或为了履行某种义务，例如迫于社会环境的压力、父母的要求、教师的督促批评等等，在这种动机支配下，学习很被动，完全为他人而学，缺乏内部动力。对于班主任而言，就需要采取相应的措施和手段，以培养、激发学生正确的学习动机。

（一）帮助学生确立适当的奋斗目标和理想

我们经常会看到很多学生对自己的未来感到迷茫，不是很清楚自己究竟为什么学习，通过学习要达到什么样的目标，也就是说学习目标不明确。班主任应根据班级或每个学生的实际情况，有意识地教导学生明确自己的理想、奋斗目标，并使之与当前的学习相结合，形成长远的学习动机，提高学习热情。

（二）促进学生对学习的兴趣和热爱，激发求知欲

“兴趣是最好的老师”，学习兴趣是学生学习的动力之一，是学生成才的契机、成功的基础。学生对学习感兴趣，充满迷恋，他就不会觉得学习是一种负担，并能以积极愉快的情绪投入学习活动中，这样会大大提高学习效率。相反，一个看见书本就头疼的学生，即使在外力的强迫下他学习了，但这种消极被动甚至厌恶的情绪，会大大阻碍他正常的思路，学习效率可想而知。

为了激发学生产生较强的求知欲，达到“忘我”的学习境界，班主任需要创设以下条件：① 仅有对知识的意义的认识，有时还不足以激起学生的学习兴趣，而当学生为了某种实际任务而进行科学探讨时，却能有效地激发其求知欲和认识兴趣。可引导学生把知识的学习与解决某些实际任务结合起来，因为这些实践问题的解决必须要运用相关的知识，所以学生自然对这部分知识的学习充满兴趣。② 好奇心和求知欲是中小学生的天性,也是兴趣产生的源泉。当学生对新奇事物表现出好奇、探究时，教师不可加以扼杀，即使这种好奇心表现得很幼稚，也应加以鼓励并引导这种好奇心使之转移到相应学习内容上来。③ 利用学生的已有动机。学生可能对学习某一学科不感兴趣，而对其他学科或文体活动感兴趣，那么班主任可以采取灵活的方法让学生认识到学习某一学科对其他学科的促进作用，或是让学生运用所学知识通过文体活动产生兴趣迁移，而对某一学科也产生学习兴趣和学习动机。④ 课外活动产生兴趣。课外活动是课堂教学的补充和延伸，积极参加学校或学科、年级或班级组织的各种课外活动，能有效地培养学生的学习兴趣。参加课外活动，最好从起始年级就开始，无论是优等生、中等生还是学困生，都可以根据自己的实际情况适当选择课外活动项目。

（三）建立和谐的师生关系

班主任与学生的关系对于促进学生的学习积极性起着不可忽视的作用。学生可能会因为他对教师的喜爱、尊敬而努力学习，也可能会因为厌恶教师，与教师关系不好而厌恶学习。也就是说，师生感情的融洽与否会对学生的学习态度产生迁移作用。在我们的周围，我们经常可以看到、听到这样的事例：有的班主任由于种种原因，如过于专制或侮辱、嘲讽学生等，而造成师生关系紧张，学生对教师有强烈的排斥心理，受这种消极情绪的影响，学生的学习兴趣不是很高，因为他们把教师放在自己的对立面，对于学习教师传授的知识自然也有一种厌恶心理。所以，对于班主任而言，除了关注学习成绩以外还要关心学生的感受、自尊、兴趣，这样才易于形成融洽的师生关系。把自己当成学生的朋友，尊重每一名学生，信任他们、关心他们，与学生进行亲切的情感沟通，这是每一名班主任应该努力去实现的。与学生建立了良好、融洽的师生关系，获得了学生的尊敬与爱戴，相信这种感情同样会激发起学生对学习的热爱。

（四）开展适当的竞赛活动

国内心理学、教育学实验研究表明，比赛时，人们的尊重需要以及成就动机会较平时更加强烈，他们会努力克服困难以取得成功与荣誉，因此大多数人参与此赛时的学习和工作比

没有比赛的情况下要好得多。由于中小学生的成就需要与自尊需要正处于上升时期，那么竞争对于激发他们的学习动机非常重要。据此，班主任可适当运用竞争机制来激发学生的学习动机，例如采用学科成绩评比、作业评展，还可慎重组织学习竞赛、考试排名等有效的竞争办法。班主任在运用竞争手段时，应注意一些问题：① 竞争中要一视同仁，应尽可能给每个学生以同等的机会，避免“偏心”。② 要让学生明白比赛本身不是目的，只是手段，其目的是相互交流、取长补短，最终共同进步。③ 竞赛不可过于频繁，否则会加重学生心理负担，不利于学习进步。

二、帮助学生掌握科学的学习方法

现代社会科技日新月异，知识信息更新迅速，过去那种在学校里学到专门知识足够用上大半辈子的美好时光已一去不复返。毕竟学校能传授给学生的知识是有限的，走出校门，还有更多的新知识等着他们去学习，所以基础教育的根本应是教育学生掌握科学的学习方法。因此，对学生进行学习方法指导是中小学班主任的重要职责。

（一）帮助学生制订学习计划

制订一个科学合理的学习计划并严格执行，对于学生学习目标的实现、学习习惯的养成都有重要的影响。一个人学习有无计划，学习的效果大不一样。班主任指导学生制订学习计划，需注意以下方面：① 引导学生在制订计划时，要德智体美劳全面发展。除了安排学习时间外，还要安排体育锻炼时间、休息时间、文化娱乐活动时间等。② 在学习时间方面，除了安排学习课本、教材知识的时间，还应留些时间进行课外阅读，以了解时政信息，扩大知识面。③ 学生的学习计划在时间安排上不要过于紧凑，要留出少许机动时间，有些调整的余地。④ 告知学生计划目标的制订要从自身实际出发，结合考虑自己的知识基础、学习能力等因素，使目标的实现具有可行性，避免学生制订计划目标时好高骛远。⑤ 要经常检查执行计划的情况。计划中安排的内容是否都做了，任务是否都完成了，效果如何，没完成的原因是什么，等等。要经常对照检查，发现问题及时采取相应措施，或调整计划，或排除干扰计划的因素。

（二）督促学生进行课前预习

课前预习可以培养和提高自学能力，提高听课效率，弥补知识缺漏。某班班主任对学生预习情况调查发现，难得预习、不预习的占 43%，经常预习的占 14%。这就表明还有相当比例学生没有认识到预习的重要性。班主任应让学生认识到预习的重要性，并教给学生预习的常用方式：① 鸟瞰式。鸟瞰式又称宏观式，是从总体上粗略地预习，对所学知识有个大概了解，做到心中有数。主要是看标题、读目录，大致了解全书或某些章节的内容，这种预习多在假期或开学之初进行。② 阅读式。就是预习时通读课文，理解的内容一带而过，陌生的内容认真研读，要在重点、难点的地方画线加框、加点，以引起听课时的注意。③ 试答式。试答式是检验预习效果最好的方法。就是预习课文后，若没有遇到什么难点，就可以试看课本中的题目，若解答都正确，说明预习效果好。④ 笔记式。为使预习能真正收到好的效果，有必要将预习中产生的问题总结出来，整理清楚，记录在笔记本上，以便教材讲解后，填上正确的答案。另外，在指导学生预习时，要注意学生的知识基础不同，预习的要求应有所不同。知识基础较扎实的学生，预习时应全面完成预习任务；知识基础较差的学生，预习时应在了解新知识的同时弥补旧知识的缺漏。

（三）指导学生搞好课堂学习，向 45 分钟要效率

预习是基础，听课是关键。

怎样才能使学生专心听课，提高学习效率呢？实验表明，学生对学习有没有明确、具体的目标对课堂学习效率有着直接的影响。班主任要引导学生学会根据任课教师拟订的教学目标主动地提出自己应达到的学习目标，从而提高课堂学习效率。

“专心听师讲”，包括听老师是怎样分析课文，怎样讲解有关概念、定律、法则、公式，怎样讲解重点、难点内容，以及听老师是怎样在新课结束时做总结性发言的。

“学而不思则罔”，课堂上如果不善于思考，老师的课讲得再好也没有效果。因此，课堂上应要求学生不仅要积极地想，而且要善于想。根据老师提出的富有启发性的问题和精心设计的板书，学生应积极开动脑筋思考，听课时，要做到眼、耳、手、口、脑并用，课堂上要敢于想、善于想。

要指导学生记好课堂笔记。记笔记有助于维持学生的有意注意和进行课后复习，但并不是所有的学生都会记笔记。有的学生不管三七二十一把老师讲的话、举的例子都逐一记下来，这样反而会为笔记所累，而忽略了思考，一节课下来，累得不轻，仍不知所云。所以，应让学生明白有选择地记笔记。一般说来，教师点出的重点、难点，教师对书本内容的重要补充，讲课结束时教师总结性的教学内容，这些都是学生听课时应记录的内容。

案　例

一位女同学，学习一向勤奋刻苦，天天早起晚睡复习功课。有时中午实在太困了，就趴在桌子上睡一会儿，把小闹钟放在旁边，只准自己睡十分钟。有一天，母亲看她太疲劳了，就悄悄地把小闹钟向后拨了一个小时。她醒来后，埋怨妈妈不叫醒她。后来，她干脆把小闹钟搂在怀里睡，生怕别人再拨动，睡过了头。这种刻苦的学习精神的确使人叹服和感动。但是她的学习成绩并不佳，每次考试都排在班级倒数。她伤心地说：“我平常没有假日，没有娱乐，也算是发奋了。可是付出了这么大的代价，却得不到所追求的东西，怎么不让人寒心？人家说，功夫不负有心人。可是我觉得，功夫负了我这个苦心人。

思　考：

（1）这位女同学学习这么用功为什么学习成绩却不理想？

（2）学习很用功但收效很差，她一定是在学习方法上出了问题，班主任如何对她进行学习方法的指导？

案例分析：

类似这位女同学的学生，在我们周围并不少见。人们常说："一分耕耘，一分收获。"为什么她们的付出与收获没有成正比？这就涉及学习方法是否科学有效的问题。调查表明，学生对于学习的一些基本常规方法，如预习、听课、复习、作业等，没有很好掌握；有的测试表明，基本没掌握方法的占 20%以上，掌握得较好的仅占 3%。所以，有必要就学生学习的常规方法进行指导。

（四）指导学生养成良好的课内外作业的习惯

学生的课内外作业，是巩固与消化知识，并使知识转化成技能、技巧的重要手段。学生不论完成口头作业、书面作业还是各种实际动手操作的作业，都要养成良好的习惯。

1. 引导学生养成不依赖别人独立完成作业的习惯

完成作业的过程是一个消化、理解知识，掌握技能、技巧的过程，必须经过自己思考、自己动手去做，才能把所学到的知识内化为自己的东西，否则对知识的认识只是停留在肤浅的表面。然而有不少学生做作业时，一遇到困难就畏缩不前，没经过仔细思考就去询问别人，或者翻看书后的答案，或者干脆拿同学做好的一抄了事。也有的学生不相信自己，做完了作业非要和别人核对，仿佛这已成了每天完成作业必不可少的环节。还有的学生存在本来自己做对了，但跟别人对过答案之后反而改错了的现象，让人哭笑不得。所以班主任应使学生明白独立完成作业的重要性，在此基础上培养学生独立思考、独立完成作业的习惯。

2. 督促形成当天作业当天完成的习惯

学习最忌拖拉，今天学的知识是明天要学知识的基础，只有今天的基础知识打牢固了，以后再学新知识才能顺利进行。所以学生的作业千万不能拖拉，当天的作业当天必须完成，一旦拖拉，就会一发不可收拾，会越积越多，问题也会堆积如山。

3. 帮助学生养成正确对待老师批改的作业的习惯

有不少学生在作业发回来后，仅看看对错看看分数，不求甚解，缺乏精益求精的态度。班主任应引导学生，对于做错的题目，要找出错在哪里，错误的原因是什么，应该怎样改正，从而把解题的教法、解法记下来，进行分析分类，这对于提高学生的解题能力很有帮助。另外，有些题目虽然做对了，但它的解法是多种多样的，做作业时可能因时间仓促来不及考虑，因此作业发回来以后，就要及时思考这个题目是否还有其他解法，哪种解法最佳。

（五）指导学生合理地组织复习活动

孔子曰："温故而知新。"很多学生，都存在一个问题，那就是"临时抱佛脚"。有近一半的学生平时不复习，考试前突击，造成手忙脚乱，对知识来不及深入透彻地消化，结果，若侥幸过关，本阶段学习告一段落，那么学生对于自己本来尚未真正掌握的知识就容易疏忽大意。所以班主任指导学生合理地组织课后复习，是非常有必要的。复习的方式也很多，如在饭后、睡前独立地回忆当天学过的内容，把有关的书本内容再全面地复习一遍，把当天的课堂笔记进行加工整理，以及阅读课外参考书等。指导学生复习时，学生应注意以下事项：① 针对遗忘的进程和规律，复习要及时，最好在学习新知识后，遗忘尚未开始之前。实践证明，学生学习新知识两三天后遗忘最多，因此复习的时间要先密后疏。一般认为间隔一天、三天、一周、两周、一个月、三个月比较合适，低年级学生间隔的时间要短些。② 复习要突出重点。要针对自己的薄弱环节，进行重点复习，不要平均用力，"眉毛胡子一把抓"，重点内容要重点突破。③ 要做好复习题。做复习题时，可以检查复习的效果，巩固和加深对所学知识的理解，培养运用知识分析问题、解决问题的能力，因此要认真做好复习题。复习题可以由老师布置，也可由学生自选。

（六）指导学生进行课外学习活动

学生尤其是中学生正处在长身体、学知识的黄金时期，在课内学到了一定的基础知识和基本技能之后，学习兴趣得到发展，希望在此基础上了解更多的知识，掌握更多的技能、技巧。班主任应因势利导，让学生在完成课内学习的基础上，积极投身到丰富多彩的课外学习中去。课外学习主要包括课外阅读、社会调查、社会实践、科技活动、参观学习等。这些活动不仅可以促进学生对课内知识的巩固运用，还有助于扩大学生的知识面，丰富学生的精神生活，促进学生的智力发展。因此，课外学习是课堂学习的补充与延伸。班主任的课外学习指导应注意以下几个方面：① 引导学生将课外阅读、社会调查等活动尽可能与课内学习的内容结合起来，提高学生对学科知识的巩固，促进学生对课堂知识的运用。② 引导学生将课外学习同自己的兴趣、特长等结合起来，以促进学生个性的全面发展。③ 学生课外学习的时间安排要恰当，既量力而行又尽力而为，劳逸结合，以不影响正常的课内学习为原则，不能喧宾夺主。④ 学生参加社会调查、参观学习、科技活动等课外学习活动时，班主任应努力创造条件，通过与社会、家庭的联系、配合等为学生提供有力的保障与良好的环境，使之能顺利进行。

（七）指导使学生学会科学合理地安排时间

有一部分学生学习成绩欠佳，并不是不努力，而是由于没有科学合理地安排和利用时间。卡耐基说过"两个人砍木头的故事"：一个家伙整天工作，只在午饭时休息一会儿。另一个在一天之中休息数次，并在中午小睡一会儿，结果一天下来，后者比前者砍的木头多。"我不懂。"他说，"每次我看你时你都坐在那儿，结果你砍的木头比我多。"另一个说："你没注意我休息的时候在磨我的斧头吗？"这个故事是要大家明白合理使用时间的重要性。

班主任应指导学生科学合理地安排和使用时间。① 制定好作息时间表。制定时,要注意活动的安排，有张有弛，娱乐时间的安排要适当，特别是双休日要安排较充裕的时间娱乐，以使学生能在紧张的学习状态中解放出来。② 指导学生懂得利用"零碎"时间。如果把每天的活动都记录下来，就可发现零碎的空闲时间还是不少的，如上学路上、等公交车时、饭前饭后、就寝前等。如果把这些不起眼的零碎时间适当地利用起来，也可以学到不少知识。③ 告诫学生做事不可拖拉，今天的问题今天解决。有的同学爱把今天的事拖到明天去办，这是一种很不好的习惯。今天能拖明天，明天就有可能拖后天……这样问题会越积越多，问题越多越不想解决，从而形成了恶性循环，最终可能一事无成。因此要想成为时间的主人，就必须抓住今天的一分一秒，今天的问题今天解决，绝不拖到明天。

三、对学生学习能力的培养

能力是直接影响活动效率、使活动顺利完成所必须具备的个性心理特征的综合。也就是说，能力是顺利完成某种活动的必要条件，缺乏这种条件，相应的活动就无法顺利完成。学习活动也不例外，学习能力总是与学习活动紧密联系并会直接影响人的学习效率。学习能力是多种能力的结合，学生要进行学习活动，必须要结合注意力、记忆力、观察能力、思维能力以及表达能力等。中小学生尤其是小学生和初中生，学习能力的发展水平尚不是很完善，班主任需要进一步培养和发展他们的学习能力，向他们介绍相关的心理学知识。

（一）对学生注意力的培养

苏联教育家乌申斯基说："注意是心灵的门户。"人一旦注意力分散，就无法正常学习。对中小学生来说，注意是感知的基础，是认真听课、深入理解教学内容、提高学习效率、保证学习质量的必要条件。

怎样才能学会集中注意力？班主任可从以下方面进行引导：① 督促学生养成良好的集中注意力的习惯。克服开小差、爱走神的毛病，养成在任何时候学习都要集中注意力的习惯。在学习过程中，遇到困难或干扰时，运用较强的意志力把注意力集中在学习活动中。② 让学生了解有意注意与无意注意相互转化的规律，并学会运用。学习毕竟是一项较枯燥艰苦的活动，不可能全凭兴趣与好奇，所以仅仅有无意识注意是远不够的，而假如仅仅凭刻意注意，学习活动也很难维持，因为刻意维持注意力会使人很快疲倦。所以在学习过程中两种注意要交替运用，达到有效学习。如，可以通过各种方式培养和提高自己学习的兴趣，从而产生无意注意为学习服务；可以通过明确某一学习活动的目的与任务来发挥有意注意的作用。③ 帮助学生加强意志锻炼与自制力。学习过程中常会碰到枯燥无味的东西或不感兴趣的学科而不愿意集中注意力，在这种情况下，就需要一个人有坚强的意志力，促使自己集中注意力在学习上。因此，要鼓励学生有意识地加强意志锻炼与自制力。

（二）教学生学会想象

爱因斯坦说过："想象力比知识更重要，知识是有限的，而想象力概括着世界上的一切，推动着进步，并且是知识进化的源泉。"想象并非科学家、艺术家们所独有，它同样存在于中小学生的一切学习活动中。没有想象，就难以形成数学题的解题思路；没有想象，就无法进行任何有图形的理科学习；没有想象，就不能理解文学作品的优美意境与深刻含义……所以，班主任应重视对学生想象力的培养。① 引导学生将语言文字形象化、抽象概念具体化。学习过程中，要养成善于将一些语言、文字再造成图画以及把一些抽象概念用具体的内容来描述的习惯。如学到“天苍苍野茫茫，风吹草低见牛羊”的诗句时，头脑中就要浮现相应的场景；又如学到“把圆锥体展开得到扇形”时，头脑中就要呈现出具体的图形来。② 扎实打好基础，创造想象条件。任何想象都是在已有感知材料的基础上进行的，也即想象离不开基础知识。发挥想象力，首先要扎扎实实学好基础知识，掌握基本技能，扩大知识面，积累生活经验，为想象创造条件。③ 培养丰富情感，发展好奇之心。想象与情感密切相关，情感可以激发想象力，如诗人、作家、音乐家、画家等，在饱满而热烈的激情下，想象力高度发挥，创作获得成功。所以在学习过程中，班主任注意引导学生培养自己丰富的情感，激发自己的学习兴趣，丰富自己的想象。好奇心也是发展想象力的基础和起点，必须保持自己对周围世界的兴趣和好奇。

（三）帮助学生掌握一些记忆方法与技巧

记忆是掌握知识的基本手段，从某种角度说，知识积累与深化的过程也就是记忆的过程。学生的记忆能力提高了，学习效率就必然提高；反之，记不住公式、法则、定理、单词等必须掌握的知识，或记东忘西，学习效果一定不会好。班主任除了向学生介绍有关的记忆心理学知识与规律外，还可向学生介绍一些常用且有效的记忆方法与技巧。

（四）培养学生良好的思维能力

思维是整个学习活动的核心。通过培养思维能力，学生不仅可以更好地理解知识、巩固知识，运用知识，还可以发展自己的创造思维能力。中小学生尤其是低学段学生普遍存在不善于思维的现象，例如学习中遇到问题自己不先思考，而是马上去问老师，依赖心理严重，缺乏独立思考能力；很多学生容易形成思维定势，总是按照某种固定的思路去考虑问题，而且集中思维、正向思维多，发散思维、逆向思维少。因此，班主任应从以下方面引导学生形成良好的思维习惯：

（1）培养学生独立思考的习惯。预习、听课、复习、作业、考试的各个环节都要勤于思考，独立思考，要多问“为什么”，多想“怎么办“，做到不依赖、不等待、不偷懒。

（2）培养学生敢于提问、大胆质疑的习惯。课前课后要敢于提出各种问题，敢于大胆质疑，并通过思考努力解疑。

（3）发展学生的思维品质。要发展学生的思维品质，必须使学生了解自己思维品质的特点，了解自己的思维广度、深度，独立性、批判性和灵活性等方面的优缺点，扬长避短，促促使自己的思维能力不断发展。

（4）提高学生的语言能力。思维与语言密切相关，学生掌握的词汇量越大，语言活动越有条理，思维就越开阔越深入。因此，提高语言能力是提高思维能力的重要条件。除了语文课，班主任也可通过各种集体活动，如主题讨论班会、演讲比赛、情景模拟对话等来训练学生的语言水平，以更好地发展思维能力。

（五）指导学生学会观察

观察是高水平的知觉，是感性认识阶段的最高层次。具有敏锐、深刻观察能力的人，对事物看得全面，能迅速抓住事物的重要特征和本质。班主任指导学生进行观察，应注意以下方面的问题：每次观察都要有明确的目的与计划；观察之前要学习有关观察对象的理论知识；要运用多种感官和仪器进行观察；养成观察记录的习惯。

第二节　班集体学习指导的方法与原则

一、班集体学习指导的方法

1. 专题讲座法

专题讲座法就是在宏观上对学生进行学习指导，它是班主任根据学生学习的需要，采取专题形式定期或不定期地举办学习指导讲座，讲座的内容可以围绕学习方法也可围绕学习能力等进行。这种方法可以是报告会形式，也可以是校刊、校报、班级学习园地等形式。讲座式的优点是形式灵活，具有针对性和实用性。

2. 诊断治疗法

诊断治疗法是一种个别指导的方法。班主任通过问卷、谈话、观察、提问、改作业等形式对学生的学习动机、学习兴趣、学习方法、学习效果等方面进行较全面的了解，加以认真分析，从而诊断出学生在学习上存在问题的主要原因，然后有针对性地加以指导。由于学生情况千差万别，影响学生学习的因素也不止一个，所以班主任运用这种指导方式就具有针对性强、适应学生差异的优势，特别适用于对学困生的个别指导，能及时有效地解决学困生在学习上的问题。班主任要全面细致地了解班里每一名学生的学习情况，需要花费较多的时间与精力，这样才能对症下药。

3. 经验交流法

经验交流法指通过班主任的组织，让学生们现身说法，在同学之间进行学习上的心得交流。常用的形式有召开主题班会、座谈交流会、优秀学习方法报告、作品展览等，这些活动都可以让学生相互间就学习问题进行交流。这种方式有利于学生从同学身上获取符合自己实际的经验，同时，组织学生定期总结和交流通过学习实践悟出来的心得体会，具有鲜明的特征和亲切可接受的特点，对于增强学生学习自信心、成果喜悦感都有推动作用。

班主任可随时随地组织这类活动，不受时间、空间的限制，且轻松随意，易于被学生接受。

二、班集体学习指导的原则

1. 指导与反馈相结合的原则

班主任对学生的学习动机、学习态度、学习方法等进行有意识的指导后，应通过各种途径去了解学生的学习进展、学习动态。例如通过课堂教学中师生之间的双边活动，通过课内外各种作业完成的情况，通过学生成绩的变化以及通过家访等途径，获得关于指导后学生的学习效果、学习心态等。同时对反馈信息进行分析研究，了解对学生进行学习指导的成效，找到出现问题的原因，从而适当及时地对自己的指导方式、内容做出调整。

2. 整体指导与个别指导相结合的原则

班主任在指导学生学习时，既要面向全体学生，又要针对学生的实际情况进行特殊指导。也即在指导时，不求“一视同仁”，不能千篇一律。集体指导可使大多数学生掌握一般学科的基本学习方法，形成良好的学习习惯。但是，由于学生的学习层次、能力水平、个性特点不同，各门学科的最优学习方法也不一样，因此在集体指导的同时，要依据不同对象、不同学科的不同特点，采取不同的指导措施。

3. 协调一致原则

学习指导不仅是班主任的事，也是各任课教师与学生家长的责任。在学习活动过程中，班主任要注意不能单枪匹马，更不能和任课教师或家长发生指导上的矛盾。例如班主任提倡减轻课业负担，在时间安排上劳逸结合，而数学老师却强调要搞题海战术，这样学生便不知所措。所以在进行学习指导时，班主任应尽量创造条件，带动任课教师和学生家长也参与到本班的学习指导工作中，加强相互间的交流，相互协调，保持影响一致。

4. 理论指导与实际训练相结合的原则

班主任的学习指导切记不能单纯地理论灌输而忽视结合实际。“纸上谈兵”对学生来说收效不大。因为掌握科学的学习方法实际上是形成一种学习能力，仅仅了解一些理论是不够的。因此班主任在进行学习方法的传授时，更要重视对学生进行掌握学习方法的实际训练，只有通过实际去操作，学生才能找到适合于自己的学习方法，并在实践中加以巩固和创新，最终内化为自己的能力。

第三节　学生应考心理辅导

考试是学生日常生活中的主要应激事件，其中以升学考试（中考或高考）的影响最大；

作为一次知识水平和心理水平的综合测试的升学考试，能否正常发挥，受动机水平、作答（应试）技巧、身心健康、心理控制能力和焦虑程度等影响。

一、考试焦虑的含义

考试焦虑（Test Anxiety）是在一定应试情境的激发下，受个体认知评价能力、人格倾向与其他身心因素所制约，以担忧为基本特征，以防御或逃避为行为方式，通过不同程度的情绪性反应所表现出来的一种心理状态。考试焦虑属于测验焦虑的一类，是针对其特定情境而发生的，是一种现实性焦虑。如程度相当，可视为一种正常反应；若程度过强或泛化，则成为一种异常或病理的状态，即有的作者命名为问题性考试焦虑或考试焦虑症。

二、考试焦虑的表现

从表现形式上看，考试焦虑至少包括主观体验：个体对外部事件或内部想法与感受的一种不愉快的体验，它涉及轻重不等但性质相同因而互相过度的一系列情绪，最轻的是不安和担心，其次是害怕和惊慌，最重的是极端恐怖；考试焦虑还包括行为上的运动不安以及植物神经唤起症状。一般按焦虑出现的时间分为四个阶段，即考前阶段、考试过程阶段、等待考试结果阶段和公布结果阶段，其表现各不相同，目前主要关注前两个阶段。典型的问题性考试焦虑者表现为：复习期间担忧，忐忑不安，总是惦记着考试，情绪烦躁，不复习时想看书，但看起书来又注意力不集中，学习效率下降。从进入考场开始信心不足、心慌，遇到难题只想到自己复习偏了，头脑中出现许多与考试无关的念头，“走神”，注意力难以集中在答题上，被动注意增强，周围稍有响动就抬头观看，总觉得监考老师盯着自己，出现遗忘（平时最熟悉的东西记不起来）及责怪自己，有时头脑一片空白，对已做出的答案怀疑、再三检查，浪费许多时间，一出考场就想起许多考试时答不出来的知识，对答案时发现错的更多，进一步丧失信心和斗志，其结果又加重了考试焦虑。考试结束后在懊恼与沮丧中等待“坏分数”，公布结果又验证了自己所预见（“成绩不理想”），同时又“积累”自己失败或挫败的“经验”，进一步影响以后对考试的态度。

三、应考前加强心理调整，保持考前状态

考试中的心理偏差有两种：一是过于放松，难以集中注意力，总是想起别的东西；二是过于紧张，心跳加快，手心出汗，有头晕的感觉。那么如何进行考前的心理状态调整呢？在考前应该按照一定的时间顺序进行自身的心理状态调整。

在考前 10 天：每个学生的实力已经定型，一般无论怎么用功，水平也不会有显著的提高。所以，考生在这个时段主要应该进行一些提纲挈领的复习，即考前复习要有所侧重，特别是检查重点内容的掌握情况，如老师明确指定和反复强调的重点内容，自己最薄弱的、经常出错的地方。所以，在考前 10 天考生宜看书而不宜做题。通过看书可以温习已有的知识，增强自信心；而做题则不同，一旦题目太难，就会挫伤自信心。另外，考试前人的精神往往高度

集中，理解力和记忆力在短期内急剧提高，因此在这个时段应该加强记忆方面的知识，如历史、地理、政治、英语等，但是也不可过度紧张而耗费考试时的精力。

在考前 3 天：很多学生认为万事大吉，完全不沾书本，这是十分错误的。重要内容虽然已经掌握了，但还是要适当浏览，如历史、地理、政治的基本知识，语文的文学常识，英语的单词，数学的公式等。对考过的试题应该看一看，把经常出错的地方再强化，适当地做些“热身题”。所以，在考前 3 天要适当地翻阅书本，这样做不仅使这些重点内容始终在大脑中处于待提取的激活状态，而且可以使自己心里踏实。

在这 3 天，应该调整自己的心理状态，切不要把弦绷得太紧，应该适当地放松自己，如通过散步、和家人聊天、听音乐等方式调整自己的心态。此外，还应该做好考试的物质准备，如文具、准考证、换洗的衣物、考试中提神的香水等。

在考前 1 天：仍然有许多准备要做，不要认为“万事俱备，只欠东风”，也不要“破罐子破摔”，听天由命。在考前，应注意以下问题：第一，协调自己的饮食，应该遵循自己平时的饮食习惯，可以多加几个菜，适当增加肉蛋类食品，但不要为了补充能量而暴饮暴食，以免消化不良，影响第二天的考试。第二，不要剧烈运动，以免体能消耗过大或发生其他的意外，从而影响第二天的考试。也不要长时间地玩棋牌、上网打游戏，以免过度兴奋。适当的放松和休息应该是最后一天的主旋律。第三，熟悉考场。应该仔细考察通往考场所在地的交通线路，选择路程最短、干扰最少、平时最熟悉的路线，还应该考虑如果发生交通堵塞后的应对措施。对考场所在学校、楼层、教室、厕所以及你的座位位置都要亲自查看，做到心中有数，以防止不测事件的发生。第四，要认真检查考试时所使用的准考证、文具等，并把它们全部放在文具盒内，以保证第二天不出现慌忙现象。第五，如果有的同学不看书心里就不踏实，还要临阵磨枪，那就不妨把第二天所考科目的课本随意翻阅一遍，但不可太动脑筋。如果有的同学不愿再看书，那就听一些轻松欢快的音乐，以放松自己。第六，严格按照平时的作息时间上床睡觉，不应太晚也不宜太早，以免因太早或太晚上床而又不能及时入睡。睡前可用温水洗脚以帮助睡眠，如数数、深呼吸等。切不要服用安眠药，因为安眠药会抑制人的大脑，导致第二天考试不够兴奋。

四、考试过程中

（一）要增强自信心

要获取好成绩，一定要有自信心。这如同体育运动员一样，要在比赛中获取好的名次，应该具有良好的竞技状态，以保证自己能够发挥出最好的水平。考生在进入考场之前，多想一些有把握获取好成绩的条件，如“自己已经全面和系统地复习了”“考试就像平时测验，无非在这里多做几道题而已”，尽量回忆和憧憬一些美好的事情，设法使大脑皮层产生兴奋中心，产生一种积极的情绪。

（二）自我放松，缓和紧张的心理状态

（1）呼吸松弛训练。坐在座位上，双目微闭，两脚着地，双手自然放在膝上，脚与肩同宽。然后进行腹式呼吸 3～4 次。吸气时用鼻子慢慢地吸，先扩张到腹部，再扩张到胸部，吸足气后屏气，然后用鼻子和嘴将气慢慢地吐出，这个过程连续多次，就可以达到平静的心理状态，消除紧张和焦虑。

（2）肌肉松弛训练。考试时，坐姿要放松，一旦双手发生颤抖或有紧张情绪，可迅速拉紧所有的肌肉，然后立即解除紧张，也可马上做深呼吸，反复两三次，这时全身肌肉必会放松，就可避免生理、心理紧张加剧而引起的恶性循环。

（3）转移想象训练。转移也是保持良好心境的一种方式。如涂抹一点清凉油，听听音乐，从事散步、游泳等不剧烈的体育运动，使心态平衡，头脑清醒，紧张缓解。

（4）自我暗示训练。要善于利用自我暗示语的强化作用。如可以暗示自己"今天精神很好""考出好成绩是有把握的"等。自我暗示语要简短、具体和肯定，要默默或小声地对自己说（不让他人听见，不影响他人答题）。这样，可以通过低声细语，刺激听觉，把问题反馈给大脑皮层的相应区域，形成一个多渠道强化的兴奋中心，能够有效抑制怯场。

情景模拟训练。同学们参加模拟考试时，或在平时考试过程中，有意识地进行放松训练，以保证考试时有良好的心态。

（三）浏览全卷，制定答题方案

考试时一般是提前 5 分钟发卷，考生应充分利用好这 5 分钟。首先把整个考卷浏览一遍，对题目难度、题量、题型、答题要求、分值等做到心中有数。然后确定自己的答题方案，即对自己的答题顺序和在各个题目上的时间分配做出全局性的安排，同时还应预留检查全卷的时间。浏览全卷可以对所有的题目在头脑中留下一个印象，在答题时有助于各个题目之间的相互联想，这对于开阔思路、消除记忆堵塞现象有好处。在浏览全卷的过程中，发现自己熟悉的不要狂喜，发现自己不会的也不要过分紧张，要保持镇定的心态，应该想道："我难人亦难，我易人亦易。"

（四）审清题意，细心答题

做题前首先要认真审题，明确题目的要求，避免盲目答题。审题的内容包括看清题型和题目的具体要求，还包括审准题目所提供的信息。尤其是文科课程的考试，能否从阅读材料中准确地找到所需信息，合理演绎、大胆猜测、反复推敲词意句意往往是答对题目的关键。在答题的过程中，有的同学没想妥当就匆忙地在试卷上填写，然后改来改去，既浪费了时间，又弄脏了卷面。有的同学则过于谨慎，什么都要在稿纸上写得清楚明白，然后才在试卷上填写。实际上，考试时间十分有限，许多题目没有时间打全稿，特别是一些大题，在草稿上写出答题思路或提纲后，就可以在试卷上直接书写。

（五）先易后难，合理分配时间

试卷的安排一般是从易到难，所以做题时也是按题目顺序做，只要时间安排合理，最后检查试卷的时间是足够的。但问题不是绝对的，每个人掌握知识的情况不同，答题的模式也不是一成不变的。有的同学遇到难题后就一心要把它做出来，忘记了后面还有很多题等着要做，浪费了太多的时间，造成心理上的紧张，许多能够做的题也不会做了。正确的方法是先易后难，合理分配时间。先易后难的答题方法有利于消除紧张，逐步提高自信，以饱满的精神和较佳的思考水平来攻克后面的难题，避免出现完全按顺序答题时不停地遇到难题，不停地产生紧张焦虑的心情，阻碍思维水平的正常发挥。在时间分配上，要注意对整个试卷的完成时间作出统筹安排，最后必须安排 5 ~ 10 分钟的时间进行检查。

（六）镇定自若，巧解难题

在考试中，不是所有的题目都是自己熟悉的，总会遇到许多困难。经常遇到的困难主要有两类：一是记忆卡壳，平时会做的题，记得很清楚的知识，忽然忘记了；二是题目难度太大，一时间不知道从哪里下手。遇到困难时首先不要紧张，因为上述两种情况往往是由太紧张、太兴奋造成的。正确的方法是：先放下这些题目，去做一下其他的考题；或者去检查一下前面已经做完的与之相关的或类似的题目，看能否从中找到提示；或者回忆一下自己曾经做过的例题或者相关的知识，寻找突破口，以退为进；或者干脆把考试中其他的题目全部做完之后，再把这道题当作一般的练习题来做，没有了后顾之忧，就可以集中精力重点突破。在考试中，切忌赌一时之气，不顾时间和其他的题，无原则地蛮干。

（七）全面检查，站好最后一班岗

全部题目做完之后，或者还有少数题目实在做不出来，在这个时候，应该抓紧时间对已经做出的题进行全面的检查。检查的内容包括：答案的计算是否正确，书写是否有错误，答案的内容是否完整，要点是否突出，阐述是否清晰，选择题的答案是否正确，机读卡的填涂是否正确，题号与答案是否有错位的现象，等等。全部试题答案检查完毕后，还应该检查一下姓名和准考证号码的填写情况。

第八章　学生激励与评价

对学生进行激励评价是新课程实施的重要任务和基本要求，适时适当的激励评价不但能激发学生的学习兴趣，还能培养学生的良好道德品质，提高学生的文化素养，促进学生全面发展。

激励评价是促进学生发展与进步的重要手段之一。激励是一种正强化，它能增强学生的自信心和表现欲，使学生从后进变先进，从成功走向更成功。班主任要不断创新激励评价方式和手段，并能因人而异，灵活运用，让激励评价助力学生进步与发展。

第一节　学生激励机制

21 世纪是一个竞争激烈的世纪，随着世界多极化和经济全球化进程的加快，世界各国在政治、经济、文化、信息、军事等领域展开了全方位的竞争，以维持或获得国家的竞争优势。国家的竞争实际上是人才的竞争，而人才竞争的本质是教育的竞争。

心理学研究表明，人的潜能是巨大的，激励水平决定了学生潜能的挖掘程度，激励不仅能实现学生的超越，而且能挑战学生的极限，使本以为不可能的事情变为现实。激励的功能主要是调动学生的积极性和创造性。

一、激励机制在学生教育和成长过程中的作用

激励的目的在于激发人的内在潜力，充分调动人的积极性、主动性和创造性，使之实现行为目标，进而实现组织目标。美国心理学家威廉·詹姆斯通过研究发现，一个人要是没有受到激励，仅能发挥其能力的 20%~30%；如果受到正确而充分的激励，就能发挥其能力的 80%~90%，甚至更高。激励可以根据国家、学校的培养目标，凝聚、团结、教育学生，同时，教师可通过对学生的激励实现教学相长。另外，激励可以使学生最大限度地发挥其才能和特长，从而提升一个学校学生群体的整体质量，并使学校、学生在激烈的社会竞争中处于优势地位。而教育激励机制就是在教育组织系统中，教育者与被教育者之间通过激励因素互相作用的方式。

1. 有利于引导学生的行为方向

学生思想政治教育激励具有明确的导向性，通过思想政治工作教育激励能够充分调动学生的积极性和创造性，激发中职学生自觉把个人目标和集体目标、社会目标结合起来，将个人理想和社会共同理想有机结合起来，始终坚持爱国主义、集体主义和社会主义，做一个“有理想、有道德、有文化、守纪律”的社会主义新人。

2. 有利于挖掘学生的内在潜能

潜能是有待开发的深层智慧和能量。许多学者曾对人的潜能提出过假设：如美国著名心理学家威廉·詹姆斯认为一个正常人还有90%的潜能尚未利用；人类学家玛格丽特·米德认为一般人只运用了其能力的 6%；而美国心理学家奥托则估计一个人所发挥出来的能力只占他全部能力的 4%，也许随着人类自身的进步，对一个人所发挥的能力的估计会越来越低。挖掘和发挥人的潜在能力，在很大程度上有赖于激励，因为激励过程是不断实现人的超越的过程，而人的超越又以人的潜能为资源背景。因而，中职学生思想政治教育激励有利于挖掘学生的内在潜能。首先，中职学生思想政治教育激励可以打破学生消极的习惯平衡。通过激励，利用一定的信息刺激动摇平衡习惯，使中职学生开阔视野，重新调整自身行为状态，通过开发自身潜能从而达到新的境界。其次，思想政治教育激励可以改变中职学生的态度。态度是潜意识的自动功能，判断一个人的态度要从认知、情感和行为倾向三方面综合权衡。通过实施思想政治教育激励，能够达到提高学生的认知水平、丰富学生的情感和引导学生高层次的文明行为的目的。最后，思想政治教育激励可以激发中职学生的兴趣。兴趣能使人产生热情，对自己的目标乐此不疲，在兴趣的驱使下，人的潜能就会不断地被开发出来。中职学生思想政治教育激励正是通过激励手段充分调动学生的积极性和创造性，不断提高他们的兴趣，挖掘他们的潜能，使他们自觉地刻苦学习，努力成才。

3. 有利于实现群体的奋斗目标

在任何一种社会群体里，群体凝聚力、向心力、群体中个体成员对群体的归属感，都是与个体成员对群体目标的认同联系在一起的。激励之所以对实现群体目标具有强大的作用，原因就在于崇高的群体目标本身就具有感召力，具有激励人心的作用。中职学生思想政治教育激励主要是一种群体激励，对于学生来说，小到一个寝室，大到一个班级、一个学校、一个国家，共同的群体目标能够激励学生为维护此群体的荣誉和利益而团结一致，共同奋斗，为完成群体的奋斗目标而努力。对当代中职学生进行爱国主义、集体主义和理想信念的教育是实现群体奋斗目标的有效手段。爱国主义是时代精神的主旋律，弘扬爱国主义精神，就是通过激发学生的爱国热情，使他们把对祖国欣欣向荣、蓬勃发展的荣誉感，化作把伟大祖国建设得更加繁荣强大的神圣的使命感和责任感，从而自觉投身于社会主义建设的伟大事业中去。同时，我们对中职学生进行集体主义价值观教育，引导和激励学生树立集体主义观念，使学生自觉把个人利益和集体利益有机地结合起来，让他们认识到个人的发展离不开集体的发展和社会的进步，只有集体发展，才有个人的发展，个人的发展同样会促进集体和社会的发展。

二、中职学生激励机制的原则

（一）把握指导思想的原则

中职学生思想政治教育以马克思主义为指导，以社会主义思想道德体系为主要内容，教育和引导中职学生树立正确的世界观、人生观和价值观，充分调动他们的积极性和创造性，不断提高自身的思想道德素质和科学文化素质，自觉把自己培养和锻炼成为德智体全面发展的社会主义事业建设者和接班人。

（二）在激励中注重公平、公正、公开的原则

学生激励机制构建要本着客观、公平、公正的原则，给学生提供平等竞争的机会和条件，并以贡献、绩效作为激励的客观标准。公平原则是中职学生思思政治工作激励中的一个比较重要的基本原则，只有坚持公平原则，才能真正达到激励效用的最大化。

1. 激励制度要公正

一个制度科学不科学，效果好不好，关键在于其是否客观公正，激励制度更是如此。从本义上说，中职学生激励应是一种公正的激励，如果没有公正的激励制度作保证，中职学生激励就无从谈起。针对此，我们就要在学生的德智体等各方面建立一套科学、公正的激励测评制度，一方面体现在制度的全面，既有定性的标准，又有量化的结果，既要注重学生的全面提高，又要提倡学生的个性发展；另一方面又能体现出客观公平，不偏不倚，一视同仁。两者有机结合，激励机制才能更为合理有效。

2. 激励措施要公平

在中职学生激励过程中，我们所采取的一切激励措施都要做到公平合理，这样才能真正体现激励的作用，达到激励的效果。在工作实践中，我们不能因为学生取得了在某些老师眼里只是“微不足道”的些许进步和成绩就忽视对他的奖励和鼓励，也不能因为犯了错误的是曾经对集体付出很多辛劳和做出较大贡献的学生干部而“不忍处理”或故意减轻处分。

3. 激励过程要公开

激励过程的公开，体现了中职学生激励的民主性。民主和公开是党的群众路线的体现，任何事情只有依靠群众的力量，让群众参与评估和监督，才能从根本上保证其准确性。在实施各种激励措施时，要坚持“从群众中来，到群众中去”的工作方法，在公开、民主的同时还要有必要的集中，因为学生的意见和观点有时会因主客观条件的限制和制约而带有一定的片面性，同时各人对事物评定和判断的标准也会有差异，这就需要在广泛了解学生意见的基础上最终做出恰当客观公正的评价。

4. 激励条件要平等

对于中职学生来说，无论在入学、完成学业，还是在将来就业以及个人前途发展的道路

上都充满了竞争。竞争对于培养学生的集体荣誉感、提高自身技能、拓宽个人知识面是非常有效的措施之一，但公平合理的竞争需要平等的条件，否则就有可能抑制竞争，或降低竞争的效果。为中职学生设置一个平等的竞争条件，是教育工作者在运用激励时需要注意的地方。只有竞争的条件公正平等，才能通过良性竞争，充分调动学生的积极性和创造性，调动他们的学习和工作热情，也才能达到激励的真正目的。

（三）多种激励方式结合的原则

多种激励方式结合的原则是指在实施学生激励的过程中，要注重将物质激励和精神激励结合起来，情、理、行结合起来，学校、家庭和社会激励结合起来，从而形成合力，增强全面激励的效果。

1. 物质激励和精神激励的结合

人的需要有物质需要和精神需要，因此，满足人的物质和精神需要，就要给予相应的物质激励和精神激励。物质激励可以鼓励和发扬精神激励的成果，精神激励能提高物质激励的格调，引导物质激励的方向，两者互为补充，缺一不可。实践证明，物质激励与精神激励是互为条件、互为作用的，只有将二者有机结合，才能达到激发学生积极性的目的。如果只注意物质激励，而削弱精神激励，不仅会降低激励的力度，也会使精神激励失去应有的作用。因此，只有在重视精神激励的前提下，兼顾物质激励，才能使激励达到更好的效果，真正调动起学生的积极性。

2. 情、理、行的结合

所谓情、理、行的结合是指情感激励、理性激励与行为激励的有机结合。中国古代就有“纸上得来终觉浅，绝知此事须躬行”的说法。现代心理学在研究做人的工作时，强调知、情、意、行的结合。对中职学生工作者来说，既要善于运用各种晓之以理、动之以情的教育方法，也要注意导之以行的实践教育方法。而不能把对学生的教育仅仅局限于讲解书本知识，满足学生能够说一些空洞的大道理，因此，实践教育对中职学生的激励来说显得尤为重要。

3. 学校激励、家庭激励和社会激励的结合

学生的全面发展离不开家庭、学校和社会的教育和激励。因而，中职学生思想政治教育激励应注重充分发挥这三方面的作用。对中职学生来说，家庭是激励的根基，学校是激励的主战场，社会是激励的归宿。只有把学校、家庭和社会这三者有机结合起来，激励的作用才能更加充分地发挥，才能收到更好的激励效果。

4. 鼓励激励与惩罚激励相结合

鼓励激励就是充分肯定学生所取得的进步，并给予适当的表扬和奖励。惩罚激励就是对学生犯的错误、存在的缺点毛病给予否定、批评和惩罚。奖励和惩罚可能给复杂的连锁行为提供反馈信息，起到激励行为的作用。鼓励激励能使符合社会期望和组织要求的行为得以增

强、保持、巩固和发展。惩罚激励能使不符合社会期望和组织要求的行为得到尽快的控制、减弱、消除和改正。鼓励激励是一种使先进更先进的激励方法，惩罚激励是使后进变先进的激励方法，二者的运用主要表现在奖惩、批评和表扬上。在运用过程中，必须做到以鼓励激励为主，惩罚激励为辅，两种激励相结合。

（四）把握激励时效的原则

中职学生激励工作要善于抓住激励时机，追求激励效果。中职学生工作者需要在工作中善于抓住激励学生的有利时机，通过及时激励，获得激励的最佳效果。如面对学生在学习中取得了优异成绩，参加比赛取得好的名次，或者学生在某项工作或事件中做出了重要贡献，我们都应及时抓住这些难得的机会给予表扬和奖励。因为每个人都有自尊和荣誉的需要，都希望自己的行为得到肯定，自己的成绩得到鼓励。如果丧失了激励的有利时机，不仅起不到激发人的积极性的作用，有时甚至会起负面作用。中职学生思想政治工作实践证明，实施激励的几个有效时机包括新生入学时、学生在物质或精神方面得到某种满足时、学生在学习或工作中取得成绩时、学生面临困难时和犯错误学生有悔悟的时候等。

三、激励学生的方法

（一）目标激励法

目标激励是指通过目标的设置来激发学生的动机，指导其行为，使学生的成才需要与成才目标紧密结合，从而充分调动和激发学生的积极性、主动性和创造性。高尔基说过："一个人追求的目标越高，他的才力就发展得越快，对社会就越有用。"可见目标对个人发展有巨大的激励作用。在心理学中，目标被称为诱因，由诱因诱发需要和动机，再由动机达成目标的过程即是激励过程。目标是指满足人们需要的对象，也是调动人的积极性的有形的、可以测量的成功标准，或者说目标是人们期望在行动中达到的成就或结果。简言之，目标就是人们的行为目的。

（二）情感激励法

情感激励法是指通过一定的形式和途径，对激励客体的情感产生影响，从而使其焕发内在精神力量的过程。与有形的物质相比，无形的情感所产生的激励作用更为持久。情感是一种复杂的心理活动，是根据客观事物是否符合人们的主观需要而产生的一种态度的体验，对人们的实践活动具有信号、感染和动力的功能。情感对人的认识有重大影响，尤其正面情感是人的活动的催化剂。此外，情感还具有主体性的调节作用，成为人际关系的黏合剂，亲密、融洽、协调的情感关系可以激发士气，使组织效率倍增。

运用情感激励的方法，要注重对学生的尊重、理解和信任的原则，必须注意以下几个方面。

一是要尊重学生，这是中职学生工作的基本原则。根据马斯洛的需要层次理论，人在较高的需要层次上有“尊重的需要”。中职学生需要得到尊重和尊重别人，尽管学生的学业、品行有好坏之分，但不同层次的人都有人格的自尊，都需要得到教师一视同仁的尊重。中职学生工作者在工作中要做到尊重学生的独立思考和表达思想、争论辩护的权利，尊重学生的自我实现和个性发展的权利，要以平等的态度对待学生，真心地关心和爱护学生，满足学生的情感需要。

二是要理解学生。理解可以给人以鼓舞，给人以心理上的平衡。由于心理因素和思维方式的制约，有些学生在成长过程中的表现往往不尽如人意。对待这些学生的正确方法是要予以理解，通过积极主动的思想教育，使他们重新振作起来，重新起步，切忌对学生进行粗暴的责骂和简单化的处理，要弄清其表现不好的原因，是思想问题，还是经验缺乏，抑或是由于其他特殊情况等，要根据实际情况进行正确的引导和恰当的处理。这样既避免了无谓的矛盾激化，又能使学生心悦诚服，在今后的工作中做到更加完善。

三是要信任学生。信任是搞好人际关系、体现情感力量的重要纽带。对学生予以充分的信任，就可以激发他们确立勇于进取、有所作为的精神，使他们能够在强大的心理压力下保持蓬勃向上的学习激情。既要培养学生的自信心，又要让学生正确评价自我，还要经常注意学生的喜怒哀乐，体察学生的需求和难处，设身处地为学生着想，给他们以真诚的信任和帮助，让学生感到可亲可敬，这样才能增加学生的凝聚力和向心力。

总之，只有将尊重、理解和信任同培养人、教育人、引导人有机结合起来，情感激励才能收到实效。

（三）榜样激励法

榜样激励法就是用先进人物的优秀品德激励、感染、影响受教育者，使之形成优良品德的一种方法，是培养学生自觉遵守道德规范，形成具有时代精神的学生风范的重要方法和有效手段，也是增强学生的活力和凝聚力，提高学生素质的重要途径。它是中职学生激励机制中的重要方法之一。

榜样是社会主体完美形象的统一，代表着人的价值追求，具有能够触发人们仰慕、效仿的特征，具有感召力和影响力。榜样永恒的魅力在于榜样所体现的人生精神。榜样本质就是一种目标，通过榜样的树立，激发学生追求上进，对榜样进行模仿和学习，不断接近榜样，从而不断完善自我、提高自我。榜样包括杰出的典范、教育者的示范、学生中的典型等，通过把道德观点和行为规范具体化、人格化，形象生动且有极大的感染力、吸引力和鼓舞力，因而对学生能产生极大的激励作用。

运用榜样激励法时，要善于利用革命领袖、英雄模范、卓越的科学家、思想家等作为学生的榜样。因为中职学生富有模仿性，尤其崇拜伟人、英雄、学者，而这些人是民族的代表、人类的精英，他们不平凡的一生、伟大的业绩、崇高的品德和光辉的形象，对学生都有极大的吸引力，容易激起学生的敬仰之情，学生会对照典范严格要求自己，督促自己拼搏奋进。在工作实践中，要注重指导学生阅读伟人、名人传记，写读书笔记，通过讨论、演讲的方式互相交流思想，以提高个人品德修养；利用多媒体教学，让学生观看电影、录像或图片展览，激发学生的爱国主义热情和讲求奉献、献身社会的责任感。

（四）奖惩激励法

奖惩激励是奖励激励与惩罚激励的结合，它是指通过奖励或惩罚的手段，认同、赞扬并扶持激励对象的积极行为，否定乃至根除激励对象的消极行为的过程。奖惩是通过一定的物质或精神方式，对符合管理意图、达到管理要求目标的人或事进行表扬，给予肯定和鼓励；对于不符合管理意图、违背管理禁令的人或事进行批评，给予否定和惩罚的一种方法。奖励与惩罚是属于外加的激励手段，当一个学生取得进步或有过失时，学校与教师采取的最普遍、最常用的评价方法就是奖励、表扬或惩罚、批评，这种奖惩手段反过来又会影响学生下一阶段的学习行为表现，促使这些行为继续保持下去或加以改进。

奖励和惩罚的手段和方法各不相同，但都是为了激励学生向进步、成功的方向发展，从而实现教育的目标。在实施奖惩激励的过程中，应做到客观、公平、公正和公开，要注意把握好奖惩的时间和力度。

（五）竞争激励法

竞争是竞争主体之间，基于各自需求和满足需求的客体的特定性而形成的一种较量关系，这种较量关系的最终结果是一个竞争主体占有竞争客体。马斯洛把人的需要分为七个层次，中职学生的竞争需要主要是在求知需要的基础上产生的，寻求自我成就和实现其内在潜力。学生需要的程度越迫切，个体内在的原动力就越强烈，在此基础上形成较强的内在驱动力。因此，在中职学生竞争的过程中，培养和激发良好的行为动机相当重要，因为行为动机是学生竞争行为的始发力量和推动力量。竞争激励是利用人们不甘落后的心理创造竞争氛围，从而激发个体和集体奋发向上的一种进取精神。竞争是激发学生学习积极性和争取优良成绩的一种手段。中职学校应从创造公平竞争的环境入手，将竞争激励引入学习管理，让学生感受压力，并为学生充分展示自己的才能提供机会，从而形成良好的学风。

相关链接

“恩威并施”：班级管理的有效办法

班集体的建设是实现素质教育不可或缺的重要组成部分。班主任是这个集体的组织者和教育者，是学校领导进行教导工作的得力助手和骨干力量，是各科教师、家庭、社会等各种教育因素的协调者。

就性质而言，班主任的工作是对学生进行德育教育，同时对学生进行管理。那么班主任要管理好一个班级，必须要“教育为主，严格管理”，即“恩威并施”，这是一个行之有效的办法。

一、“教”是目的，“管”是手段

“管”和“教”是班主任工作中的两个紧密联系着的方面。“教”是目的，“管”是手段，班主任通过大量的、日常的管理工作诱导和教育学生、寓“教”于“管”之中。然而这种“管教”有时会出现一些问题。一些班主任勤恳地工作，一心扑在班级管理工作上，效果却因人而异。

如果过分强调管教的功能，忽视被管教者的自主性、能动性、创造性，只能事倍功半，管教者会感到很累。对于班级管理，有人行政管理的成分多，发挥学生自主性的成分少，教师总要求学生这样那样，完全按班主任的意愿去干，很少考虑学生的接受程度和接受能力。这其实是以班主任为中心，把学生放在从属地位，是一个认识误区，是由于没有真正了解学生，没有找到恰当的工作方法。在班级管理中要发挥学生的主体性，培养其自我管理、自我教育的能力。

在整个班级管理的过程中，班主任要注意引导，敢于放手，逐步实现学生的自主管理，也就是所有的事情，尽量让学生自己去做。当班主任就好比做父母，如果子女所有事都是父母包办代替，是培养不出成才的子女的，正确的做法应该是在民主地对待他们的同时，充分发挥他们的自主性，适当的时候加以引导。

建立融洽的师生关系，十分有利于班级管理，但它不是一朝一夕就能实现的事情，它是一项长期的、系统的教育工程，除要讲究技巧外，还要有持之以恒的精神。一旦师生间建立起融洽的师生关系，班级管理就会变得得心应手。

二、敏锐观察，关心学生，理解学生

洞悉不同学生的心理特征，了解不同学生的学习动机，才能在施教过程中有的放矢地对学生进行思想教育。当学生在心理上产生苦恼时，班主任应及时帮助学生解开疙瘩；当学生在身体上出现不适时，班主任应及时帮助寻医问药；当学生在学习上遇到困难时，班主任应及时帮助“清理路障”；当学生在生活上遇到不便时，班主任应及时帮助排忧解难。

班主任应争取做到：学生哪里需要班主任，哪里就有班主任的身影。这就是说，对于学生的得与失、冷与暖、好与恶、喜与悲，班主任不仅要记在心上，说在嘴上，而且要落实在行动上。中职学生由于阅历浅、经验少，不时会出现或这或那、或多或少、或轻或重的错误言行，这些都在所难免。我们应允许学生犯错误，也允许学生改正错误。同时要知道，改正错误不可急于求成，它是一个渐变的过程，需要班主任细心、细致、不懈地扶持。

唯有理解学生，才能与学生沟通。人们常说“理解万岁”，理解是宽容的体现，是情感的贴近，是心与心的碰撞。理解能避免疏远、对立，理解能化解矛盾。理解是黏合剂，将师生之心紧紧地连在一起。

三、善用批评技巧，贴近学生心灵

批评是班级管理工作中必不可少的一个内容。批评的难处常常不在于内容的尖刻，而在于形式的巧妙。为达到既教育好学生，又不伤害师生间的感情的目的，我们应注重批评的技巧。批评并非需要大声呵斥，它可以是微笑的，也可以是和颜悦色的，重要的是达到预期的结果。

学生都有很强的自尊心。他们把教师的肯定看作一种精神需要，一种上进的动力。我们应力求满足学生这一心理需要。具体方法有如下两种。

第一，通过给学生传小纸条的书面形式，或个别谈话等形式，悄悄地批评教育学生。一般情况下，不把学生请出教室或带到人多的地方训斥，更不应动不动就把学生请到学校领导的办公室。

第二，不在家长面前痛陈学生的不足之处。面对学生家长，首先应充分肯定学生的优点，然后轻轻带出学生美中不足的地方，紧接着与家长一同商讨教育方案。这样做既不失家长的面子，也调动了家长的教育积极性，更重要的是学生认为教师够朋友，心甘情愿地听从教师的教导。

班级管理中重视学生的主体性，实质是培养学生的创新能力。让学生感到自己在世界上有价值、有用处、有能力，充分发挥出自主的创造性，从而产生自尊、自强、自我实现的需要，积极投入到学习、劳动、生活中去。

第二节　表扬艺术

一、表扬概述

心理学家威廉·詹姆斯说过：“人类本质中最殷切的需求是渴望被肯定。”俄国著名教育家乌申斯基说:“儿童憎恨的老师是在任何时候也不能从他那里得到表扬和承认的那些老师。”教育学认为表扬是思想教育不可缺少的方法。在现实生活中，一个人如果受到别人的称赞，他就会感到愉快和喜悦。表扬就如和煦的阳光，能使濒于枯萎的小树苗重现生机，能使你的学生在阳光灿烂的日子里健康成长。有的学生爱好某一学科，往往和任课老师多表扬了他几次有关；有的学生喜欢某位老师，也往往和这位老师称赞了他分不开。

二、班主任施行表扬的基本原则

1. 客观性原则

班主任的表扬要坚持以事实为根据，要适度，实事求是，既不夸大其词，也不轻描淡写。对某人某事表扬过分了，例如夸奖“你真是个小天才！”或“你真是太了不起了！”等诸如此类的话，受表扬的同学要么骄傲自满，自以为是，要么反而惶恐不安，担心自己没有老师表扬的那么好；表扬不到位，也同样会引起受表扬学生的不满。所以，对于所表扬的人和事，班主任要进行全面的核实、确认，不能偏听偏信，更不能掺杂自己的主观感情和好恶。如果不该表扬的受到了表扬，或表扬的事失实，不但会失去鼓励先进的作用，还会造成学生间的不团结，以及学生对班主任老师的反感和不信任。

案例 1

有一个学生解出了一道较难的数学题，老师很高兴，表扬他："真了不起！你真聪明，能解出这么难的数学题，不愧是一个小数学家！"老师本想鼓励他，激起他解下一道难题的热情，不料这个学生一声不响地走开了。老师愣住了，表扬显然造成了学生的恐惧心理，收到的竟是他畏缩不前的结果。

思　考：

（1）老师的表扬是否中肯？

（2）班主任在肯定或表扬学生时，首先应把握什么原则？

案例分析：

这位老师不知道为什么自己的表扬没收到意料中的效果，其实是老师的表扬有些夸大其词，吓跑了学生。学生会想：老师期望我每题都能解好，其实我不是什么小数学家，我解出那道题只是偶然，下道题我就很可能解不出来；也有可能学生会这样想：由于我解出了那道题，老师就说我聪明，像个小数学家，如果我解不出下道题呢？老师一定会认为我"愚蠢，是个笨蛋"了。所以，教师在表扬时，一定要注意，不能夸大其词，不要表扬过分了，要选择适度的表扬语言。

2. 公正性原则

有的班主任喜欢成绩好、能给自己争光的学生而鄙视成绩落后的学生；有的班主任喜欢循规蹈矩、百依百顺的学生而讨厌有个性、有主见的学生；还有的班主任喜欢有权有钱家庭的学生而忽视家境贫寒的学生……这样，在表扬时就有可能失去公正性。如果把表扬比喻为阳光，那应该照耀到每一名学生身上。一般而言，无论什么样的学生，在某件事情上有相同的良好表现时，表扬应一视同仁，不能因其短而不见其长，也不能因其长而护其短。

案例 2

班主任先自我介绍，然后翻开点名册。"杨琴""到！""扬琴同学，是××小学六年级一班的学生"，他立刻用稍快的节奏郑重地进行介绍，"四次被评为三好学生，在全市小学生数学比赛中荣获过二等奖。希望杨琴同学保持成绩，为集体做出新的贡献。好，请坐。"全班立刻都向杨琴投去赞赏的目光。与此同时，一个人民教师对学生的尊重、信任、理解、热情和期望也注入了孩子们的心田，在被介绍同学的内心深处激起了欢乐幸福的浪花。接着班主任继续依次点名、介绍，每个学生一般都是一分钟。当他点到王刚的时候，有的学生竟发出了轻轻的讥笑声。因为这个王刚，在小学学习期间因打架出名，曾受到纪律处分。他们班的同学都知道，原来的班主任对他的评价很差，今天老师也点了他的名，难道他也有什么可以炫耀的吗？听到老师点了自己的名字，王刚犹豫地站了起来，昂着头，目光斜视，一副满不在乎的样子。他心里早有这样的准备：这位中学老师还不是像以前那些班主任一样先公布罪状，然后让大家监督，我怕什么，反正这辈子好不了了。“王刚同学，是××小学六年级二班的学生。”老师依然介绍得那样认真、严肃，“他在原校曾两次夺得全区少年运动会百米比赛第一名，为母校争得了荣誉。他心灵美好，他的一位数学老师告诉我，有一次下课，外面下雨，数学老师没带伞，王刚同学主动撑伞送老师回办公室。这位老师说，那么多同学都在走廊里看雨景，只有王刚同学来帮助他，他很感动。我相信，在新的集体里，他一定能做出新的贡献！”几句话，像一股暖流，唤起了王刚的希望。他想起来是有这么一件小事，没想到老师还记得，更让他惊讶的是这位新班主任第一次为自己肯定了在集体中的地位和价值，这让他受到鼓舞、感到自豪。

思　考：

（1）班主任应该如何通过评价来表扬和激励学生？

（2）都是介绍学生，为什么新班主任会让王刚感到一股暖流，同时唤起了他的希望？

案例分析：

苏霍姆林斯基说：“让每个学生在学校里抬起头走路。”在日常工作中，尽可能去表扬每一个人，细心留意每个学生的闪光点，找准机会，让学生，尤其是有自卑感、对老师有排斥心理的学生能切实感到老师对他的期待与尊重。而案例中的班主任就做到了这一点，让每一名学生都能沐浴在表扬的灿烂阳光里健康成长。

3. 全面性原则

我们的教育培养的是全面发展的人，作为一种重要的教育手段，班主任表扬的范畴应涉及学生学习、生活、心理的方方面面。一些班主任仅局限对考试分数高、课堂表现好的学生给予表扬，而很少关注学生发展成长过程中的微小进步。实际上，在班主任和学生的交往过程中，学生学习上的进步、思想品德的提高、良好生活习惯的养成、偶然的闪光行为等，都是班主任表扬的范围。

案例 3

考试只得 40 分的同学可以得到表扬吗？南昌三中特级教师张富却是大张旗鼓地给予了表扬：“他这次英语考试虽然只得了40分，但他不甘落后、刻苦努力的精神值得大家学习。前不久的期中考试，他才得了30分，还不到一个月的时间就前进了10分！要是按照这样的速度前进，何愁上不去啊！”

思　考：

（1）针对考试不及格的学生，作为班主任，你会给予表扬吗？

（2）班主任一个眼神、一句赞美的话、一句肯定可能会触动一位落伍的同学的心灵，让他认识不足，发奋学习。

案例 4

由此可见，这位同学受表扬后，一定会更加努力，会继续进步的！有的学生基础差，尽管下很大的功夫可能也只能得五六十分，如果班主任只表扬考高分的同学，那类似上面这位同学，也许永远与表扬无缘，只会自暴自弃，更谈不上进步。

4. 因人而异原则

表扬的效果是因人的年龄、性别、气质、性格及认知水平而异的，因此要根据被表扬者的特征选用恰当的表扬方法。如对于自尊心、上进心较强，而且在某一方面有突出成绩的学生，宜采用公正、客观、振奋人心的语言表扬；对于怯懦、缺乏自信而试探性心理较强的学生宜采用肯定、热情的语言；对那些机敏、贪玩的学生，宜采用暗示、提醒、鼓励的语言，等等。

5. 公开表扬与私下表扬相结合的原则

表扬可以当众进行，也可以私下进行，班主任可以根据具体情况具体对待。对一些低年级学生，公开表扬效果较好，而对一些高年级学生，因为思想相对成熟，想的问题更多些，有时教师在身旁低声的称赞可能比在全班面前表扬更令他感到愉快，因为这样做会避免他陷入被某些同学议论、讥讽的尴尬境地。

6. 集体性与个体性相结合原则

在班上树立先进典型，重点表扬一些学生是一种重要的德育方法。但经常过多表扬个人而忽略集体，特别是一些靠集体取得的成绩仅仅记在某个学生身上，就会打击绝大多数学生的积极性，使没有受表扬的学生产生消极抵触情绪，受表扬的同学被集体孤立起来，造成学生间的不团结。经验告诉我们，表扬一个学生所在的集体，比表扬这个学生本身的教育结果更好。即使在表扬某个学生时，也要强调他是为校、为班级争了荣誉，放在班级表扬，做到表扬一人，鼓励一群。

案例 5

一个班级的体育委员，在一次全校体操比赛中，认真负责，不辞辛苦，积极带领全班同学训练，组织比赛，结果该班取得了全校团体总分第一名的好成绩。班主任很高兴，在班里激动地说："这次比赛我班取得了第一名，我们的体育委员李小宁同学立了大功！若不是他带领我们一遍遍地排练，跑前跑后地组织，我们能有今天的好成绩吗？今后，我们全班同学都要向他学习，努力为班级争光！"

思　考：

（1）离开全班同学的配合，团结拼搏，只靠体育委员一个人的力量能取得第一名吗？

（2）只表扬班干部，而无视其他同学背后的努力，会带来什么样的后果？

案例 6

这次表扬拔高了体育委员的功绩，过分强调了个人的作用。这样可能会产生三种后果。第一种是被表扬的同学洋洋自得，兴奋异常，形成自负、自大的不良心理。第二种是班里的其他同学会产生不服气的想法和消极抵触情绪，以后工作难以进行；还有一种后果，就是那位体育委员可能会心里不安：这可是全班同学共同努力的成绩啊，老师这样表扬我，我岂不是在窃取班级荣誉？其他同学会怎样想我？对于上例，班主任可以这样表扬："这次体操比赛我班取得了第一名，这是我们全班同学刻苦排练的结果。当然，这与体育委员李小宁的积极组织也是分不开的……"这样，既肯定了李小宁同学的功劳，也顾及了全班同学，使表扬个人与表扬集体结合了起来。

三、表扬的基本形式

1. 口头语言式

用热情的具有鼓舞性的话来表扬学生，这是大部分教师所采取的方式，具有直接性。例如，我们班里有个能说会道却调皮的男生，我经常刻意口头表扬他，在我的课堂上，他的调皮慢慢变成了积极、热情，课堂上抢着回答问题，进步也很大。但在别的课上仍旧调皮，我私下找他问原因，他说：其他学科的老师对他很吝啬表扬的话，错了只批评，有了进步也不表扬，这严重挫伤了他的自尊心。

2. 表情式

性格外向的学生大都喜欢热情的语言式表扬，而性格内向的学生却未必能够接受这种表扬。例如，我们班有个性格内向的男生，不爱讲话，极少举手回答问题，每次提问，他都很难张口。有一次，我专门喊他起来回答问题，他神情紧张，声音微弱却回答正确，我有些惊喜，热情地表扬了他。他低着头，脸上没有一点儿受表扬后的喜悦，我很纳闷。又有一次，我叫他回答，他回答得仍然正确，我微笑地看着他，目光作了短暂交流，最后只用"很好"两个字结束了对他的评价，他的脸上闪过一丝喜悦。后来，他在周记中专门写了这次表扬，题目是《那双微笑的眼睛》，他说他在我眼中看到了真诚和鼓励。

3. 书面式

这种表扬不通过说话，也不通过表情，而是借助书面语言对学生进行表扬。班主任在批改学生的作业、日记时，可以在评语中赞扬学生，也可以把表扬语写在纸条上，交给学生，还可以通过书信来表达对学生的喜爱与肯定。有时，某些表扬语用笔写出来比用嘴巴说出来，更能打动人心，触及学生的内心深处。

四、表扬应注意的问题

1. 不要吝惜表扬，也不能滥用表扬

"这件事是他应该做的，而且，还应该做得更好，他已经是大孩子了，为什么我还要表扬他？”“实在不知道该表扬他们什么！”有的班主任老师这样说，当教师眼中看到的只是学生的缺点的时候，自然就表扬少，批评多，人无完人，金无足赤，人既有缺点也有优点，学生是处于发展过程中的人，自然会存在这样或那样的毛病，教师应该有善于发现学生闪光点的眼睛。马卡连珂说：“你们应该善于发现学生比眼前所表现出来的更多的优点，这样做永远是正确的。”若教师吝惜对学生的表扬，缺乏欣赏学生的眼光，那就等于丢失了一项教育学生的重要手段。

相反，有的班主任认为“油多不坏菜”，多说好话总不会错，因而表扬时信口开河，随心所欲，高帽子满天飞，不管对什么人、什么事，张口就表扬，在学生间造成“表扬你有份我也有份”的现象，结果不但没有起到鼓舞和激励的作用，反而使自己的威信下降了。这是因为，太廉价或过度的表扬会使学生觉得老师的表扬不是真心的，而只是一种惯用的手段，是为了表扬而表扬。这样就不能激起学生的进取心和荣誉感，也很难使学生产生向往的心理。

2. 表扬语言要随机应变

如果班主任发现对学生的表扬不能加强学生的良好行为，那么就应试着改变表扬的方法。试看以下几种表扬语。

（1）“你已经非常努力，效果要慢慢才会显出来。”用于那种心里虽想改进，但能力、自信较差的学生。

（2）“继续努力，加油干吧！相信你下学期一定会在班级里崭露头角的。”用于那些好胜心强、敏感度高的学生。

（3）“我认为你虽然是年级中的佼佼者，但还应到区里比试比试，不知你会不会名列前茅？”用于那些聪明但易自满的学生。

3. 表扬不要随便把学生互相比较

最好不要通过同学间的互相比较来达到表扬的目的，甚至为了表扬某一学生而去贬低其他学生。这样可能在表扬某个同学的同时，伤害了其他人，尽管班主任也许是无意的。例如“你回答的真好，比有些同学强多了！”“你的手工课作业完成得真好，全班无人及得上你！”类似于这样的表扬，就不可取。而应换成“你的回答正切中题意，很准确！”“你的手工课作业做得真好，我想你一定花了很多心思，老师真喜欢你的作品！”就比较合适了。

4. 表扬要指出具体表扬的行为，解释表扬的原因

表扬不要用空泛的语言，最好指出学生受表扬的具体行为、解释你为什么要表扬他。让学生明白自己的哪些行为是好的，是老师所期望的，做到心中有数。

宜使用的表扬语言：“不用组长督促，你就能把值日干好，这是一大进步。这会转变同学们对你的看法，希望你能坚持下去。”

“你这篇作文写得很好，对人物心理的描写很深刻。”

“最近你的作业能按时交，字迹也端正了，我会在学生联系册上告诉你的家长。”

不宜使用的表扬语言：“老师觉得你很了不起。”“最近你的表现很不错，我很高兴！”

5. 表扬应及时

当学生取得进步或在某方面表现出色时，班主任应立即做出反应，及时给予肯定与表扬，这样不仅能维护被表扬者本人的积极性，还能促进班集体内其他同学产生积极向上的心理。如果班主任对学生的良好表现迟迟不做出反应，先进者的积极心理未得到老师的认可，就会产生失望、压抑的情绪，挫伤其上进的积极性。因此，要变表扬为动力，就必须抓准时机。

6. 要巧妙创设条件，发挥表扬的积极作用

班主任要发挥主动精神，想方设法地创造环境与条件，使学生，尤其是自卑感较强的学生，在集体活动中能有机会表现自己的优点、长处，从中发现值得表扬的闪光点，帮助学生树立自信心。

7. 表扬不妨与奖励结合起来

有时，班主任对学生的某个行为，某方面的进步特别满意，或当班主任发现“空口”表扬对某些学生的激励作用已开始下降时，不妨在表扬的同时，给予学生一些奖励。针对不同年龄、个性学生的不同要求以及具体情境，班主任的奖励可多种多样，如加分、颁发纪念章、公开展示成果、给他一项特别的权利等。这样，可以收到比单纯表扬更好的激励效果。只要有可能，班主任就应该在表扬的同时辅以奖励。

8. 把表扬作为引导、教育的手段

一旦班主任在学生身上发现了好的苗头，如助人为乐、爱劳动、关心别人、热爱集体等方面的事情，哪怕是一件很小的事，都可以挖掘出其中的闪光之处，以表扬的方法，加以引导和教育。这种教育方法亲切而自然，比正面的说教更易于被学生接受。

案例 7

有位学生在新学期的第一篇作文中记下了这样一件事。开学了，他决心以新的姿态投入学习，制定了学习计划，包括上好晚自习，在规定的时间才看电视等。可就在第一个晚自习时，隔壁房里传出他最爱看的电视剧的主题歌，他坐立不安了。经过激烈的思想斗争，他对自己说：“要是今晚还看电视，我就是一头猪。”他终于坐下来，顺利地上完了晚自习。班主任谭老师在学生“对自己说”的那句话旁边批示了“妙语惊人”四个大字，并热情地向全班同学推荐这篇作文，着重分析了这个内涵丰富、妙不可言的警句。他充满激情地表扬了这位同学战胜自我、磨砺意志、自我完善、勇于解剖自己的精神，热情鼓励说：“能克服影响自己进步的主要障碍，就是最大的进步，就是一个强者最本质的特征。”结果，“我就是猪”成了班上风靡一时的“名言”。谭老师还鼓励在学生中发动一场向自己“开火”的“战争”，同学们都争当“志愿兵”，热情很高。

思　考：

（1）班主任如何抓住班级中的“小事”？

（2）班主任如何通过“小事”点燃学生的学习激情？

案例分析：

这位班主任善于发现值得表扬的“小事”，善于从小事中捕捉育人的机会，以热情的表扬、深刻的分析、高度的评价，来达到对学生引导、教育的目的。

相关链接

在表扬学生的时候，我们要注意“九戒”

一、戒吝啬

有些教师特别吝啬表扬，对学生表现出来的优点、长处和成绩往往视而不见，不给予表扬或者肯定，不能满足学生的成就感和荣誉感。这样就打击了他们的积极性，学生进而心灰意冷，怀疑甚至鄙视自己。因此，教师应该积极捕捉学生行为中的闪光点加以表扬，以增强他们的自信心，激励他们不断完善自我，超越自我。

二、戒过度

常言道：“糖吃多了也不甜。”同样，表扬学生过多或者太廉价也会起到相反的作用。倘若教师不论大事、小事都表扬不断，久而久之，学生就会厌烦过于频繁和廉价的表扬，刺激效果也会大打折扣。因为，人们持续地接受某一刺激，时间长了，就会因适应的缘故而变得不再敏感。教师虽然不必“惜扬如金”，但也应该注重表扬的“发行量”，以保证其“含金量”。

三、戒过期

在学生取得一定成绩或者表现出良好的行为时，教师应该及时给予表扬。这样不但能够坚定学生做出正确行为的信念，维护他们的积极性，还能够教育其他学生，促使其产生积极向上的心理倾向。迟到或过期的表扬会错过教育学生的最佳时期，不但会令激动淡然，而且表扬的效果会大打折扣。

四、戒敷衍

教师表扬学生时，如果充满激情就会感染、吸引每一位学生，产生强烈的激励效应。如果神情冷漠，显现出“例行公事、走过场”的情绪，就会让其他的学生觉得受表扬的学生也不过如此，更有可能让受到表扬的学生产生失落感，挫伤其自尊心。

五、戒失真

教师表扬学生只有实事求是，被表扬的学生才能坦然接受，其他学生才能正确对待，表扬才能产生积极的作用。如果大家都了解某个同学没有这方面的优点或长处，或者该同学并没有突出的成绩，而老师偏偏说他如何如何出色，就容易给人溢美之嫌，不但弄得该生难堪，也会给教师自身带来一定的负面影响。

六、戒不公

教师在学生的眼里是真理的化身和正义的代表，但是有些教师受“刻板效应”和“晕轮效应”的影响，只看到少数学生的优点，却看不到大多数学生的亮点。个别的教师信奉“一俊遮百丑”，认为只要学习好，其他方面也都好，甚至对后进生的良好表现视而不见，使本来应该属于他们的表扬化为乌有。其实班级内最渴望得到表扬的正是那些默默无闻的大多数学生，他们的点滴进步都来之不易，更应该得到教师的积极发掘和表扬。

七、戒理想化

“金无足赤，人无完人。”因此，教师在表扬学生时应该避免把学生某一方面的优点泛化、理想化，从而无限制地拔高。应该让学生明白“山外青山楼外楼”，在这方面的最大值也许还不如另外一方面的最小值大，使他们永远保持上进的动力。恰当的表扬最好指向其“最近发展区域”，这样才能最大程度地发挥表扬的积极效应。

八、戒横向比较

俗话说：“人比人，气死人。”无论干什么事都让学生比较，乃是一种拙劣的教育手段。然而，许多教师在表扬学生时，总是习惯把学生横向比较，以至于无意中打击了一大片。表扬学生正确的方法应该是多做纵向比较，把学生的过去和今天相比，表扬其进步的一面。

九、戒手段单一

表扬学生的方法和手段要多种多样，切忌只求物质刺激或口头表扬，要根据不同的情况，与其他形式有机结合，灵活运用表扬的方法。实践证明，只有充分认识各种方法的功能和效果，博采众长，并加以综合运用，才能取得良好的育人效果。

第三节　批评艺术

批评和表扬一样，也是班主任对学生进行思想品德教育的一种方法，是一种消极的强化，即通过否定学生的某种行为，使他情绪上产生一种被罚的体验，从而唤起学生对自己行为表现中存在问题的警觉，引起学生对所犯错误的反思，激起学生改正缺点和错误的愿望，进而向着正确的方向前进。使用恰当的批评，能指点迷津、启迪心智，反之，欲速则不达，事倍功半，起到反作用。

一、批评的基本原则

批评和表扬一样，都是班主任教育学生常用的方法。在运用批评时，班主任应遵循以下基本要求。

1. 批评要情理并重

任何批评，如果不用感情去打动人心，只是硬邦邦地讲道理，学生，入情才能入理，入理才能入心，只有情理并重的语言，才是苦口良药，学生才乐于接受。在批评教育的过程中要有“爱人之心，助人之意”，班主任要从情感入手，尊重、热爱学生，诚心诚意地帮助学生，对学生的缺点和错误耐心分析，使其明白其中道理，只有达到情理统一，才能打开心灵的窗户，学生才会心悦诚服地接受批评，知错而改错。

2. 批评要力求准确

班主任对学生的批评教育，最重要的就是要掌握准确的事实，做到实事求是。在批评之前，一是要弄清事情的来龙去脉，搞清事实；二是要对问题的性质、影响掌握准确，这样才有利于帮助学生分析原因，找到解决问题的方法。相反，如果没弄清楚情况，不做调查分析，就先把学生训了一顿，不仅难以奏效，而且假如学生真有苦衷，那教师的片面训斥很可能引起学生的不满，使学生产生对立情绪。比如学生上课迟到，有的是因为懒惰，有的确实是事出有因，班主任就得耐心调查询问，然后再采取对策，该批评的批评，该宽容的就应该原谅。

3. 心理相容原则

心理相容是指人们在相处中彼此之间愿意接近认同，进而进行交际的一种心理关系。班主任在批评学生时，应树立正确的学生观，要多站在学生的角度考虑问题，要有主动与学生沟通思想认识的愿望。遵循这一原则，要建立良好的心理氛围，在批评时，要通过对学生尊重、理解的情感与和蔼、真诚的态度与学生建立相互依赖和相互信任的合作关系。只有在这样的心理氛围中，批评才能取得良好的效果。

案例 1

电视剧《十六岁的花季》主角之一，高中一年级的学生韩小乐，因澡堂的牌子无意中被人翻转过来而误进女洗澡间，引起一场轩然大波。一些同学和老师怀疑他思想意识不健康，因而冷眼相看，还令他写检查。韩小乐又羞又屈，产生了强烈的对立情绪。祸不单行，课外活动时他又一时不慎把球踢进办公室，打碎了玻璃，一位老师立即高声训斥，认为他坏上加坏。而性格倔强的韩小乐更是满腔怒火，几乎与老师干了起来。这时校长过来了，他平静地说：“小乐，我知道你不是故意的对吧？”小乐不语。校长又耐心地说：“咱们之间有两种关系，一是师生关系，二是朋友关系，朋友之间是可以无话不谈的。我希望你好好想想，想好了咱们抽个时间谈谈。”几句饱含理解的话语，很快平息了小乐心中的怒火，他把压在心头的委屈全部都倾吐了出来。在校长和班主任童老师充满理解和信任的耐心劝导下，误会得到了澄清，问题也妥善解决。

思 考：

（1）班主任如何有效化解学生的一些小的问题？

（2）校长几句话为什么能平息韩小乐心中的怒火？

案例分析：

可以想象，假如校长像那位老师一样，也狠狠地训斥小乐，无异于火上浇油，会造成学生对学校极大的排斥、对立心理，气氛会更加紧张，结局难以收拾，批评不但起不到任何效果，反而会把学生推得更远。校长从平等、理解的角度和小乐对话，这样，很容易取得学生的信任，为教育学生铺好了道路。

4. 批评要善于保护学生的自尊心

有的班主任批评学生喜欢挖苦讽刺，例如我们经常听到这样的话："学习一塌糊涂，还自以为是，上课讲话，真是脸皮比城墙还厚！""这么简单的题你也能做错！你是猪脑子？"骂得虽解气，却不知这样的批评会造成什么样的后果。批评，切不可伤害学生的自尊心。学生的自尊心一旦受到伤害。出于自我保护，必定会对老师产生对抗情绪和逆反心理，这种情绪可能会使学生在违反纪律、受到班主任严厉批评后，不但不思悔改，反而变本加厉，有意地违反纪律，以此表示对班主任的不满，从而形成恶性循环。爱护学生的班主任不但不会去伤害学生的自尊心，还会努力去保护学生的自尊心。

☞ 案例 2

我班一名学生，一天晚自习上课前，在校内一个摊点趁摊主不注意拿了两根火腿肠，后被摊主发现，摊主当即给我打电话要我去领人。当我赶到时，那个学生正捂着脸蹲在地上抽泣，显得十分紧张和害怕。我当即和摊主商量，对这种事，班主任肯定要对学生进行批评教育，但请摊主为这个学生保密，不要把这件事张扬出去，因为那样可能毁了这个学生一生，摊主答应了我的要求。看到老师请摊主为自己保密时，该生的情绪明显放松了下来。我没有把他带到办公室，而是在学校花园与他谈心。当我问他为什么这么做时，他说："看见摊主在忙别的事没注意他，出于侥幸的心理，就拿了两根火腿肠，没想到被摊主发现了。""你觉得这样做对不对？有什么危害？"该生只说不对，至于有什么危害则说不上来。显然该生对自己行为的危害性认识不足，如果这个问题不解决，很难保证以后不再犯类似错误。于是，我向学生讲了"千里之堤，溃于蚁穴""积小恶而成大恶"的道理。学生听后，对错误的严重性和可能产生的危害感到震惊，一再表示坚决改正错误，但其脸上仍有一种绝望的神情，我当即表示，只要他能坚决地改正错误，我也一定为他保密。这时，该生才完全放下思想包袱。后来，该生不仅没有再犯这样的错误，而且还成了三好学生、优秀毕业生。在临毕业时该生给我写了一封信，信中写道："老师，是您挽救了我，如果不是您使我认识到错误的严重性，也许我还会犯这样的错误；是您保护了我，如果我犯的错误被同学们知道的话，我真不知道该如何面对，也许我会破罐子破摔。"

思　考：

（1）如果摊主和班主任把这件事公之于众，结果会怎样？

（2）学生只知道错了，但不深入认识错的根源，他的这种侥幸心理可能仍然存在。作为班主任，如何做到既保护学生的自尊心，又让学生牢记错误，痛改前非？

案例分析：

如果班主任处理问题的方式方法得当，注意保护学生的自尊心，批评的效果往往比单纯的训斥好得多。相反，如果班主任以粗暴草率的方式处理这个问题，学生偷东西的事会闹得沸沸扬扬，对于那个学生来讲，后果不堪设想。

5. 批评要因人而异

班主任在批评学生时，不可以采用千篇一律的方式，同表扬一样，批评教育学生也要因人而异，依照学生的个性特点，采取不同的批评方式。对于自尊心较强、性格内向的学生，班主任应用温和含蓄的语言，逐步深入，让他们逐步适应、逐步接受；对于性情机敏、疑虑心较重的学生，班主任的批评可采用间接地提醒或暗示的手法，使之一点即通，点到为止；对于脾气暴躁、个性刚强的学生，要诚恳地指出问题，全面、辩证地分析问题，批评过程中要耐心听取学生的发言，在综合考虑的基础上对他们提出希望和要求；对于惰性心理、依赖性心理较强或犯了错误抱侥幸心理的学生，可用是非明确、感情强烈、措辞尖锐的批评，严重地指出问题所在，触动他们的思想，使之受到震动。

接受批评虽然不是一件愉快的事情，但我们教育工作者要学会艺术地批评教育每一个学生，做到批评有效、批评无痕。要让自己的批评如三月里的小雨，沁入学生的心田，滋润学生的心灵，让他们快乐地、健康地成长。

二、常用的批评方法

1. 提醒式批评

这种方式主要以暗示为手段，其内容又多为提醒、启示之类。也就是对学生进行批评的时候，不直接指出其缺点错误，也用暗示、提醒的方法对学生加以点拨，让学生自己觉察到错误，达到教育的目的。这种方式对于喜欢思考、敏感多疑的学生比较适用。既可以达到批评的目的，也尊重和保护了学生的自尊心，不会使学生产生抵触情绪和逆反心理。

2. 商讨式批评

这是一种较为和缓的批评方式，班主任以商讨问题的态度和商量的语气把批评信息传递给学生。这种方法比较适用于脾气暴躁、反应灵敏、易于情绪化、否定性心理表现明显的学生。

3. 直截了当式批评

对于性格外向活泼的学生，直截了当的批评可能更易于被他们接受。也就是说，班主任在批评时，开门见山，不绕弯子，直接传达批评信息。对犯错误较严重又不肯承认，或怀有侥幸心理的学生，措辞可以严厉一些，使其他们心灵受到触动，促使其悔悟改过。

4. 开导式批评

学生做了错事或违反了纪律，班主任心平气和地加以引导，做到循循善诱。首先创设一种教育情境，让学生感到你是在真心帮助他。然后在亲切融洽的气氛中，帮助学生认识到所犯错误的性质及危害，耐心开导启发。有时可让学生自己谈谈认识，或让他们对照有关规定及好学生的标准，检讨自己的言行，这种和风细雨式的开导批评，可以让学生心服口服。

5. 示范性批评

一位教育家说过："老师个人的范例对于青年人的心灵，是任何东西都不能代替的最有用的阳光。"有时，班主任对学生最好的批评与教育，就是以身作则，做个楷模给学生看，教师的言行暗含期待，这种信息会通过各种渠道影响学生，胜过无数批评的语言。

6. 表扬式批评

表扬式批评是通过表扬的手段达到批评的目的。这种方式可使学生在轻松愉快的心境中接受批评，既保护了学生的自尊心，又树立了学生的自信心，使学生看到前途和希望，在接收到正面肯定信息的同时也进一步感受到老师的批评，在自我领悟中逐步实现自身的转变与进步。

三、批评的艺术技巧

1. 批评不忘鼓励

班主任对学生的批评要实事求是，态度要诚恳，要及时肯定学生所取得的成绩，决不能因为犯了错误就把学生说得一无是处，不能只盯着学生的缺点而忘了闪光点。对犯了错误的学生所取得的成绩和进步更应及时予以肯定和鼓励，因为鼓励和赞许会使学生，尤其是经常挨批评的学生树立信心，重塑自我。因此，在对学生批评时，不要忘了对学生的肯定和鼓励，班主任不要吝啬鼓励和肯定的话语，要使他们始终在"老师还信任我，我还有希望"的心态中成长，使他们始终相信"我能行!"。

2. 批评讲求语言的委婉

"直言不讳"，常常被认为是个人的优点，但"直言"并非处处适用，事事可行。"乐妻劝婆"的故事颇耐人寻味。乐羊子外出求学，七年未归，婆媳相依为命，家境艰难。一日，婆婆嘴馋，偷杀了邻居的鸡。乐妻知道后，并未恼怒。当婆婆端着香喷喷的鸡肉上桌时，乐妻却不动筷子，婆婆忙问何故，乐妻伤心地说："媳妇无能，没有伺候好婆婆，使得饭桌上有了不是自家的鸡。"说着，潸然泪下。婆婆羞愧难当，心悦诚服地接受了乐妻的婉劝。这个故事对班主任如何驾驭批评语言很有启示。

在师生沟通中，班主任有些话虽然完全正确，但学生却可能难以接受，这时，直言不讳的效果一般就不太好。同样的内容，变换下表达方式，使用委婉的说法，采用学生更加容易接受的语言，效果也许更好。使语言缓和的方法很多，词语的变换、包括句式的变换及语气、语调的改变等，班主任可根据表达的内容随时调整、组织。例如，一位班主任在听取班委有关春游活动的组织计划汇报时插话问:“为什么每个同学的经费预算这么高呢？能否再节约一点呢？”这种以询问的语气来表达自己的意见就显得温和而不强加于人。又如，把“我认为你这样做非常不好!”改为“我不认为你这样做是好的。”就能把同样的意思表达得不那么咄咄逼人。再如，班上发生了失窃事件，尽管已经查明，但班主任找盗窃东西的同学谈话时，往往把“偷”字换成“拿”字，以便于对方更易于接受一些。当然，委婉也不是通行的，要对症下药，因人而异。

3. 适当运用激将法

激将法是用反面的话刺激学生，使其自尊心从自我压抑中解脱出来从而奋发向上的方法。儿童心理学家比阿切说过：“激将法是促进感情和智能成长的一个重要动力。”运用激将法要慎重，要看准时机，注意分寸。班主任在批评中如果能适当运用激将法，可以收到很好的效果。

4. 批评巧用幽默

提起批评，人们总认为是件严肃的事，却忘了幽默可以成为批评者和受批评者之间的润滑剂。巧用幽默，有时可收到意想不到的效果。德国一位著名演讲家说：“用幽默的方式说出严肃的真理，比直截了当地提出更能为人接受。”说话风趣幽默的鲁迅先生，批评学生也别具一格。他的学生川岛把大部分时间花在谈情说爱上了，他批评起来诙谐得如同相声一般，还有诗歌的韵味和意境。鲁迅先生在送给他的《中国小说史略》扉页上写道：请你/从“情人的怀抱里”/暂时伸出一只手来/接受这干燥无味的/《中国小说史略》。鲁迅先生的批评让人忍俊不禁，又深受教育。

5. 不妨正话反说

正话反说，即口头说出的意思和自己的真实意图恰恰相反，反而能成功。有时，批评的话，学生往往听不进去。因此，变换说话的方式，正话反说，使他们能够听下去，然后自己思考，也是一种较好的批评方式。

6. 用沉默增强教育效果

在批评过程中，班主任可以通过适当的沉默增强教育效果，原因如下。

第一，在师生交谈过程中，如果学生表现出心不在焉，注意力不够集中，班主任的沉默能起到一种提醒的作用，使学生集中注意力，认真参与。

第二，班主任在做学生工作时，如果只自顾自己滔滔不绝，效果未必好，可适当保持短暂的沉默，给学生思考的时间，以更好地理解老师所讲的道理。

第三，心理学研究表明，人们在交际过程中，如果一方适时沉默不语，另一方得不到对方的任何信息，就会被对方的沉默所慑服，从而顺从对方的意志。班主任在批评教育过程中恰当运用这一原理，可以增强威慑力，减少师生冲突，这时班主任再因势利导，促使学生认识并改正缺点和错误。

案例 3

篮球课上，正进行五对五对抗教学比赛，B同学因没把球传给位置更好的A同学（B学生是校篮球队的主力），于是两人争执起来，厮打在一起。为了不影响其他同学练习，我把他俩叫过来，准备化解一下，但是B同学说："我累了，不想玩了，想休息下"，然后转身就径自走到休息椅旁坐下，对我的话不予理睬。当时我的火"腾"的一下就上来了，觉得他这是在同学们面前公开向我挑衅，让我觉得自己很没有面子。

看到这情景，我强压怒火，对B同学说："那你先休息下"。然后对同学们说："B同学因在比赛中奋力拼搏，而导致疲劳，现在需要下场休息会儿，休息后再继续回来比赛，下面他的位置由我来代替，比赛继续。"接着，我加入B同学的队伍中，和学生继续比赛，并在比赛的过程中对学生多加指导，同时自己尽量不投篮，把机会多留给学生。看到我和学生玩地热烈，坐在下面的B同学有点坐不住了，几次起身来到场边，我故意装作看不见，继续和学生们比赛。又过了段时间，我找个机会暂停比赛说："老师年纪大了，体力不行了，还是让你们的主力B同学继续吧，好吗？"然后，我回头对坐在休息椅上的B同学，做了个请上的动作，B同学见状，感激地向我点了下头，然后迅速地加入了比赛。课下，我又把两个同学叫在一起，给他们分析了他们之间的错误，使他们握手言和。

思　考：

（1）如果老师没能控制住心中的怒火，当场批评B同学，结果会怎样？

（2）在学生的每一步成长中，一些错误可能就是他们经历的"大事"和"转折点"。如果老师能够容忍并积极地引导他们认识到这些错误可能会给他们带来的危害，帮助他们克服或改正，学生的成长将会更加地顺利；相反，假如教师不能容忍学生的一丁点错误，采用的是一味地打压、批评或漠不关心的方式，这将会无形地使孩子的心灵受到冲击，甚至扭曲。所以，在课堂上，要做一个"能容""会容""善容"的教师，以一颗宽容之心来对待犯错的学生。

案例分析：

这是个在平常的课堂活动过程中经常发生的冲突。在冲突发生后，面对学生的过激行为，老师并没有大动肝火，而是采用了让学生先下场休息，自己加入学生的队伍和学生一起活动，把学生先"冷"在了场下。在场下的学生看到热烈的场面而"坐"不住的时候，教师适时地离场，让学生回到场地继续活动，有效地避免了师生间的冲突进一步升级，即达到了无声批评的目的，又保留了学生的自尊，使得课堂教学能够顺利地进行。

四、班主任批评语言的禁忌

班主任的批评语言，只有真诚、宽容、体贴，晓之以理，动之以情，循循善诱，才能够取得理想的教育成效，而类似压制、恐吓、挖苦等语言是应该避免的。

1. 居高临下式语言

教师在学生面前永远不要摆出高高在上的架势，居高临下地摆起面孔训人，比如："你怎么还听不懂？""你看你这副模样！""你能不能给我专心一些？""你到底是怎么回事？"，这种居高临下、盛气凌人的训话很容易引起学生的厌恶和反感。这样讲话，无形之中就在自己和学生之间划了一道鸿沟，互相之间的沟通和理解根本就无从谈起。

2. 庸俗鄙陋的语言

对教师来说，任何污言秽语都是绝不能出口的，那些庸俗鄙陋的话也是要禁止的。班主任经常和学生在一起，难免会遇到一些令人生气甚至难以忍受的事情。有的学生惹是生非，有的学生不遵守纪律，有的学生喜欢恶作剧，有的学生甚至冲撞老师……在这些情况下，如果班主任感情冲动，大发雷霆，说出一些过激的话语，非但不能解决任何问题，反而可能使学生在人格和感情上受到伤害，使学生产生抵触情绪，也降低了班主任自己在学生心目中的威信。

3. 记账、告状式语言

"你这样做是第几次了？我都给你记着呢，到时候咱们老账新账一起算！""现在我不跟你啰唆了，开家长会时再说吧。""你不听？好，跟我到校长办公室去！""看来我是管不住你了，你父母总该能镇住你吧！"等等诸如此类记账告状的话语，说得越多，学生越不理睬你，还容易引起学生对你的鄙视与嫉恨。还会起到不好的作用，学生可能会索性破罐子破摔，自暴自弃。

4. 挖苦类语言

"你的脸皮真比城墙还厚，不知道害臊！""你除了会上课说话，你还会做什么？""你比老师还厉害应该你来当老师啊！""我看你是完了，没希望了！""说嘛！哑巴了还是咋的？就你这样还想上大学？我看你趁早回家吧！"这种讽刺挖苦的话是对学生的羞辱，只会引起学生对你的恼怒与不满，决不会接受你的教育。

5. 挑战式语言

"今天要是治不好你，我就不当老师了！""看看到底你说了算，还是我说了算！"学生对班主任的信赖与尊敬是建立在师生情感相通、相容的基础上的。师生间的亲切感越强，班主任语言的力量也越强。相反，如果班主任用挑战的口吻向学生显示自己的权威，结果可能反而削弱了自己的力量，失去学生的信任。

6. 驱逐类语言

"你不想听课，可以出去，不要影响其他同学！""你给我出去，我再也不想看到你这个学生！"这种话的后果往往很严重，学生如果真的负气出去，后果不堪设想。曾经发生过类似的事，一位班主任因学生与自己顶撞，大发雷霆，怒斥学生，让其滚出去。学生一气之下跑出教室，没有在校内，也没有回家，失踪了！学校和家庭因此慌张了好几天，费了许多周折，才在朋友家找到那名学生，并且从此他与班主任有了明显的对立情绪。按照教育法规，任何一位教师都没权利驱逐学生。

7. 揭短类语言

一学生偷偷把一条豆虫带进教室，放在同桌女同学的书包内。上课了，那位女同学打开书包掏书，摸到软乎乎的豆虫，便“啊”地尖叫了一声，并像触电一样跳了起来。当老师弄清是哪位学生干的了以后，气得脸色铁青，用手指着那个学生狠狠地说：“瞧你那样子，嘴歪眼斜心不正，净出坏点子。”此话既出，严重刺伤了那位同学的自尊心，赌气离开了教室，对老师痛恨之极，成绩也愈来愈差。

班主任在批评学生时，切忌触及学生的短处，尤其是学生的生理缺陷，更不要拿短处开骂，而应尽量避免揭短类语言。

8. 孤立、排斥式语言

“同学们，大家说说他这是什么行为？”“宝贵的时间被他占了十分钟，同学们说咋办？”“以后大家都不要和这号学生在一起。”通过孤立与“离间”，动员全班学生的力量来对付犯了错误的学生，其实没什么效果。这样一来对于被批评的学生，有可能增强他对老师的逆反心理；对于其他学生，这种方法只会降低班主任在他们心目中的威信。

相关链接 1

批评学生要讲究方法、技巧

批评是把双刃剑，用得恰当，可能让学生心服口服，变成一剂良药，成为学生改正错误的契机，使批评收到良好的效果；用得不好，就会像一柄利刃，刺伤学生的心灵，伤害学生的自尊心和自信心，可能会使学生破罐子破摔，并容易造成师生的对立。实践证明，教师批评学生的效果不仅取决于批评的方法，还往往受到一些心理效应的制约。如果教师能了解和把握这些心理效应，巧借积极的心理效应，采取适当的教育措施，恰当地运用批评，就能让批评收到事半功倍的效果。

一、椰壳效应——让批评变得甘甜

一位朋友的儿子不愿意吃饭，于是他把一个椰壳锯开，用它盛饭，结果儿子吃得津津有味。椰壳效应给我们的启示是：把批评包装一下，给它裹上一层糖衣，让批评变得甘甜，教育效果会更好。

我国老一辈教育家陶行知先生当年任育才小学校长时，一天，他看到学生王友用泥块砸同学，遂将其制止，并责令他放学后到校长室等候。陶先生回到办公室，见王友已等在门口，陶先生立即掏出了一块糖给他：“这是奖励给你的，因为你比我准时到了。”接着又掏出了一块糖给他：“这也是奖励给你的，我不让你打同学，你立即住了手，说明你很尊重我。”王友将信将疑地接过糖果，陶先生又说：“据了解，你打同学，是因为他们欺负女生，说明你有正义感。”陶先生遂掏出第三块糖给他。这时，王友哭了：“校长，我错了，同学再不对，我也不能采取这种方式解决问题。”陶先生满意地笑了，他随即掏出第四块糖说：“你已认错，再奖励你一块，我们的谈话也该结束了。”

每个人都难免犯错误，简单粗暴的批评可能会让学生产生强烈的逆反心理，而像陶行知先生这样送给学生精神的糖果，让甜甜的批评诱导学生，将学生犯错误过程中的不利的、消极的因素转化为有利的、积极的、合情合理的因素，给学生以自我反省的契机、自我修正的时间，从而体现出教育所特有的人文教化功能。

二、南风效应——让批评变得温暖

法国作家拉·封丹曾写过一则寓言，讲的是北风和南风比威力，看谁能把行人身上的大衣脱掉。北风首先来一个冷风凛凛、寒冷刺骨，结果行人为了抵御北风的侵袭，便把大衣裹得紧紧的。南风则徐徐吹动，顿时风和日丽，行人因之觉得春暖上身，故而解开纽扣，继而脱掉大衣，南风获得了胜利。这就是“南风效应”这一社会心理学概念的出处。南风效应给我们的启示是：在批评学生时，由于方法不一样，结果可能大相径庭，我们应该让批评像南风一样送给学生温暖。

某小学一年级新生不适应学校生活，经常赖在家里不去上学，父母十分头痛。为此，老师登门家访。学生对老师说：“我不愿意上学。”老师微笑着说：“你不去上学，我会想你的啊!”学生高兴极了，从此每天都早早地来到学校，她对同学们说：“老师可喜欢我啦，我不来上学老师会想我的!”

巧借南风效应，让温暖的批评像春雨一样滋润着孩子幼小的心灵，让学生体会到教师关爱的温暖，容易获得学生的信任，会使教育教学变得自然流畅，学生自然会因爱上自己的老师而接受老师的教育。

三、放大效应——让批评变成欣赏

一位著名教育家说过：“对待学生不是鸡蛋里挑骨头，而是骨头里挑肉，哪怕找到一丁点肉丝，也要看成是一块好‘排骨’，给予表扬，鼓励。”在批评学生时，善于发现学生的优点，并及时给予认可、肯定，往往会收到很好的教育效果，我们不妨把这种效应称为放大效应。

有一位老师刚接新班，上完第一节课，刚要说“下课”时，后排座位上有位学生突然吹起了口哨。学生们看看那位学生，又看看老师，他们诧异中有些惊慌，像是做好了迎接“火山爆发”的准备。但这位老师并未发火，而是说：“尽管坦然地练，说不定以后会在这方面有所发展，必要时，我给你留点时间，为大家表演一下，好吗？”这位学生满脸惊疑地望着老师，不知所措。老师接着问道：“能告诉我你叫什么名字吗？”他不好意思地给老师说了他的名字。老师立即说：“名字起得好，你是我在咱班记住名字的第一个学生。不过老师对你有点小要求，请你以后吹口哨时注意场合。”这个学生红着脸说：“老师，我错了，请相信我，以后不会再发生类似的事了。”周围的学生鼓起了掌。当天，这位学生在日记里写道：我从来没有像今天这么高兴过，因为今天老师表扬了我，说我口哨吹得好。要是在以往，我肯定躲不过一顿批评或指责。真的，我还没受过老师的表扬。今后我一定要好好学习，绝不无事生非，扰乱课堂秩序。在以后的日子里，他的学习情绪很高，认真听讲，积极回答问题，逐渐成为老师们纷纷称赞的优秀生。

学生是千差万别的。一个学生，虽不可能样样出色，也不可能样样都差，只要我们擦亮善于发现优点的眼睛，学生就会因为我们的发现而很快进入他们的轨道。在批评中，老师多给学生一点欣赏，就等于多给学生一阵春风，一场雨露，就会使学生脆弱的自尊心产生强大的动力而健康茁壮地成长。

四、尊重效应——让批评变得宽容

苏霍姆林斯基曾这样论述过教育者要爱护学生的自尊心的重要性:“年轻的朋友,请记住,这是一种非常脆弱的东西,对待它要极为小心,要小心得像对待一朵玫瑰花上颤动欲滴的露珠,要培养自尊心,只有用温柔细致的教育手段……”批评要从保护学生的自尊心出发,让批评充满理解和信任,才能让学生体面地接受批评。

被誉为“中国当代教育家”的霍懋征老师讲过这样一件事,她在北京第二实验小学任教时,一次她班上的一个男生拿了同桌的钢笔,霍老师知道后没有责难,也没有声色俱厉地批评,而是自己掏钱买了一支钢笔送给这位学生,并对这位学生说:“我知道你喜欢钢笔,这支钢笔就送给你。我也知道人家的东西你肯定不会要,趁别人不注意,你一定会送回去的。”几十年后,这位学生带着自己的孩子来看教师,一进门就跪在霍老师面前对孩子说:“没有霍奶奶,就没有你爸爸的今天。”

学生犯了错误,又恐惧又内疚,像刚刚经历了一场心灵上的暴风雨。这时老师不能再给他们雷鸣闪电,而应给他们送去雨后灿烂的阳光,让他们在阳光中愈合创伤,健康成长。面对拿了别人东西的学生,霍老师深知,一旦把这种行为与“偷”字联系起来,就会击碎其脆弱的心灵,使其背负终生。她用一颗爱心巧妙地维护了学生的人格尊严,呵护了学生的自尊心。她这种别致的批评方式,具有十分高超的艺术性和感染力,非常值得我们学习。

五、专座效应——让批评激励希望

生命因信任而美丽。信任会让学生获得人格的尊严,激发出他们自信自爱的热情。信任是对学生最佳的奖赏,也是一种巨大的教育力量。

教室最后有一张桌子,这个位置该怎么安排呢?起初,老师用它来惩罚学生,所以,那个座位就成了“屡教不改”者的专座,美其名曰“思过角”。为给受罚学生一线希望,老师宣布:“何时改过,何时再坐到前面来。”可没想到的是,学生不但“不思悔改”,反而越来越放肆。后来,老师把那个座位起名为“信得过专座”,在班里郑重宣布:“坐在最后那个座位上,说话、做小动作,老师不易发现,可见它是滋生坏习惯的温床,抵抗力弱的人不能沾边,只有自我约束力强、大家信得过的同学方可入座。凡要获得这个专座,需自我申请,然后经同学们评议、老师审批后才可以坐。”一下子,坐这个座位成了一种荣誉,学生们争先恐后地申请,连那些经历过“思过角”的调皮鬼,也都努力要坐“信得过专座”。结果可想而知,所有坐过那个角落的学生,学习、纪律都越来越出色,老师不由得舒展了眉头。

同一个座位,为何会有如此大的反差呢?这就是信任的力量啊!

六、配套效应——让批评挖掘美丽

在18世纪,法国有个哲学家叫丹尼斯·狄德罗。一天,朋友送他一件质地精良、做工考究、图案高雅的酒红色睡袍,狄德罗非常喜欢。可他穿着华贵的睡袍在家里寻找感觉时,总觉得家具风格不对,地毯的针脚也粗得吓人。于是为了与睡袍配套,旧的东西先后更新,当书房终于跟上了睡袍的档次后,可他却觉得很不舒服,因为“自己居然被一件睡袍胁迫了”,于是就把这种感觉写成一篇文章——《与旧睡袍别离之后的烦恼》。两百年后,美国哈佛大学经济学家朱丽叶·施罗尔在《过度消费的美国人》一书中,把这种现象称作为“狄德罗效应”,亦被称为“配套效应”。

有一位老师讲五年级自然第十五课《用根扩茎繁殖植物》,临下课的时候布置了一个课外作业：用扦插法繁殖一株植物，要求两周后交上。第四周自然课上，学生都带来了自己的作业——一盆扦插的植物。绝大部分同学扦插的植物都长出了新芽，只有个别同学扦插的植物不见动静，老师看了一下，属于扦插不易成活的植物。但一个小女孩扦插的柳树竟然没有发芽，着实让老师感到奇怪。因为杨柳是扦插最容易成活的植物，只要温度适宜，水分适当，定能发芽，而从这点来看她做得都不错，为什么没有插活？老师走到跟前仔细端详，透过她精心包扎的塑料薄膜发现，她扦插的枝条上面粗，下面细，明显是插倒了。老师便问："你先看看插得有问题吗？"她怯怯地说："我想要一枝垂柳，所以就把柳枝倒过来插。"她又补充道："这是我在故事书上看到的，说将柳树条倒过来插就会长成垂柳。"老师笑了，首先在全体同学面前表扬了她勇于创新、善于想象、敢于尝试的创新精神，然后又从水分、养分的运送方法方面讲解了枝条的作用和功能，告诉大家，人类可以改造自然，但不能随意改变自然规律。这节课，小女孩似乎特别兴奋，因为她独树一帜的创新受到了表扬，引起了全班同学的关注。从这节课后，她性格变得开朗了，上课也敢于发言了，老师还发现她喜欢上了科学和植物。

在学生成长的过程中，有时会犯这样那样的"错误"，这其中蕴含着学生的创新意识和创新能力，确确实实是一种美丽。巧用配套效应，挖掘这种"美丽"，就为学生找到了一件理想的睡袍，学生便会由此而塑造完美的自己。

☞ 相关链接 2

教师批评学生"六忌"

批评是教师经常使用的思想教育手段，它能使学生不良的行为习惯受到谴责，能帮助学生消除思想作风上的污垢。但批评不当，也往往产生不良后果。下面谈谈教师批评学生六忌。

一、忌盛气凌人

有的教师一见学生犯了错误，马上叫过来大声斥责。被批评的学生慑于教师的骄横，嘴上虽不敢申辩，心理却不服气，这样的批评容易使学生产生逆反心理。批评学生要注意师生的身份，要使学生产生亲切感、信任感，愿意同你交流，这样才能使学生从思想深处认识错误、改正错误。

二、忌不分场合

学生犯了错误，有的教师不分场合，便在全班公开点名批评。结果，被批评的学生中，有的学生再也抬不起头来，有的干脆破罐子破摔。批评的场合恰当与否，关系到批评效果的好坏。教师应根据学生犯错误的性质、程度、影响和学生的性格、脾气选择适当的场合开展批评，给学生创造认识和改正错误的良好环境。

三、忌尺度不一

有的教师对自己喜欢的学生，尤其是班干部，不愿批评，就是批评也总是轻描淡写；而对待一般学生，特别是后进生，则不能一碗水端平。不管是先进还是后进，不管是班干部还是一般学生，有了缺点错误都应受到批评。如果该批的不批，不该批的狠批，就会使学生产生反感，降低教师的威信，造成班级的不团结。

四、忌出言刻薄

有的教师常用挖苦的、刻薄的、极易损伤学生自尊心的话批评学生，这样，被批评的学生就会产生仇视的思想和自卑的心理，在错误的道路上越滑越远。所以，批评学生时要尊重学生，不要讽刺挖苦，更不要恶语伤人。

五、忌小题大做

有的教师批评学生，把偶然的失误看成是一贯的，把个别学生吵架说成是破坏班级团结。这种小题大做、扣大帽子的批评方式，不能使犯错误的学生心悦诚服，也不会得到多数同学的支持。因此，批评时必须实事求是，有一说一，有二说二，不要任意夸大。

六、忌片面武断

这种批评，表面上声色俱厉，实际上不可能有积极效果。教师既要看到学生所犯的错误，又要看到他的一贯表现；既要看到主观原因，又要看到客观原因；既要看到犯错误的现实，又要看到改正的可能性。只有这样，才能使批评收到良好效果，使被批评的学生心服口服。

第三篇　班主任专业技能

班主任专业化是班主任教育教学永恒的主题。如何使即将成为班主任的教师具备基本的专业能力，如何使新任和现任班主任走向专家型班主任之路？本篇侧重于班主任专业化成长中实操层面的内容，是班主任将专业知识创造性地应用于班级教育管理的能力，是班主任专业知识、专业素养和专业技能的综合体现。本篇主要内容包括入学教育、班级活动设计与组织、班会的设计与实施、人际沟通与交往能力、就业与升学指导和学生心理健康教育六个部分。

第九章　入学教育

新生入学教育是职业教育的起点，是职业生涯的第一课，同时也是中职学生思想政治教育工作的重要组成部分，对新生增强爱国爱校意识，加强组织纪律观念，认识新学校、新环境、新专业，尽快融入新学校、新环境、新生活，树立新的奋斗目标具有十分重要的意义。

初、高中毕业生带着对未来的憧憬和向往步入了中职院校，开始了职业教育，对新学校、新环境表现出诸多的不适应，对专业的未知或不可预知导致了他们对未来感到迷茫。他们迫切地想要了解自己的学校，了解所学的专业及就业前景等内容。

新生入学教育的作用就是帮助新生在思想上和行动上适应中职生活，找准目标更好地做好人生规划，进而使中职生活更加充实而有意义。新生入学教育将是他们适应新环境、新生活、新学校的第一课。

案　例

蔡老师大学毕业来到了一所医护类职业学校参加工作，进校后被安排了为期6个月的班主任岗前培训。新学期伊始，完成班主任岗位培训任务的蔡老师加入了班主任队伍，她接手了一个新班级，信心满满，准备大干一场。

第一天新生报到，从早忙到晚，问题一个接一个。学生不知道宿舍楼在哪，不知道学校哪儿可以取钱，不知道学生床上用品在哪领；安排好了宿舍，又说宿舍楼层太高了；我不想睡上铺，要跟××同学住一间宿舍；嫌弃学校食堂的饭菜不好吃；刚报名又说专业不好要重新选专业；几个家长在学校转了一圈就说要办退学；晚自习查学生就寝，学生都躺在床上各自玩手机，大家互不理睬；还有同学反映同宿舍同学上完厕所不冲便池，宿舍臭气熏天，几个同学要求调宿舍.....

第二天，举行开学典礼，其他班的同学都已经集合完毕了，让蔡老师难堪的是，自己班上的同学在典礼开始了才拿着凳子匆忙赶来，一问原因，竟然是不知道礼堂在哪。会议开始了，个别同学一直在窃窃私语。

随后几天，班级同学间发生了一起打架事件，所幸没有严重后果；科任老师也向蔡老师反映学生上课迟到现象较为严重；几个男同学上课就趴在桌子上睡觉；由于同学不熟悉学校各项考核制度，学生迟到、着装不合要求等，一周下来班级周考核就被扣了20多分……

思　考：

（1）什么是职业教育？

（2）案例中，蔡老师所带的班级为什么在短短的一周内，就出现这么多问题？

（3）如果你是蔡老师，如何解决这些问题，如何高效地让学生适应新环境？

案例分析：

案例中的问题可以归纳为“学生与新环境”“学生与新班主任”“学生与学生”“学生与新任课教师”“班主任与家长”之间的认识与融合的问题。要解决好新生的这一系列问题，首先，学校要合理开展新生入学教育，让学生尽快认识职业教育，找到归属感。其次，班主任应深入了解新生的特点，找准他们所面临的问题，采取有针对性的策略，帮助他们认识新学校，认识所学专业，认识新同学，接受新班主任、新的任课教师；引导他们尽快融入新的集体生活，建立和谐的生生关系、师生关系；加强素质养成教育，培养他们良好的行为习惯；结合所学专业宣讲就业前景，指导他们制定明确的学习目标和科学的学习计划，激发他们对所学专业的兴趣，端正学习态度。

第一节　认识职业教育

一、什么是职业教育

职业教育是指对受教育者实施可从事某种职业或生产劳动所必需的职业知识、技能和职业道德的教育，包括职业学校教育和职业培训。职业学校教育是学历性的教育，分为初等、中等和高等职业学校教育。如对职工的就业前培训、对下岗职工的再就业培训等各种职业培训以及各种职业毕业班、中专、技校等职业学校教育等都属于职业教育。职业教育的目的是培养应用人才和具有一定文化水平和专业知识技能的劳动者。与普通教育和成人教育相比，职业教育侧重于实践技能和实际工作能力的培养。职业教育是与基础教育、高等教育和成人教育地位平行的四大教育板块之一。

《中华人民共和国职业教育法》明确提出：“职业教育是国家教育事业的重要组成部分，是促进经济社会发展和劳动就业的重要途径。”《中国教育改革和发展纲要》也提出：“职业教育是现代教育的重要组成部分，是工业化、社会化和现代化的重要支柱。”它的培养目标应以“培养社会大量需要的具有一定专业技能的熟练劳动者和各种实用人才”为主。

二、中等职业教育与普通毕业班教育的区别

中等职业教育与普通毕业班教育均属于高中段教育，学历层次相同，但教育类型不同，而且在教育思想、教育教学内容、教学方法上有很大的区别。一是中等职业教育坚持“以服务为宗旨、以就业为导向”的职业教育办学方针，积极推动职业教育从计划培养向市场驱动转变，从政府直接管理向宏观引导转变，从传统的升学导向向就业导向转变。积极开展订单培养，加强职业指导和创业教育，建立和完善职业院校毕业生就业和创业服务体系，推动职

业院校更好地面向社会、面向市场办学。而普通毕业班教育是为学生高考升学奠定基础。二是中等职业学校的课程主要由文化课、专业基础课、专业实践课三部分组成。根据市场和社会需要，不断更新教学内容，改进教学方法，合理调整专业结构，大力发展面向新兴产业和现代服务业的专业，大力推进精品专业、精品课程和教材建设。而普通毕业班教育教学主要是与高考相关的纯文化课理论。三是职业教育与企业紧密联系，高度重视实践和实训环节教学，改革以学校和课堂为中心的传统人才培养模式。中等职业学校在校学生最后一年要到企业等用人单位顶岗实习，实习期间，企业要与学校共同组织好学生的相关专业理论教学和技能实训工作，做好学生实习中的劳动保护、安全等工作，为顶岗实习的学生支付合理报酬。而普通高中教育主要是课堂教学和理论教学。

三、职业教育现状

自“十一五”规划纲要实施以来，在中央和各地政府的关注与推动下，我国职业教育体系不断完善，办学模式不断创新，招生规模和毕业生就业率再上新台阶，驶上了发展“快车道”。

据统计，2005 年全国仅有中等职业学校 11 611 所，当年招生 537.29 万人，在校学生 1 324.74 万人。经过 3 年发展，2008 年全国中等职业学校共有 14 767 所，招生规模达 810 万人，在校生达 2 056 万人。中等职业教育与普通高中教育招生规模已大体相当。

“工学结合、校企合作、顶岗实习”的模式，成了我国职业学校，尤其是中职学校毕业生高就业率的秘诀。教育部公布的统计数据显示，自 2005 年起，全国中等职业学校毕业生平均就业率连续 5 年保持在 95%以上。2008 年、2009 年，尽管国际金融风暴使许多人就业困难，全国中等职业学校毕业生的平均就业率仍没有回落，分别高达 95.77%和 95.99%。

2012 年 6 月 11 日，国务院新闻办公室发布的《国家人权行动计划（2012—2015 年）》指出，2012—2015 年，我国将大力发展职业教育，保持中等职业教育和普通高中招生规模大体相当，扶持建设紧贴产业需求、校企深度融合的专业，建设既有基础理论知识和教学能力，又有实践经验和技能的师资队伍，逐步实行免费中等职业教育。

中国正在举办世界上规模最大的职业教育。2008 年职业院校的招生规模总数已经达到 1 100 万人，在校学生总数已超过 3 000 万人。中等职业教育和高等职业教育分别占据了高中阶段教育和高等教育的一半。

四、职业教育教学优势

（一）成熟的培训体系

国内职业教育已发展到比较成熟的水平，不再像以前那么混乱。在经过国家的整改和行业洗礼之后，现存的职业教育机构在品牌、资金、师资和就业方面都有雄厚的实力，培训细分化、精准化、专业化。

（二）学习时间短

职业教育一般只有 1 年的强化学习时间，以实战教学为导向，强化训练符合社会、符合企业需求的专业人才。所以，它的学习成本是很低的，而且见效快，可以快速解决就业、待业等问题。

（三）投资回报高

一年的时间成本、1 到 2 万元的资金投入，如果选择一个好的专业，可以在不到一年的时间收回成本。比如动漫游戏，人才网的薪资数据显示，国内动漫游戏类人才的平均薪资在 6 235 元/月，年薪在 6 万元以上的人占了 45.4%的比例

（四）技能+学历+就业

职业教育采用的是“技能+学历+就业”的套读模式，在学习技能的同时也可以套读自考或者成教学历，技能和学历两不误，也为想报考公务员、研究生的同学提供了条件。

五、职业教育对社会的贡献

（一）培养了大批技能型人才

2004—2008 年，我国各类中等职业学校通过学历教育，累计为社会培养了有 1 949.8 万名毕业生，其中获得职业资格证书的有 1 093.3 万人。分学科看，为满足近些年信息产业迅速发展的需要，培养各类信息技术人才毕业生达 499.2 万人，其中获得职业资格证书的有 315.7 万人，分别占全部中等职业教育毕业生和获得职业证书毕业生的 25.6%和 28.9%；为满足制造业，特别是加工类制造业快速发展的需要，培养各类加工制造业技术人才毕业生达到 345.8 万人，其中获得职业资格证书的有 228.3 万人，分别占全部中等职业教育毕业生和获得职业证书毕业生的 17.7%和 20.9%；为满足金融、保险、旅游等现代服务业迅速发展的需要，分别培养财经类、商贸与旅游类技术人才毕业生的 132.3 万人和 177.1 万人，分别占全部中等职业教育毕业生的 6.8%和 9.1%，其中获得职业资格证书的分别为 77.6 万人和 107.2 万人，分别占全部获得职业证书毕业生的 7.1%和 9.8%。

（二）促进了社会就业

近些年来，我国职业教育坚持以服务为宗旨、以就业为导向，大力推行工学结合、校企合作等人才培养模式，促进职业教育与生产劳动相结合，着力培养学生的实践能力和就业能力。许多职业学校还开展了订单式培养模式，根据各类行业、企业、社会用人标准和劳动力就业市场需求的变化，及时调整和改革职业教育的专业设置、课程结构、组织方式、教学内

容和教学方法，有针对性地培养社会急需的技术人才，教学质量也有了明显提高。由中华全国总工会、科学技术部、人力资源和社会保障部、工业和信息化部联合举办的全国职业院校技能大赛，全面展示了职业院校学生良好的精神风貌和熟练的职业技能，促进了职业院校与行业企业的产教结合，更好地为中国经济建设和社会发展服务，在社会上引起了强烈的反响。职业教育学校的毕业生普遍受到行业、企业和其他用人单位的欢迎，即使在当前社会就业压力相对较大的形势下，职业学校毕业生的就业率仍然保持在相对较高的水平，特别是中等职业学校毕业生的就业率，近几年始终保持在95%以上，有力地促进了就业。

（三）提高了劳动者素质

近几年，职业教育迅速发展，培养了大批技能型人才和实用型人才，对提高我国劳动者的文化素质和职业技能起到了非常重要的作用。普查资料显示，2008年年末，在我国全部企业法人单位从业的人员中，具有毕业班及以上学历的人员达到1.2亿人，比2004年增加3 700多万人，其中包括中等职业教育毕业生在内的具有毕业班学历的人员为7 300.4万人，比2004年增加1 591.3万人，占全部新增从业人员的30.8%；具有高级技师和技师技术等级的人员分别达到84.1万人和241.1万人，与2004年相比，分别增加39.9万人和96.8万人，占全部企业从业人员的比重分别为0.4%和1.1%，分别比2004年提高0.1和0.2个百分点。

六、职业教育发展趋势

（一）职业教育是发展地区经济和文化的生力军

职业教育量大面广，遍布于各国大中小城镇。例如澳大利亚，全国共有二百几十所职业技术教育院（Technical and Further Education, TAFE），其中一百所位于主要大城市，另一百几十所分布于各中小城镇。又如日本的专业学校共计三千余所，全国各地都有这类学校。学生通常就近升学，就近就业。在专业方面，日本专门学校的专业遍及工业、农业、医疗、卫生、教育、社会福利、商业、服饰、家政、文化、修养等；澳大利亚最受欢迎的专业是管理、商业、工程、社会和文化。

职业学校的专业一般都是根据本地区社会实际需要而设立，目标明确，量体裁衣，学以致用，毕业生很受社会欢迎。例如美国社区学院的毕业生就受到95%的企事业单位的欢迎。所以，大量短年制的职业教育对普遍提高国民的科学文化素质的作用显著。职业教育对发展本地区特色的经济和文化至关重要，职业教育的遍地开花，有利于各地普遍的繁荣富裕，安居乐业。职业教育的毕业生已经是，将来也将是本地区经济和文化发展的重要力量。

（二）职业教育对于高等教育走向大众化起着不可替代的作用

高等教育学生总数中，职业教育学生所占百分比很大。2002年澳大利亚一年内授予的高等职业教育学历约20万人。全美国社区学院约1 200所，其中公立的约1 000所。社区学院学生总数约 1 160 万人。社区学院年授予准学士学位约 49 万人，授予二年制证书约 24 万人。日本专门学校共 3 000 所（大学 700 所），在校生 70 万人，约为大学在校生的 28%。

职业教育的入学门槛低，使高等教育对大多数的普通百姓来说成为可能。美国加利福尼亚州社区学院在校生人数占总人口的 10%，伊利诺伊州占 7%。第二次世界大战后，包括美国在内的各战胜国的复员军人中有大量进入职业教育寻求新的生活门路。

职业教育把教育送到家门口，让许多不愿远离家乡到大城市去念大学的学生感到正中下怀。职业教育比较适合边工作边学习，迎合了普通百姓的需要。澳大利亚职业教育中有 64.4% 的学生选择业余学习方式；美国社区学院学生平均年龄 29 岁，有 63%的学生是业余学习的。

职业教育大众化就是使适龄青年接受高等教育的比例达到和超过 15%。高等教育只有在考虑到传统的精英教育的同时，也考虑到大多数普通百姓的教育需求，能够吸引他们进入高等学校，才能真正走向大众化。职业教育正是满足了这样的需求。它是国家高等教育中不可或缺的部分，是促使高等教育加速大众化的重要因素。

（三）职业教育正经历从工业社会到信息与服务社会的深刻转变

社会在变革，社会对职业教育的需求也在不断变化。一些传统的工作和岗位逐渐消失；另一些新技术和新工种如雨后春笋般出现，例如计算机网络、信息技术、无线通信、多媒体、图形设计等。即使是一些貌似传统的工作岗位，也要求工作人员掌握计算机技术和分析技能。

在这样的形势下，一方面，职业教育要对已有的劳动力加强继续教育，使他们能够适应社会的进步和工作性质的变化；另一方面，要改革教育，以培养新一代的劳动力。

现代职业教育在改革中十分重视通识教育。这里说的通识教育包括文学和人文科学，数学和自然科学，以及社会科学三个方面。职业教育一方面为学生打下比以往更宽的通识教育基础；同时在培养专业技能方面也放宽了口径，既要使学生掌握适应当今社会的专门职业技能，又要使学生具有终身学习的能力，在出了校门以后，能够持续提高职业技能、灵活地自我调整，更能够独立思考。这样就能够以比较宽的路子应对一个开放的社会、一个比以往变化得快得多的人才市场。

（四）职业教育的学历（学位）正逐步规范化

由于历史的原因有些国家的职业教育的学历（学位）和学制比较杂而乱，发展到今日的地步，就有必要加以整顿和规范化。例如英国已有的职业教育学历就遍及各行各业，包括了由低到高各种职业层次的教育，由各种授证机构颁发各种证书、文凭等。

第二节　学生思想道德教育

《教育部关于进一步加强中小学班主任工作的意见》对班主任工作职责的第一项规定是：

“要做好中小学生的教育引导工作。认真落实学校德育工作的要求，积极主动地与其他任课教师一道，利用各种机会开展思想道德教育。”班主任的工作职责要求班主任在诸多工作中一定要把德育放在首位。《中小学班主任工作规定》第二条进一步提出，“班主任是中小学日常思想道德教育和学生管理工作的主要实施者，是中小学生健康成长的引领者，班主任要努力成为中小学生的人生导师”,进一步明确了班主任在学校德育工作以及中小学生成长中的重要地位。加强和改进未成年人思想道德建设，必须把改进学校教育摆在各类教育的首位，坚持以理想信念教育为核心，以树立正确的世界观、人生观、价值观为重点，以培养良好的道德情操为基础，把民族精神教育贯穿于未成年人教育的全过程。

一、德育目标

德育要以正面教育为主线，以其他形式为辅助，通过“三德”“三观”“三个主义”教育，落实德育双基。“三德”是指职业道德、社会公德、家庭美德，这是我们常说的基础道德；“三观”是指世界观、人生观和价值观，它的基础观念是是非观念、感恩观念和助人观念；“三个主义”是指爱国主义、集体主义和社会主义，它的基础是集体主义。

二、德育内容

（一）爱国主义教育

爱国主义是教育的必修课。习近平总书记在全国教育大会上强调“要在厚植爱国主义情怀上下功夫，让爱国主义精神在学生心中牢牢扎根”。这深刻启示我们，通过教育在学生心中播下爱国的种子，使之生根发芽、开花结果，才能收获学生的爱国之情、强国之志和报国之行，才能培养出合格的社会主义建设者和接班人。爱国主义教育要活跃起来，需要发挥课堂教学在爱国主义教育中的主渠道作用，不断更新教学内容，切实丰富教学手段，努力实现历史和现实、内容和形式、当下和长远的有机结合，满足学生成长成才的需求与期待。同时，要不断丰富和发展爱国主义的内涵和外延，充分挖掘爱国主义资源，因地制宜开展爱国主义教育活动，让爱国主义教育走出校园、走向社会，让学生扎根于爱国主义教育实践的肥沃土壤，才能让爱国主义教育入脑入心，让爱国主义教育永保旺盛的生命力和强大的战斗力。

爱国主义需要仪式感，但不能陷入形式主义。理性的爱国主义教育，是一个循序渐进的过程，需要时间和耐心，不是通过一次行为、某种形式就可以达到教育效果的。任何时候，开展爱国主义教育，不仅需要深刻的理论阐述，更需要生动事迹和高尚人格的熏陶感染。革命战争年代，无数先烈为争取民族独立、人民解放抛洒热血；社会主义革命和建设时期，无数先辈为保卫祖国、建设祖国艰苦创业；改革开放历史新时期，无数劳动者为国家强大、民族复兴开拓奋进。每一位爱国者的具体行动，都是最好的教科书，也是最好的催化剂。所谓“身边典型最有感召力”，也最能感动人心。其实，爱国主义教育从来不局限于刻板的教育。青少年学生是祖国的未来和希望，主动向爱国者学习，知行合一、身体力行，将青春梦融入中国梦，才能担当起时代赋予的历史责任。

（二）集体主义教育

一滴水只有汇入大海里才永远不会干涸，而人作为社会中的“一滴水”，也不可能孤立地存在。从学生时代的班集体、学校，到成年后的步入社会，人与集体始终相互联系、相互依存着。从根本上说，让学生了解集体，对学生进行集体主义教育，可以教会学生如何恰当处理个人与集体及集体中个体之间的关系，帮助学生正确看待自己，树立正确的人生观、价值观，为将来走向社会奠定基础。集体主义教育的主要内容是团结协作，具有团队精神。在班集体的各项活动中，班主任在进行集体主义教育时，应针对学生日常活动的典型事件进行点评，对大型的学校活动进行动员、表彰和总结，让学生树立正确的集体主义观念，通过相互影响，最终形成人人争为集体做贡献的好风气。

（三）理想信念教育

理想是每个人所向往的远景目标，是人生命的精神支柱，是人们的世界观、人生观和价值观在人生奋斗目标上的集中表现。信念是指人们对现存的或可能的事物、观念等的正确性和正义性坚定不移的确认和笃信，是人们在生活实践中实际地体验了怎么想和怎么做才有益、有效的基础上，自然地形成的一些思考和行动的模式。中职学生理想信念教育的终极目标是使广大未成年人逐步形成把个人利益与党和国家的利益、社会发展的趋势和时代要求相统一的世界观、人生观和价值观。

在理想信念教育的实践中，应用的基本原则有四点。

1. 导向性原则

导向性原则就是要求坚持学校的正面教育，加强学校在对学生进行正确理想信念教育活动中的导向作用。这种导向作用，有显性和隐性之分。显性的，即教师在课堂教学和其他各种教育活动中对学生进行有计划、有主题、有针对性的教育，以及学校邀请校外辅导员、英模劳模、老战士老干部、各行各业的先进人物所做的专题报告等等；隐性的，则是指教育工作者在日常言论行为中表现出的理想信念，以及校园文化所蕴含的对社会主义、共产主义崇高理想的赞颂与追求。

2. 主体性原则

理想信念教育的主体是学生。教育要取得实效，必须要有广大学生的积极参与和认知接受。学生通过自己的主观努力，根据自己的体验去掌握社会主义、共产主义的思想体系、政治观点和道德规范，确立科学的、正确的理想信念，形成理想人格。

3. 实践性原则

实践出真知，实践明事理。社会实践活动对青少年成长的意义是深远的，对理想信念教育的作用也是显著的。广大青年学生渴望成长为社会主义建设的有用人才，社会实践活动则是在学校与社会之间架起了一座桥梁，不仅使青年学生了解到社会对他们的要求，而且使他们在社会实践活动中得到学习、锻炼的机会，从而满足他们自身发展的要求。

4. 整体性原则

学校德育的内容是多方面的，包括辩证唯物主义和历史唯物主义教育，世界观和人生观的教育，爱国主义、集体主义和社会主义教育，革命传统教育，伦理道德教育，民主法制教育等等。理想教育作为德育工作的部分，应当和德育内容的其他部分有机地结合，有目的、有计划、有组织、有步骤地开展，使学生在丰富生动的活动中受到教育。

（四）道德教育

道德教育是班集体教育中不可缺少的内容，是学生素质教育的重要部分。通过道德教育对学生个人和集体道德品质的形成进行正确的引导，提高学生的道德水平，最终可以促进社会道德风尚的进步。

（五）传统美德教育

中国传统的伦理道德，是在漫长的历史过程中，凝聚各族人民在长期的社会实践中，在处理个人与社会、个人与他人之间的关系中的道德思想而形成的。进行传统美德教育是批判继承中华民族文化传统、弘扬民族的优良伦理道德精华、造就社会主义的需要。传统美德教育的主要内容有敬老爱幼、仁爱亲和、谦虚礼貌、讲求信用、宽厚兼容、艰苦奋斗、助人为乐、勤俭节约、敬业勤学等。

（六）感恩教育

感恩教育是班主任运用一定的教育方法与手段，通过一定的感恩教育内容，对学生实施的识恩、知恩、感恩、报恩和施恩的人文教育。学会感恩，先要学会知恩，要理解父母的养育之恩，师长的教诲之恩，朋友的帮助之恩。感恩是一种生活态度，是一种美德。感恩应该是社会上每个人应该有的基本道德准则，是做人的起码修养，也是人之常情。感恩教育旨在培养青少年具有良好的思想道德品质，对人、社会和自然具有爱心和善意，对弱者具有同情心，给予困难者帮助，乐于回报社会。感恩教育应从点滴做起，回归生活世界，在生活中让青少年体验感恩、实践感恩。

（七）诚信教育

诚实守信是中华民族的传统美德，是每个公民的基本道德规范，是个人的立身之本，是社会运行之规。一个人只有讲诚信，才会有信誉，才能赢得人们的信赖和尊重；一个社会拥有诚信，社会生活才可能健康有序；一个国家讲诚信，才能立足于世界民族之林。

三、德育途径

德育工作的基本途径是以班会课为主阵地、以学科教学为主渠道、以活动为载体、以阶段性教育为促进，将明示教育与暗示教育相结合，寓教于乐，通过教育与教学的相互渗透，提高学生的思想品德修养。

四、德育要求

在世界观、人生观和价值观形成的基础观念中，是非观念是最基础最关键的。无数事实告诉我们，许多问题的解决都是在解决了思想问题之后才从根本上解决行为问题本身的。只有正确的思想才能建立正确的是非现念，才能形成正确的行为导向。一切问题的发生和解决不力，其根本原因就在于我们没有让学生真正树立起明辨是非的能力。在教育中，我们往往会就事论事，缺乏耐心细致的观察和思想工作，简单粗暴、疲于应付、就事论事、得过且过等现象屡见不鲜。因此，我们的教育工作常常处于查漏补缺、围追堵截的被动状态。

回归教育本质，学校应该从四个方面克服教育的不足，建立全方位、广角度和立体化的全新、全员、全程和全面育人的意识和格局。

（一）要视每处环境为德育阵地——全新育人

学校教育无处不有处处有，此所谓学校无小事，处处是教育。我们往往会错失发生在我们身边的良好的教育契机，从而忽视学校环境育人和服务育人的功效，这样我们也就忽视了潜移默化、绩效久远的德育方式，导致德育长期地被机械、传统、枯燥和绩效短暂的“教书育人”的单一形式所替代，没有认识到挖掘和开拓德育的多种渠道可以达到殊途同归的目的。

（二）要视每位学生为德育体——全面育人

在学校德育工作中，我们往往会步入一个误区，就是把学校事务性工作作为德育工作的主体，从而导致德育失去了明确的工作对象。我们甚至会将德育对象确定为后进生，德育重点确定为计划性很强的各项活动，德育目标确定为解决智育和智力问题，而将德育的落脚点确定为稳定和不出问题，从而使不完整的德育的实效性掩盖了前瞻性的不足。这样既抛弃了德育对象，降低了德育标准，又偏离了德育重点。因此，视每位学生为德育对象和主体显得十分重要。

（三）要视每位管理者为德育工作者——全员育人

这一点往往被众多的学校所忽视，但是非常重要的一点。我认为德育教育之所以形不成合力，达不到预期的效果，是因为全员育人意识的树立和培养不够。因为许多时候我们会认为德育只是一线教师的工作，甚至是班主任和政工干部的职责。其实在学校工作的每个环节中的每位管理者都应该是德育工作者，都应该对德育工作高度关注并有所建树。

（四）要视每项工作为德育工作——全程育人

学校德育无时不有。只有明确了每项工作的目的，工作才会有明确的目标。在学校，一切行为和工作只有唯一一个明确的目标，那就是教育培养学生身心健康发展，无论是教育教学还是后勤服务工作。遗憾的是，有一些工作我们不清楚为什么去做，怎么样去做才能达到这个目标，因为我们不了解也不清楚我们工作的目的性和教育性，所以我们的工作也就缺乏拓展性。

☞ 相关链接

中等职业学校德育大纲

（2014年修订）

德育对学生健康成长和学校工作具有重要的导向、动力和保证作用。中等职业学校德育要以马克思列宁主义、毛泽东思想、邓小平理论、“三个代表”重要思想、科学发展观为指导，深入贯彻习近平总书记系列重要讲话精神，全面贯彻党的教育方针，紧密联系实现“两个一百年”奋斗目标和中国梦的实际，遵循学生身心发展的特点和规律，按照培育和践行社会主义核心价值观的要求，坚持以人为本、德育为先、能力为重、全面发展，努力培养德智体美全面发展的社会主义建设者和接班人。

本大纲规定了国家对中等职业学校德育工作和学生德育的基本要求，是中等职业学校开展德育工作的基本规范，是各级教育部门对中等职业学校德育工作实行科学管理和督导评估的基本标准，也是社会和家庭紧密配合学校对学生进行教育的基本依据。

一、德育目标

中等职业学校德育目标是把学生培养成为爱党爱国、拥有梦想、遵纪守法、具有良好道德品质和文明行为习惯的社会主义合格公民，成为敬业爱岗、诚信友善，具有社会责任感、创新精神和实践能力的高素质劳动者和技术技能人才，成为中国特色社会主义事业合格建设者和可靠接班人。

具体要求如下：

（1）树立实现中国梦的远大理想，牢固树立中国特色社会主义道路自信、理论自信、制度自信，热爱祖国，热爱人民，热爱中国共产党，拥护党的领导。

（2）培育和践行社会主义核心价值观，勤学、修德、明辨、笃实，使社会主义核心价值观成为自己的基本遵循，内化于心，外化于行。养成科学的思想方法。

（3）养成良好的法治意识和文明行为习惯，提高道德素质和法律素质，增强公民意识，依法办事，待人友善。

（4）树立正确的职业观和职业理想，提高综合职业素质和能力，热爱劳动，崇尚实践，奉献社会。

（5）养成自尊、自信、自强、乐群的心理品质，提高心理健康水平和职业心理素质，人格健全，乐观向上。

（6）树立安全意识、环保意识、节俭意识、廉洁意识，珍爱生命，尊重自然。

二、德育内容

以中国特色社会主义理论体系为统领，科学设置教育教学内容。

1. 理想信念教育

中国特色社会主义和中国梦教育；倡导“富强、民主、文明、和谐，自由、平等、公正、法治，爱国、敬业、诚信、友善”的社会主义核心价值观教育；马克思主义哲学教育；立足岗位、奉献社会的职业理想教育。

2. 中国精神教育

以爱国主义为核心的民族精神教育；以改革创新为核心的时代精神教育；中华优秀传统文化教育；中共党史与国情教育。

3. 道德品行教育

社会公德、职业道德、家庭美德、个人品德教育；学生日常行为规范、文明礼仪教育与训练；生命安全、艾滋病预防、毒品预防、环境保护等专题教育。

4. 法治知识教育

宪法法律基础知识教育；职业纪律和岗位规范教育；校纪校规教育。

5.职业生涯教育

职业精神教育；就业创业准备教育；终身学习和职业生涯可持续发展教育。

6. 心理健康教育

心理健康基本知识和方法教育；青春期心理健康教育；职业心理素质教育；心理咨询、辅导和援助。

除以上各系列教育内容外，学校还要根据国家形势发展需要进行时事政策教育。

三、德育原则

中等职业学校德育要遵循以下基本原则：

1. 方向性和时代性相结合原则

要坚持正确的政治方向和育人导向，紧密结合社会需要和时代发展的要求，增强针对性和实效性。

2. 贴近实际、贴近生活、贴近学生原则

要遵循思想道德教育的普遍规律，尊重学生自我教育的主体性，适应学生身心成长的特点，开展富有成效的教育和引导活动，提高吸引力和感染力。

3. 知行统一原则

要重视知识传授、观念树立，重视情感体验和行为养成，引导学生形成知行统一、言行一致的优良品质。

4. 教育与管理相结合原则

要进行深入细致的思想教育，同时要加强科学严格的管理，增强学生接受教育的主动性，实现教育与自我教育、自律与他律、激励与约束有机结合。

5. 解决思想问题与解决实际问题相结合原则

既要做到以理服人、以情感人，又要切实帮助学生解决学习、生活中遇到的实际困难和问题，增强教育的实际效果。

四、德育途径

学校要充分发挥主导作用，与家庭、社会密切配合，拓宽德育途径，实现全员、全程、全方位育人。

1. 课程教学

德育课是各专业学生必修的公共基础课，是学校德育的主渠道。德育课教学应充分体现社会主义教育的方向和本质要求，充分反映马克思主义中国化的最新成果，全面反映中国特色社会主义理论体系的基本内容、社会主义核心价值观的基本要求。要紧密联系实际，坚持以价值观教育引领知识教育，改进教育教学方法，注重实践教育、体验教育、养成教育，做到知识学习、情感培养和行为养成相统一，切实增强针对性、实效性和时代感。

其他公共基础课和专业技能课等课程教学要结合课程特点，充分挖掘德育因素，有机渗透德育内容，结合专业特点和岗位工作要求，寓德育于教学内容和教学过程之中。

2. 实训实习

实训实习是学校教育教学的基本环节。学校要结合实训实习的特点和内容，抓住中职学生与社会实际、生产实际、岗位实际以及一线劳动者密切接触的时机，进行以敬业爱岗、诚实守信为重点的职业道德教育，进行职业纪律和安全生产教育，培养学生爱劳动、爱劳动人民的情感，增强学生讲安全、守纪律、重质量、求效率的意识。学校和企业要共同组织开展实训实习期间的德育工作，学校要安排专人负责实训实习期间的教学管理和德育工作。学生要撰写实习日记和实习报告。

3. 学校管理

班级是学校德育工作的基层单位，班主任是组织班级管理和德育的直接实施者。班主任应结合专业特点和学生实际，充分利用家长、用人单位、行业及社区等资源，开展学生思想教育、班级管理、班级活动组织、职业指导、沟通协调工作，发挥学生的主动性创造性，培养良好的班风学风。

学校要加强党组织、共青团工作，举办业余党校、团校，组织学生特别是入党、入团积极分子学习党的基本理论和基本知识以及团的基本知识，发展符合条件的优秀学生入党、入团。充分发挥团组织团结青年、组织青年、引导青年、服务青年和维护青少年合法权益的职能。要加强学生会和学生社团的管理与服务工作，指导建立各类社团和课外兴趣小组，积极开展各种有益学生身心健康的活动，充分发挥学生自我服务、自我管理、自我教育的作用。

学校各项管理和服务工作都要发挥德育功能，促进学生良好行为习惯的养成。学校要按照有关法律法规，建立健全学校班级管理、课堂教学、实训实习、社团活动、校园安全、后勤服务、突发事件应急等管理制度并严格执行。要强化全员育人理念，充分调动全体教职工言传身教、教书育人的自觉性，以良好的思想政治素质和道德风范影响教育学生。

4. 校园文化

校园文化具有重要的育人功能。学校要凝练具有职教特色的办学理念和学校精神，建设体现学校特色的校园文化，形成优良的校风、教风和学风。要结合开学及毕业典礼、升旗仪式、成人仪式、入党入团仪式以及民族传统节日、重要节庆日、纪念日等，开展礼节礼仪教育，开展特色鲜明的主题教育活动；结合技能竞赛、创新创业创意创效竞赛、“文明风采”竞赛等开展丰富多彩的校园文化活动。要积极推进优秀企业文化进校园，通过宣传学习行业劳动模范、学校优秀毕业生事迹等，培养学生职业兴趣和职业精神，增强就业创业信心。培育和弘扬劳动光荣、技能宝贵、创造伟大的时代风尚。

要加强互联网等新媒体的建设与管理，优化校园网络环境，建设校园网络宣传队伍，加强正面信息的网络传播，杜绝不良信息在校园网上传播，重点加强对校园网公告栏、留言板、贴吧等交互栏目的管理，发挥社交网站、微博、微信等对学生的教育引导作用。要培养学生良好的网络道德，帮助学生做到文明上网、依法上网，及时发现并主动帮助网络成瘾学生。

5. 志愿服务

志愿服务是德育的重要载体。学校要把志愿服务纳入教育计划，要依托各类青少年爱国主义教育基地、科技场馆等课外活动阵地，发挥学生专业技能特长，组织学生深入城乡社区、厂矿企业等，广泛开展各类志愿服务和社会实践活动。要把学雷锋活动和志愿服务结合起来，建立完善志愿服务长效工作机制和活动运行机制，弘扬“奉献、友爱、互助、进步”的志愿精神，推动志愿服务活动广泛深入开展，把志愿服务活动做到社区、做进家庭。大力组织学生向道德模范、劳动模范、最美人物、身边好人等先进典型学习。

6. 职业指导

学校要在职业指导工作中全面渗透德育内容，加强职业意识、职业理想、职业道德和创业教育，引导学生树立正确的择业观，养成良好的职业道德行为，提高就业创业能力。加强就业服务，提高就业服务的水平和质量。

7. 心理辅导

学校要根据学生生理、心理特点，合理设置心理健康教育内容，针对学生在学习、生活和求职就业等方面可能遇到的心理问题，开展心理辅导或援助，加强人文关怀和心理疏导，培养学生良好的心理素质，促进学生身心健康发展。要配置必要的心理健康教育专业人员以及心理健康教育和服务设施。

8. 家庭和社会

家庭和社会在德育中具有特殊的作用。学校要通过家长委员会、家长学校、家长接待日、家访等，密切与家长联系，指导和改进家庭教育，促使家长协助配合学校开展德育工作。要特别关心单亲家庭、经济困难家庭、留守儿童家庭、流动人口家庭的子女教育。

教育部门和学校应采取积极措施，充分依靠共青团、妇联、关工委、社区以及各种社会团体，并同所在地的党政机关、企事业单位、部队等建立固定联系，发动、协调社会力量支持和参与德育工作，建立完善学校与社会相互协作的社会教育网络。要主动会同有关部门重点加强校园周边环境治理，为学生健康成长创造良好的文化环境、治安环境和社会环境。

五、德育评价

中等职业学校德育评价由学校工作评价和学生品德评定两方面组成。

1. 学校工作评价

各地教育部门应结合本地区教育实际情况，科学制订德育工作评价指标体系，建立健全行业企业、用人单位、学生家长等深度参与的德育评价机制，定期对学校德育工作进行评价。德育工作评价的主要内容包括工作机构和队伍建设情况、规章制度建设及执行情况、德育课开设情况及课程教学情况、党团组织和学生会工作情况、社会实践活动开展情况、校园文化建设情况、实训实习期间的德育工作情况等。学校实施本大纲的情况应作为考核校长和学校工作的重要依据。

学校要加强对德育课教学质量、其他课程德育渗透、班级德育工作、部门及教职工育人质量的考核评价，把德育工作实绩作为对部门及教职工考核、职务聘任、表彰奖励的重要内容。

评价与创建相结合。通过创建先进学校、文明班级和评选优秀学生、优秀学生干部等活动，形成有效的竞争激励机制。对成绩突出的学校、班级和个人要及时给予表彰奖励。

2. 学生品德评定

要结合学生思想实际和行为表现，对每个学生做出客观公正的品德评定。学校要把学生品德的评定情况作为学生综合素质评价的重要内容，作为学生评优评奖等的重要依据，发挥品德评定对学生成长成才的积极引导作用。学校要结合行业和用人单位对从业者的职业素养要求，在德育方面提出明确要求，制定具体评定办法。对实训实习学生的品德评定应由学校和实训实习单位共同完成。

六、德育实施

1. 组织管理

各地教育部门应有明确的机构负责中等职业学校德育工作。应根据本大纲规定，结合本地区和不同类型学校的实际，制定本大纲实施细则，定期对本大纲的实施情况进行检查。

中等职业学校实行校长负责的德育工作管理体制。学校党组织要发挥政治核心和监督保证作用，支持和协助校长做好德育工作。校长要把德育与其他各项工作结合起来，同部署、同检查、同评估。要有一名校级领导分管德育工作。学校要建立贯彻实施本大纲的岗位责任制及考核奖励办法，明确各部门的育人责任，形成全员、全程、全方位育人格局。

2. 队伍建设

各地教育部门和学校要严格队伍选拔标准，优化队伍结构，制订班主任、德育课教师及其他德育工作者的培养培训规划，切实采取措施解决德育工作者在工作、生活等方面的实际问题，建设一支政治坚定、业务精湛、功能互补的德育工作队伍。要加强班主任队伍建设，选聘好班主任，每班应至少配备一名班主任，可根据需要配备班主任助理，班主任工作计入教师基本工作量，学校绩效工资分配要适当向班主任倾斜，教师高级岗位聘任应向优秀班主任倾斜。要充分发挥学校团组织和团干部在德育工作中的作用。

3. 经费保障

德育经费要列入预算。学校德育经费包括德育教学、管理和学生日常德育活动方面的经费。教学、管理经费包括德育课教学、德育课教师和德育工作者培训、社会考察与调研、有关教研室的业务条件建设和图书资料购置、德育科研经费等。日常德育活动经费包括对学生的日常思想道德教育、学生社会实践、大型德育活动以及表彰奖励等所需经费。要把德育活动场所、基地建设和德育设施、设备购置维修纳入学校总体建设规划，并从基本建设费和设备费中给予保证。

4. 德育科研

各地教育部门和学校要把德育研究项目列入科研规划，加强课题研究，定期开展学生思想道德状况和德育工作调研，交流德育工作经验，不断提高研究和实际工作水平。要发挥教育科研机构和学术团体的作用，加强中等职业学校德育研究。各地教育部门和学校应建立和完善德育研究成果的鉴定、奖励、推广机制。

第三节　行为规范养成教育

良好习惯的养成对中职学生至关重要，它是学生健康成长的根本保证，是专业成长的基础，更是学校高效管理的重要保障。学生德育是从养成教育开始的，从培养系列的具体行为习惯着手的。俗话说，播种一种行为，收获一种习惯；播种一种习惯，收获一种性格，性格决定命运。良好行为习惯的形成，必须靠潜移默化、日积月累，须从新生入校抓起。

一、行为习惯养成教育

新生要通过学习新的《学生手册》《中等职业学校学生守则》《中等职业学校学生公约》《中等职业学校学生日常行为规范》，熟知新学校各项规章制度，培养自觉遵纪守法的习惯，养成勤奋好学、诚实谦虚的美德。

☞ 相关链接 1

中等职业学校学生守则

1. 热爱祖国，热爱人民，拥护中国共产党的领导。立志为社会主义事业服务，为人民服务。

2. 学习马列主义、毛泽东思想、邓小平理论、“三个代表”重要思想和科学发展观，树立正确的人生观和价值观。

3. 不迟到、不早退、不旷课，专心听讲，勤于思考，热爱专业，学好理论知识和专业技能。

4. 坚持体育锻炼，讲究卫生，积极参加健康有益的各种活动。

5. 热爱集体，爱护公物，勤俭节约，生活俭朴，不谈恋爱，不吸烟，不酗酒。

6. 诚实谦虚，尊敬师长，团结同学，对人有礼貌，不打架斗殴，不说脏话，开展批评与自我批评，遵守社会公德。

7. 遵守学校规章制度，遵守国家法令，遵守公共秩序，保守国家机密。

8. 树立正确的就业观，培养吃苦耐劳、爱岗敬业，乐于奉献的良好品德，立志为社会主义建设服务。

相关链接 2

中等职业学校学生公约

1. 爱祖国，有梦想。热爱祖国，热爱人民，热爱中国共产党。志存高远，服务人民，奉献社会。

2. 爱学习，有专长。崇尚科学，追求真知；勤学苦练，精益求精；不会就学，不懂就问。

3. 爱劳动，图自强。尊重劳动，勇于创造；艰苦奋斗，勤俭节约；从我做起，脚踏实地。

4. 讲文明，重修养。尊师孝亲，友善待人；诚实守信，言行一致；知错就改，见贤思齐。

5. 遵法纪，守规章。遵守法律，依法做事；遵守校纪，依纪行为；遵守行规，依规行事。

6. 辨美丑，立形象。情趣健康，向善向美；仪容整洁，衣着得体；举止文明，落落大方。

7. 强体魄，保健康。按时作息，坚持锻炼；讲究卫生，保持清洁；珍爱生命，注意安全。

8. 树自信，勇担当。自尊自信，乐观向上；珍惜青春，不怕挫折；敬业乐群，勇担责任。

相关链接 3

中等职业学校学生日常行为规范

一、自尊自爱，注重仪表

1. 维护国家荣誉。尊敬国旗、国徽，会唱国歌，升降国旗、奏唱国歌时要肃立、脱帽、行注目礼。

2. 坐、立、行、读书、写字姿势正确。

3. 穿戴整洁、朴素大方。头发干净整齐，不烫发、化妆、佩戴首饰。男生不留长发，女生不穿高跟鞋。

4. 养成良好的卫生习惯。不随地吐痰、乱扔废弃物。不吸烟、喝酒。

5. 举止文明。不打架骂人、说脏话。不赌博，不参加封建迷信活动。

6. 情趣健康。不看色情、凶杀、迷信的书刊、影视片，不唱不健康歌曲。

7. 不进营业性舞厅、电子游戏厅、网吧、酒吧和音乐茶座等不适宜学生活动的场所。

8. 爱惜名誉，拾金不昧，不受利诱，不失人格。

二、真诚友爱，礼貌待人

9. 要讲普通话，使用礼貌用语。讲话注意场合，态度和蔼。

10. 尊重他人的人格、宗教信仰和民族习惯。谦恭礼让，敬老爱幼，尊重妇女，帮助残疾人。遇见外宾，以礼相待，不卑不亢。

11. 尊重教职工，见面行礼或主动问候。回答师长问话要起立，接受递送物品时要起立并用双手。给老师提意见态度诚恳。

12. 同学之间团结互助，正常交往，真诚相待，不取侮辱性绰号，不欺侮同学，发生矛盾多做自我批评。

13. 待客热情，起立迎送。邻里有困难时，主动关心、帮助。

14. 未经允许不进入他人房间、动用他人物品、看他人信件和日记。

15. 不随意打断别人的讲话、打扰他人学习工作和休息，妨碍别人要道歉。

16. 惜时守信。答应别人的事要按时做到，做不到时表示歉意，借他人钱物要及时归还。珍惜时光。

三、遵规守纪，勤奋学习

17. 按时到校，上课前准备好学习用品。上下课时，起立向老师致敬。下课时，请老师先行。

18. 上课专心听讲，勇于提出问题，敢于发表自己的见解，积极回答老师的提问。

19. 认真预习、复习，按时独立完成作业。考试不作弊。合理安排课余生活。

20. 积极参加学校、班级组织的文体活动和劳动及社会实践活动。

21. 认真值日、保持教室、校园整洁优美。保持图书馆、阅览室的安静。不在教室和楼道内追逐喧哗。

22. 爱护校舍和公物，不在黑板、墙壁、课桌、布告栏等处涂抹乱刻画。借用公物要按时归还，损坏东西要赔偿。

23. 参加各种集会准时到达，不做与会议无关的事。

24. 遵守宿舍和食堂的制度，爱惜粮食，节约水电，服从管理。

四、勤劳俭朴，孝敬父母

25. 生活有规律，按时作息。

26. 学会料理个人生活，自己的衣物用品收放整齐。

27. 主动承担收拾房间、洗衣、做饭、洗刷餐具和打扫楼道、庭院等力所能及的家务劳动和公益劳动。

28. 生活节俭，不摆阔气，不乱花钱。

29. 尊重父母意见和教导，经常把生活、学习、思想情况告诉父母。

30. 外出和到家时，向父母打招呼，未经家长同意，不得在外住宿。

31. 尊敬体贴帮助父母、祖父母、外祖父母，关心照顾长辈和兄弟姐妹。

32. 对长辈有意见，有礼貌地提出，不要脾气，不顶撞。

五、严于律己，遵守公德

33. 遵守交通法规，不违章骑车，过马路走人行横道，不闯红灯。

34. 乘公共车、船主动购票，给老、幼、病、残、孕妇及师长让路、让座，不争抢座位。

35. 遵守公共秩序，购票购物按顺序，对营业人员有礼貌。

36. 爱护公用设施、文物古迹。爱惜庄稼、花草、树木。保护有益动物和生态环境。

37. 参观游览守秩序，瞻仰烈士陵墓保持肃穆。

38. 观看演出和比赛，做文明观众，不起哄滋扰，结束时鼓掌致意。

39. 尊重外地人，遇有问路，认真指导。

40. 见义勇为，对违反社会公德的行为要进行劝阻，发现违法犯罪行为及时报告。

二、学生素质养成教育

（一）基本品德素养

品德即道德品质，又称品性，是一个人依据一定社会的道德原则和规范行动时所表现出来的某些稳定的心理特征和倾向。

中学生的基本品德素养要求如下：

（1）良好的言谈举止和文明礼貌。这是文明人的修养和风度，是人际交往的前提，也是人与人、个人与社会之间得以和谐发展的基本要求。

（2）尊重他人、关心他人、富有同情心。待人处事要有风度、风格、风貌，要严于律己、宽以待人，能团结人，能维护与他人的和睦相处。

（3）遵守社会公德和学生道德。社会公德是一个社会中为全体成员所公认的，大家共同遵守的道德规范，主要内容是社会公德、文明礼貌、助人为乐、爱护公物、保护环境、遵纪守法。而学生道德主要内容是有理想、有文化、有道德、有纪律，它直接关系到以后走上各种工作岗位的职业道德面貌，关系到能否赢得他人和社会尊重。

（4）培养良好的伦理道德和职业道德。孝敬父母、尊老爱幼、助人为乐……这些都是中华民族的传统美德，在新的历史条件下，不仅要继续发扬，还要付诸实际行动。

相关链接 4

中职学生应该具备七种“仁爱”

（1）爱生活：热爱生活，养成良好的生活习惯。不怕挫折，敢于面对，有战胜各种困难的勇气和信心，远离“黄、赌、毒”。

（2）爱家庭：热爱家庭，遵守家庭美德。感恩父母，为家庭分忧，对家庭负责。

（3）爱师生：尊敬师长，团结同学，对待师生讲文明有礼貌，不欺凌同学。

（4）爱专业：热爱所学专业，苦练技能，有立志成才的勇气和信心，遵守职业道德。

（5）爱学校：热爱学校的一草一木，爱护公共财物，不随意损坏公物，珍惜和维护学校声誉，与学校共命运。

（6）爱社会：爱护环境，遵守社会公德，明辨是非。经常参加社会实践活动，向社会奉献爱心。

（7）爱国家：思想上与党中央保持高度一致，拥护党和国家的领导。远离邪教和非法组织并有与之斗争的决心。

中职学生应该具备的三种精神

（1）正义精神：自身正气，明辨是非，敢于同坏人做斗争。

（2）责任精神：敢于担当责任，并积极寻找解决问题的途径与方法。

（3）工匠精神：工作追求精雕细琢、精益求精，不仅把工作当作谋生的手段，而且要树立对工作的敬畏、对事业的专注、对责任的担当、对质量的执着、对完美的追求与精神，并将这些品质内化于心，外化于行。

中职学生应该具备的两种基本道德

（1）诚实守信：信守承诺，忠于职守。

（2）恪守职业道德：爱岗敬业，公平公道，服务奉献。

（二）文化艺术素养

文化艺术素养是以专业领域以外的一切人文社会科学知识、自然科学知识为基础，并将这些知识通过情感作用于人的精神境界，最终内化为主题精神深处的一种内在品质。

当代中职学生如果在科学、技术、文学、艺术和为人之道等方面的知识残缺不足，甚至茫然无知，势必会失去许多宝贵的发展途径和时机。中职学生不但要掌握本专业的知识，而且还要有相应的文化知识修养，要有广博的知识面，有合理的知识结构，有深厚的文化底蕴。

（1）在语言文学方面，能正确使用祖国的语言，有较强的口头表达能力和写作能力；了解古今中外的主要名家、名著；有鉴赏文学作品的能力。

（2）在历史方面，具有正确的历史观，能对历史人物做出正确的评析；熟悉中国历史（尤其是近现代史）的发展进程及主要的历史事件；懂得中华民族的文化精神和优秀的思想传统，树立民族自豪感；了解外国历史的基本常识。

（3）在哲学方面，能概括了解中外哲学的基本知识；有辩证思维能力和思维方法；能正确处理人与自然、人与社会和人与自我的关系。

（4）在艺术方面，具有一定的审美能力和艺术鉴赏力；能欣赏古今中外的经典艺术作品；具有一定的音乐、绘画的表现能力。

（5）在自然科学方面，了解与经济发展密切相关的新知识、新技术及当代科学发展趋势；能熟练地使用计算机和现代化办公技术。

任何人的艺术素养都不是先天的，都是需要在艺术创作或艺术欣赏的实践中，逐步锻炼、培养和积累的。所以要多读、多听、多看，只有在博览的基础上，才有可能辨别真伪优劣，培养出较高的艺术鉴赏能力。作为新一代中职学生，我们更应该加强文化艺术素养的培养。通过培养和提高中职学生对艺术的感受力、鉴赏力和创造力，完善品格，丰富感情，拓展思路，增长才干。

（三）专业技能素养

职业学校学生应该拥有适应社会变化的技能，应掌握从事社会工作的专业技能、方法技能和社会技能，唯有如此才能使其在瞬息万变的职业变化中能够“以变应变”“以不变应万变”。

（1）专业技能。专业技能是从事职业活动所需要的知识与技能，技能包括各专业和相应专业群的技术、工艺和运作技能；知识则包括科学文化知识和专业理论基础知识，即认知能力。此外，专业技能还包括认知与操作过程中的质量意识、安全意识、经济意识、时间意识、工作完成后的卫生意识等。专业技能是从业者的核心技能。

（2）方法技能。方法技能是从事职业活动所需要的工作方法和学习方法。它包括制定工作计划的步骤，解决实际问题的思路，独立学习新技术的方法以及理解新事物的思维方法等。方法技能的深化，还包括分析与综合、全局思维与系统思维、逻辑思维与抽象思维、决策与迁移技能等。方法技能是从业者今后发展的重要技能。

（3）社会技能。社会技能是从事职业活动所需要的行为技能。它包括人际交往、公共关系、社会责任感以及群体工作的协调与仲裁，包括参与意识、自信心、积极性、主动性、灵活性、语言文字表达技能等。社会技能是从业者的必备技能。

第四节　新生军训

一、军训的意义

对学生实施军事训练，是全面贯彻党的教育方针，改革教育内容，加强学生思想政治教育，全面提高学生素质，培养有理想、有道德、有文化、有纪律的建设人才的重要措施。通过军训，提高学生的思想政治觉悟，激发爱国热情，增强国防观念和国家安全意识；进行爱国主义、集体主义和革命英雄主义教育，增强学生组织纪律观念，培养艰苦奋斗的精神，提高学生的综合素质。

二、军训的内容

学生军训一般包括立正、稍息、跨立、报数、敬礼、行进等 12 项内容。

（一）立　正

口令：立正。

要领：两脚跟靠拢并齐，两脚尖向外分开约 60 度；两腿挺直，小腹微收，自然挺胸；上体正直，微向前倾；两肩要平，稍向后张；两臂自然下垂，手指并拢自然微屈，拇指尖贴于食指的第二节，中指贴于裤缝；头要正，颈要直，口要闭，下颌微收，两眼向前平视。立正是军人的基本姿势，是队列动作的基础。

（二）稍　息

口令：稍息。

要领：左脚顺脚尖方向伸出约全脚的三分之二，两腿自然伸直，上体保持立正姿势，身体重心大部分落于右脚。携枪（筒、炮）时，携带的方法不变，其余动作同徒手。稍息过久，可自行换脚。

（三）跨　立

口令：跨立（即跨步站立）。

要领；左脚向左跨出约一脚之长，两腿自然伸直，上身保持立正姿势，身体重心落于两脚之间，两手后背，左手握右手腕，右手手指并拢，自然弯曲，手心向后，携枪时不背手。跨立主要用于军体操、执勤和舰艇上站立等场合，可与立正互换。

（四）报　数

口令：报数。

要领：横队从右至左（纵队由前向后）依次以短促洪亮的声音转头（纵队向左转头）报数，最后一名不转头。数列横队时，后列最后一名报“满伍”或“缺××名”。连集合时，由各排长在队列内向指挥员报告人数。如“第××排到齐”或“第××排实到××名”。

（五）敬　礼

敬礼分为举手礼、注目礼。

1. 敬　礼

口令：敬礼。

向右看——敬礼。

（1）举手礼。

要领：上体正直，右手取捷径迅速抬起，五指并拢自然伸直，中指微接帽檐右角前约 2 厘米处（戴无帽檐帽子时，微接太阳穴上方帽墙下沿），手心向下，微向外张（约 20 度），手腕不得弯曲，右大臂略平，与两肩一线，同时注视受礼者。

（2）注目礼。

要领：面向受礼者成立正姿势，同时注视受礼者，并目迎目送（右、左转头角度不超过 45 度）。

2. 礼　毕

口令：礼毕。

要领：行举手礼者，将手放下；行注目礼者徒手或背枪时，停止时，应面向受礼者立正，举手敬礼，将头转正；行举枪礼者，将头转正，右手将枪放下，使托底钣轻轻着地，同时左手放下，成持枪立正姿势。

（六）蹲　下

口令：蹲下。

要领：右脚后退半步，臀部坐在右脚跟上（膝盖不着地），两手自然放在两膝上，上体保持正直。蹲下过久，可自行换脚。

（七）起　立

口令：起立。

要领：全身协力迅速起立，成立正姿势或成持枪（炮）、肩枪（筒）立正姿势。

（八）向右（左）转

口令：向右（左）—转。

要领：以右（左）脚跟为轴，右（左）脚跟和左（右）脚掌前部同时用力，使身体和脚一致向右（左）转 90 度，重心落在右（左）脚，左（右）脚取捷径迅速靠拢右（左）脚，成立正姿势。转动和靠脚时，两腿挺直，上身保持立正姿势。半面向右（左）转，按向右（左）转的要领转 45 度。

（九）向后转

口令：向后—转。

要领：按向右转的要领向后转 180 度。

（十）行　进

行进的基本步法分为齐步、正步和跑步。

1. 齐　步

齐步是军人进行的常用步法。

口令：齐步—走。

要领：左脚向正前方迈出约 75 cm 着地，身体重心前移，右脚照此法动作；上体正直，微向前倾；手指轻轻握拢，拇指贴于食指第二节；两臂前后自然摆动，向前摆臂时，肘部弯曲，小臂自然向里合，手心向内稍向下，拇指根部对正衣扣线，并与最下方衣扣同高（着夏季作训服时，与第四衣扣同高；着冬季作训服时，与第五衣扣同高；着水兵服时，与腰带同高），离身体约 25 cm；向后摆臂时，手臂自然伸直，手腕前侧距裤缝线约 30 cm。行进速度每分钟 112 ~ 116 步。

2. 正　步

正步主要用于分列式和其他礼节性场合。

口令：正步一走。

要领：左脚向正前方踢出（腿要绷直，脚尖下压，脚掌与地面平行，离地面约 25 cm）约 75 cm，适当用力使全脚掌着地，同时身体重心前移，右脚照此动作；上体正直，微向前倾；手指轻轻握拢，拇指贴于食指第二节；向前摆臂时，肘部弯曲，小臂略成水平，手心向内稍向下，手腕下沿摆到高于最下方衣扣约 10 cm 处（着夏季作训服时，约与第三衣扣同高；着水兵服时，手腕上沿距领口角约 1.5 cm），离身体约 10 cm；向后摆臂时（左手心向右，右手心向左）手腕前侧距裤缝线约 30 cm。行进速度每分钟 111 ~ 116 步。

3. 跑　步

跑步主要用于快速行进。

口令：跑步一走。

要领：听到预令，两手迅速握拳（四指蜷握，拇指贴在食指第一关节和中指第二关节上），提到腰际，约与腰带同高，拳心向内，肘部稍向里合。听到动令，上体微向前倾，两腿微弯，同时左脚利用右脚掌的蹬力跃出约 85 cm，前脚掌先着地，身体重心前移，右脚照此法动作；两臂前后自然摆动，向前摆臂时，大臂略直，肘部贴于腰际，小臂略平，稍向里合，两拳内侧各距衣扣线约 5 cm；向后摆臂时，拳贴于腰际。行进速度每分钟 170 ~ 180 步。

（十一）立　定

口令：立一定。

要领：齐步和正步时，听到口令，左脚再向前大半步着地，两腿挺直，右脚取捷径迅速靠拢左脚，成立正姿势。跑步时，听到口令，再跑 2 步，然后左脚向前大半步（两拳收于腰际，停止摆动）着地，右脚靠拢左脚，同时将手放下，成立正姿势。踏步时，听到口令，左脚踏 1 步，右脚靠拢左脚，原地成立正姿势（跑步的踏步，听到口令，继续踏 2 步，再按上述要领进行）。

（十二）内务整理

内务整理训练，旨在让新生们感受军队的严格纪律，从细节入手，从小事做起，培养自我约束能力和基础生活素养，使其更好地适应校园生活。

相关链接

JQ 卫生学校学生宿舍内务整理标准

（八个一标准）

1. 置物架摆放牙缸、牙刷、牙膏整齐一致。

2. 窗户下暖瓶摆放要一条线。

3. 卫生工具（拖布、簸箕、笤把）放入卫生间，摆放要一致。

4. 床下物品摆放要一致。行李箱、行李袋、纸箱靠墙置于下铺床下，脸盆对扣，拖鞋放置在中间，鞋跟方向一致向内。

5. 柜子摆放在两床中间，一组四个柜子柜门落锁、上下对齐要一致。

6. 毛巾挂在下铺床头处、折叠大小长短要一致。

7. 床上物品色调、图案，被褥叠放要一致。床上只限放置被子、枕头，其余物品入柜箱，被子折叠成长方形、靠墙摆放，枕头放置在被子上。

8. 窗台、墙面、门背后要整洁一致。不允许自行布置贴画、挂件。

三、军训规范

（一）基本制度

（1）遵守作息时间，按时起床，按时参加训练，按时就寝，夜间不得私自外出，休息时间不得进行影响他人的活动。

（2）尊重教官，服从命令，不得无理取闹，休息时间不准擅自到教室、宿舍和教官住处。

（3）注重军容风纪，每天按规定着装，按时整理内务，打扫卫生。进入和离开训练场地要整队出入，进餐时要自觉排队不得拥挤。

（4）遵守请假制度，因公或因故不能参加训练必须向班主任和教官请假，病假要有医务室的证明，归队时要销假。

（5）遵守安全管理规定，不准违章用电，不准私自外出，管理规定，坚决杜绝安全事故。

（二）军训学生一日常规

1. 起　床

听到起床号（哨）后，立即起床，按规定着装，做好出操准备。

2. 早　操

听到起床号（哨）后，全体参训人员应迅速以班为单位集合，到指定地点后，按规定内容出操。

3. 整理内务和洗漱

早操后，开始整理内务、清扫室内外卫生和洗漱。

4. 操　课

（1）听到操课号（哨）后，各班应迅速集合整队并清查人数，检查着装，把学生带到集合场地后，向教官报告。

（2）操课时要认真听讲，精心操作，遵守训练场地的纪律，严禁各种事故的发生。

（3）课间休息时间，由教官统一发出口令，各班不得自行安排。

（4）操课结束后，要清点人数，检查装备，清理现场，集合整队后进行讲评。

（5）操课往返途中，要列队整齐，歌声嘹亮。

5. 午间休息

午间休息时，除值勤人员外，均应卧床休息，保持肃静，不得进行影响他人休息的活动，更不得私自外出，午休起床后，应迅速整理内务，做好课前准备。

6. 课外活动

晚饭后至就寝前时间为课外活动时间，每周要保证两次课外活动时间用于学生自己处理个人事务。其余课外活动时间由班级统一安排。

7. 就　寝

在熄灯号（哨）后，应立即熄灯就寝，室内不准大声讲话、吸烟或进行影响他人休息的活动。

8. 室内卫生

室内保持整齐、清洁、空气新鲜，无蚊蝇、痰迹和蜘蛛网，保持玻璃明亮，桌、凳、门、窗干净，各种物品放置有序，衣物应在指定地点晾晒，室内不准拉绳晾衣，窗台外不准晒鞋袜、晾衣物、垃圾要倒在指定的垃圾堆里。

9. 集　会

军训学生在参加集会、晚会时，必须按规定的时间和顺序入场，按指定的位置就座，遵守会场秩序，不迟到，不早退。散会后，依次退场。

（三）学生军训行为准则

（1）服从命令，听从指挥，令行禁止，克服困难，坚决完成训练任务。

（2）积极参加政治学习，军事训练和其他集体活动，不断提高政治觉悟，掌握所学的军事技术。

（3）爱护武器装备，军事器材和其他设施。

（4）严格执行各项条令、条例和规章制度，服从管理，遵守纪律。

（5）吃苦耐劳，团结互助，虚心学习，认真执行勤务，努力完成各项任务。

（6）尊重教官和老师，文明礼貌，热爱解放军。

（7）严格执行各项安全规定，杜绝事故的发生，保守秘密，认真做好内务，保持良好的军训精神风貌。

第十章　班级活动设计与组织

班级活动是在班主任的指导下，根据国家课程目标和学校培养目标，有目的、有计划地为实现班级教育目标而举行的各种教育、教学实践活动。它是班主任向学生进行政治、思想、道德、心理教育的基本形式，是班主任组织、建设学生集体，并通过学生集体来教育和影响学生个体的一种较为普遍的教育形式，也是学生个体进行自我教育的一种行之有效的方式。

第一节　班级活动概述

一个团队的凝聚力和向心力往往是在活动的过程中逐步形成的。也只有在活动的过程中，在所有集体成员为共同的目的而努力奋斗的时候，学生才能体会到集体的力量，体会到协作的重要性。一个没有活动的集体永远不能成为真正的“集体”而只能是“一盘散沙”。因此，良好的班级活动的组织是这个班集体形成凝聚力的重要条件。

一、班级活动主要含义

班级活动是在班主任的指导下，根据国家课程目标和学校培养目标，有目的、有计划地为实现班级教育目标而举行的各种教育、教学实践活动。开展班级活动有利于培养学生良好的品德，发展个性特长，锻炼意志品质，培养行为习惯。

二、班主任在班级活动中的作用

作为班级工作的组织者和管理者，班主任在班级活动中起主导作用，且贯穿活动的全过程。其作用主要表现在以下几个方面。

1. 设　计

开展什么样的活动，怎样开展活动，达到怎样的目标，通常都由班主任根据教育总目标以及班级学生发展需要与可能来确定。具体表现为活动计划的制定。

2. 组　织

组织班级活动一定要明确这几个问题：① 活动目的与要求；② 时间、地点、内容、形式、办法等；③ 评价方法与表彰办法。

3. 引　导

引导包含引领和指导两个方面。引领体现在引领每个学生在整个活动过程中能有良好的合作意识和团队精神，同时，还要注意保持学生对活动兴趣的稳定性，使之始终保持饱满的热情，达到既定的活动目标。指导表现在学生在班级活动中遇到一些困难或问题时，除了可以通过同伴互助来解决，更多的还要依靠班主任的帮助。同时，班主任更要积极消除学生对老师的依赖心理，让他们真正成为活动的主体。

4. 评　价

班级活动结束后班主任应该对活动进行评价，要根据活动主题、内容、形式，以及学生参与程度、活动效果等要素，和学生一起确定比较科学的评价标准，进而对活动进行评价，肯定成绩，找出差距。这样做，有利于满足学生的成就欲，进一步增强学生的参与意识，激发学生的创新意识，有利于学生在今后的活动中扬长避短，从而使活动质量提高。

三、班级活动的内容

班级活动的基本形式按发生的场所分为课内班级活动、校内课外活动、校外活动；按活动内容分为学习活动、科学技术活动、文娱体育及文化艺术活动、社会实践活动、社区服务活动、班队会活动等，具体内容如下。

1. 学习活动

为了促进学生学习而开展的一些扩大知识视野、提高学习兴趣、培养和提高学习能力的活动。主要形式有学习方法讲座、优秀作业展览、学习经验交流会、知识竞赛、课外阅读活动等。

2. 科学技术活动

这类活动旨在扩大学生的知识领域，培养学生对科技的兴趣和爱好，以适应科技发展的形势，主要有四种方式：科技班会，科技参观，科技兴趣小组及科技小发明、小制作等各种实践性的科技作业活动。

3. 文娱体育及文化艺术活动

文娱体育活动旨在丰富学生的课余生活，创建校园文化氛围，有益学生身心，增强学生体质，如校园歌曲大赛、球类比赛、游艺活动、文艺晚会等。文化艺术活动旨在培养学生对文学艺术的兴趣，培养和发展学生的审美能力和创造美的能力，如建立班级文学社、书画社等。

4. 社会实践活动

这类活动旨在让学生亲自参加社会实践活动，有利于理论与实践的结合、脑力劳动与体力劳动的结合，有利于培养学生的观察、思考、分析与实际操作能力。包括参观、访问、社会调查、宣传以及游览活动等。

5. 社区服务活动

引导学生熟悉社区在地理环境、人文景观、物产特色、民间风俗等方面的特点，懂得爱惜、保护它们；引导学生经常留意社区中人们关注、谈论的问题，并能学会综合而灵活地运用学过的知识加以解决，从而掌握基本的社区服务的技能，形成建立良好生活环境的情感和态度；使学生在服务的过程中学会交往、合作，懂得理解和尊重，形成团结意识和归属感，增强服务意识和责任感。

6. 班团会活动

班团会是班主任管理班级、进行班集体建设、对学生实施德育的主阵地。班会的主要形式有：① 班级例会，它是比较固定的班级活动，主要有周会和晨会；② 主题团会。

四、班级活动的意义

1. 班级活动是促进班级全体学生德、智、体、美、劳全面发展、打好素质基础的重要形式、途径和方法

班级活动为学生思想品德的成长提供了实践的条件和生活经验的基础。班级活动充实了学生的生活，密切了学生与社会之间的联系，使学生更多地体验个人同他人、集体、社会的复杂关系，并在实践活动中履行所掌握的品德规范，丰富学生的精神世界。班级活动使学生不仅动脑动口，而且动手动脚，全身运动，身心处于紧张热烈而又轻松愉快的兴奋状态，从而提高学生身心健康水平。

班级活动有助于学生主创精神的培养。学生是班级活动的主人，有的班级活动需要由他们自己来设计、组织、管理，即便是以班主任为主组织、领导的班级活动，同样需要学生积极参与设计、管理，这些对学生独立工作能力的培养和锻炼都有积极的作用。

2. 班级活动是组织、建设良好班集体的有效方法

第一，班级活动有助于班集体的形成。一般来说，组织、形成班集体总是以协调一致的集体工作和有益的班级活动开始的。如果一个班级不开展或很少开展活动，是永远也不可能成为一个真正的集体的。

第二，班级活动有助于实现班级教育目标，培养学生的集体荣誉感和责任感，从而促进班集体的发展与完善。班集体是在实现班级的奋斗目标的实践活动中发展和巩固起来的。目标是班集体发展的方向和动力，而组织相应的具体活动则是班集体向着既定目标前进的重要形式。只有在班级活动中，学生才能正确认识个人与集体、

个人与他人的关系，培养集体主义精神和对集体的责任感、义务感。

第三，班级活动有助于形成正确的集体舆论和良好的班风。在健康、有益的班级活动中，

正确的、合理的东西得到肯定、弘扬，错误的、不良的东西则为大家所不齿。这样，正确的舆论和班风就会逐步形成、发展起来。所以说，班级活动是创建班集体的血液，是形成集体主义思想的摇篮，没有活动就没有集体。

第二节　班级活动的设计

一、班级活动设计的基本理念

（一）以学生发展为本

以学生发展为本是班级活动开发的基本价值取向。以学生发展为本，要求教师将学生发展的内在需求、可持续发展的需求置于班级活动开发的核心地位。心理学家告诉我们，学生学习的动力机制来自内外两个因素：外在因素表现为家庭、学校、社会等对学生学习的要求和引导。一般来说，学生在此外力作用下的学习是被动的。内在因素则表现为学生自我发展的兴趣、动机和需求。学生在此内力作用下的学习是主动的。因此，我们在选择活动主题、设计班级活动时应充分考虑学生发展的内在需求、动机和兴趣，否则，学生就会缺乏参与班级活动的内在动力。在缺乏内在动力的情况下，学生即使被动参与班级活动，其结果也是收效甚微。坚持以学生发展为本设计班级活动，创造适合学生自主发展的教育、学习机会和空间。

（二）面向学生完整的生活世界

学生完整的生活世界是班级活动内容开发的源头活水。学生与自然、社会、他人等生活世界具有不可分割的联系，这种联系是多样的，也是长久的，伴随学生一生一世。任何一个学生不可能离开他的生活世界孤立地生存和发展。生活世界对学生具有潜在的教育价值，这是学科课程内容或者说教的教育方式不能替代的。学生的发展需要从生活世界中获得直接而又真切的经验与体验营养。学生生活世界中的大自然、现实的社会生活及学生的自我生命都有可能对学生的发展产生教育作用，这就是所谓的“生活即教育”。

（三）坚持学生亲历活动过程

亲历活动过程是学生获取直接生活经验和真切体验的必由之路,而且能使学生认识自我，认识生活，逐渐形成对生活正确、完整的认识亲历活动过程，能使学生逐渐对活动产生兴趣，能引起学生关心自己以及周围的生活世界，并确立对自己、对自然、对社会的态度，从中获得良好的情感体验。

二、班级活动设计的基本策略

（一）促进学生融入为初衷

中职阶段是学生由不成熟向较成熟过渡的关键时期，是生活习惯、性格品质、知识积淀和职业素养培养的重要时期。当下的中职生大多数是独生子女，环境优越，依赖心理较强，意志薄弱，并且平时多沉溺于智能手机等电子产品的玩乐。新颖独特的班级活动，有利于师生交流认识，加深影响，增进感情，形成良好班风。

（二）以解决学生困惑为目的

学生对生活中的各种现象具有广泛的好奇心，并时常产生一些“困惑”，在设计和实施班级活动中，以学生的“困惑”为载体创设问题情境，引导学生亲历问题，通过活动解开困惑，使学生对班级活动产生强烈的真实任务驱动效应。

（三）以学生关心的热点、焦点为载体

学生关心的热点、焦点问题是设计班级活动的策略之一。学生一方面喜欢盲从，一方面渴求不同，这些热点、焦点背后有着学生强烈的情感，承载着学生的价值取向。如何因势利导，将学生情感、态度、价值观引导到正确的方向上来，是设计这类班级活动的难点。比如结合校园招聘会谈中专学生就业难，围绕白色污染谈塑料袋的使用与处理，围绕人工智能导致大量岗位工人失业谈中职生就业问题等。

（四）以本地资源为载体

以本地名胜古迹、人文特色作为设计班级活动的载体，比如文化古迹、历史遗迹、革命遗址、风景名胜等。班主任可以根据本班的实际情况确定开发和设计的目标及内容。

（五）以传统节日为载体

中国有 56 个民族，每个民族都有自己的节日，班主任以学生关注的传统佳节为载体设计主题活动，使学生在亲历班级活动的过程中加深对传统节日的了解和认识，增强学生的民族精神，提高文化素养，培养人文情怀。

对于班级活动设计，班主任要审时度势，敏锐地发现活动资源，捕捉教育契机，迅速聚焦问题，形成科学可行的活动方案。

三、班级活动设计的基本原则

在开展班级活动时，要注意以下几个原则。

（一）目的的教育性

组织班级活动要有一定的教育意义，教育意义是多方面的，它可以是提高学生思想道德水平的，可以是开发智力的，可以是提高实际操作能力的，可以是增强审美情趣、强身健体的，等等。好的班级活动应发挥教育的综合功能。要使活动具有教育性，就应该做到：活动目标要最大限度地发挥班级活动的教育作用；活动内容要丰富多彩，使学生受到不同侧面的教育；活动过程要是教育性的具体体现。首先，活动的名称要有感染力；其次，活动准备的场地要有教育氛围，会场布置要体现教育情境、活动气氛，标题的书写、展板的摆放、桌椅的形式都要做整体设计。

（二）内容的生活性

班级活动内容要贴紧学生生活，即从学生的眼中看自我内心生活、校园生活、社区生活、时代生活。内容选择要有艺术性，讲究“新”与“实”。所谓“新”，就是要结合最新信息、热门话题，将聚焦对准热点。这样做容易激发学生的兴趣，增强活动的吸引力。所谓“实”，就是要因时制宜，因地制宜，结合学生思想实际，针对学生年龄特点开展活动。这样做能让学生感到实在、实用、实惠，从而调动学生参加活动的积极性。

（三）形式的有趣性

班级活动的形式，是为班级活动的内容服务的，因此，不能不受到活动内容的制约。但是，同样的活动内容，却可以选择不同的活动形式，不同的形式所产生的效果也会大不相同。譬如，同样是对学生进行珍惜时间的教育，有的班主任要求学生利用课余时间，搜集古今中外惜时佳句、名人格言，编纂《惜时篇》。学生固然能从中受到一定的惜时教育，但花费的时间过长，精力过多，反使学生抱怨。而另一位班主任则以化装晚会这一新颖的活动形式，通过有趣的剧本情节、生动的人物形象，给学生以“愉悦教育”，较之于珍惜时间的主题班会活动，效果要好得多。因此，班主任在组织开展班级活动时，必须努力使活动形式有趣、新颖、灵活，易于操作；必须学会“拿来”、翻新、创造。

（四）实施的操作性

在设计阶段，要注意班级活动的可操作性。首先，要注意规模适当。从规模上看，有日常的活动，也有主题突出的活动。日常活动基本上是每天要进行的，因此要短、小、实。短，即时间短，一般三五分钟；小，即解决小问题，或针对班里的情况一事一议；实，即解决问题要实际，一次集中解决一个问题，不面面俱到。其次，要注意活动的频率。一学期里，班级主题活动的次数不能过多，也不能没有。活动过多，学生花费很大精力在活动上，必然会影响学习，会造成一些人静不下心来学习；活动过少，学生会感到枯燥、乏味，滋生的一些不健康思想得不到有效的控制。

☞ 相关链接 1

我是谁——姓名猜猜猜

【活动目的】

增进新生之间的互相认识和了解，加强新生之间的交流和沟通，培养大家的感情和团队意识，使新生尽快融入新班级，形成良好的班级氛围。

【活动时间】大约 20 分钟

【活动地点】教室内

【活动对象】任课老师和全班同学

【活动内容】

1.前期准备

（1）用物准备：根据班级人数准备 3 cm×15 cm 纸条，并在纸条上依次编上 1～8 几组号码。

（2）每人 1 支笔， 1 个盒子。

（3）准备主持人，第一次活动，最好是班主任担任。

（4）班主任邀请任课教师。

2.活动过程

第一阶段：你是谁，我是谁。

（1）抽纸条。老师把写有数字的纸条放在盒子中，任课老师和每个同学从盒子里抽一张纸条。

（2）找伙伴。抽到相同数字的老师和同学为一组，围坐成一个圆圈。

（3）组员认识。同一小组的成员（老师和同学）互相介绍个人的基本资料、个性及喜好。

（4）教师介绍。任课教师介绍自己、学校和所带课程。

（5）同学自我介绍：主持人（班主任）在每一小组随机抽取一位同学向全班同学介绍自己及组员情况。

第二阶段：姓名接力棒。

（1）手拉手。同学们把桌椅移开，全班同学围成一圈。

（2）播种子。主持人鼓励两个同学自愿站到圆圈中央，这两个同学叫 A 和 B。

（3）找朋友，B 任意说出一人的名字（除 A 外），假设为 C，当 B 说出 C 的名字后，A 要立即跑到 C 的面前，如果 A 跑对了，C 就换进去，站到圆圈中央。B 站到原来 A 的位置，由 C 说出下一个人的名字，A 要立即跑到下一个人的面前，如此循环进行，大家基本熟悉后即可结束。

第三阶段：分享交流。

每个小组派一名成员做代表，为此次活动作分享交流，锻炼学生的胆量和语言组织能力。

第四阶段：总结。

班主任肯定此次活动，说明举行本次活动意义和效果。

相关链接 2

感恩朋友

一、活动目标

（1）通过活动，帮助学生了解认识同学之间和睦相处的重要性；

（2）懂得关心别人、将心比心的人际交往常识；

（3）促进同学团结，促进学生身心发展。

二、活动过程

（一）唱《找朋友》音乐开场

团支书：同学们，我们全班同学在一起生活，有些成为好朋友，有些却没说过几句话。你受同学欢迎吗？你会和同学交往吗？通过今天的活动，相信大家会对这些问题有一定的了解。

（二）进行“相互采访”活动

1.互相自我介绍

（1）自己的姓名、年龄、家庭情况等。

（2）自己的兴趣、爱好、特长、个性特点等。

（3）其他有关的情况。

2. 介绍其他同学

介绍其他同学访问活动结束后，每个同学介绍被他访问的同学，再由被介绍者补充。教师告诉其他同学要注意听，记住班上每个同学的特征。

（三）带着你的朋友来聊一聊

请一些同学邀请自己在班上的好朋友上台，说说为什么能成为好朋友，或朋友之间一些难忘的事，并接受大家的祝福。（3～4 对朋友）

（四）表演

团支书：我们在与朋友的交往过程中，难免会有一些摩擦，这个时候该怎么办呢？且看以下几个短剧。

（1）一个同学走路，因路滑不小心踩到另一个同学，使得这同学很气愤，结果两人吵起来。

（2）一个组长发书，把一本烂书发给同学，大家互不理解，争吵起来。

（3）一个同学没带笔，同桌不想把新买的笔借给人，使得这个同学不能完成学习任务。

团支书：遇到这种情况，如果我们能将心比心，站在别人的角度去想一想，也许结果会不一样，大家看（三个短剧中的演员换位，继续表演）。

（1）踩到人的同学连忙说对不起，另一个同学也说：“没关系，路滑也难免会这样，我们大家一起小心点走就是了。”两人高兴地离去。

（2）组长小心地把这本烂书留给自己，拿了下面的一本好书给这个同学，这同学看到了说：“那本书应该是轮到发给我的，还是给我吧。”两人在互相谦让。

（3）同桌的同学想：我忘记带东西的时候，同学也经常帮助我，现在别人有困难，我也应该帮助别人，新笔算得了什么。于是两人互相道谢，非常友好。

团支书：在交往中，只要我们能多为别人想一想，多站在别人的角度去看问题，其实很多问题或矛盾都很容易解决的，并且还能增进双方的友谊呢！

（五）同唱一支歌

请一对好朋友领唱《朋友》，全班齐唱。

（六）“互相赞美”活动

同学们自由发言，指出在班中你最想赞美的同学，并说出你要赞美的话，如：“你写的字很漂亮，我一直很佩服你。”“你学习真勤奋，我一直都赶不上你”等等。接受赞美的同学说：“某某同学，谢谢你。”

主持人小结：善于发现别人的优点，适度赞美别人，是进行人际交往、搞好同学关系的一种行之有效的方式。在交往中，要适时表现这种行为，不应取笑别人的缺点，这样我们才能获得更多的朋友。

三、班主任讲话

同学们，人的一生有许多感情是很宝贵的，其中之一就是“友谊”。著名科学家培根说：“友谊能使快乐倍增，使痛苦减半。”李白也告诉我们，桃花潭水尽管有千尺深，也不及朋友的情谊深。所以同学们，请敞开你的心接受友谊吧，请交出你的心珍惜友谊吧，你将会获得无比的幸福和宝贵的财富！

（1）学生以小组为单位，讨论今后应在哪些方面自我约束，并制定出班规。

（2）小结。

第三节　班级活动的组织

一、实施班级活动的基本环节

班级活动一般由以下四个基本环节组成。

1. 计　划

它是教育活动过程的起始环节，计划的具体内容有：活动名称、目的、形式、步骤、时间、地点，活动器材，各项具体活动的负责人，活动评价，活动管理等。

2. 实　施

它是教育活动过程的中心环节，是达到活动目的、完成活动要求的基本手段，是活动全过程的关键。

3. 检　查

它是教育活动进行过程的中间环节。计划实施一段时间之后，就要将计划和实施情况与计划相比较，了解实施情况是否符合计划的预设要求，了解实际效果。要发动全体学生自觉地参加检查，在检查中要加强指导，不断提高活动质量。

4. 总　结

它是教育活动进行过程的终结环节。要用科学的方法，对已经做过的工作进行评价、肯定成绩、总结经验、指出缺点，进而明确下一个活动应努力的方向。

四个基本环节之间既相互联系，又统一于教育活动过程之中。其中计划统率着整个活动过程；实施是为了计划的实现；检查是对实施的监督，是对计划的检验；总结是对计划、实施、检查的总评价。这四个环节的有机结合，形成了班级活动的系统过程。

二、组织班级活动的基本方法

1. 组织班级活动的艺术

组织班级活动的成败与主持人、活动形式、管理方式、活动情境等紧密相关。

（1）班级活动项目主持人的选择。

将班级活动作为一个整体或者分成若干相互联系的板块，通过开放的、民主的方式选出活动项目主持人。活动项目主持人类似于企业管理中的项目经理，对自己负责的班级活动任务进行策划和实施。

作为班级活动主要形式之一的班会活动，选择主持人是重要的一环。主持人可以是老师，也可以是班干部；可以是班级学生代表，也可以是特邀嘉宾。至于到底选择什么人作为班级活动主持人，则主要是看其是否具备下列基本素质：① 仪表端庄，举止大方，有主持好班级活动的热情与信心；② 有一定的口头表达能力，且语言幽默、诙谐；③ 有一定的组织协调能力；④ 有一定的处变不惊的应变能力。班级活动的主持人，可以是一个，也可以有数个。一个主持人便于集中指挥，但能力有限；几个主持人，便于智力互补，但难以协调一致。能否选择恰当的人选担任活动主持人，是活动成功与否的关键。

（2）班级活动形式的选择。

班级活动的形式有很大的选择余地，但要注意考虑两方面的因素。一方面，要与活动内容相适应。例如，目的是为了树立某种学习的榜样，则可以采取报告会、讲演、读书评论、编演等反映先进事迹的节目或者组织学习先进的相应实践活动；如果目的是总结班集体与学生取得的成绩，弘扬其先进事迹和先进思想，可采用汇报会、作业与成果展等方式；如果是为了促进师生之间、学生之间的了解、交流，就可以采用联欢、游园等方式。另一方面，考虑活动形式的吸引力和为学生提供的积极参与性，这就要求相联结的几次班级活动在形式上的变换，寻找在同样能为内容服务的前提下活动形式的新颖性。有时，可以围绕同一主题开展一系列活动，把教育影响不断扩大、不断深化。

（3）班级活动管理方法的选择。

班主任对班级活动的管理，通常有以下几种方式。

参与型：班主任自始至终以主体的身份参与整个活动，或吟诵，或高歌，或演讲，或踢球。这样做有利于师生情感的沟通和组织管理的协调，亦有利于学生积极性的提高。

遥控型：班主任因为担心学生的自律、自控能力，怀疑班干部的组织管理能力，所以，虽不参与却必到现场，“正襟危坐”，并不时地指指点点。这样做，虽然看上去令行禁止，活动纪律严明，但学生始终在老师的掌控下活动，无形中会产生压抑感，且不利于提高学生的自控、自律能力。

放任型：就是在活动时间内，班主任不到活动现场，而是放手让班干部组织管理。放任型的管理方式，恰恰可以弥补“参与”之不足。但这种管理方式又容易脱离学生，容易流于形式，难以达到预期的效果。

班主任要善于通过自己的创造性思维，探索出更为完善、更为科学的管理办法，以提高班级活动的管理水平。

班主任要 “适时适度”地发挥引导作用，为此，可以抓好“四个点”：① 选好接触点，即学生与时代脉搏的接触点；② 诱导兴奋点，把学生的兴趣、爱好和议论的热点，引导到国家大事、自己健康成长上来；③ 点拨关节点，加强班级活动的思想观念、设计思路和实施方法的指导；④ 升华感受点，引导学生从感性认识到理性认识、从个别到一般又到个别、从抽象到具体的飞跃升华，在知、情、行、意的统一上争取实效。

（4）班级活动情境的创设。

班级活动情境的创设，可分为两种情况：一是利用自然环境和社会环境，如游览名山大川、参观历史博物馆等；二是创造环境，如模拟法庭、布置晚会现场等。但无论是利用或者是创造，都必须精心设计、精心构思、精心组织、精心加工，使之与教育内容相呼应，与教育形式相陪衬，与时间空间相结合。

2. 组织班级活动的基本原则

一是坚持方向性原则。就是要求明确活动目标，根据需要与可能，制定切实可行的活动计划并付诸实施。

二是坚持“自主性”原则。就是要在学生自愿自由的基础上，让学生做活动的主人，自己动手动脑，自己管理自己，自己教育自己，使学生的主观能动性与专长、潜能得到充分发挥。

三是坚持创造性原则。就是要充分发挥班主任的主观能动作用，创造性地开展班级活动，积极探索，勇于创新。

四是坚持整体性原则。搞好班级活动，单靠班主任一个人是不够的，要调动一切积极因素，求得学校、家庭、社会方面的密切配合，形成多方位、多层次、多渠道的活动网络，以发挥教育的整体效率。

第十一章　班会的设计与实施

班会是学校教育活动的重要组成部分。班会的形式多种多样，但总的来说不外乎班级例会和主题班会两大类。班级例会是班级定期举行的对学生实施常规教育的班会形式。举行班级例行是为了强化学生的纪律观念，商讨和解决班级生活中出现的各种问题。主题班会是在班主任指导下，围绕一个主题对学生进行教育的班会活动形式。主题班会的形式生动活泼，是德育的重要工具。

第一节　班会概述

一、班会的意义

班会是在班主任领导或指导下，以班级为单位组织的全班学生参与的会议或活动，是班主任对学生、班级进行组织管理、指导和教育的重要途径，是学生民主生活的一种重要形式，也是开展德育工作的一种重要形式。

二、班会是开展德育工作的重要形式

1. 班会有助于学生思想认识水平的提高

和文化课教学过程中的德育渗透相比，班会对学生思想品德的教育是直接的。文化课的教学过程中，必须有机地结合品德教育。文化课教学过程中的品德教育的首要任务是让学生掌握学科的知识体系，品德教育受到学科内容的严格制约，所以是零散的、隐蔽的，缺乏计划性、系统性。班会则以提高学生的政治思想品德修养为直接和唯一的目标，可以有计划地、系统地向学生灌输正确的思想观点、思想方法。

2. 班会是实现学生自我教育的重要手段

一个完整的班会，从设计到实施都要发动学生去参与，使学生的创造能力、组织能力、活动能力和表达能力能够极大地发挥出来，体现出主体的能动性。在班会过程中，学生自我要求、自我完善、自我进取的精神就会不断增强，这样就能达到自我教育的效果。

3. 班会促进班级集体的建设

首先，班会可以产生凝聚力，起到促进班级学生团结的作用。在班会活动中，学生的主人翁意识能得到增强，会形成很强的向心力和向上的意识，这又是增强班级团结的动力。其次，班会活动可以统一思想，聚心凝力，起到改变集体面貌的作用。最后，班会还是师生联系、交流思想的重要阵地。

第二节　班级例会

一、班级例会概述

（一）班级例会的概念和特点

班级例会是班会的一种形式，它是指班级定期举行的、以对学生进行常规教育为主的班级学生会议，具有针对性、实效性和灵活性的特点。

班级例会的主要目的是使学生通过接受常规教育，做到自觉遵守学生守则、自觉维护集体荣誉，以保证班级正常的教育教学秩序和学生的健康成长。班级例会常常是针对班级工作的具体问题而开展的，一般要求在较短的时间内产生教育效果，因此，班级例会具有较强的针对性和实效性。

班级例会的灵活性主要表现在具体安排上。班级例会应按学期进行统筹安排，但每次例会的具体内容和形式应根据变化着的班级情况作具体安排。学校常规教育以及与之有关的班集体和班级成员中存在的问题，或班级人员在学习、工作、生活、劳动、健康等方面共同关心的问题，以及偶发事件的处理等，都可以作为班级例会的内容。

（二）班级例会的形式和内容

1. 班级例会的形式

就其基本形式而言，班级例会有晨会、周会、班务会和民主生活会四种。就其具体形式而言，则可以有举办讲座、学习有关材料、交流经验和思想汇报、讨论中心工作等多种形式。

内容决定形式，形式服务于内容。为了争取好的教育效果，班主任应选用适合内容的形式。例如召开以批评和自我批评为中心内容的班会，就应当采用比较严肃的形式；表彰先进以及宣传教育这样一些正面教育的内容，则可采用生动活泼、使学生感兴趣的形式。

2. 班级例会的内容

班级例会大致可包括三大方面内容：

（1）班集体建设。

宣传学校各项规章制度和纪律（包括纪律、卫生、考勤制度、考试纪律、公共财产使用规则等），教育学生严格遵守；引导学生分析研究班集体中的问题，提出巩固和发展班集体的措施；引导学生讨论班集体工作任务，不断提出新的奋斗目标；选举班干部，审议班级工作计划，总结班级工作，确定与班集体建设有关的具体内容。

（2）学生行为指导。

宣传"学生守则"，检查"学生守则"的执行情况，表彰先进、批评错误言行；帮助学生分析和总结自己的情况，提高他们自我道德评价的能力和刻苦锻炼自己的毅力，帮助他们巩固优良行为和不断改正不良行为。

（3）其他。

组织讨论班级成员共同关心的问题，定期的时事教育，处理偶发事件等。

二、晨　会

晨会又称晨间谈话，是由班主任组织的、对学生进行思想品德教育的途径。一般控制在5～10 分钟，晨会时间短，可以每天进行。展会的内容应当既要紧密结合形势任务，又能密切联系本班学生的实际。

（一）晨会的特点

（1）针对性。晨会谈话要少而精，内容有针对性。晨会是针对学生的一些不良的行为习惯进行教育，往往能收到较好的效果。

（2）及时性。晨会能及时发现、解决学生之间的矛盾，并使全体学生及时受到教育。

（3）灵活性。晨会可用谈话式、表扬批评式、示范式、唱歌式等多种形式来开展。批评要贯彻说理教育为主的原则。

（二）组织晨会的注意事项

（1）晨会要做好充分准备，严禁随意开展。

（2）方法要适当，要以正面教育和说理教育为主。

（3）会后要检查督促，严抓落实，让学生自觉遵守，养成习惯。

三、周　会

周会是在中职学校内每周固定的时间，由全校统一部署，各班主任负责组织，对学生进行思想品德教育的一种形式。

（一）周会的主要内容

周会除进行思想品德理论教育外，还包括总结上周学生思想品德表现的情况，表扬好人好事，指出存在的问题；宣布上周本班的纪律、卫生、三操等单项考核或检查的结果；提出本周思想品德教育、纪律、卫生等方面的要求等。

（二）周会的形式

在实践中，周会主要采取下面几种形式。

1. 辨是非周会

班主任根据本周内学生的思想和实际表现，把出现的好人好事和不良行为进行点评，让学生结合“学生守则”和“日常行为规范”逐一分析。主动发言，明辨是非，进行自我教育。

2. 讲故事周会

班主任在上一周做出部署，告诉学生准备讲哪方面的故事，学生自由搜集。可以讲书中的故事，可以讲身边发生的真人真事，也可以由教师讲有趣的故事。

3. 学习名人名言周会

许多革命领袖、英雄人物、科学家、文学艺术家、实业家等的著名言论对学生都有深刻的教育意义。师生围绕同一主题，共同搜集，一起分析，让学生抄录下来，使他们在受教育的同时，也为写作积累素材。

4. 文艺演出周会

师生共同演唱歌曲，演奏乐曲，或表演其他类型的小节目。这种形式可活跃周会气氛。

5. 新闻发布周会

班主任从报纸或广播中摘录一周内国内外重要消息，向学生公布，使学生从小就养成关心国家大事的习惯。

（三）组织周会的具体做法

（1）周会前做好充分准备，讲话内容实事求是。学生一周的思想品德状况要有记录，做到有案可查。在班级建立班务日记、好人好事登记簿，以利于及时查考。周会前应与班干部进行交流，及时了解尚未发现的情况和问题，以便提出相应的对策。指出问题要尖锐，批评同学要慎重。宣布上周考核结果和检查的结果时，要指出取得成绩的原因和扣分的原因及责任者，提出本周相应的措施和要求。

（2）事先明确分工。纪律、卫生、文体各部门都要有专人负责、专人总结分析。

（3）周会可以由班主任主持，也可以由班干部轮流主持。

（4）周会后依靠班干部及有关教师，结合日常教育和教学工作具体落实，并进行必要的监督检查。

（5）每次周会内容应有记录。

四、班务会

班务会是由班委会干部组成的定期例会，或由全班同学参加的例会。

（一）班务会的作用

（1）有利于端正学生的思想认识。通过班务会可以及时宣传党的政策、方针，定期地对学生开展思想教育，引导学生正确认识理想和现实的关系。

（2）有助于班主任了解学生的思想动态，了解班级工作的得失，通过与学生的交流，认识工作方法上的成功和不足。

（3）有利于统一全班同学的思想，部署班级工作，决定班级集体行动，发扬班集体的民主作风。

（4）利于学生开展批评和自我批评，增强其自我教育能力，发挥班集体的整体功能。

（二）班务会的形式

班务会是研究班务、引导全班同学对班级实行民主管理的例行班会，其形式有以下几种。

（1）民主选举会。民主选举会通常在开学之初进行，新生入学之际，因全班同学互不了解，可由班主任根据对学生家庭情况的调查、档案中记载的过去工作状况，临时指定班级负责人。一段时间后学生之间熟悉了，再进行班干部民主选举。一般情况下，班委会干部要每学期改选一次，必要时可以通过班务会临时补选、增选；也可经班务会实行自荐和竞选班委；还可实行班干部轮流制度。

（2）班级常规会。班级常规会的任务是在开学初，制订和修改班级奋斗目标和工作计划及各种规章制度。如果由班主任草拟的或由班委会讨论通过的计划，也必须交班级常规会，由全班学生讨论通过，使每个学生充分了解计划内容，发挥学生的主体功能，增强学生参与民主管理的意识和贯彻执行的自觉性。

（3）班委会、分组讨论会。班委会、分组讨论会的任务是在期中讨论班级情况，以肯定成绩，明确下阶段努力方向，及时公布半学期以来班级工作计划执行情况和班级规章制度执行小结，以利于每个学生反省对照、更好地自律。

（三）班务会的组织

班务会的组织，一般具有以下几个环节：

（1）确立主题，心中有数。在召开班务会之前，应对班务会要解决的问题、议论的主题心中有数。在班主任工作计划中，对班务会的活动也应有具体的计划。针对全班同学的思想动态，或提出要解决属于全班共性的问题，或提出需要讨论的议题，起到指导学生的作用。

（2）适当放手，发挥学生主体意识。在班务会召开之前，班主任就应向班委会通报有关情况，放手让班干部积极参与，甚至可以由班委会干部分工，轮流主持一般性的班务会，达到培养班干部、形成班集体核心的作用。

（3）组织会务，实施讨论。在准备工作做好以后，实施讨论、选举、安排工作。中职阶段，班主任可转为“幕后”指挥，由班长或各班委出面主持。

（4）进行会务小结。班务会结束后，班主任应进行分析评估小结。若是全班性的议论会，班主任还应组织班干部会议讨论是否完成了讨论议题，未完成的，应作补充或补救措施。

（四）组织班务会的注意事项

班主任和班务会组织者在组织班务会时应注意以下两点。

（1）发扬民主，信任学生。应抱着充分信任学生尤其是相信班干部能力的态度，不要事必躬亲。

（2）把握舆论导向，避免学生选举评比工作中的盲目性。学生容易凭个人情感、同学之间的关系、平时批评自己的次数多少来选评先进，而不能从班级集体的利益来全面衡量。对一些敢于负责、工作积极的班干部班主任应保护他们的工作热情，在班务评选会上，应适时介绍他们的成绩和优点。

五、民主生活会

民主生活会是针对班集体内出现的某种错误倾向而召开的以批评和自我批评为主的班级例会。

（一）民主生活会的形式

民主生活会一般有两种：一是班委会里的民主生活会；二是班级全体同学参加的民主生活会。

1. 班委民主生活会

班委民主生活会的主要目的是针对班干部内部的一些不良作风开展批评和自我批评。中职学生的独立自我人格尚须不断完善，作为班干部，他们在德智体美劳各方面虽比一般学生更具有发展性、进步性，但他们毕竟属于学生中的一员，自我控制能力还不强，而班主任和一般同学对班干部的期望值往往过高。他们开展工作时，难免遇到这样或那样的困难，还可能对班级工作和班集体建设产生不利的影响，并产生委屈、悲观的心理，甚至强烈的抵触情绪。作为班主任，如果处理这类问题的方式简单、粗暴，极易引起当事人和其他班干部的不满，影响班级工作的开展。这时，班主任最好的方法就是召开班委民主生活会。

召开班委民主生活会，班主任首先要全面调查研究，了解问题产生的前因后果，找到问题的症结所在，然后再对症下药。

其次，要了解班干部的心理。作为个班干部，要协助老师，要统领同学，要在众人面前讲话，要独立思考解决一些问题，要处理各种矛盾，要学会协调人际关系……班主任应从爱护的角度、关心学生成长的角度出发对待他们在工作中的缺点和错误。

最后，班主任在民主生活会上要以身作则，带头进行批评和自我批评，使班干部看到民主生活会的目的不是为了整某个人，而是为了把今后的工作做得更好。这样，大家才会心情舒畅，畅所欲言，认真反省工作中的缺点和失误。通过批评和自我批评，达到团结的目的，既不挫伤班干部的自尊心，又圆满地解决了问题。

2. 班级民主生活会

班级民主生活会主要是针对全体同学思想上或行动上出现的某种错误行为或倾向而召开的班会。坚持表扬与批评，对形成正确的班集体舆论具有重大作用。因此，班主任要注意经常表扬好人好事，坚持原则，维护正确的东西。同时要利用班级民主生活会，批评错误的思想行为和倾向，抵制歪风邪气，形成人人要求进步、争做好事的班风，把舆论引向正确的方向。

（二）民主生活会的组织

民主生活会的组织，一般有四个环节。

1. 找准焦点，确定重心

召开民主生活会一定要先找到问题和焦点，树立批评的靶子。对错误倾向或思想的根源、危害、行为、处理都应了然于胸。

2. 充分准备，寻求配合

在举行班级民主生活会前，应做好充分的准备工作。如果是班干部和班级同学之间的矛盾，更应先做好班干部的思想工作，可先召开班委会民主生活会，以求得思想上的一致。这样，在班干部带头批评和自我批评的推动下，班级的民主生活会便会水到渠成，取得好的效果。

3. 交代目的，实施活动

在民主生活会上，班主任一定要讲清召开民主生活会的必要性和目的性，消除学生的抵触情绪。

4. 及时总结，巩固成果

会后应把会议的计划、过程、解决问题的方法、收到的效果做全面细致的总结，为今后开展工作和防止类似错误倾向再发生提供借鉴，最好是形成较详尽的书面材料存留下来。

（三）组织民主生活会应遵循的原则

1. 批评和自我批评的原则

班主任在民主生活会上运用这个武器时要慎重，从治病救人出发，以自我批评为主。可以不指名的就不必指名，对被批评的学生更要尊重和关心，及时肯定进步的地方，不能讽刺、挖苦、侮辱学生，更不可采取批斗的方式。

2. 发挥全体学生能动性的原则

班主任要注意发动全班同学参加到批评和自我批评的行列中来，真正做到以自我批评为主，收到团结教育全体学生的良好效果。在集体中进行教育，促使学生为了维护集体荣誉而产生内疚和羞愧感，产生改正错误的内在动力。

3. 扬长避短原则

这个原则是指利用发扬长处去克服短处。每个学生，即使是表现较差的学生，也会有长处、优点。在民主生活会上，班主任要洞察全班每个学生的特点，引导他们明确努力方向，改正缺点和错误。

第三节　主题班会

主题班会是指班委会在班主任的指导下，围绕某一专题或班上出现的问题组织的教育活动。主题班会是班主任综合素质和教育实践智慧的集中体现，从一个主题班会设计方案中，我们可以更具体地洞悉该班主任的教育理念和理解班主任的工作。

一、主题班会的特点

1. 主题鲜明

主题班会是通过充分准备，围绕预定主题召开的班会，其主题一定要鲜明，目的要明确。

2. 内容集中

班会内容服务于主题，集中有关内容才能突出、强化主题。

3. 德育效果突出

从班级角度来看，主题班会是班主任对学生进行思想政治教育的重要途径，也是培养学生能力、增强学生团结协作意识的重要阵地。一次卓有成效的主题班会，会让学生在心灵上受到很大的震撼，对学生的行为产生深远的影响。

4. 强烈的导向性

主题班会的准备过程就是教育、锻炼和提高学生能力的过程。如果每个学生都能积极地投入准备活动、激发出上进的热情、发挥出自己的才智，不仅能把主题班会开好，而且将使学生的素质得到提高，最终激励学生进行自我教育。

二、主题班会的原则

1. 计划性原则

计划性是主题班会的首要原则。要求班主任从主题班会的目的、组织、过程、预期效果的设计和安排都要有计划。

2. 针对性原则

主题班会要从班级学生的实际情况出发，符合学生的年龄特点，做到有的放矢。坚持问题导向、主题确定和具体实施方式的选择必须符合学生年龄的阶段性特征。

3. 教育性原则

主题班会要纳入年级教育计划，具有明确的教育意义。

4. 时代性原则

主题班会要从现实生活出发，富有鲜明的时代气息，反映时代的脉搏和精神。

5. 自主性原则

主题班会的主体是学生，班主任只是“参谋”，因此，要发挥学生的积极性和创造性，做到全班人人关心、人人动手、共同设计。

6. 趣味性原则

主题班会应做到内容丰富，形式新颖，生动活泼，引人入胜。

7. 实效性原则

主题班会要切实解决学生的一些问题，使学生有所收益、有所进步。

8. 创新性原则

主题班会要结合学生的需求与兴趣，在类型确定、内容选择和形式设计等方面要新颖、有艺术性，形式和内容上要不断创新、与时俱进。

三、主题班会的基本形式

1. 专题讲座

在组织某一专题活动中，可邀请有关人员，如劳动模范、战斗英准、优秀教师等，给学生作系统讲解、现身说法，使事迹、理论知识与学生生活现实更贴近。围绕一个时期的主题，用讲座这种有效形式配合其他活动。如邀请派出所民警进行安全教育，邀请戒毒所工作人员进行毒品讲解，掀起学法、懂法热潮；围绕学生实习，可以邀请实习单位专家对实习生谈实习要点，掀起学习热情。

2. 主题报告会

目的是围绕某个主题，解决一个问题。根据不同的内容，可邀请不同的人做报告。如讲传统，可请革命前辈；讲治学，可请专家、学者；讲纪律，可请解放军；讲爱国，可以请归侨，等等。

3. 座谈会

围绕社会热点、学生关注的问题：与毕业生座谈在校学习前后的感受；与任课教师座谈如何提高学习效率；与家长坐在一起说说心里话、消除隔阂等。这种方式的主题活动，气氛自由、民主，利于发挥学生的主动性，自己寻找问题的答案，是交流思想的一种方式。在和谐的气氛中，学生容易袒露思想，发表对问题的看法与大家交流，提出尚未解决的疑惑与同学研讨。通过交流，学生能够相互启发。座谈会需有明确的主题，根据不同的主题还可邀请有关名师或校外人士参加。

4. 讨论会

讨论会是发挥集体的力量对学生进行教育的极好形式。提出讨论的问题要集中，一定要是学生中的典型思想问题，特别是多数学生认识模糊或认识不统一的问题，其目的在于统一认识。一时不能统一时不可急于下结论，可指导学生经过学习，继续展开讨论，直至趋于统一。

5. 纪念会

主题教育与纪念日的纪念内容相合时，可结合各种纪念日开展活动。例如五四运动纪念会，可以对学生进行“继承青年运动的光荣传统，做时代先锋”的教育。

6. 知识竞赛

为了促使学生学习某方面知识，可举办各种知识竞赛。如为了强化医学生理论知识，可以举办“白衣天使”知识竞赛；为了帮助学生了解党的光荣历史，可以举办“党在我心中”知识竞赛。

7. 展览会

让学生自己搜集实物、图片、报刊文摘等材料，自己办展览。展览内容要适用于教育主题，如进行爱国主义教育，可相继举办“伟大的中华，壮丽的山河——我国名胜古迹展览”。

8. 影、视、剧评

这是配合主题教育的一种班会形式。应配合教育主题，组织学生观看教育意义深刻的影视剧，观看后组织学生评剧，交流心得。

9. 参　观

参观主要是给学生一些感性认识，教育目的的实现还需要通过参观后的座谈或写成书面体会加以落实。如可配合爱国主义教育参观文化古迹；配合“社会主义祖国在前进”的教育，参观某个现代化工程。

10. 社会调查

走出课堂，到广阔的社会生活中、到广大群众中去了解采访新人新事，能帮助学生开阔眼界，澄清一些模糊认识。社会调查要组织好，不能“放鸭子”。要根据调查目的事先帮助学生拟好调查提纲，联系好调查单位和对象，调查结束后应指导学生写出调查报告，组织好主题班会的交流。

11. 音乐会

音乐会是主题教育的一种辅助方式。如配合理想教育可组织不同志愿的学生唱自己的“理想的歌”；配合爱国主义教育可以举办《黄河大合唱》赏析会；配合传统教育组织“革命历史歌曲大联唱”；可以组织学生歌咏比赛。

12. 文艺演出

主题班会可围绕一个主题组织文艺演出。节目要求形式多样（诗、歌、舞、曲艺、话剧均可），最好能自编自演。

13. 演讲会

演讲会是在一个主题教育结束时组织的带有总结性质的主题班会。演讲会要求广大同学都认真准备，积极参加。特别是要注意安排一些在教育活动中认识提高较快的同学参加演讲，因为他们的演讲一般能联系个人实际，表露真情实感。

此外，还有辩论会、汇报会等形式，可根据主题教育的需要选择使用。在一次班会中可以选用一种形式，也可以安排多种形式。

四、如何组织、实施主题班会

（一）选好主题

主题是班会的核心，选好主题是开好班会的前提和基础。

1. 确定主题的原则

（1）针对性原则。

主题要有针对性，针对学生思想实际及班上存在的主要问题，选择有启发性、可以激发学生积极情感、易于理解和接受的主题来组织班会。如养成卫生习惯的“大手拉小手，文明伴我行”，进行普法教育的“‘小法官’在行动”等。

（2）深刻性原则。

主题要有深度，能细细回味。设计班会主题尽量从小处着眼，在一个侧面或一点上深化，反映丰富的内涵。

（3）时代性原则。

主题要反映时代特色，具有时代感。现在的学生可通过各种传媒了解外界信息，充沛的精力、强烈的好奇心和求知欲使他们更倾向于接受新颖、具有时代气息的教育内容。如“我和电脑交朋友”“招聘考试”“校园最佳歌手评选”这样的主题，能较好地激发学生参与的积极性，也更符合当代青少年的思想实际。

（4）新颖性原则。

主题的设计应力求新颖，给学生以新奇感，有强烈的吸引力，能充分调动学生的兴趣和参与热情，不能年年一个样。

为做到以上要求，班主任在设定主题时，应努力做到广泛发动群众，在主题设计阶段就把班上学生的积极性充分调动起来，达到培养学生创新能力、培养干部能力的目的。班主任唯有注重调查研究，了解学生的心理倾向，有目的、有组织地确定班会主题，才能使班会达到预期的教育目的。

2. 确定主题的步骤

（1）了解学生的身心发展特点，掌握学生的现实状况。作为班主任，首先必须了解本班学生身心发展的年龄特征及社会对人的发展的客观要求；其次要对本班学生的具体现状及学生存在的主要问题做到心中有数，只有这样确定的班会的主题才会有针对性。

（2）调动学生参与拟题的积极性。班会的主题可先由班主任划定一个大致范围，然后由学生拟定，也可由教师个别征询得出或由班干部在广泛听取同学意见的基础上拟定。不管采用哪种方法，所拟题目都应是具有普遍性的问题，这样才能使大多数同学从活动中受到启发和教育。

（3）集思广益，敲定主题。在学生酝酿的基础上，班主任应召集班干部最后确定主题。

（4）偶发事件的主题确定。有的偶发事件，在意想不到中提供了教育的良好契机。所头，面对偶发事件，班主任要灵活机动，反应敏捷，果断决策，及时确定主题。

（二）会前准备

有了明确的主题，就要围绕它制订班会的计划。教育效果如何，在于是否提供给每个学生参与集体活动、得到教育和锻炼的机会。

1. 思想发动工作

主要是要调动班干部和每个学生的积极性，使每个学生都自觉投入到与主题班会有关的各项准备工作中。班会过程中各项准备工作的具体任务都要落实到干部、小组以及各个学生，并且要定时、定人，负责督促检查，务必做到准备充分、细致、熟练。

2. 班会内容、形式的准备

围绕班会主题，组织学生分头收集有关内容。在组织“认识毒品”主题班会时，让学生分组搜集有关毒品资料，并编写抢答题目；组织“我是设计师”这一主题班会时，让学生自己准备材料，构思设计。

3. 物质准备

物质准备主要是把主题班会要用的东西及时准备好。如会场上布置用的花、画像、横幅（黑板上、后墙上）的大字、专刊等。如果主题班会要搞小实验、表演小魔术、快板，还需要准备好乐器、舞蹈服装等，并由专人负责筹备、保管、归还等。班主任要及时了解需用的物品，并帮助学生解决困难。但整个主题班会的准备工作，应尽量发动全班学生人人参与。这样，学生在亲自积极准备的实践过程中就受到了极好的教育，能真正使每个学生在亲自实践中锻炼才干，并获得深切的体会。

4. 选好主持人和主要发言同学

主持人要善于调动班级气氛，激发学生活动的积极性。主持人的串问和发言同学的准备稿要有启发性、感染力，引导更多学生参与到活动过程中来。

（三）班主任指导活动过程

1. 会前指导

亲自或发动班干部配合主题班会的各项准备工作，全面检查，发现有不足之处尽快加以弥补。但必须控制情绪，不要在主题班会召开前抱怨责怪学生、大声批评学生。只有这样才不至于让大家在充满期望、满腔热情的时候，遭到“一盆冷水”，导致大家不知如何是好。要本着“气可鼓而不可泄”的精神，尽量鼓励学生设法克服困难，力争把主题班会开好。

2. 选择主持人

主题班会通常都由学生主持，因此，班主任要选敢讲、敢指挥的学生担任主持人，不可选办事畏缩不前、吞吞吐吐的学生担任主持人。要鼓励主持人大胆主持，并学会临场应变。对于主题班会的全过程，班主任事先一定要让主持的学生心中有数，并适当地帮助他根据自身的情况认真细致地进行准备。

3. 对突发事件做好准备

对主题班会中涉及的人和事，事先一定要考虑周全。特别是针对所请的来宾，要预先考虑好其中有人临时有事不来时的应变措施。对学生表演小实验、小魔术不成功应怎么办；学生记者采访学生，被采访者答不上来怎么办，等等，都应先估计一下各种可能发生的偶然事件，做好第二手准备，并与主持的学生共同商讨，帮助其做好准备，以免临时惊慌，忙中出错，导致主题班会的夭折或失败。这是班主任特别需要注意的。

4. 总　结

在主题班会结束前，班主任要做简要总结发言，肯定班会成绩，指出不足和努力方向，把提高思想认识深化并落实到行动中去。

5. 收集反馈信息

在主题班会的活动过程中和活动后，及时收集学生对各项活动的反馈信息。教育是一门精雕细刻的学问，班主任随时随地都要注意观察学生细微的变化。对于一次主题班会，即使是很成功的班会，对它的作用都不可估计过高，因为学生的思想品德是在不断发展的，不可能仅通过几次主题班会或者几次活动就可以把学生教育好。班主任需要有坚韧不拔的毅力，抓住每一个机会、每一次活动，不断地努力，不断地总结经验教训，把教育和活动引向更深层次。

五、主题班会的评价标准

组织主题班会是班主任的一项基础性工作。许多班主任都注重运用各种资源，智慧地开好班会，使其充分发挥对学生的教育引领作用。那么，应如何评价主题班会？一般应当把握以下几个方面。

1. 主题具有思想性

班会的主题与时代的发展、学生的生理心理和思想品德发展状况联系紧密，它应该反映学生心灵深处的需要。主题导向要鲜明，要贯穿主题班会活动的始终，对学生起到激励和鼓舞的作用。

2. 内容具有真实性

主题班会不能是教师“一言堂”、贴标签、表演秀。主题班会的内容要贴近生活、贴近实际、贴近社会，事例选择要典型、真实、可信度高。缺乏真实性的主题班会会产生极大的负面影响，使本来求真、求善、求美的主题班会变得虚假。

3. 形式具有新颖性

形式为内容服务，素材为主题服务。主题班会既要有好的主题，好的内容，也要选择适当的形式，这样才能使学生乐于接受，入耳入脑。

4. 氛围具有感染性

主题班会形成的浓烈的氛围具有感染力和震撼力。主题班会要能打动学生、感动学生、教育学生，给学生留下深刻难忘的印象。

5. 调动学生参与性

主题班会面对的是全体学生，要充分调动学生的主动性、积极性、创造性，要体现学生的主体性和群体性。在主题班会的开展过程中，每个学生都要积极主动参与，都要扮演一定的角色，表现自己的才能。

案 例

“内诚于心，外信于人”——高中生诚信教育主题班会

一、背景分析

2017 年 4 月 13 日上午，我接到一个特殊的电话，是通过学校发展处转到我这儿的，询问我班有没有一个叫罗某某的学生，说他捡到了该生的钱包，里面有身份证和学生卡，他是通过学生卡的信息找到学校的。由于前一段时间各班都出现了冒充学校名义给学生家长打电话说孩子报补习班或受伤急需要钱的诈骗电话，很多人认为这个电话是假的，不太可信，但又怕是真的，耽误学生的正事，所以学校要求我酌情处理一下。

我第一时间去班里了解情况，得知罗某某确实把钱包丢了。于是，我就和当事人取得了联系，他本来打算亲自来学校送一趟，但是由于要着急外出开会，没时间。他说如果是我们的学生，他就通过快递将钱包送到学校，别让孩子着急。我希望他留下姓名和联系方式以便当面谢谢他，他说着急赶火车就把电话挂了。当天下午我就收到了快递。

当时我就想，一件好心人做的好事，为什么做起来就那么难呢?

随着信息化的不断发展，各种虚假信息、广告、诈骗充斥在我们周围，让越来越多的人感觉公民道德底线在不断地滑坡，进而对社会失去信心，对自我失去约束。这样引发的结果必然是人与人之间的冷漠。其实，诚信问题自古以来就是人们关注的道德问题，现在的社会问题与以往相比没有多一分，也没有少一分，只是经济的快速发展让人们多了一层警惕，少了一点真诚。其实诚信环境的形成取决于每个人对诚信所持有的态度。

我觉得对当代高中生进行诚信教育，首先要让学生对国家、社会、他人有信心，进而才能对自己有信心。这件事就是一个很好的契机，它能让学生真实地体会到诚信就在我们周围，增强学生内心的信任感，让学生明白自己的诚信不能以他人的诚信为前提，而是要勇于担当，恪守诚信，真正理解内诚于心、外信于人。每一个人都应该以积极的态度面对社会问题，都应该成为净化社会风气的践行者。所以，我准备以此为切入点召开一次主题班会。

二、班会目标

（1）通过发生在身边的真实事情，让学生体会到诚信就在我们周围，以增强学生内心的信任感。

（2）通过交流讨论，让学生意识到诚信环境的形成取决于每一个人对诚信所持有的态度，让学生能够更多地关注主流社会风气，真正成为诚实守信的践行者。

（3）通过探讨不诚信行为的本质原因，让学生体会诚信在于心的根本内涵；通过王亚平和宋玺事迹的交流分享，让学生真正体会要外信于人，先要内诚于心，不忘初心，才能坚守本心。

（4）学生能学会将诚信融入日常生活中的每一件小事，养成“诚信待人、诚信处事、诚信学习、诚信立身”的良好习惯。

三、班会准备

（1）召开一个小范围的班委会（班长、团支书、组织委员），调查了解他们对社会诚信的

看法和认识。通过调查，得知孩子们普遍存在两种认识：一是社会的诚信度在降低，所以自己遇见事情会选择理性分析，不轻易相信他人；二是自己愿意做一个有诚信的人，但是做到事事都有诚信有时挺难的，有的时候真的会有些小私心。布置任务，让这几个学生提前想一想，社会上不诚信现象的本质原因是什么?中学生应该如何践行诚实守信?

（2）向语文老师借用第二天的晨读。（第二天没有班会课，从 7:15 学生到校到 8:00 上第一节课之前大概有 40 分钟时间）

（3）和语文老师商量，确定班会的切入点和主要框架。

准备班会 PPT，通过网络寻找当代的、典型的诚信实例，筛选出三个有代表的事迹。

刘美松：以社会诚信为主要内容。

徐砺寒：中学生诚信的实例，2012 年江苏高考作文曾以此为题，学生们有的知道，在班会过程中学生自己也列举了这个例子。

孙水林：诚信兄弟，感动中国故事人物，因为事迹离学生较远，在班会过程中最终没有呈现。

（4）寻找实际数据材料（“3·15”晚会曝光产品占比），例证诚信其实还是社会的主旋律。

（5）让班长谈一谈“经纶信仓”的创办历程和收获感想。

（6）选择一些当代年轻人不忘初心、坚守本心的事迹。

（7）准备视频材料（2013 年《开学第一课》王亚平的演讲，《渴望现场》宋玺兑现战友的承诺）。

四、班会环节

环节一“情境再现：一个陌生的电话”

昨天早上我接到了这样一个电话：“你们学校有叫某某的学生吗?我捡到了他的钱包，里面有身份证和学习卡。”（PPT 出示）

教师：孩子们，如果你遇到了这个问题，会怎么处理?

学生（没等我说完）：老师不用教育我们了，我们知道是假的，我们不会上当的。

教师（追问）：你判断的依据是什么呢?

学生：钱包里又没有联系方式，怎么会给您打电话呢?

教师：分析得有道理，说明你的警惕性很强，很好。大家都这样想吗?

学生：可能是真的。

教师（追问）：为什么呢?

学生：因为捡到的是钱包，而且没说让您汇款，可能是真的。

教师（总结）：遇到事情，大家都没有盲从，都进行了理性的分析，这很好。

然后教师当即做了调查：“相信它是真的，举手。”“觉得它是假的，举手。”结果有一半以上学生觉得它不可信。

[设计意图]通过情境再现让学生在真实的情境中讨论问题，调查学生对社会诚信的认可度，为后面的讨论做准备。

环节二“抛出问题：一份特殊的快递”

出示实物，教师让失主当众打开快递，清点物款。结果一点都没少。

教师：孩子们，你们知道它是怎样到我的手里的吗?

教师介绍事情的经过，强调几经周折的经历和那个捡钱包的叔叔自己垫付快递费，并且在再三要求下也没留下姓名和电话。

教师：一件好事为什么那么难?一件好事为什么那么多人不愿意相信呢?

学生分小组讨论并阐述观点。

学生 1:“毒奶粉”事件、“瘦肉精”事件、“染色馒头”事件……社会上不诚信的事情太多了，大家的警惕性增强了。

学生 2 :生活中的一次次失信，使大家内心的信任感逐渐丧失，人心开始变得冷漠多疑，价值观也变得扭曲了。

学生 3 :诚信的缺失，让人们的信任丧失了。

……

教师(总结并提出问题):通过同学们的分析，大家认为外部环境的变化正在影响我们内心的判断。那么，诚信真的在缺失、道德真的在滑坡吗?

[设计意图]通过小组讨论阐述观点，找到学生选择不信任的本质原因是认为外部环境的变化影响了自己内心的判断，为后续在根本上解决问题做铺垫。

环节三“分析问题：诚信真的在缺失、道德真的在滑坡吗”

教师介绍实例 1:222 张欠条的诚信实验

刘美松通过这一场疯狂的实验，寻找中国社会中的诚信，也见证了社会的真实。这是刘美松做过的最疯狂的事：一个人，不带一分钱，开车上路，用 100 天时间周游全国。要用钱怎么办?打欠条。“相信我，过几天就还。”“这是我的身份证，真的，到家就把钱打到你的账上。”一路上，他向每一个陌生人承诺，期望用诚信打通前方的路。这是个看似不可能完成的任务，也是一场近乎疯狂的行为艺术。他最终成功了。100 天里，他北至漠河，南至三亚天涯海角，东抵山海关，西经嘉峪关，足迹遍布 31 个省、市、自治区，总行程 28 510 千米，共打下欠条 222 张，金额 48 272 元。他说：“我愿意用我所谓的冒险之旅，来证明我们的社会诚信仍在。”

问题：为什么这是一次疯狂的实验?他的成功说明什么?

学生交流讨论。

学生 1:这个实验需要的不只是勇气，而是如何能让陌生人相信。全社会的观念都是不要和陌生人说话，而他还要向陌生人借钱。但是他的成功见证了社会的真实，证明社会诚信是存在的。

学生 2:不是每一个人都会选择信任，因为太多人根本不拿诚信当一回事，透支了太多好心人的信任，所以导致人们普遍用不论真假、一律视作假的心态来对待一切。其实他的成功也是向别人积极地传递正能量，我想很多借给他钱的人在拿到钱的那一刻，一定是感动的，一定是对社会多了一份信任的。

……

教师(总结):222 张欠条、一次大胆的实验，不仅仅证实社会诚信的存在，更重要的是唤醒了人们“麻木”的内心。信任是一种选择，对自己、对社会的一种选择。面对问题你做哪种选择?

教师介绍实例 2:2016 年“3·15”晚会曝光产品占比

国家食品药品监督管理总局本周在全国抽检了食用油、油脂及其制品、肉及肉制品、水果及水果制品、炒货食品等 6 类产品 918 批次。检验项目合格的产品 910 批次，不合格产品

8 批次。

国家质量监督检验检疫总局产品质量监督司称："2016 年，第一批国家监督抽查共抽查了 1 411 家企业生产的 1 447 批次产品，检出 116 批次产品不合格，不合格产品检出率为 8%。此次抽查共涉及 25 种产品，其中轮滑鞋、电源适配器、防爆电器、电烤箱及烘烤器具等 7 种不合格率高于 10%。"

国家质量监督检验检疫总局去年对跨境电商渠道进口的儿童用品质量进行了抽检，总计抽样 654 批，检出不合格 217 批，不合格率为 33%。其中，进口玩具存在小零件容易导致儿童窒息等问题。进口儿童服装不合格 29 批，存在服装绳带配件容易导致儿童窒息等问题。

问题：你的关注点在哪里？道德在缺失吗？

学生 1：我们要关注 8%、10%的伪劣产品，因为我们只有正视问题，才能解决问题。

学生 2：我们也要关注 90%以上的诚信商品，因为这说明了社会的主流风气，我们要相信社会的正能量，才能传递正能量。

教师（总结）：诚信在中国社会发展的历程中一直是一股清流，从来没有断流过，在人的内心也像一阵春风，让人向往。在现实社会中，你固然应该有警惕的眼睛、理性的思考，但如果过于警惕其实是给自己戴上了沉重的枷锁。社会上的人还是善良的多，如果你敞开胸怀、诚信待人，社会也一定会以诚信回报你。自己的诚信与赢得他人的诚信成正比，自己越诚信，赢得他人诚信回报的几率就会越高。"人们都希望生活在一个诚信无欺的环境，却不知诚信环境的形成取决于每个人对诚信所持的态度。"

[设计意图]这两个材料选择了两个不同的角度，一个是个人层面的诚信问题，一个是社会、企业的诚信问题。通过真实的实例和数据让学生能够全面地看待问题。一方面社会确实存在不诚信的问题，另一方面也要认识到我们这个社会，诚信从来没有缺失，关键在于我们选择关注的角度。关注社会的主流，多宣传、倡导正面的价值观，国家、社会才能发展和进步。

环节四"故事分享：说说我们身边的诚信故事"

学生举例 1：江苏省 YZ 大学附中学生徐砺寒在骑车上学途中，不小心碰坏了一辆宝马车的后视镜，他在原处等待了近半小时后，留下一张表达歉意和联系方式的纸条，表示愿意承担责任。受损车主知情后深受感动，当即放弃索赔。当地一家汽车修理公司获悉后，表示愿意免费修理受损车辆。

学生举例 2（早新闻上的事）：一位大妈乘坐 60 路公交车时，因公交卡内余额不足而身上又没带零钱，上车后表示次日会补票。次日上午，这位六旬大妈专程赶到 60 路公交车所在的车队，找司机师傅补一块钱的乘车费。等候一个多小时后，她亲手将一元钱投放到昨天乘坐的 60 路公交车的投币箱。"我说了要补票，就一定要做到。"六旬大妈以自己的实际行动，对诚信做了很好的诠释。

学生（班长）举例 3：我校"经纶信仓"运营以来的诚信度一直在 95%以上，有时会突破 100%。在平时补货时我也看到过，有些同学一时口渴又恰好没带零钱，纠结了一下取走了一瓶水。但是每天放学后也会有同学特意跑到食堂来，把曾经买水的一块两块补上。

诚信雨伞的曲折经历：夏秋交替，几场大雨突降北京。这几场雨来的恰逢其时，诚信雨伞刚刚设立就能投入使用。这几场"及时雨"让诚信雨伞在近乎短短的一个课间就被一扫而空，看到诚信雨伞这么火爆的需求量，“信仓”的小伙伴们别提多高兴了！但是，我们高兴得实在是太早了。第二天，我们在统计诚信雨伞时，发现将近一半的伞都没了，当时心里就“咯噔”一下，大家全傻眼了。最初我们并没有过于失望，可能是同学们忘还了吧！但是过了许多天，仍有很多的“孩子”没有回家，我们真的受到了不小的打击。我们分析得出了这样的结论：① 诚信精神没有扎根于每一位同学的心中，“信仓”成员观察发现有部分同学完全不具备诚信素养，拿完伞或水就走根本不会签字或付钱；② 高一新生对于“信仓”项目并不熟悉，诚信素养也需提高。找到了问题，我们就着手开始解决。第一个问题就非常棘手，我们再次关注到“信仓”的宣传工作，这次宣传工作的对象主要是高一新生。高一同学对“信仓”几乎一无所知，所以这次宣传工作更要做得全面。我们即刻投入“信仓”的宣传工作。在又一轮的微信宣传、国旗下讲话宣传后，“孩子们”陆续回到了“信仓”之家，但诚信的精神留在了每一位师生的心中。

班长（总结）：通过这件事，我发现大家的诚信意识是有的，有的时候是我们的宣传引导不够，关注不够。我觉得我们每一个人都应该信守承诺，积极地宣传诚信，才能让越来越多的人积极践行诚信。

[设计意图]班长是“经纶信仓”的创始人，是校联合会主席，有一定的语言组织能力和逻辑思维能力。“信仓”故事是发生在每个孩子身边的事情，所以班长讲的时候很有感染力，也很能引起学生的共鸣，尤其是对诚信雨伞曲折经历的深入剖析和处理，让孩子们真正体会到了诚信就在我们身边。现在一些小诚信问题的缺失是我们的宣传没到位，是我们的意识没到，我们可以通过自己的努力，成为诚信的践行者。

环节五“交流讨论：内诚于心，才能外信于人”

说一说：你身边有没有不诚信的事情，你是怎样想的？

学生举例：共享单车私有化、恶意透支信用卡、抄作业、考试作弊。

引导学生通过说一说体会：对社会、对他人的诚信，既是社会的一种道德规范，同时也是人对自己的一种道德要求、道德约束。这种道德约束的力量主要来自内在的精神信仰，也即诚信在于心，不诚信的本质是丧失了内心。

思考：中学生应该有怎样的精神信仰？

播放视频：2013 年《开学第一课》女航天员王亚平的演讲；《渴望现场》宋玺兑现战友的承诺。

教师（小结）：诚信就是对自己所追求的事业认真用心地去做。

自我剖析：诚信从我做起。

我在（　　）方面做到了诚信，我为自己的正直感到骄傲，并将会在（　　）方面做到问心无愧，做一个堂堂正正的中学生。

[设计意图]王亚平和宋玺，一个是英雄人物的家国梦想，一个是当代大学生的人生选择。选择他们两个人的事迹是让学生体会，诚信就是对自己内心的不断追求，诚信是看得见、摸得着的，是我们可以做到的；诚信于每个人而言，就是对社会、对他人有帮助，从而让学生意识到自己也可以成为一个诚信的人。

教师（总结）：现在社会上的骗子确实很多，不诚信问题也层出不穷。不过，我觉得我们在接到电话时，一方面要理性地分析，不盲从、不偏执；另一方面也希望大家对社会、对他人要抱有善意，给予信任，尤其是年轻人要有朝气、有正气。如果每个人都对社会抱有善意，社会就会回报我们美好，社会的风气好了，人心头的雾霾就少了。我们每一个人都要做社会优质空气的制造者。这样，自己就是一个对社会真正有用的人，也会有一个轻松快乐的人生。

五、班会后的延伸活动

1. 语文老师在语文课堂上围绕着诚信问题又进行了探讨，并以“诚信”为题布置了一次作文。

2. 在学校“信仓”负责人的倡议下开展了班级“信仓”活动。

3. 与学校“美德少年”评选相结合，开展了“诚信待人、诚信处事、诚信学习、诚信立身”班级倡议活动。

六、班会反思

这次班会的主要成功之处，就是把握住了教育的契机。关于社会主义核心价值观教育的主题班会很难开，很大程度上是因为学生觉得政治色彩太浓了，难以引起共鸣。而本次班会的切入点是刚刚发生在我们身边的小事、真事，很容易让学生产生讨论的兴趣。而且本节班会选择的生成点也是让学生去感受社会是一个真实的社会，我们每一个人是一个真实的人。引导学生从不同的视角看待问题，让学生感觉到“我愿成为一个诚信的人，我能成为一个诚实守信的人”，恰好符合中学生那种向善、向上的本质，启发了他们内心向善的愿望。班会的最后落脚点选择了内诚于心，让学生思考自己想成为什么样的人，也是班级一直倡导的方向，很能引起学生的共鸣。

第十二章　人际沟通与交往能力

班主任作为班级教育活动的组织者和协调者，其重要的角色内涵在于协调好各种教育关系，如班主任与学生、任课教师的关系，任课教师与学生的关系等。班主任是班级和谐人际关系的主要缔造者，也是班级成员能否和谐发展的重要人物。班主任的工作重点是协调各方面的教育力量，形成合力，共同促进学生身心健康发展。

第一节　班主任与学生的有效沟通

班主任承担着班级管理和教育学生的任务，师生之间直接的人际沟通是班主任工作的基本形式。班主任要与学生个体或集体进行谈话、讨论问题、听取意见、分享感受……在这个过程中，班主任的每一句话，甚至一个眼神、一个微笑，都直接或间接地传达着某种教育信息。

一、班主任与学生沟通的技巧

（一）创设良好沟通氛围的技巧

有效沟通首先要建立和谐的信任关系，创造良好氛围。可以采用“先跟后带”的技巧，即先配合对方，建立接受与信任关系，让对方愿意听你讲，然后才说出自己的意思，带领他去你想让他去的方向。如表示“我能理解”“我明白”等，避免使用“但是”“不过”这两个词语。除非对方邀请，否则不首先提出自己的看法或批判。创设了良好的沟通氛围，就为后续沟通的有效进行提供了条件。

（二）倾听的技巧

倾听属于有效沟通的必要部分，以求思想达成一致和感情的通畅。狭义的倾听是指凭借听觉器官接受言语信息，进而通过思维活动达到认知、理解的全过程；广义的倾听包括文字交流等方式。倾听主体者是听者，而倾诉的主体者是诉说者。两者一唱一和有排解矛盾或者宣泄感情等优点。在教育谈话中，教师要通过倾听来了解学生的思想状况、学生对教师谈话接受或排斥的反应，以便确定下一步的谈话内容及相关的教育措施。

1. 倾听要点

（1）克服自我中心：不要总是谈论自己。

（2）克服自以为是：不要总想占主导地位。

（3）尊重对方：用心倾听，不要打断对方，要让对方把话说完。不能因为深究那些不重要或不相关的细节而打断对话。

（4）不要激动：不要匆忙下结论，不要急于评价对方的观点，不要急切地表达建议，不要因为与对方的见解不同而产生激烈的争执。要仔细地听对方说些什么，不要把精力放在思考怎样反驳对方所说的某一个具体的小的观点上。

（5）尽量不要边听边琢磨他下面将会说什么。

（6）问自己是不是有偏见或成见，它们很容易影响你去听别人说。

（7）不要使你的思维跳跃得比说话者还快，不要试图理解对方还没有说出来的意思。

（8）注重一些细节：不要了解自己不应该知道的东西，不要做小动作，不要走神，不必介意别人讲话的特点。

2. 倾听禁忌

（1）对谈话内容漠不关心。

（2）只听内容，忽略感觉。

（3）无故打断对方的谈话。

（三）表达的技巧

在班主任与学生的沟通中，教师的表达是决定沟通效果的关键。影响班主任表达效果的因素很多，包括前述的教育观念和沟通态度等。从沟通技巧的角度看，教师的言语表达要亲切自然，简洁易懂，针对性强，启发性大。表达方式委婉而有分寸，言语刺激恰到好处。

（四）提问的技巧

在班主任与学生的沟通中，教师通常处于引发谈话或讨论的位置。因此，通过直接提问题来引发学生表达是非常必要的，这样能使学生根据教师的要求，理清思路，表达所感所想。

1. 多用“什么”“怎么样”，少用“为什么”。当事情没有向人们期望的方向发展时，我们会情不自禁地问：你为什么这样做？你为什么迟到了？而当以“怎么样”和“什么”提问时，给人的感觉是想了解更多的情况，获得更多的信息。

2. 把提问句改为陈述句。有时班主任的问句并不是表达一种询问，而只是一个要求，如“你想去吃饭吗？”其意思可能是“我想出去吃饭，并且想让你同我一道去。”或者是强调某种语气，如“你怎么能那样做？”在上述两种情况下，把提问句改为陈述句效果会更好。

（五）提供反馈（批评）的技巧

在教育活动中，班主任常常需要对学生提供反馈信息，包括批评意见，帮助学生改进行为。班主任提供反馈时要注意：① 及时反馈；② 对事不对人原则；③ 着眼于未来而不是过去。

（六）处理学生情绪的技巧

班主任在与学生沟通的过程中，要关注学生的情绪状态。如果学生处在比较激动的情绪状态，很难接受班主任的意见，那么班主任要先处理学生的情绪问题，让学生的情绪平静下来，再继续沟通。

二、班主任与班集体沟通的技巧

在学校教育中，班主任经常要面对班级所有学生进行沟通交流，这是进行班集体教育的主要形式。

班主任与班级学生集体沟通的传统方式多为单向沟通，即班主任讲、学生听，教师只管使用语言、表情、姿势等沟通方式向学生讲述问题、灌输观念、提出要求。教师一言堂，没有让学生表达他们的看法和要求，学生被动地接收信息输入，沟通效果较差。以现代学生观和师生观为指导，班主任与班级学生集体的沟通应更多地采用双向沟通和多向沟通。为此，班主任需要学习一些沟通技巧，提升与学生集体沟通的能力。

（一）与学生建立和谐关系，拉近心理距离

实现有效沟通的前提是双方心理上的相互接受。班主任与学生集体沟通要做的第一件事情就是要和学生建立心理上的联系，让学生接受自己。例如，教师站在学生面前时，首先要在最初的几秒钟用眼睛环视全班同学，与每一位同学进行眼神接触。这是和每一个学生打招呼，提醒学生进入状态。老师要有亲和力，其面部表情、眼神等肢体语言非常重要。

（二）演讲表达要清晰简洁、有条理

班主任的演讲表达要清晰简洁、有条理，使学生易于吸收、记忆深刻。有的班主任表达不清楚，比较啰唆，学生不得要领，从而影响了沟通的效果。表达的清晰来源于思维的清晰，包括概念的准确使用、逻辑关系的简洁描述，以及条理清楚等，班主任要提高自己演讲表达的水平，平时要注意训练自己的思维。

（三）鼓励接受与适度挑战相结合，调动学生参与

双向沟通与多向沟通需要学生的共同参与，如果学生不敢或不愿意参与沟通就无法进行下去。因此，班主任要注意调动学生参与沟通的积极性和主动性。首先要注意的是鼓励和接受学生。对学生的挑战要适度，尽可能不直接批评，也不宜以仲裁者的身份对学生的意见进行对错的评判，这会让部分同学担心因说错话被老师批评而害怕或不愿意发表意见。

（四）灵活控场

在双向沟通和多向沟通中，由于有学生的参与，班主任控制整个场面的能力就显得尤为重要。有时候，学生可能因为讨论有兴趣的话题而难以停下来，也可能因意见不同而激烈争论。面对这种比较混乱的场面，一些班主任习惯用语言让大家静下来，如果无效就可能变成批评或训斥。其实，维持秩序可以有很多的办法，并非只有语言提示或者训斥。如老师可以先设定规则，告诉学生自己的提示方式，如铃声或手势，当学生听到或看到提示时，大家就要停下讨论，听老师讲话等。

第二节　班主任与任课教师的有效沟通

在日常教学工作中，班主任与任课教师的关系是否协调，直接影响到班级工作的顺利开展，左右着班级教学质量。两者关系协调、感情融洽，就会充分发挥全体任课教师的积极性，从而形成班级教育合力。所以，协调与任课教师的关系是班主任人际沟通的重要组成部分。除了班主任与任课教师的直接沟通与协调外，班主任还要协调学生与任课教师之间的矛盾与冲突，从而营造一个和谐的班级教育氛围。

一、协调与任课教师的关系

在日常的班级管理中，班主任要注意以下几点。

1. 创造良好的教学环境

例如，创设整洁的室内环境、保持学生良好的精神风貌等，使任课教师心情愉快地投入到教学工作中。要留心一些小的细节，比如在教室或讲台上放一束花，保持讲台的整洁，这样会增加任课教师的愉悦感，以促进教学活动的顺利开展。

2. 经常向任课教师征求意见

班主任要经常向任课教师了解学生的各种情况，班集体上课过程情况、征求任课教师的

意见，使任课教师感到自己是班级管理中的重要力量，从而激发起他们的积极性，使他们主动配合班主任的工作，以形成教育合力，共同做好班级的管理工作。

3. 邀请任课教师参与班级活动

要尽可能多地创造机会，让任课教师参与班级活动，为班级活动、建设献计献策。例如，主动邀请任课教师参加主题班会、家长会和其他班级活动，使他们感受到被尊重与被爱戴。

二、协调学生与任课教师之间的关系

一个班级学生成绩的好坏、素质提高的快慢，与任课教师的工作热情有直接的关系。如果班主任不能很好地协调任课教师与学生之间的关系，就会对任课教师的教学热情产生影响。因此，协调好任课教师与学生之间的关系，架起学生与任课教师之间沟通的桥梁，是班主任工作的重要内容之一。

1. 移情换位，激发情感

在协调任课教师与学生的关系方面，很重要的一点是加强尊师教育，让学生尊敬每一位教师，珍惜教师的劳动成果。一方面，班主任可以通过移情换位的方式激发学生的情感，比如让学生观察教师一天的工作和生活，加深对教师职业的了解，体会教师工作的辛苦，从而在情感上产生对教师的尊敬与爱戴；另一方面，多与任课教师沟通，让他们站在学生的立场上考虑问题，更多地关心学生的生活、情感和思想，从而让双方在情感上达到很好的交流。

2. 树立威信，增进了解

任课教师在学生心目中的威信，会直接影响其教学效果。通常情况下，学生往往会因为喜欢某一位老师而喜欢上他的课，尤其是低年级的学生更是如此。如果学生从心底里喜欢老师，就会认真地听课，积极地配合，共创一个积极、愉悦的学习环境，从而取得良好的学习效果。相反，对于不喜欢的老师，学生会在内心产生一种抵触情绪，不认真听讲，不认真完成老师布置的作业，不配合老师，课堂气氛敌对，这样很难得到好的教学效果。因此，班主任要帮助任课教师树立威信。

3. 化解矛盾，融洽关系

学生与任课教师之间产生矛盾在所难免。有的是因为任课教师过于严厉，说话不留情面，学生很难接受；有的是因为任课教师管理太松，有不负责任之嫌；也有的是因为教师上课的方式和方法不符合大多数学生的要求，枯燥乏味，使学生产生抵触情绪等。无论哪种情况，如果班主任处理不当，就有可能造成师生之间的对立，不利于教学工作的正常进行。作为班主任，既要考虑学生的意见，采取积极有效的措施化解矛盾，使师生关系和睦融洽；又要尊重任课教师，保证教学工作的顺利开展。

班主任是班级组织的领导者和管理者，但班级组织的管理者并非仅班主任一个人，实际上存在着一个管理者团队，这个团队是由班主任和同自己“搭班”的其他任课教师共同组成的。在班级管理中，班主任不仅直接领导与管理着整个班级，并且还通过对班级管理者团队的领导进行班级管理，班主任在与任课教师之间关系的协调中，要了解任课教师的教学情况，为他们的正常教学提供支持。班主任与任课教师之间的支持是管理上的相互支持，因为学生的成长既是班主任的责任，也是任课教师的责任。

案　例

化解师生冲突的方法——校园教育心理剧

师生发生冲突的原因很多，但冲突的扩大或者发展到不可调和的地步，根源只有一个，就是师生双方的互相不了解与不理解。一个成熟的班主任应该做的工作是通过一些心理暗示告诉孩子，老师的工作是为了他们能健康地成长。比如我在接班时，以近期报纸上刊登的一起师生矛盾事件为背景，安排了一场心理剧。在该事件中，学生和老师因为一件小事发生冲突，双方处理不当，最后导致孩子跳楼自杀。家长到学校闹事，老师也背上了很重的心理负担，得了抑郁症。我请了几个学生分别饰演学生、家长、老师、校长和同学等角色，和学生一起设计了不同的版本。起因都是小事，但学生、老师、同学、家长、校长各自的不同态度以及不同的处理问题的方法能够导致事态向不同的方向发展。表演结束后，请学生自己谈感受，不少学生能够站在老师的角度看待问题；作为班主任的我也及时地表达了要从学生的角度考虑问题，要适度地忍让与智慧地处理冲突的意愿，希望学生平时能和老师多谈心、多交流，能把我当个朋友，少些冲突，多些沟通。

当师生已经发生冲突时，作为教师，一定要保持冷静，切忌头脑发热、口不择言，使冲突升级，让学生产生过激举动。可以寻找缓冲人，比如有经验的任课教师、年级组长，及时将真实情况告知家长，多方努力，先把学生的情绪稳定下来。我当班主任多年，和学生的冲突也不少，第一感觉就是预防是最好的方法，向大家推荐一种有效的方法校园——教育心理剧。

校园教育心理剧是在心理剧的理论基础之上，通过学生扮演当事人或由当事人自己借助舞台来呈现他们各种典型的心理问题与教育热点问题，在老师和全体参与演出者以及观众的帮助下，学会如何应对和正确处理遇到的来自生活、学习、交往等多方面的不易解决的困惑和心理问题，从而使全体学生受到教育、启发的一种团体教育方法。校园教育心理剧是学生把自己实际生活中遇到的事件编写成剧本，然后按照剧本自己表演。表演者不完全是会表演的学生。根据剧情发展和观众表现，还可以随时邀请作为观众的学生上台来表演剧中某一角色，让学生参与到剧中来，让他们有更深刻的心理体验。因此，校园心理剧不是单纯地背台词，它是一个变化的过程，是一个分享的过程，也是当事人和观众共同成长的过程。在心理剧之后，可以组织学生对心理剧所产生的问题进行讨论与辩论，从多角度看待问题；也可以让部分参演的学生谈谈心得体会，有些话从他们的嘴里说出来，效果远远优于老师的说教。

我在我所带的班级做了一些尝试，如“作弊的后果”“职场应聘”等活动的开展，不仅锻炼了很多学生的表演能力，也培养了他们的组织能力和团队合作精神。通过学生的表演，一些本来严肃的问题以一种轻松的形式呈现在学生面前，他们看过表演后，从不同的方向、不同的立场提出自己的看法。虽然有的学生的看法比较极端，但也有不少学生的看法恰恰是老师想要表达的。这些原本是老师说教式的语言，通过他们表达出来，对学生的触动更大。作为教育心理剧，要带有一定的教育目的，班主任对过程的发展要有适当的控制，特别是刚刚接班的老师对教育心理剧的演出以及后面的学生评论的方向要加以指导，切不可任由学生发挥，否则会失去原有的教育作用。

第三节　班主任与家长的有效沟通

在学生的教育过程中，家庭教育和学校教育是相互依赖、相互作用的，分别发挥着不可替代的作用。因此，班主任与家长之间的沟通、合作，对学生教育具有重要的意义。但是，中职学校有些学生家长对孩子无暇教育；有些家长忽视孩子成长期心理上的教育和关注；有些家长不善沟通，长期不与班主任交流，致使学生与家长之间的关系冷漠乃至恶化，甚至发生尖锐的矛盾。班主任如何与家长进行有效沟通不仅是学校问题，更是一个急需解决的社会问题。

一、班主任与家长进行有效沟通的策略

1. 班主任要尊重家长，打好与家长沟通的基础

尊重学生家长是班主任与家长取得有效沟通的首要条件，美国社会心理学家蒂鲍特和凯利提出的社会互动理论认为，任何人际关系的本质是互动，而互动的核心是相互依赖，社会学中将这种相互依赖称之为“相倚”。应该说，教师与家长的互动追求应当是“彼此相倚”型的互动，因为在这种类型的互动中，才能真正凸现双方的主体地位，体现主动性。但是现实中的情况往往是，教师是互动的主动方，决定了互动的激起、进行和结束，而家长属于被动方，总是被“牵着鼻子走”。因此，尊重家长，让家长在心理上取得与教师地位的平等，就为沟通打下了良好的基础。

尊重家长，首先要礼貌待人。不论在任何情况下请家长到校，均应主动给家长让座、倒水，要有为人师表的风度和人格魅力。其次，尊重家长要有理智的情绪。对于犯错误的学生，要求学生家长到校时更应注意控制自己的情绪，不能出现“爱屋及乌”效应，本来是孩子的过错，由于恼怒而把不满发泄到家长的身上。再次，尊重家长要讲求谈话的方法和策略。尽可能先说、多说孩子的优点，不应该当着学生家长的面训斥他的孩子。不管怎么样，听别人训斥自己的孩子肯定不好受。可先把家长叫出办公室，在一个单独的环境里向学生家长说明情况，形成一致意见。最后，尊重家长要虚心听取家长的意见和建议。如能经常征求并尊重学生家长的意见，会让家长觉得班主任比较民主、诚实可信，有利于班主任和家长的联系与沟通。

2. 班主任与家长要建立相互信任的平台

沟通是一种复杂的社会与心理现象，信任是沟通的台阶，没有高度的信任就不可能有非常成功的沟通。信任是班主任实现与学生家长良好沟通、开展合作的心理基础，能使交谈气氛和谐一致，提高双方的心理相容度。与家长谈话，是教师和家长的双边活动，是语言、情感的双向交流。班主任的为人、阅历、性格特征、心理因素等直接影响着谈话效果。

班主任首先要设身处地地理解家长。因为作为教师，教育阅历、方法等要比家长更专业一点。理解家长"望子成龙""望女成凤"的愿望与我们"望生成才"的愿望是一致的；理解家长生活质量、文化素质及对教育的理解与看法与教师都是有偏差的。很多家长把孩子送入学校后不管不问，这也正是家长对教育的期望和对教师的尊重。他们受传统的教育理念的影响，相信学校相信教师，他们一致认为学校是教育人的地方，教师一定能有好多方法，教育好他们的孩子。他们不知道现代教育的多元性和复杂性，更不知道现代教育的统一性和互动性。有了这样的心理前提，我们就会取得家长的理解从而达到沟通的可能。

班主任还要让家长理解自己的诚恳的、负责任的态度，就是要让家长知道你对他的孩子特别重视，沟通认真，而不是虚与委蛇。事前要对该学生的方方面面作充分的了解，包括学习成绩、性格特点、优点和缺点、家庭基本情况以及班主任为这个学生做了哪些工作等，最好拟一个简单的提纲，这样做的一个好处是：你在与家长交流时，就能让他感觉到你对他的孩子特别关心、重视，以及你工作细致、认真负责，家长也会提升其责任心，这样容易从情感上迅速沟通。

3. 班主任要坚持多元化原则，因人而异地采取合理有效的方法

常言说"人过一百，各色各样"，交流要因人而异，因时而异，因情而异。换言之，与不同的家长，在不同的情况下交流，需要有不同的方法策略。

（1）对于有教养的家长，尽可能将学生的表现如实向家长反映，主动请他们提出教育的措施，认真倾听他们的意见，充分肯定和采纳他们的合理化建议，并适时提出自己的看法，和学生家长一起，同心协力，共同做好对学生的教育工作。

（2）对于溺爱型的家长，交谈时，更应先肯定学生的长处，对学生的良好表现予以真挚的赞赏和表扬，然后再适时指出学生的不足。要充分尊重学生家长的感情，肯定家长热爱子女的正确性，使对方在心理上能接纳班主任的意见。同时，也要用恳切的语言指出溺爱对孩子成长的危害，耐心热情地帮助和说服家长采取正确的方式来教育子女。启发家长实事求是地学生的情况，千万不要袒护自己的子女，因溺爱而隐瞒子女的过失。

（3）对于放任不管型的家长，班主任在交谈时要多报喜，少报忧，使学生家长认识到孩子的发展前途，激发家长对孩子的爱心与期望心理，改变对子女放任不管的态度，吸引他们主动参与对孩子的教育活动。同时，还要委婉地向家长指出放任不管对孩子的影响，使家长明白，孩子生长在一个缺乏爱心的家庭中是很痛苦的，从而增强家长对子女的关心程度，加强家长与子女间的感情，为学生的良好发展创造一个良好的环境。

（4）对性格粗暴、刚愎自用、甚至蛮不讲理的家长，要以冷对"热"，以静制动，以柔克

刚。越是难以理喻，就越要坚持晓之以理。要做到先倾听而后以动，要宽容、理解。

二、班主任与家长沟通时应注意的问题

1. 克服互相埋怨的情绪

在面对后进生的时候，班主任与家长间易互相埋怨，一方怨老师不会教，一方怨家长不会养，导致双方产生对立情绪。班主任在与家长交流时，要具体分析问题产生的原因及其解决办法，防止只“揭短”“告状”的现象。

2. 避免伤害家长的感情

班主任往往对喜欢的学生大力表扬，而对一些不称心的学生指责有加，在家长面前大力批评，导致家长的感情受到伤害，迁怒于孩子。结果造成学生家长怕见老师，影响了家校的联系。因此，在与家长交往中，班主任要客观对待学生的错误，以商量的口气与家长共商教育方法。

3. 正确评价学生

班主任与学生家长的接触，往往离不开评论学生。这时，首先要了解家长的道德修养水平，先请家长谈学生在家的表现，然后班主任谈学生在校的表现，避免家长由于学生在校出现问题产生心理压力，搞僵关系。其次要客观、全面地评价学生，不能好的都好，坏的全坏。应让家长听到教师的肺腑之言，使其产生与班主任共同教育学生的愿望。班主任与家长谈话时，一定要避免只“告状”，除将孩子的问题告诉家长外，对孩子的进步也要实事求是地谈。在谈孩子的缺点时，教师还应主动、坦诚地检视自身在工作中的失误，商讨纠正、改进的措施。让家长觉得你是在真心实意地爱护他的孩子，从而接受你的意见并积极配合。

班主任与学生家长在教育目标上是一致的，二者之间不存在领导与被领导、教育与被教育的关系。班主任在工作中会遇到各种各样的学生家长，遇到问题时要头脑冷静，要意识到每位家长都希望有个引以为荣的子女，绝不能“越位”训斥家长。既不能把学生的过错强加到家长身上，也不能把对学生的气撒在家长身上。作为班主任，应心平气和地用商量、征询的口气。向家长解释，主动协调，共同探寻解决问题的途径，这才是解决问题的方法。班主任只有与家长构建通畅的、合作的、愉悦的交流沟通氛围，才可能共同教育好学生，完成各项教育任务。

第十三章　就业与升学指导

走出中等职业学校校门，每一位同学都将面临重要的人生选择，升学或就业。班主任作为学生的“人生导师”，不仅仅是传道、授业、解惑，也要为学生的就业与升学提供帮助，而且这应当是班主任的职责和义务。因此，加强学生就业与升学指导是中职生教育不可推卸的重任。

第一节　就业指导

一、中职生就业现状分析

知己知彼是我们赢得每一场战役的前提。所以，在毕业前夕，在激烈的竞争面前，我们应该了解就业环境的基本现状，尤其是与自己专业相关、与自己兴趣相关的行业的就业形势。

（一）就业的概念

就业就是指具有劳动力的公民在法定劳动年龄内自愿从事某种具有一定劳动报酬或经营收入的社会劳动。如果再进一步分析就业的含义，则需要从三个方面进行界定：一是就业条件，是在法定劳动年龄内，有劳动能力和劳动愿望；二是收入条件，是获得一定的劳动报酬或经营收入；三是时间条件，即每周工作时间的长度。

就业需要就业能力。就业能力是指获得某项工作所需能力的总称。一个人想要顺利地找到工作，在工作中做出成绩，就必须具备一定的就业能力。就业能力包括一般就业能力和特殊就业能力。

一般就业能力是指一个人从事每项工作所需的观念、态度、情感等精神层面的管理、控制和驾驭能力。包括：① 一个人的世界观、价值观、人生观和就业态度与习惯；② 与工作有关的一些能力，主要是指处理与周围的人和工作环境的关系的能力，如怎样进行工作、如何与人相处等；③ 自我管理能力，如决策能力、对现实的理解能力、对现实资源的利用能力，以及有关自我方面的一些知识、对学校所学课程与工作中具体运用之间的关系的理解能力。

特殊就业能力是指某个职业所需的或环境所需的某种特殊技能，如会计必须具备较好的数学功底，护士需要某种特殊的护理技能，美术工作者必须具备色调感、浓度感、线条感和形象感等。

一般就业能力和特殊就业能力在职业活动中都很重要。要成功地从事某种职业，常常需要一般就业能力和特殊就业能力的有机配合。如果一个人只有一般就业能力而无特殊就业能力是很难胜任某种职业的，一个不精通医术的大夫又如何能给病人治病呢？同样，只有特殊就业能力而无一般就业能力的人也是很难在事业上取得成功的，一个缺乏团结协作、全心全意为人民服务的精神以及缺乏事业心和责任感的人，纵使有多娴熟的职业技术，最终也会成为职业中的失败者。

在现实生活中，一般就业能力更为重要。这是因为：① 社会在发展，科学技术的更新在加快，一般就业能力强的人能更好地适应社会，在掌握新知识、更新技术方面更具主动性与积极性；② 从事某种职业必须具备这种职业所需要的特殊就业能力，因此特殊就业能力容易引起个人、学校或单位的足够重视，而一般就业能力由于与工作的关系不是十分明显，因而很少被注意到，事实上，用人单位越来越看重一般就业能力，许多求职者就是因为一般就业能力不强而未被录用；③ 一般就业能力与失业关系密切。许多研究表明，人们失去工作并不是因为缺乏特殊就业技能，而是缺乏一般就业能力。美国一份有关失业的报告显示，失业人员中的90%不是因为不具备工作所需要的技能，而是因为不能与同事、上司友好相处，或者经常迟到。实际上，这些人失业是因为他们缺乏一般就业能力而不是特殊就业能力。平时我们常说的就业能力通常是指一般就业能力。

（二）全国劳动力市场面临的挑战与机遇

1. 我国劳动力市场面临的挑战

我国是一个劳动力大国，近几年的劳动力市场一直处于供大于求的局面。据国家统计局发布的2010年第六次人口普查数据，我国劳动力总数已经达到9.2亿人，比2000年多出1亿人。而且在2020年之前，将持续拥有9亿多的劳动力。

曾被称作史上最难就业季的2015年，我国高校毕业生为800万，而今后几年我国每年的大中专毕业生均超过800万，中职毕业生也有相当大的规模；由于农村地区经济发展的要求，产业结构的不断调整，技术的不断进步，导致农业需要劳动力的数量在急剧下降，有1.5亿至2亿的农村剩余劳动力要向城镇转移。由此可见，就业岗位的绝对不足已是不争的事实，就业形势十分严峻。

2. 国家规划给中职生就业带来的机遇

（1）积极响应国家号召，投身祖国建设大潮。

我们所处的时代正值国民经济发展的特殊时期，国家建设给中职生提供了无限的就业机会和发展空间。

国民经济的发展，需要全国劳动者的共同参与，更需要掌握了一定知识和技能的新一代中职生的踊跃参加。各个专业的中职生要审时度势，充分认识自我，把自己包括专业优势在内的各种优势发挥出来，一定能在祖国的建设大潮中找准自己的位置，创造价值，实现自我。所以，中职生们应该从国家的发展规划中去找到自己的位置和机会，努力投身到祖国的建设大潮中去，把自己在校期间学习到的知识和技能用于祖国建设，为社会主义建设添砖加瓦。可以从国民经济的发展规划、区域发展规划以及产业结构调整等规划中去找自己的位置。

（2）了解相关专业、相关行业的就业形势。

在这里，我们要特别强调，中等职业学校毕业生（简称“中职毕业生”）在就业方面具有得天独厚的优势，我们对就业形势既要看到严峻的一面，更要看到其具有广阔前景的一面。

随着我国国有企业改革和经济结构调整的进一步深化，在人口红利消失的产业升级的背景下，社会需要各种类型的人才，既需要设计宇宙飞船的科学家、发明家、移动通信和移动互联网方面的专家，也需要大量的会计、技师、厨师、服装设计师等。在我国今后相当长的历史时期内，现代制造业、社会服务业以及一些新兴的或特殊的职业类型，仍将是大量吸收就业人员的重要职业。受过良好职业训练、具有较强职业动手能力的中职生将受到欢迎。多项调查表明：中职毕业生仍居用人需求的榜首。

中职生之所以与其他社会人士不同，是因为中职生掌握着一定的专业知识和技能，这是中职生的优势所在。如果能够在自己的专业领域范围内就业，就容易在自己的职业生涯上有更好的发展。因此，同学们应该通过各种途径（如对本专业的师兄师姐们进行访谈，或者找自己的专业老师了解本专业师兄师姐们近几年毕业后的去向）关注本专业所对应的相关行业的就业形势以及发展趋势，这对自己在毕业前夕做出就业选择有很大帮助。

中职生与高校毕业生相比，在就业心态上更加务实，不会好高骛远，这也是中职生的优势。只要特别注意各地的人才发展规划，了解各地所需的紧缺人才类别，就可以在不同地区的发展中找到适合自己的机会。

（三）中职生就业的现状与形势分析

近几年，在就业形势日益严峻的情况下，社会上流传着这样一句话：本科生就业不如高职生，高职生就业不如中职生。的确，据统计，近几年我国大学毕业生的一次性就业率始终在75%左右徘徊，而中等职业学校（含职高、中专、技校）毕业生的一次性就业率早已突破

95%。中职学校针对企业生产一线培养的有技能的“蓝领”成为就业新宠，有些学校的毕业生供不应求。与大学生“就业难”截然相反，中职生出现了越来越吃香的趋势。

从就业率看2016年，全国中等职业学校毕业生人数为474.71万，就业人数为459.15万，就业率为96.72%，对口就业率为75.60%。2015年，全国中等职业学校毕业生人数为515.47万，就业人数为496.42万，就业率为96.30%，对口就业率为77.60%。

从就业去向看，数据（以下均不含技工学校）显示，到机关、企事业单位就业的占就业人数的45.49%；合法从事个体经营的占13.85%，表明在国家鼓励“大众创业，万众创新”的形势下，不少毕业生选择了创业就业道路；升入各类高一级学校就读的占25.10%，比2015年增加5.08个百分点。这充分表明，中高职衔接立交桥不断拓宽，为更多中职毕业生接受更高层次的教育提供了机会。

从就业结构看，从事第一产业的人数占直接就业人数的8.55%；从事第二产业的占31.43%；从事第三产业的占60.02%，比上年增加4个百分点，表明服务业成为中职毕业生就业的主渠道。

从专业大类看，能源与新能源类、加工制造类、教育类、医药卫生类、旅游服务类、轻纺食品类、交通运输类、石油化工类、休闲保健类等9大类专业对口就业率均超过平均对口就业率，其中能源与新能源类专业对口就业率高达81.60%，这表明越来越多的毕业生实现了对口就业，职业院校专业建设越来越契合社会经济发展的需求。

从就业地域分布看，185.48万人在本地就业，占直接就业人数的67.26%；0.94万人在境外就业，占0.34%；89.37万人在异地就业，占32.40%，比上年增加了3.49个百分点。这表明，中职毕业生就业地域仍然以本地就业为主，成为地方产业大军的主要来源和经济社会发展的重要人才支撑。各地中职毕业生就业形势总体向好，地区差距不断缩小。

从就业质量看，在直接就业的学生中，签订劳动合同的比例达88.68%，就业稳定性较高。就业月平均薪酬2 001~3 000元的占37.70%；3 000元以上的占15.76%，比2015年增加了3.74个百分点；有社会保险的就业毕业生达84.61%。毕业生的薪金待遇和社会保障状况有较大改善，毕业生对就业满意度表示不满意的仅占毕业生总数的3.38%。

从职业指导看，毕业时取得资格证书的人数占毕业生总数的76.92%。在直接就业学生中，经学校推荐就业的占总数的70.67%；经中介介绍就业的占6.47%；经其他渠道就业的占22.86%，学校推荐仍然是中职毕业生就业的主要渠道。

（四）中职生就业的优势与不足

1. 中职生就业的优势

与高职高专、本科院校毕业生就业人群相比，中职毕业生备受青睐，有其优势。其主要原因在于中专毕业生可塑性大，动手能力好，敬业精神较强，能将所学专业随时应用于实践。

（1）中职生具有自身的专业特长。

中职生的优势不在于学历和理论水平，而在于实际技能水平。中职生是受过良好的技术训练而具有较强的动手能力的人才，比本科生更具有专业技能特长、动手能力、较强的接受能力和发展潜力，在人才市场中有一定的竞争力。

（2）中职生就业的要求切合实际。

近些年，在大学毕业生就业率只有 74%的情况下，中职生就业率始终保持在 95%以上。一方面是因为中职生具有企业要求的专业技能和动手能力；另一方面是因为生产一线需要的人才比较多，而大学毕业生恰恰不愿意去生产一线，思想定位、就业期望比较高，相反，中职生的就业期望更切合实际，愿意在一线从事生产工作，流失率低，比较受用人单位的欢迎。

（3）中职生可塑性强。

中职毕业生从学校毕业，生理、心理年龄比较小，涉世不深，思想比较单纯，又经过学校有针对性的专业技能培养和职业道德方面的教育，敬业精神较强，能将所学专业知识与技能随时应用于实践。所以，在人才市场上比较受用人单位的信赖。

（4）中职生就业渠道多。

目前，中等职业学校积极采取办学形式灵活多样化、专业技能训练一专多能化、专业素质提升职业化的培养模式，为学生毕业后实现多渠道就业奠定了坚实的基础。

（5）中职生升学创业选择机会更多。

全国中职毕业生的出路十分宽广而顺畅，除就业外，还可以通过参加普通高考、成人高考等渠道上大学继续深造，可以参加专为中职升高职设置的“3＋专业证书”高考，进入高等职业院校继续深造学习，毕业后以较扎实的理论知识和较强的专业技能实现较高层次的就业。

2. 中职生就业的不足

中职生的最大优点就是毕业就业比较快，可以尽早掌握一门专业技术并积累足够的工作经验。但是中职生就业的不足也是显而易见的，主要是理论层次比较低，专业水准起点低。工作过程中需要不断学习，不深学就不足以“致用”，可能会被同行本科专科毕业生后来居上。一名中职生的职业规划应该是这样的：一方面努力工作，积累足够专业经验。另一方面继续学习，考取更高学历，尤其要适时考取行业资格证书，以确保发挥自身优势，避免自身劣势。

二、树立正确的就业观念

（一）树立面向基层从小事做起的就业观念

一线的工作既是同学们刚刚走出学校，走向社会，第一次了解社会、适应社会的重要途径，又是同学们成长发展过程中的实践性环节。有的同学认为，自己读了那么多年书，取得了各种技能证书，到基层一线工作是大材小用，甚至认为是浪费人才。他们没有认识到基层一线工作对于青年学生成长进步的重要性和必要性，更看不到在基层一线工作是锻炼自己、磨炼自己、缩短适应期的重要途径。因此，中职生要根据自己的专业需求、学历层次以及就业起步阶段的特点，正确地调整自我，从小做起，从头做起，勇于并乐于到基层一线去工作，为走出校门后客观正确地了解社会创造条件，使自己的主观愿望与客观实际相结合，夯实今后成长发展的基础。

要坚持务实的态度，切勿好高骛远。一部分学生在就业时，工种要求高，挑三拣四，犹豫不决，错过了许多面试机会，给自己造成了一定心理压力。所以中职生求职时必须务实，踏踏实实，从基层一线做起。要正确认识社会和自己，就业起点不一定太高，充分发挥中职生的专业知识和实用技术，踏踏实实地干，在工作中不断地积累经验，提高自己的专业水平，为以后的发展打好基础。

（二）树立“先择业，再就业；先发展，再创业”的就业观念

当代毕业生应按照“先择业，再就业；先发展，再创业”的就业思路，树立循序渐进、不断发展的就业观念。就业指导帮助我们找到了适合长期发展的职业方向，有些同学找到了很清晰具体的方向，有些同学只找到了大方向，这些都是正常的、合理的。但还有些同学在求职过程中存在想要一蹴而就、急于求成的思想，一职定终身，甚至不管三七二十一先找个工作就业了再说。这些同学看不到社会需求的变化和产业结构的调整对自己就业志向和就业岗位的影响，没有把规划、择业、就业和创业看成一个循序渐进、不断发展的过程，必然会导致“短视”的就业现象。

事实上，职业学校的学生在毕业以后的求职过程，既是不断地认识自己、充实自己和提高就业竞争力的过程，也是对职业特点、岗位要求和从业条件不断深化认识、优化职业目标的过程，更是克服困难、勇于摔打、走向成功、向更深层次发展的过程。

（三）树立“能做好的工作就是好工作”的就业观念

职业无贵贱之分。有些毕业生把从事体力劳动或服务业等工作看成是“低贱”的。其实职业无贵贱，凭自己的劳动换取报酬养活自己都是高尚的。很多毕业生无根据地给自己定位，不肯改变自己的就业取向，不肯降低自己的“身价”，这也是很多毕业生就业面临困境的根源。对社会没有全面的认识，没有生存危机感，也导致了毕业生过度依赖，迟迟不能自立。其实，任何职业就看你是否适应，能不能干好，能干好的工作就是好工作。

三、求职材料的准备

所谓求职书面材料，就是对求职者的情况作介绍的书面资料。

（一）求职材料的内容

一份较完整的求职材料对求职成功至关重要，一套完整的求职材料应该包括下列内容：

1. 求职信

求职信是求职者以书面形式向用人单位提出求职请求的文函，但是并不是所有单位都要求有求职信，学生要根据实际情况斟酌。

2. 个人简历

在简历中概括介绍自己的基本情况，包括教育背景、专业情况、实践 经历、获奖情况等。

3. 推荐表或推荐信

学校一般都会统一制作推荐表，由学校、院（系）填写推荐意见、除此之外，学生可以找合适的人为自己写推荐信。

4. 证明材料

凡是能够证明某种能力及其达到水平的证书，都可以作为证明材料，这是求职材料的重要内容。

下面给同学们重点介绍如何准备求职材料。

（二）求职信的定义

求职信是求职者写给用人单位的信，目的是让对方了解自己、相信自己、录用自己，它是一种个人向用人单位介绍自己的信函。求职信能够起到毛遂自荐的作用，好的求职信可以拉近求职者与人事主管（负责人）之间的距离，获得面试机会的几率会高一些。因此，求职信的内容应紧紧围绕我“符合要求”“我可以胜任”“我有诚意应聘”来展开。求职信的格式有一定的要求，内容要求简练、明确，切忌模糊、笼统、面面俱到。

（三）写求职信前的准备

写求职信动笔前要考虑的五个问题。

1. 未来雇主需要的是什么？
2. 你的目标是什么？
3. 你能列举哪些与这份工作相关的自身优势？
4. 如何把你的经历与此职位挂钩？
5. 你为什么想为此机构或雇主服务？

（四）求职信的结构与写法

1. 求职信的结构

（1）标题：求职信（自荐信）。

（2）称谓：尊敬的女士／先生；尊敬的领导。

（3）问候语：您好！

（4）正文：正文一般分为三个部分。

第一部分（导言）：写出你应聘的缘由，或写明你是如何知道该职位的招聘信息的。

第二部分（主体）：简述你的基本情况并且表达你是如何满足公司要求的，重点突出你和职位匹配的优势或者能力。

第三部分（结尾）：表达希望被录用的愿望。表明你希望得到回音，希望得到面试和工作机会。

（5）敬语：按信函格式写，如“此致，敬礼！”“祝您健康”“祝公司业务蒸蒸日上”之类。

（6）落款：写明姓名、日期、联系方式、附件（代表你学历、能力等的证明材料）。

案　例

求职信（标题）

尊敬的领导：

您好！

首先感谢您在百忙之中阅读我的自荐信，为满腔热情的中专生开启一扇希望之门。

我叫莫勤，是一名即将于2016年7月毕业于酒泉卫生学校护理专业的学生。在择业之际，我满怀着一颗赤诚的心和对事业的执着追求，真诚地自荐。

在校期间，我孜孜不倦，勤奋刻苦，获得了护理方面的基本理论、基本知识和基本技能。经过一年的实习，我在护理技术方面有了丰硕的收获，使我变得更加成熟稳健，专业更加扎实。

通过在校里努力学习，我掌握了丰富的专业知识和熟练的技能操作。比如：无菌技术，导尿术，灌肠术，下胃管，口腔护理，成人静脉输液，氧气吸入，皮下、皮内注射等技术。医院的实习经历，让我学会了老护士们娴熟的专业技能。各科病房的工作，让我学会了临危不乱，耐心护理，微笑待人，用最大的理性对待患者病情，怀着最赤诚的爱心去面对患者。

过去并不代表未来，勤奋才是真诚的内涵。对于实际工作，我相信我能够很快适应工作环境，并且在实际工作中不断学习，不断完善自己，做好本职的工作。如果有幸能够加盟贵单位，我坚信在我的不懈努力下一定会为单位做出应有的贡献。

我热爱护理工作，殷切期盼能够在您的领导下为护理这一光荣事业添砖加瓦，并在工作中不断学习进步。

最后，请接受我最真诚的谢意。祝贵单位事业蒸蒸日上，屡创佳绩！

求职人：××

电话：155××××××××

2017年6月13日

（五）写求职信的八大原则

求职者在写求职信时，应遵照以下八个基本原则。

1. 针对性原则

对不同的雇主和行业，求职信要体现出明确的针对性。

2. 价值性原则

能明确提出你能为未来的雇主做些什么，而不是他们能为你做什么。

3. 精准性原则

求职信要有明确的方向，精准的求职目标。

4. 积极性原则

不要对你的求职形势或人生状况表达任何消极的态度。

5. 直接性原则

要直奔主题，不要唠叨。

6. 诚实性原则

不要写没有实力的空话、套话和大话。

7. 精简性原则

内容不要超过一页，除非要求写详细。

8. 仔细检查原则

任何打印或拼写错误都不要出现在你的求职信中，在你发送之前可以先让其他人帮忙检查一遍。所有发出的求职信版本都应该及时存档，包括你的信件、传真、E-mail（邮箱），并保存好你的求职记录，以便下一步行动。

（六）学会写简历

细节成就所有。想要自己脱颖而出，除了良好的谈吐举止之外，还要有好的简历。简历是一个人的形象代表，所以简历的编写也是需要费下心思的。要写出一份出色的简历，最基础的原则就是在你的简历中要有重点，要让招聘者看到你的应聘态度。

所以作为求职者，自己一定要清楚个人简历是一份求职者给招聘单位发的个人简要介绍，是用人单位了解求职者、与求职者沟通最方便的手段。个人简历是求职过程中最重要的文档，使用专业的个人简历，会获得比其他人更多的面试机会。相反，如果写得不好，将失去面试的机会。

简历中概要介绍自己的基本情况，包括个人基本信息、求职意向、教育背景、专业情况、实践经历、获奖情况等，这是求职者必备的求职资料，也是求职书面材料最主要的内容。

1. 个人简历的编写原则

（1）简明扼要

内容资料要简明扼要，基本情况要一目了然，让招聘者能直接明了地看到自己的基本信息、专业特长等。

（2）推销自己

把简历看作一支广告，成功的广告要求简短而富有感召力，并且能够多次重复重要的信息。简历应该限制在一页纸以内，个人情况介绍不要以段落的形式出现，尽量运用动作性短语使语言鲜活有力。在简历页面上端写一段总结性的语言，陈述你应聘该职位最大的优势，然后再在个人介绍中将这些优势以经历和成绩的形式加以叙述。此外，还需要一张正能量的有气质的照片。

（3）重点突出

要陈述有利的信息，争取成功的机会，也就是说尽量避免在简历阶段就遭到拒绝。一个招聘者希望看到应聘者对自己的事业采取的是认真负责的态度，因为雇主在寻找的是适合某一特定职位的人，这个人将是众多应聘者中最合适的一个人。在写简历时，要强调本人胜任该职位的重要优势和在该岗位能实现的工作目标，语言要简短，多用动词，并且要避免可能会使你被淘汰的不相关信息。

2. 个人简历的内容

一份简历，一般可以分为四个部分。

第一部分：个人基本情况。应列出自己的姓名、性别、年龄、民族、籍贯、政治面貌、毕业学校、系别及专业、婚姻状况、健康状况、身高、爱好与兴趣、家庭住址、电话号码等。

第二部分：学历情况。应写明曾在某某学校、某某专业或学科学习、起止日期，并列出所学主要课程及学习成绩、在学校和班级所担任的职务、在学校期间所获得的各种奖励和荣誉。

第三部分：工作资历情况。若有工作经验，最好详细列明，按由近至远的时间顺序，详述工作单位、日期、职位、工作性质等。

第四部分：求职意向。即求职目标或个人期望的工作职位，表明通过求职你希望得到什么样的职位，以及你的奋斗目标，可以和个人特长等结合在一起。为体现不同人群的特点，四部分的排序及组合会根据实际情况略有不同。

个人简历（样表）

<table>
<tr><td>姓名</td><td>×××</td><td>性别</td><td>女</td><td rowspan="5">照片</td></tr>
<tr><td>政治面貌</td><td>团员</td><td>民族</td><td>汉</td></tr>
<tr><td>出生年月</td><td>1998 年 8 月 8 日</td><td>健康状况</td><td>优</td></tr>
<tr><td>籍贯</td><td>甘肃、酒泉</td><td>身高</td><td>168 cm</td></tr>
<tr><td>毕业院校</td><td>酒泉卫生学校</td><td>专业</td><td>护理</td></tr>
<tr><td>学历</td><td colspan="2">中专</td><td>地址</td><td>肃州区解放路 36 号</td></tr>
<tr><td>联系电话</td><td colspan="2">1390937××××</td><td>邮箱</td><td>××××@qq.com</td></tr>
<tr><td>教育背景</td><td colspan="4">2006 年 9 月—2009 年 6 月就读于甘肃省酒泉市肃州区一中
2010 年 9 月—2014 年 6 月就读于酒泉卫生学校</td></tr>
<tr><td>主修课程</td><td colspan="4">护理基础、外科护理、内科护理、儿科护理、妇科护理、护理实训、病原微生物、解剖、生理、药物基础等</td></tr>
<tr><td>自我评价</td><td colspan="4">本人乐观向上，工作认真负责，耐心细致，专业知识扎实、学习能力强，有上进心和责任心，良好的沟通能力和团队精神，能在短时间内适应新的工作环境，并会对工作付出全部热情！
我是一个乐观开朗、能吃苦、爱劳动、责任感强的女孩，有着三年学生干部工作经验，综合能力较强</td></tr>
<tr><td>获奖荣誉</td><td colspan="4">2014 年 9 月，获校级三号学生
2015 年 9 月，获校级优秀学生干部
2016 年 6 月，获得青年志愿者先进个人
2016 年 6 月，取得护士资格证书</td></tr>
<tr><td>实习经历</td><td colspan="4">2014 年 6 月—2015 年 5 月，酒泉市人民医院实习</td></tr>
<tr><td>求职意向</td><td colspan="4">护理及相关辅助工作。
我愿意从小做起，逐步发展，本人适合在护理岗位工作，喜欢与患者打交道</td></tr>
</table>

3. 如何把简历写的更完美

（1）内容突出。

简历中最重要的一部分就是内容，内容就是一切，所以在简历中一定要说明你的强项、成就以及过去的经验。没有实力，相信再好的外表也是不会吸引人的。内容要首先概括，然后要强调时间，并说明你能胜任这份工作，比如："组织了公司人员调整，削减了无用的员工，每年节约 550 000 元。"

（2）让简历外表醒目。

简历的外表不一定要华丽，但它应该醒目。审视一下简历的空白处，用这些空白处和边框来强调你的正文，或使用各种字体格式，如斜体、大写、下划线、首字突出、首行缩进或尖头。

（3）尽量使简历简短。

雇主可能会扫视你的简历，然后花 30 秒来决定是否面试你，所以一张纸效果最好。如果你有很长的职业经历，一张纸写不下，试着写出最近 5 ~ 7 年的经历或组织出一张最有说服力的简历，删除那些无用的内容。

（4）为你的简历定位。

雇主们都想知道你可以为他们做什么。含糊的、笼统的且毫无针对性的简历会使你失去很多机会，所以必须为简历定位。如果有多个目标，最好写上多份不同的简历，在每一份上突出重点，这将使简历更有机会脱颖而出。

（5）简短的总结。

总结是简历中最为重要的一部分，在人事很忙、没有时间仔细看的时候，总结就是最大的优点。在小结部分，可以写上最突出的几个优点，没有多少求职者写这几句话，但雇主们却认为这是引起注意的好办法。

（七）就业推荐表的填写

就业推荐表——求职者的身份和学历证明，就业的敲门砖。就业推荐表除了包含个人简历表中的基本信息以外，还包括学校简介、学生个人信息、自我鉴定、所学主要课程成绩和学校相关部门盖章。同学们在填写的过程中要以谨慎、认真的态度如实填写。

毕业生推荐表（样表）

<table>
<tr><td>姓名</td><td></td><td>性　别</td><td></td><td>出生年月</td><td></td><td rowspan="4">照片处</td></tr>
<tr><td>民族</td><td></td><td>政治面貌</td><td></td><td>生源地</td><td></td></tr>
<tr><td>学历</td><td></td><td>培养方式</td><td></td><td>学　制</td><td></td></tr>
<tr><td>学位</td><td></td><td colspan="2">研究方向</td><td colspan="2"></td></tr>
<tr><td colspan="2">外语水平</td><td colspan="2"></td><td>计算机水平</td><td colspan="2"></td></tr>
<tr><td colspan="2">在校担任职务</td><td colspan="2"></td><td>毕业生联系方式</td><td colspan="2"></td></tr>
<tr><td colspan="2">发表论文和
社会实践情况</td><td colspan="5"></td></tr>
<tr><td colspan="2">奖惩情况</td><td colspan="5"></td></tr>
<tr><td colspan="2">学院联系人</td><td></td><td>联系电话</td><td colspan="3"></td></tr>
<tr><td>毕业生自我评价及择业志愿</td><td colspan="6">毕业生签名：
年　月　日</td></tr>
<tr><td rowspan="6">所学主要科目及成绩</td><td>科目</td><td>成绩</td><td>科目</td><td>成绩</td><td>科目</td><td>成绩</td></tr>
<tr><td></td><td></td><td></td><td></td><td></td><td></td></tr>
<tr><td></td><td></td><td></td><td></td><td></td><td></td></tr>
<tr><td></td><td></td><td></td><td></td><td></td><td></td></tr>
<tr><td></td><td></td><td></td><td></td><td></td><td></td></tr>
<tr><td></td><td></td><td></td><td></td><td></td><td></td></tr>
<tr><td rowspan="2">学校推荐意见</td><td>学院对学生的综合评价</td><td colspan="5">负责人签字：　学院签章：
年　月　日</td></tr>
<tr><td>学校就业主管部门意见</td><td colspan="5">签　章：
年　月　日</td></tr>
</table>

（八）其他证明材料

凡是能够证明某种能力及其达到某种水平的证书、文件都可以作为证明材料，主要包括各类资格证书、培训证书、获奖证书、作品或其他各类成果等。此类材料作为求职材料的辅助内容，越充分、越具体，越能直接证明求职者的实力，也就越有可能为求职者加分。

四、面试礼仪

（一）什么是面试

面试是一种经过组织者精心设计，在特定场景下，以考官对考生的面对面交谈与观察为主要手段，由表及里测评考生的知识、能力、经验等有关素质的一种考试活动。所以，面试是用人单位选人的一种重要方法。面试给招聘者和应聘者提供了进行双向交流的机会，能使招聘者和应聘者之间相互了解，从而双方都可更准确地做出聘用与否、受聘与否的决定。

首先，精心设计，使面试与一般性的交谈、面谈、谈话相区别。其次，在特定场景下使面试与日常的观察、考察等测评方式相区别。日常的观察、考察虽然也少不了面对面的观察与交谈，但那是在自然场景下进行的。“面对面地观察、交谈等双向沟通方式”不但突出了面试“问”“听”“察”“析”“判”的综合性特色，而且使面试与一般的口试、笔试、操作演示、背景调查等素质测评的形式区别开来了。

在整个应聘过程中，面试无疑是最具有决定性意义的一环，事关成败。同时，面试也是求职者全面展示自身素质、能力、品质的最好时机。面试发挥出色，可以弥补先前笔试或是其他条件（如学历、专业）上的一些不足。所以在应聘的几个环节中，面试也是难度最大的一环。

（二）面试的具体形式

1. 一对一面试

在这种形式下，一个应试者与一个面试人员面对面地交谈，有利于双方建立较为密切的关系，加深了解。但由于只有一个面试人员，所以决策时难免有偏颇。

2. 小组对个人面试

通常是由二三个人组成面试小组对各个应试者分别进行面试。面试小组可由人事部门及其他专业部门的人员组成，从多种角度对应试者进行考察，提高判断的准确性，克服个人偏见。

3. 小组对小组面试

通常由面试小组（二三人组成）同时对几个应试者（最好是五六个）同时进行面试。在面试人员的引导下，完成一些测试和练习。在这个过程中，面试者对应试者的逻辑思维能力、解决实际问题的能力、人际交往能力、领导能力等进行测试，以便于做出用人决策。

（三）面试的主要内容

从理论上讲，面试可以测评应试者任何素质，但由于人员甄选方法都有其长处和短处，所以扬长避短综合运用，则事半功倍，否则就很可能事倍功半。因此，在人员甄选实践中，并不是以面试去测评一个人的所有素质，而是有选择地用面试去测评最能测评的内容。

面试测评的主要内容如下。

1. 仪表风度

这是指应试者的体型、外貌、气色、衣着举止、精神状态等。像国家公务员、教师、公关人员、企业经理人员等职位，对仪表风度的要求较高。研究表明，仪表端庄、衣着整洁、举止文明的人，一般做事有规律、注意自我约束、责任心强。

2. 专业知识

了解应试者掌握专业知识的深度和广度，其专业知识更新是否符合所要录用岗位的要求，以此作为对专业知识笔试的补充。面试对专业知识的考察更具灵活性和深度，所提问题也更接近空缺岗位对专业知识的需求。

3. 工作实践经验

一般根据查阅应试者的个人简历或求职登记表，进行一些相关的提问。查询应试者有关背景及过去工作的情况，以补充、证实其所具有的实践经验，通过工作经历与实践经验的了解，还可以考察应试者的责任感、主动性、思维能力、口头表达能力及遇事的理智情况等。

4. 口头表达能力

面试中，应试者是否能够将自己的思想、观点、意见或建议流畅地用语言表达出来。考察的具体内容包括：表达的逻辑性、准确性、感染力，音质、音色、音量、音调等。

5. 综合分析能力

面试中，应试者是否能对考官所提出的问题通过分析抓住本质，并且说理透彻、分析全面、条理清晰。

6. 反应能力与应变能力

主要看应试者对考官所提的问题理解是否准确，回答是否迅速。对突发问题的反应是否机智、敏捷、恰当，对意外事情的处理是否妥当等。

7. 人际交往能力

在面试中，通过询问应试者经常参与哪些社团活动、喜欢同哪种类型的人打交道、在各种社交场合所扮演的角色，可以了解应试者的人际交往倾向和与人相处的能力。

8. 自我控制能力

自我控制能力对于国家公务员及许多其他类型的工作人员（如企业管理人员）显得尤为重要。一方面，在遇到上级批评指责、工作有压力或是个人利益受到冲击时，能够克制、容忍、理智地对待，不致因情绪波动而影响工作；另一方面工作要有耐心和韧劲。

9. 工作态度

一是了解应试者对过去学习、工作的态度；二是了解其对现报考职位的态度。在过去学习或工作中态度不认真，做什么、做好做坏无所谓的人，在新的工作岗位上也很难勤勤恳恳、认真负责。

10. 上进心、进取心

上进心、进取心强烈的人，一般都有事业上的奋斗目标，并为之而积极努力奋斗。表现在努力把目前工作做好，不安于现状，且工作中常有创新。上进心不强的人，一般都是安于现状，无所事事，不求有功，但求无过，对什么事都不热心。

11. 求职动机

面试不仅可以了解应聘者为何希望来应聘单位工作，对哪类工作最感兴趣，在工作中追求什么,而且可以判断招聘单位所能提供的职位或工作条件等能否满足应聘者的要求和期望。

12. 兴趣与爱好

通过应试者回答业余时爱好哪些运动，喜欢阅读哪些书籍，喜欢什么样的电视节目，有什么样的嗜好等问题，可以了解应试者的兴趣与爱好，这对录用后的工作安排常重要。

13. 单位情况介绍与回答应试者问题

面试时考官还会向应试者介绍本单位及拟聘职位的情况与要求，讨论有关工薪、福利等应试者关心的问题，以及回答应试者可能问到的其他一些问题。

（四）面试的作用

面试与笔试相比，具有以下几个作用。

1. 可以考察到笔试甄选手段难以考察到的内容

笔试是以文字为媒介，考察一个人的知识，和技能素质，但很多素质很难通过文字表现出来，比如一个人的仪表风度、语言表达能力、反应的敏捷性等。有些素质虽然可以通过文字形式来反映，但因为应试者的掩饰行为或其他原因没能表达出来，这些素质就可以通过面试来考察。例如，对某些情况应试者不愿表露，对这些不愿表露的东西，在文字性的笔试、问卷等测试中可以做到天衣无缝，但在面对面、眼对眼的面试中就很难做到了，因为我们的身体不容易撒谎。

2. 可以综合考察应试者的知识、能力、工作经验情况

面试是考官和应试者之间的一种双向沟通活动，但面试的主动权还是控制在考官手里。面试测评时，考官要专即专，要广即广，要深即深，要浅即浅，具有很大的弹性和灵活性。笔试和心理测验等在这方面均不如面试。

3. 可以弥补笔试的失误，淘汰高分低能者

有些人在笔试过程中没发挥好，如果仅以笔试成绩作为录用依据，那么这些人就没有机会被录用了。但如果再辅之以面试，就会给这些人以再次表现的机会。在录用考试过程中，有些人虽然笔试成绩不算很高，但在面试中对答如流，表现极佳，显示出了很大的发展潜力，从而成为理想人选。

笔试还存在一定的局限性，比如笔试中难免有高分低能者，甚至冒名顶替者。在录用考试中，有的人笔试成绩很高，但面试时却表情木讷，对所提问题的回答观点幼稚、没有深度；有的则只能背书本知识，分析问题和解决问题的能力很差，这种人在面试时就会被淘汰。

4. 可以测评应试者的多方面素质

从理论上讲，面试只要精心设计、时间充足、手段得当，可以准确地测评出应试者的很多素质。如果说心理测验中的许多问卷是测评应试者的智力、心理、品德等的有效手段，那么把这些心理测验中的问题以口头问答的形式表现出来，往往会收到与笔试不同的效果。由于信息量利用的高频率，其测评质量会更高。如果在面试中引入无领导小组讨论、角色扮演、管理游戏等情景模拟的人才甄选手段，还可考察应试者的组织能力、领导能力等；如果引入工作演示的方法，还可直接考察出一些应试者的实际工作能力。甚至，就应试者的身体状况，通过面试也可获取大量信息。

（五）面试的特点

与求职资格审查、笔试、工作演示、试用等人才甄选方式相比，面试具有以下几个显著特点。

1. 面试以谈话和观察为主要手段

谈话是面试过程中一项非常重要的手段。在面试过程中，考官要向应试者提出各种问题，应试者要对这些问题逐一进行回答。主考官能否正确地把握提问技巧十分重要，他不仅可以直接地、有针对性地了解应试者某一方面的情况或素质，而且对于驾驭面试进程、营造良好的面试心理氛围都有重要影响。比如针对应试者的特长，提出一些启发性问题，使应试者进一步思索，展示其才华；当应试者的回答文不对题时，可利用提问调整话题；当应试者讲完后，可以通过短暂的沉思或补充性的追问，形成一个“缓冲区”，这对于激发应试者的兴趣、引发新的思路、转移话题都有益处。

观察是面试过程中的另一个主要手段。在面试中，要求考官善于运用自己的感官，特别是视觉，观察应试者的非语言行为。它不仅要求考官在面试中要善于观察应试者的非语言行

为，而且要能明确应试者的行为类型，进而借助于人的表象层面推断其深层心理。对应试者非语言行为的观察，主要有面部表情的观察和身体语言的观察。

国外一项研究表明，在求职面试中，从应试者面部表情中获得的信息量可达50%以上。面试过程中，应试者的面部表情会有许多变化，主考官必须能观察到这种表情的变化，并能判断其心理。例如，应试者面部涨得通红、鼻尖出汗、目光不敢与主考官对视，便反映其自信心不足，心情紧张；应试者的目光久久盯着地面或盯着自己的双脚，默不作声，反映其内心的矛盾或正在思考；当主考官提出某一难以回答的问题时，应试者可能目光暗淡，双眉紧皱，带着明显的焦急或压抑的神色，反映其对问题的回答不知所然。总之，主考官可以借助对应试者面部表情的观察与分析，判断应试者的自信心、反应力、思维的敏捷性、性格、情绪、态度等素质特征。

在面试过程中，除面部表情外，身体、四肢等在信息交流过程中也发挥着重要作用。比如手势，它具有说明、强调、解释或指出某一问题、插入谈话等作用，是很难与口头语言分开的。在面试过程中，具有不同心理素质的人，其身体语言的表现形式各不相同。一个情绪抑扬的人，他可能两肩微垂，双手持续地做着某个单调的动作，身体移动的速度相对较慢。而一个性格急躁的人，常常会无休止地快速运动手脚，双手还可能不断颤抖。一个缺乏自信和创新精神的人，会始终使自己的双手处于与身体紧密接触的部位，头部下垂。一个人紧张或焦躁不安时，往往会出现膝盖或脚尖有节奏地抖动，手指不停地转动手里的东西，摆弄衣服，乱摸头发等。

在面试过程中，听觉的运用也十分重要，主考官会倾听应试者的谈话，对应试者的回答进行适度的反应，当应试者的回答与所提问题无关时，会进行巧妙的引导。在倾听应试者谈话时，会边听边思索，及时归纳整理，抓住关键之处，对应试者的谈话进行分析。比如是否听懂了主考官的提问，是否抓住了问题的要害，语言表达是否具有逻辑性、层次性、准确性等。还会根据应试者讲话的语音、语速、腔调等来判断应试者的性格特征等。比如应试者声音粗犷、音量较大者多为外向性格；讲话速度快者，多为性格急躁者；爱用时髦、流行词汇者大多虚荣心较强等。

2. 面试是一个双向沟通的过程

面试是考官和应试者之间的一种双向沟通过程。在面试过程中，应试者并不是完全处于被动状态。考官可以通过观察和谈话来评价应试者，应试者也可以通过考官的行为来判断考官的价值判断标准、态度偏好、对自己面试表现的满意度等来调节自己在面试中的行为表现。同时，应试者也可借此机会了解自己应聘的单位、职位等情况，以此决定自己是否可以接受这一工作。所以面试不仅是主考官对应试者的一种考察，也是主客体之间的一种沟通、情感交流和能力的较量。主考官应通过面试，从应试者身上获取尽可能多的有价值的信息。应试者也应抓住面试机会，获取那些关于应聘单位及职位等自己关心的信息。

3. 面试内容具有灵活性

面试内容对于不同的应试者来说是相对变化的、灵活的，具体表现在以下几个方面。

（1）面试内容因应试者的个人经历、背景等情况的不同而无法固定。

例如，两位应试者同时应聘档案管理岗位，一位有多年档案工作的经历，一位是应届档案管理专业毕业生。在面试中，对前者的面试内容侧重于询问其多年来从事档案管理方面的实践经验，对后者面试的内容则侧重于了解其对该专业基础知识掌握的情况以及在校学习期间的情况。

（2）面试内容因工作岗位不同而无法固定。

不同工作岗位，其工作内容、职责范围、任职资格条件等都有所不同。例如国家技术监督局的有关技术监督岗位和国家人事部门的考录岗位，无论其工作性质、工作对象，还是任职资格条件，都有很大差别。因此，其面试的内容和形式都有所不同，面试题目及考察角度都应各有侧重。

（3）面试内容因应试者在面试过程中的不同表现而无法固定。

面试的题目一般应事先拟定，以供提问时参照。但并不意味着必须按事先拟定好的题目逐一提问，毫无变化。而要根据应试者回答问题的情况，来决定下一个问题问什么，怎么问。如果应试者回答问题时引发出与拟定的题目不同的问题，考官还可顺势追问，而不必拘泥于预定的题目。

总之，从考官角度看，面试内容既要事先拟定，以便提问时有的放矢，又要因人因“事（岗位）”而异，灵活掌握；既能让应试者充分展示自己的才华，又不能完全让应试者海阔天空地自由发挥，最好是在半控制、半开放的情况下灵活把握面试内容。

4. 面试对象具有单一性

面试的形式有单独面试和集体面试。在集体面试中，多位应试者可以同时位于考场之中，但主考官不是同时向所有的应试者发问，而是逐个提问、逐个测评。即使在面试中引入辩论、讨论，评委们也是逐个观察应试者表现的。面试的问题一般要因人而异，测评的内容应侧重甄别特征，同时进行面试会出现相互干扰的情况。

5. 面试时间具有持续性

面试与笔试的显著区别在于面试不是在同一个时间展开，而是逐个进行。笔试是不论报考人数的多少，均可在同一时间进行，甚至不受地域的限制。例如每年6月的高考，尽管报考人数数百万，且分布全国几十个省市，而考试时间却是统一的。因为笔试的内容有统一性，且侧重于知识考察，考察内容具体，答案客观标准，主观随意性较小，面试则不同。

（1）面试对象不同步。

考官提出问题，应试者针对提问进行回答，考察内容不像笔试那么单一，既要考察应试者的专业知识、工作能力和实践经验，又要考察其仪表、反应力、应变力等，因此只能因人而异、逐个进行。

（2）面试时间不统一。

面试一般由用人部门主持，因为各部门、各单位的工作性质、工作内容和任职资格条件等不同，所以面试差异大，无法在同一时间进行。

（3）面试时长不固定。

每一位应试者的面试时间，没有硬性规定，而应视其面试表现而定。如果应试者对考官所提问题对答如流，阐述清楚，主考官很满意，在规定时间甚至不到约定时间即可结束面试；如果应试者对某些问题回答不清楚，需进一步追问，或需要进一步了解应试者的某些情况，则可适当延长面试时间。

6. 面试交流的直接互动性

与笔试、心理测验等人员甄选方式不同，面试中应试者的语言及行为表现与考官的评判是直接相连的，中间没有任何中介形式。笔试、心理测验中，一般对命题人、评分人严加保密，不让应试者知道。而面试中，考官与应试者的接触、交谈、观察也是相互的，是面对面进行的。主客体之间的信息交流与反馈也是相互作用的。面试的这种直接性提高了考官与应试者相互沟通的效果和面试的真实性。

（六）面试的趋势

对近些年来面试实践的分析表明，面试出现了新的发展趋势。

1. 面试形式的丰富化

从单独面试到集体面试，从一次性面试到分阶段面试，从现场面试到网上面试，从非结构化面试到结构化面试，从常规面试到引入了演讲、角色扮演、案例分析、无领导小组讨论等情景面试。面试早已突破那种两个人面对面，一问一答的模式，而呈现出丰富多彩的形式。

2. 面试程序的结构化

以前考官对面试的过程缺乏有效的把握，面试的随意性大，面试效果也得不到保证。目前，许多面试的操作过程已逐步规范起来。从主考官角度，面试的起始阶段、核心阶段、收尾阶段要问些什么、要注意些什么，事先一般都有一个具体的方案，以提高对面试过程和面试结果的可控性。

3. 面试提问的弹性化

以前的许多面试基本等同于口试，主考官提出的问题一般事先拟订好，应试者只需抽取其中一道或几道题来回答即可，主考官不根据应试者对问题的回答情况提出新问题。主考官评定成绩仅依据事先拟订的具体标准答案，看回答内容的正确与否，实际上这只不过是笔试简单的口述形式而已。

现在的面试中，主考官的提问虽源于事先拟订的思路，却是适应面试过程的需要而自然提出的，前后问题是自然衔接的，问题是围绕测评的情景与测评的目的而随机出现的。最后的评分不是仅依据内容的正确与否，还要综合应试者的总体行为表现及整个素质状况评定，充分体现了因人施测与发挥主考官主观能动性的特点。

4. 面试结果的标准化

以前，面试的评判方式与评判结果没有具体要求，缺少可比性。近年来，面试结果的处理逐渐标准化、规范化，基本上趋于表格式、等级标度与打分形式等。

5. 面试内容的全面化

面试的测评内容现已不仅限于仪表举止、口头表达、知识内容等，已发展到对思维能力、反应能力、心理素质、求职动机、进取精神、身体素质等全方位的测评。且测评依据从以一般素质为依据发展到以拟录用职位要求为依据，包括一般素质与特殊素质在内的综合测评。

6. 面试考官的专业化

以前，面试主要由组织部门的人主持进行，后来实行组织人事部门、具体用人部门和人事测评专家共同组成面试考评小组。

许多单位实行用人部门培训面试测评技术、人事部门培训业务专业知识、并在面试前进行集中培训的办法，面试考官的素质有了很大提高，专业化程度明显提升。面试考官的素质对于提高面试的有效性、保证面试的质量有着至关重要的作用。

（七）面试小技巧

整体来讲，面试时应该注意以下几点。

首先，面试者必须以良好的心态面对主考官，做到彬彬有礼、不卑不亢。面试者要有亲和力，能与他人进行良好的沟通，所以在面试中应避免情绪波动，走向两个极端：一种是盲目自卑，怕回答错了被人笑话，于是畏首畏尾，不敢畅快地表达观点；另一种则是盲目自信，不把考官放在眼里，觉得对方不如自己。求职者应保持正确的心态，面试的目的是通过竞争谋求职业，不是向主考官乞求工作；而考官的目的是遴选优秀人才，增强公司的竞争力。求职者和考官不存在对立关系，因此最好的表现是平视对方、有理有节，让对方相信：你进入公司后有能力与同事和谐相处，有所建树。其次，面试者应注意自己的面试礼仪。面试时要做到仪表大方、举止得体。穿着前卫、浓妆艳抹会给考官留下不佳的印象，男性留长头发等装扮更应坚决避免。入座后，尽量不要出现抖腿、玩笔、摸头、伸舌头等小动作，这容易给主考官留下不成熟、不庄重的印象。最后，有些岗位需要很强的语言表达能力，面试时要特别注意说话的内容、语气及所表现出的诚意。说话颠三倒四、语意不清，会让人觉得应试者无法担当大任；话语虽然动听，但华而不实、缺乏诚意，也会让人产生不信任感。一般来说，考官测评的重点不在于求职者答案的正确与否，而在于论证是否能令人信服。因此，回答问题时，不要进行简单的肯定或否定，要辩证分析，从正反两面回答，同时还要逻辑严密、思路清晰。考官提出问题以后，不必急于回答。即便考官所提的问题与你事前准备的题目十分相似，也不要在对方话音刚落的时候立即答题，否则考官会觉得你没有用心答题，只是在背事先准备好的答案。

具体来讲，面试时要注意以下几点。

1. 仪表作为第一印象非常重要，良好的开端是成功的一半

穿衣服要适合自己的个性气质，自然得体，千万不要夸张。男性选好西装领带，还要整

理好发型；女性应该化素雅的淡妆，给自己信心，也是尊重别人。

2. 对考官的问题做精彩回答，有关个人经历的问题最重要

原因有二：首先，这些问题迫使应聘者重新回顾其职业生涯；其次，这是应聘者展示才华的良机。因此要认真把握，比如类似以下问题的回答。对于“你目前或最近离开的工作团队怎样？”可简单谈谈工作团队的人员构成，点明特点即可，如紧密协作，士气高，不要传闲话和流短蜚长。

如果考官问：“你解雇过人吗？”应该知道解雇员工是经理人的职责，如果你不曾解雇过员工，就说明你的管理经验欠完整。最简单的答复是肯定回答，不做任何的解释和理由说明。承认即可，点到为止。

3. 面试应避免的 12 种问题

（1）不善于打破沉默。

面试开始时，许多应试者不善于“破冰”，而是等待面试官展开话题。面试中，应试者又出于种种顾虑，不愿主动说话，结果使面试出现冷场。即便能勉强打破沉默，语音语调亦极其生硬，使场面更显尴尬。实际上，无论是面试前或面试中，面试者主动致意与交谈都会给面试官留下热情和善于与人交谈的良好印象。

（2）与面试官“套近乎”。

具备一定专业素养的面试官很忌讳与应试者套近乎，因为面试中双方关系过于随便或过于紧张都会影响面试官的评判。过分“套近乎”亦会在客观上妨碍面试者在较短的面试时间内做好专业经验与技能的陈述。聪明的应试者可以列举一至两件有根有据的事情来赞扬招聘单位，从而表现出你对这家公司的兴趣。

（3）为偏见或成见所左右。

有时候，参加面试前，应试者所了解的有关面试官或该招聘单位的负面评价会左右自己在面试中的思维。比如，误认为貌似冷淡的面试官严厉的态度是对自己的不满意，因此十分紧张。还有些时候，应试者遇到面试官是一位看上去比自己年轻许多的女士，心中便开始嘀咕：“她怎么能有资格面试我呢？”其实，在应聘面试这种特殊的供求关系中，应试者作为供方，需要积极面对不同风格的面试官。

（4）慷慨陈词却举不出例子。

往往在应试者大谈个人成就、特长、技能时，聪明的面试官一旦反问：“能举一两个例子吗？”应试者便无言应对。而面试官恰恰认为事实胜于雄辩。在面试中，应试者要想以其所谓的沟通能力、解决问题的能力、团队合作能力、领导能力等取信于人，唯有举例。

（5）缺乏积极态度。

面试官常常会提出或触及一些让应试者难为情的事情。很多人对此面红耳赤，或躲躲闪闪，或撒谎敷衍，而不是诚实地回答或进行正面解释。比方说面试官问：“为什么五年中换了三次工作？”有人可能就会大谈工作如何困难、上级不支持等，而不是告诉面试官：“虽然工作很艰难，但自己因此学到了很多，也成熟了很多。”

（6）丧失专业风采。

有些应试者面试时各方面表现良好，可一旦被问及现在所在单位或以前单位时，就会愤怒地抨击老板或者单位，甚至大肆谩骂。在众多国际化的大单位中，或是在具备专业素养的面试官面前，这种行为是非常忌讳的。

（7）不善于提问。

有些面试者在不该提问时提问，如面试中打断面试官谈话而提问，也有些人面试前对提问没有足够准备，轮到有提问机会时不知说什么好。事实上，一个好的提问，胜过简历中的无数笔墨，会让面试官刮目相看。

（8）对个人职业发展规划模糊。

对个人职业发展规划，很多人只有目标，没有思路。比如当面试官问及“您未来5年事业发展规划如何”时，很多人都会回答说“我希望5年之内做到全国销售总监一职。”如果面试官接着问“为什么”，应试者常常会觉得莫名其妙。其实，任何一个具体的职业发展目标都离不开对个人目前技能的评估以及为胜任职业目标所拟定的粗线条的技能发展规划。

（9）假扮完美。

面试官常常会问：“您性格上有什么弱点？您在事业上受过挫折吗？”有人会毫不犹豫地回答：“没有。”其实这种回答常常是对自己不负责任的回答。没有人没有弱点，没有人没有受过挫折。只有充分地认识到自己的弱点，也只有正确地认识自己所受的挫折，才能造就真正成熟的人格。

（10）被“引君入瓮”。

面试官有时会考核应试者的职业判断能力及职业道德方面的素养。比如面试官在介绍公司诚实守信的企业文化之后或索性什么也不介绍，直接问：“您作为财务经理，如果我要求您一年之内逃税 1 000 万元，那您会怎么做？”如果你当场抓耳挠腮地思考逃税计谋，或文思泉涌，立即列举出一大堆方案，都证明你上了他们的圈套。实际上，几乎在所有的国际化大企业中，遵纪守法都是员工行为的最基本要求。

（11）主动打探薪酬福利。

有些应试者会在面试快要结束时主动向面试官打听该职位的薪酬福利等情况，结果是欲速则不达。具备人力资源专业素养的面试者是忌讳这种行为的。其实，如果招聘单位对某一位应试者感兴趣的话，自然会问及其薪酬期望。

（12）不知如何收场。

很多求职应试者面试结束时，会因成功的兴奋或失败的沮丧语无伦次、手足无措。其实，面试结束时，作为应试者，你不妨表达你对应聘职位的理解；或者充满热情地告诉面试者你对此职位感兴趣，并询问下一步该怎么做；或者面带微笑和面试官握手并谢谢面试官的接待及对你的考虑。

（八）面试服饰搭配

1. 女士面试服饰礼仪

女士着装以整洁美观、稳重大方、色调高雅为总原则，在比较庄重的正式场合中，建议女士着深色的西服套装。套装的首选是裙装，其次是裤装。衬衣的搭配最好是纯色的，颜色以淡雅为佳。同时，服饰色彩、款式、大小应与自身的年龄、气质、肤色、体态、发型和拟聘职业相协调、相一致。

（1）庄重的外套。从服装调色盘中挑出一件中性色系、质料较好的外套，不要搭配有花边的衬衫，因为这会让你看起来稚气未脱、不够庄重，最好能与外套、裙子搭配，并有剪裁简单的衬衫。七分袖西装外套适合初入社会的青年人，青春又不失端庄。

（2）优雅的裙子。不论是否为套装，坐下时的裙长绝对不可以短于大腿的一半，将裙子往下拉，以防“走光”，说明这裙子太紧或太短。

（3）简单的配饰。小巧的钉式耳环最适合年轻的女孩子。不要戴太夸张的手表，表耳上有卡通造型或荧光色表带都不适合。选一双样式简单、鞋跟高度中等的女鞋，不要穿平底鞋或细高跟鞋。

（4）必要的妆容。记得把自己打扮得庄重得体，长发者需将长发束在脑后或高高梳起。化妆是必需的，即使你从未化过妆。肌肤良好的女性，只要准备腮红、睫毛膏及唇膏即可；肌肤稍有瑕疵者，则可用薄薄的粉底遮住。

具体搭配中的注意事项有：

（1）服装要得体。

女士求职服装一般以西装、套裙为宜，这是最通用、最稳妥的着装。不论年龄，一套剪裁合体的西装、套裙和一件配色的衬衣或罩衫外加相配的小饰物，会使你看起来显得优雅而自信，给对方留下良好的印象。切忌穿太紧、太透和太露的衣服。袒胸露背一般是西方女士参加社交活动的传统着装，但在我国却不一定适合。不要穿超短裙（裤）；不要穿领口过低的衣服；夏天，内衣（裤）颜色应与外套协调一致，避免透出颜色和轮廓，否则，会让人感到不庄重、不雅致，也给人轻挑之感，这是求职之大忌。大量的求职实践表明，不论是应聘何种职业，保守的穿着会被视为有潜力的候选人，会比穿着开放的求职者更容易被录用。

女性求职服装的颜色可有多种选择。有些女性认为面试时一定要穿黑色套装，这种穿法的确十分稳重，但是现在社会已接受一些较鲜艳的颜色，比如，谋求公关、秘书职位的女性穿黄色服装就容易被主试人接受，因为黄色通常能激发人丰富的幻想力和追求自我满足的心理。红色能显示人的个性好动而外向，主观意识较为强烈，而且有较强的表现欲望，这种颜色感染力强，容易打动主试人，令他振奋，使他印象深刻。

（2）鞋子要便利。

女士如何穿鞋也有学问，总的原则是和整体相协调，在颜色和款式上与服装相配。面试时，不要穿长而尖的高跟鞋，中跟鞋是最佳选择，既结实又能体现职业女性的尊严。设计新颖的靴子也会显得自信而得体，但穿靴子时，应该注意裙子的下摆要长于靴端。

（3）袜子要素雅。

袜子不能有脱丝。时装设计师们都认为，肉色作为商界着装是最适合的。为保险起见，应在包里放一双备用，方便脱丝时能及时更换。另外，不论你的腿有多漂亮，都不应在面试时露着光腿。

（4）饰物要少而精。

① 公文包或手提小包。包只带一个即可，不要两个都带。在多数面试场合，携带公文包比手提小包体现出更多的权威。可以把手提包的面试资料放进一个无带小提包，然后把它装进公文包内，但不要将包塞得满满的。如果个子较矮小，包则不宜过大，因为这样会极不协调。

② 帽子。不管是否戴帽子，对此都必须持谨慎态度。假如帽子与服饰很相配，就请选择一顶既无饰边也不艳丽却很雅致的帽子。一般有面纱的松软宽边的法式帽子在生职场上易使人心烦。

③ 首饰。首饰尽量少戴。应避免几个手指都戴戒指，尤其拇指戴戒指不易被人接受。耳环应当小巧且不引人注目。为了感到舒适，注意力集中，戴的耳环不要过长，以免发出“叮当”的声响或者触及脖颈，甚至挂到衣服上。朴实无华的项链是可以的，但别戴假珍珠或华丽的人造珠宝。令人喜爱的手镯是完全可以接受的，但镯子上的小饰物应当避免，其他刻有名字或字母的首饰也应避免。面试时一定不要戴脚镯。总之，戴首饰的重要原则是：少则美。

④ 眼镜。眼镜会使一些人外表增色，也可能使一些人显得不协调。尽量选择适合自己的镜框，式样宜新为好。另外，千万不可戴太阳镜（护目镜）去面试，当然，更不能戴反光镜。假如非戴眼镜不可，可选择隐形眼镜。

⑤ 围巾。一条漂亮的围巾有画龙点睛的作用。一些女士喜欢蓝灰色服装，但穿蓝灰色衣服往往会显得面部暗沉，如果配上一条色彩浓郁、风格热烈的围巾，就能让人显得生机勃勃。如果穿一套藏青色的西服，应围一条纯白的围巾，既能烘托红唇黑眸，又能保持藏青色清爽如水的气质，衬托出女性的敏捷和果断。另有一些女青年喜欢穿银灰色的衣服，银灰色是高雅大方的色彩，但若围巾搭配不当，便会显得呆板平淡。

⑥ 丝巾。丝巾飘逸清秀的特点最能烘托出女性的美，但选择丝巾时一定要注意与衣服的协调搭配。如花色丝巾可配素色衣服，而素色丝巾则适合艳丽的服装。

（5）发式要适宜。

在选择发型之前，应该先分析研究一下自己的脸型，有了彻底的了解后，才会选择出最适合脸型的发型。一般来讲，掌握以下几个原则即可。

① 高额角、低额角。如果脸型属高额角，发梢应向下梳，做刘海或波浪，让头发遮盖一部分前额；若是低额角，发梢应尽量离开前额往上梳，如果偏爱刘海，必须要短，决不能低于发线，避免使额头看起来更低。

② 宽额角、窄额角。对于宽额角，发梢应从两边向中间梳，用波浪遮掩住太宽的额角；对窄额角的年轻女士来说，情况正好相反，头发应沿两边向后梳，如果做了刘海，则发卷切不要让它伸延至太阳穴前。

③ 高颧骨、低颧骨。对于高颧骨，两鬓的头发往前梳，超过耳线，盖住颧骨，刘海不妨略长些，但不可梳中分式；至于低颧骨的年轻女士，两边的头发应往后梳，不要遮耳线，两鬓可以做发卷，以中间分开更好。

④ 大鼻子、小鼻子。对于大鼻子，头发应梳高或向后梳，避免中分，因为中分会使鼻子

显得更大，最好不要蓄刘海；小鼻子的年轻女士头发绝不要往上梳，应让刘海下垂，遮住发线，但刘海不可留得过长。

⑤ 突下巴、缩下巴。对于突下巴，两边及额前的头发都应该向上梳，让发线显露出来，脑后头发微微往上梳；对于缩下巴，额前和两鬓的头发都应向前梳，宜盖刘海和波浪，脑后头发要低而丰满。

⑥ 粗短颈子。头发四面向上梳，应蓄短发，永远不要让头发遮盖发线。细长颈子，头发要向后梳，避免选择较短的发式。

（6）化妆要淡而美。

对于女性求职者，化妆一定要坚持素而淡的原则，切不可浓妆艳抹。

① 嘴唇。嘴唇是脸部最富色彩、最生动的地方，也是最吸引人的部分，所以无论如何要使嘴唇显得有润泽感。年轻女士宜用紫色口红，避免用大红或橙红，过于刺目的嘴唇会给人以血盆大口的印象，使面试官避之不及。唇线不可画得太深，那样会使嘴显得突出和虚假。

② 眼睛。眼睛是心灵的窗户。因此，眼睛在面试时的作用是举足轻重的。为了使眼睛在面试时能动人而传神，面试之前就应稍加修饰，例如女士可以描一描眉毛，使眼睛更加有神。眼睛小的，可以在眼睛四周轻轻地描上眼线，但不能描得太黑太深，不要露出修饰的痕迹。单眼皮者也未必一定要去拉双眼皮，有的单眼皮传达出的眼神更坦率、更亲切。如果有近视、斜视和眨眼之类的毛病，就有必要戴上一副眼镜去面试，不要让眼睛的毛病影响了取胜的机会。

③ 鼻子。修饰鼻子，并不是要整容。可以在鼻梁上略施淡粉，因为面试时如果灯光太亮，会使鼻子出油发亮，如果天气太热，鼻梁上也容易出汗。有粉刺鼻、酒糟鼻和鼻炎者，最好提前到医院去诊治，以免影响面试的效果。平常鼻毛长的人，面试前要格外注意修剪，如果鼻毛横行，主试人见了一定会感到恶心。另外，鼻端上或眼角里不要留有污秽积物。

④ 香水。香水要与自身的气质相配，香味宜淡，闻上去要给人以舒畅的感觉。

（7）注意手和指甲。

女士的手通常是其气质外观的一个方面。为充分显示其魅力，指甲应保持干净，并修剪好，千万不要留长长的指甲。因为长指甲会使人联想起什么都不干的大小姐。另外不要涂艳丽的指甲油。

2. 男士面试服饰礼仪

男士最规范的着装形象应该是：笔挺的西装，真丝领带，简洁平整的衬衫，干净垂直的裤子，干净的皮鞋。西服颜色以深色为宜，灰色、黑色和深蓝色都是不错的选择，它能给人以稳重、可靠、忠诚、朴实、干练的印象。

（1）西装的选择。

在现代社会的公关社交活动中，人们普遍认为“西装革履”是现代职业男士的正规服饰。就求职面试活动而言，穿西装也是最为稳妥和安全的。因此，西装一般成为许多求职者的首选装束。然而，穿西装也有许多讲究。

① 颜色的选择。应聘者最好穿深色的西服，灰色、黑色和深蓝色都是不错的选择，它们给人以稳重、可靠、忠诚、朴实、干练的印象。

② 面料的选择。面试时，宜穿天然织物做的衣服。人造织物的光泽和质地给人一种廉价的感觉，通常不像天然织物做的衣服那样有种吸引人的“下垂”感。而且，这种面料常常留有人体的气味，还不易去除。从更细微的角度说，让人把应试者同“人造”联系起来总不大好，因为这会给人以虚假和缺乏深度的感觉。

③ 款式的选择。体瘦的人，如果着深蓝色或中粗竖条的西装，会显示其纤细、瘦弱的缺憾，而穿米色、鼠灰色等暖色调、图案选用格子或人字斜纹的西装，就会显得较为丰满、强壮。瘦高的人，宜穿双排扣或三件套西装，面料选用有质感和温暖感觉的，不要选用有廓形细窄而锐利的套装。瘦矮的人穿西装时，可用胸袋装饰手帕，为增加胸部的厚度，还可在内袋装入钱包、笔记本等物品。体胖的人可穿深蓝、深灰、深咖啡色等西装，忌米色、银灰等立体色。如果是带图案的西装，宜用 0.5 ~ 2 cm 的竖条。西装的款型可选用直线型的美国式，因为这会显得廓形锐利且苗条。另外，双排四粒扣西装可掩饰微挺的肚子。矮胖的人也可穿三件套，这样显不出身体的分割线，并且口袋里尽量不装物品。高而胖的人，宜穿用三粒扣的西装和单件西装，V 字部分长而使人显得潇洒。穿单件西装上衣时，宜穿深色上衣，配同色系的浅色长裤，这样既能掩饰缺点，又显得帅气十足。

④ 男士着西装十忌：忌西裤短，标准的西裤长度为裤管盖住皮鞋；忌将衬衫放在西裤外；忌衬衫领子太大，领脖间存在空隙；忌领带颜色刺目；忌领带太短，一般领带长度应是领带尖盖住皮带扣；忌不扣衬衫扣就佩戴领带；忌西服上衣袖子过长，应比衬衫袖长短 1 cm；忌西服的上衣、裤子袋内鼓鼓的；忌西服配运动鞋；忌皮鞋和鞋带颜色不协调。

（2）衬衫要素雅。

衬衫必须是长袖的。有些衬衣的袖口上有简单的链扣，给人以格外注重细节的感觉。颜色应当是白色或淡蓝色，不带图案或条纹。印有交织字母的衬衫可能有利也可能不利，有些面试者会认为这代表有个性、成功和自信，而有些人则认为这是炫耀，甚至有点粗俗。最安全的办法就是避开印有交织字母的衬衫。跟西服一样，衬衫的最理想布料也是天然织物。要穿那种经过精心缝制、专业洗涤、中度上浆（挺括）的全棉衬衫。

（3）领带要精致。

有些面试官说，在跟面试者握手时，领带首先受到关注。它可以使一套昂贵的西服显得很廉价，也可以使普通的穿着给人的印象提高一个档次。领带的面料选用 100%的纯丝即可，不要使用亚麻或毛料，前者容易缩水，后者显得太随便。合成织物显得廉价，而且打出的结也不美观。如果穿白色或浅蓝衬衣，就比较容易挑选与之相配的领带。领带应当为西服增色，且不能与西服的图案有任何冲突。领带的宽度依衣服款式的不同而不同，穿西服时，安全的着装规则就是领带宽度要接近西服翻领的宽度。传统的图案如立体形、条纹、印花以及不太显眼的螺旋纹布等都是可以接受的。行政主管一直喜欢立体宽条纹，因而这种布料被称为“权力条纹”。不过，要避开带有圆点花纹、图画（如动物、猎狗的头等）、体育形象（如马球棍和高尔夫球棒等）以及设计者的徽标的领带。很多面试官认为徽标尤其令人讨厌，它使人缺乏安全感，好像需要设计者的认可才能证明应试者的着装品位。给领带精心打结，这几年又开始流行小而紧的领结。系好的领带不要超过裤腰带。

（4）皮鞋要擦亮。

注意使鞋面保持锃亮，鞋跟要结实，破旧的鞋跟会使人显得疲软而萎靡。系带的皮鞋一定要检查鞋带是否干净且系紧了。松开或未系的鞋带会带来不安全感甚至可能将应试者绊倒。另外，切勿把黑鞋与棕色西装搭配，因为这样看起来不协调。

（5）袜子要配套。

如果选择的是一双鞋面较低的无带鞋，袜子尤其重要。无论如何，袜子的颜色应当和西服相配，通常应选蓝、黑、深灰或深棕色，不要穿颜色鲜亮或花格袜子。袜子要够长，在叠起双腿时才不至露出皮肤，因为这样十分不雅观。而且袜子要有足够的弹性，使它们不至于从腿上滑下或缩成一团。

（6）头发要自然。

求职者去应聘时要保持头发整洁，精心梳理，不要给人油光发亮、湿淋淋的感觉；发型简单、朴素、稳重大方，不要留鬓角，最好不要留中分头；头发也不能压着衬衣领子；胡须最好刮干净，不要留“人丹胡”、络腮胡。

（7）外套要便捷。

厚重的上衣已经逐渐被轻便的新式样代替了，因为它几乎适用于所有场合且耐用。另外，人们潜意识中往往对穿浅色上装的人投以更深的信任。如果好好注意一下便不难发现，在电影里扮演正面角色的男人出场时上衣定是浅色的，反之，反面角色定是深暗色。因此，假如你想穿上装去面试，请选择浅色调，以向面试官表示你是一位值得信任的人。

（8）公文包要简单。

简单细长的公文包是最佳选择。如果适合职业，携带一个整洁的文件夹。避免带任何会使人想起推销员的皮包。还要注意包带或包扣是否好使，把包拉上，是否能开合自如。当然，记得把必备的简历等资料装进去。

（9）手部要洁净。

手是人体中活动最多的部分之一，也常常是人们目光的焦点。因此，在面试官看你之前，先看看自己的手，必须洁净，并且不要留长指甲。

（10）饰物要简易。

① 皮夹。一件小巧的钱包不易使口袋鼓起变形。但钱包里的东西应是必需品。千万不要把各种信用证、家庭生活照等塞在里面。

② 手表。一块手表不仅是为了计时，而且应是一件装饰品。在你的支付能力范围内选择高质量的并和你的衣服相配的品牌。另外，也不应戴米老鼠之类的手表。

③ 手帕。放一块折叠雅致的手帕在西装上部的小口袋中，不仅可增加一个男人的情调，而且还可在出现尴尬局面时用它作掩饰。

④ 项链、装饰别针、手镯、耳环等饰物都是男性求职者面试时十分忌讳的。

（11）卫生要讲究。

身上的怪味应清除。面试时，应试者和面试官的距离一般不会很远，如果身上散发出汗臭味、腋臭味、烟味等怪味，面试官闻到了肯定会厌恶，这也要影响面试效果。因此，面试前务必把身上的怪味清除掉。清除怪味的办法有多种。一是面试前的那餐饭菜不要吃洋葱和大蒜，也不要喝酒，以免口腔怪味刺人，酒气熏天。饭后漱漱口，最好刷刷牙。二是面试前洗个澡，这样既可以把汗臭味冲洗掉，把腋臭味冲淡，也可以使应试者更加精神抖擞。三是面试前别吸烟，因为烟味会萦绕不散，气味难耐。四是可以在身上适度地喷些香水，香水既可驱散其他气味，又沁人心脾。香水需提前两三个小时喷，可擦在耳后、衣领处、手肘内侧、手腕、胸前及膝盖内侧，不要把香水直接喷在衣服上。香水的味道应选择清淡型的，如玫瑰香型、米兰型和黄桷兰型。其他具有性挑逗作用的香水切忌选用。

总而言之，爱美之心人皆有之。但对于求职者而言，其服饰除了要符合一般社交场合服饰的共同要求外，更要注重和突出服饰的职业特点，使着装打扮与应聘的职位相称，给人一种鲜明的职业形象。如拟应聘的是教师、工程师、干部等岗位，打扮就不能过分华丽、过分时髦，而应该选择庄重、素雅、大方的着装，以显示出稳重、文雅、严谨的职业形象；如果拟应聘的是导游、公关、服务等岗位，你就可以选择华美、时髦的着装，以表现活泼、热情的职业特点。

（九）面试场景常见的六大礼节

现在越来越多的企业在录用员工时重视对其人品的考察。因此，在面试时，考官们会随时注意求取者的言行举止。哪些举止得体者往往能获得考官的青睐？下面就通过问答方式来介绍一下面试场景的礼节。

（1）问：应提前多长时间到达面试地点？

答：提前 10 ~ 15 分钟到达效果最佳。在面试时迟到或是匆匆忙忙赶到都是不合适的，而提前半小时以上到达亦会被视为没有时间观念。到达面试地点后应在等候室耐心等候，并保持安静及正确的坐姿。

（2）问：假如一些小企业没有等候室怎么办？

答：在面试办公室的门外等候。当办公室门打开时应有礼貌地说声："打扰了。"然后向室内考官表明自己是来面试的，绝不可贸然闯入。假如有工作人员告诉你面试地点及时间，应当表示感谢。

（3）问：假如要敲门进入，该敲几次门？

答：敲两次是较为标准的。敲门时千万不可敲得太用劲。进门后不要用后手随手将门关上，应转过身去正对着门，用手轻轻将门合上。

（4）问：进入面试室后能否马上坐下？

答：等考官告诉你"请坐"时才可坐下。坐下后不要背靠椅子，也不要弓着腰，当然也不一定要把腰挺得很直，这样反倒会给人留下死板的印象，应该很自然地把腰伸直。

（5）问：与考官交谈时是否应始终注视对方？

答：这并不需要，但是不能漫不经心地四处张望。在交谈时应当显得自然，平时怎么和别人交谈的，面试时就怎么去做。

（6）问：面试结束后该怎么做?

答：站起来对考官表示感谢。在走出面试室时先打开门，然后转过身来向考官鞠躬并再次表示感谢，再轻轻将门合上。

第二节　升学指导

一、中高职一体化衔接

（一）中高职一体化衔接的概念

中高职衔接是指按照建设现代职业教育体系的要求，推动中等职业教育和高等职业教育协调发展，系统培养适应经济社会发展需要的技能型人才的培养模式。众所周知，中等职业教育是高中阶段教育的重要组成部分，重点培养技能型人才，发挥基础性作用；高等职业教育是高等教育的重要组成部分，重点培养高端技能型人才，发挥引领作用。构建现代职业教育体系，增强职业教育支撑产业发展的能力，实现职业教育科学发展，中高职一体化衔接至关重要。

从发达国家的高等职业教育来看，高级专业技术人才的培养基本上都归属于“高等职业教育”的范畴。因此，要想构建我国完善的中高职教育科学体系，必须尽快摆脱中职与高职、高职与本科层次衔接上的困境，搭建出中职和高职、本科以及研究生衔接的职业教育人才培养“立交桥”，这正是我国职业教育发展战略的重要举措之一。

（二）中高职衔接的现实意义

1. 培养高技能型人才的需要

企业的转型和产业的升级，对生产一线的从业人员的技能水平提出了更高的要求，进而对中等职业教育培养的人才标准提出了相应的较高要求。也就是说，传统的中等职业教育已经不适应现在的产业要求，也存在教育教学水平提高和岗位技能升级的要求。所以，教育部提出了用高等职业教育牵动中等职业教育发展，实现中高职协调发展的要求。

有人讲中高职衔接以课程衔接为核心有一定的道理，但是不全面。实际上，中高职教育的衔接从学生的成长角度、适应产业对人才要求的层面讲才是完整的。

第一，中高职衔接有学制上的衔接。可以是“3+2”，也可以是“2+3”，也可以 5 年一贯制。

第二，有培养方案上的衔接。不管是哪种学制，都应当统一制定人才培养方案，用一个培养方案确保课程结构上的衔接。

第三，有课程内容上的衔接。中高职的课程内容可能有重复，但这种重复应当是为了积累经验的重复。我们应当清楚，有些技能，特别是今天所说的高技能，是以经验积累为基础获得的。我们都知道，一定的经验积累是技能升为技巧的前提，熟练掌握技能也是形成技术能力的基础。

第四，有职业素质养成上的衔接。职业素质的培养不是课程能完成的，需要在职业活动中养成，而职业素质的养成是需要时间的。

第五，有学生心智发展上的衔接。高端技能型人才对学生的心智要求也是较高的，心智不成熟对技能的成熟，特别是复杂技能的掌握是有很大影响的。中高职衔接有利于学生从熟手向能手转变。

第六，有职业资格证书上的衔接。职业资格证书从中级工到高级工，从高级工到技师是需要时间的，中高职衔接有利于技师的培养，这恰恰是产业需要的。

2. 拉动中等职业教育发展的需要

随着产业的升级，中职毕业生满足不了企业的要求，就业有了困难；由于国家政策的局限，升学无路，这些原因造成了中职学校招生难。中高职的衔接必然拉动中等职业学校的招生，进而推动中等职业教育的发展。

众所周知，中等职业教育在我国具有非常特殊的教育地位。首先，它既是中等（高中阶段）教育的重要组成部分，同时又是大职业教育的重要组成部分。其次，它既具有与普通高中教育相同的教育对象和不同的培养目标，同时又具有与高等职业教育不同的教育对象和相近的培养目标。再次，它既要面对教育对象大多是初中阶段行为习惯和学习习惯存在一定问题的学生，同时又要面对社会各阶层对中职教育的不解、偏见与诋毁。最后，它承担了以人才选拔为目的的普通高中教育无法承担的最重要的教育责任和社会责任。因此，如此特殊的教育和教育对象，在教育过程中所面临的困难之多、压力之大、要求之高可想而知。

鉴于此，国家为了大力发展职业教育，给予中等职业学校很多政策支持和发展契机，打开中职生的升学通道就是其中一项。近年来，国家逐年增加高等院校面向中等职业学校的招生人数，打通中高职一体化衔接通道，使更多的职业学校学生毕业后的学历层次符合就业市场的要求。这样一来，一方面可以保证高等职业院校的生源质量和未来的办学质量，另一方面可以促进中等职业学校的招生、学风和质量的提升。

3. 我国中高职衔接的基本模式

中高职的衔接发展绝不是中职与高职两个系统的简单链接，而是两个系统在多种特征上兼容性的繁杂适配。经过多年的摸索与实践，我国在中高职衔接方面的研究已取得了一定的进展，在实际工作中也总结出了很多有效的衔接模式，从高职教育的角度来讲，我国目前中高职衔接的基本模式主要有以下几种。

（1）一贯制模式。

一个高职院校与几个中职学校形成的衔接模式，通常叫五年一贯制，具体可分为“3+2”和“2+3”两种形式，即学生在受完中等职业教育（3 年或 2 年）的基础上再接受高职教育（2 年或 3 年），毕业后发给相应的中职和高职文凭。一般情况下，这种衔接模式，中职和高职学校之间是要签订合作协议的，在人才培养方案的衔接上是规定好的。

（2）对口升学模式。

中职与高职学校根据各自的学制年限进行教育，部分中职毕业生（中专、技校、职高毕业生）完成三年中职教育后，通过对口升学考试进入专业对口的高职院校接受 2 ~ 3 年的高职教育的模式。中职毕业生自由选择报考高职院校，中高职学校没有合作关系。

（3）直通制模式。

直通制模式是在一所高职院校内部实施的模式。由高职院校直接招收初中毕业生入学，前三年（或两年）按中专教学计划实施教育，然后按三年（或两年）的学业成绩和综合表现择优选拔部分学生升入专科，再学习两年（或三年），完成高职专科学业，考试合格颁发专科毕业证书；未升入专科的学生，继续按中专教学计划再学习一年，完成中专学业，毕业时发给中专毕业证书。

对口招生和一贯制是现阶段我国中高职衔接的两种主要模式。五年一贯制模式的优势在于中高职院校之间有协议，学校之间在课程建设、实训基地建设等方面有沟通，可以避免课程内容重复等现象。对口升学模式招收的是专业对口的中职毕业生，从办学规模上看，远超过一贯制高职，但是，由于之前缺乏中高职人才培养上的沟通，存在着教学内容重复等问题。

二、对口升学概述

（一）对口升学的定义

对口升学是国家从高校招生计划中选择部分专业，拿出专门招生指标，对希望继续深造的中职生进行专业对口的升学考试。对口升学计划是属于当年高招计划的一部分，对口升学后，学生在校和毕业后与同年通过普通高考进入大学深造的学生享受同等待遇。对口高考科目一般为文化基础课程与对口专业课程。

（二）三校生的定义

三校生并非指三所学校，而是对来自技校（技工学校）、中专（中等专业学校）或职高[职业高级中学、高级职业中学（简称职业高中）]的学生的统称，是学习专业技能，不是成人教育。三校生和高中生的文凭是同等学力。三校生毕业以后可以参加工作，也可以参加三校生的单考单招考试，考取大专或高职院校，然后再进行专升本的考试，或者一次性考入部分本科院校。报考三校生是相对应届中学毕业生而言的。三校生可以报考高职，也可以考普通高校中的专科和部分应用型本科专业。高职有本科也有专科。高职是偏向于某一职业的高等教育，其职业带有专业的技术性，实用性比较强，而普通大学主要学理论，这就是它们的区别。当然，三校生也可以报考高中生参加的普通高考，但是三校生高考和普通高考不可兼报。

（三）三校生高考的定义

三校生高考就是对口升学模式的招生考试，即对口升学考试，是普通高等院校对口招收职业中专、职业高中的应、往届毕业生的招生模式。“对口”是指所报专业与所学专业相同或相近。有的地区称为对口单招，有的地区称为对口高考等，只是各地叫法不同而已。

这种高考指的是各省统一组织的、面向省内中等职业学校（技校、中专、职高等）学生的高等学校招生考试。考试内容分两大块，一块是文化基础知识考试，主要考核学生所学的文化基础知识；另一块是专业技能考试，主要考核学生所学的专业技能。其中，文化基础知识考试难度比普通高考低。招生学校主要是省内外部分高校的部分专业，其中有部分本科专业，较多的是专科（高职）专业，进校后和通过普通高考考入的高中生是一样的。考试的时间安排是每年的3月份报名，5月份考试，8月份录取。

（四）三校生高考的考试内容

对口升学考试，就是三校生高考。对口升学考试内容固定，凡职业学校应届毕业生均有报考资格。考试与普通高考时间不同，由本省单独出题，单独录取。考试分文化课和专业综合两部分，满分750分。其中，文化课包括语文、数学、英语，各150分，专业综合300分。同一院校招生中，职业学校对口升学考试录取分数大大低于普通高中录取分数，而且录取后学生在校学习和毕业后待遇完全相同。

（五）三校生高考的加分项

（1）学生在校期间参加县（校）级技能测试或技能竞赛的成绩不得超过80分。获县（校）级技能竞赛一等奖计80分，二等奖计70分，三等奖计60分，参加竞赛未获奖计50分。未参加竞赛的考生，由所在学校根据其在校期间学习、技能情况综合评判技能成绩，最高不得超过40分。县（校）级技能竞赛获奖人数按参赛人数的比例确定，一等奖占15%，二等奖占25%，三等奖占35%。同时取得国家认可的中级职业技能证书计20分，两项最高计100分。县（校）级技能成绩须由市（州）教育局核定后方可计分。

（2）获市级（甘肃）职业教育技能大赛一等奖计150分，二等奖计140分，三等奖计100分。

（3）获省级职业教育技能大赛（包括由教育部公布的全国行指委组织的全国行业性比赛）一等奖计180分，二等奖计170分，三等奖计160分。

（4）经省教育厅推荐，参加教育部每年度举办的国家级职业教育技能大赛并获奖的考生，一等奖计200分，二等奖计195分，三等奖计190分（已取得的国家认可的中级职业技能证书不再重复加分）。

三、应试技巧与报考指南

（一）考前注意问题

（1）考前生理准备。考试前一天晚上早点睡，考试当天不起早。饮食以清淡、可口、易消化吸收为原则。

（2）考前物质准备。考试前一天要整理好学习生活用具。首先是准考证；其次是钢笔、铅笔、圆规、直尺、量角器、三角板、橡皮等；再次是必要的生活用品，如手绢、清凉油等。

（3）考前心理准备。成绩优秀的考生应记住："没有常胜将军""不以一次成败论英雄"；成绩不太好的考生要有"破釜沉舟"的决心。

（4）考试当天早晨，应有良好的心理暗示。如"我很放松，今天一定能正常发挥""今天我很冷静，会考好的"等。

（5）注意早餐。早晨一定要丰盛，但不能过于油腻。

（6）浏览笔记、公式、定理和知识结构。主要是浏览一下重要的概念、公式和定理，或记一些必须强记的数据。

（7）自信地前往考点，要暗示自己有信心。暗示语如：全部科目我已做好复习；今天考试，我一定能正常发挥；对此我充满自信……

（8）进考室前 10 分钟。在考室外最好是一人平静地度过，可就近找个地方坐一会儿，或看一下笔记，再次浏览知识结构。设法避开聊天。

（9）入场前提醒自己做到"四心"。一是保持"静心"，二是增强"信心"，三是做题"专心"，四是考试"细心"。

（10）见老师，问声好。以消除对监考老师的敬畏感，获得一种和谐的亲近感。

（11）不要一心想"捞满分"。特别是对平时成绩中等上下的同学来说，一心想"捞满分"是大忌。当然，应该捞的分一定要捞，该放弃的也要敢于放弃。如果有时间再攻暂时放弃的题。

（12）试卷到手，首先填好个人资料。要按照考试要求，认真、准确、规范地填好准考证号码、姓名等相关内容。认真倾听监考老师宣读有关规则和注意事项，以免事后惹麻烦。

（13）答题前要纵览全卷。领到试卷后，先用几分钟浏览一两遍，做到胸有全局，起到稳定情绪、增强信心的作用。

（14）认真审题，明确要求。答题前，一定要高度集中注意力，快速、准确地从头至尾认真读题，一句一句地读。对不容易理解的或关键性的字句，要字斟句酌，反复推敲。

（15）先易后难，增强自信心。要先做基本题，即填空题、判断题，再做中档题，最后做综合题；或者先做自己擅长的题，最后再集中精力去做难题。

（16）做题时要避免两种不良倾向。一是思想静不下来，心神不定，不知从哪个题目做起，误了时间；二是在某一题上花过多的时间，影响做其他题目。

（17）力求准确，防止欲速不达。对答题速度的追求，应该建立在保证准确性的基础之上。如果对试题的要求、解答方案、解题步骤胸有成竹，便可一气呵成。

（18）卷面整洁，不让卷面扣分。答卷字迹工整，书写规范美观，会引起阅卷老师的愉悦感，增加评定的分数；反之则会导致印象不好而扣分（特别是作文）。

（19）尽量做完试题，分分必争。要做到会多少答多少，即使是没有把握也要敢写，碰碰运气也无妨。在标准化考试中，敢于猜测的考生有时也会取得较好的分数。

（20）认真检查，把好最后一关。要检查试卷要求、检查答题思路、检查解题步骤、检查答题结果，千万不要提前交卷。

（二）考场应试技巧

考试中不求能超常发挥，能发挥出自己已有水平即可。当然，在考场中也要有应试的技巧，为考生增分。那么应试技巧有哪些呢？

（1）各类物品准备齐全：考前一天将有效证件（身份证、准考证、条形码）、考试用物（签字笔、2B或HB铅笔、手表、橡皮、尺子、圆规）和水准备齐全，以免在考场上用到了，自己没有而带来不必要的麻烦。

（2）进入考场前：在高考当天基本已经定型，会多少就是多少了，不会的也就不会了。所以在进入考场前不要再强制性地看书背书了，这样可能会造成紧张心理，而且在这个氛围中也不可能记住什么东西，很可能还会影响考生对已经记住的内容的回忆。

（3）试卷到手之后：快速地浏览一下试卷的页数、质量检查是否有缺页漏页、模糊不清的情况，如果发现问题，立即向监考人员反映。接下来准确地填写个人信息，大致浏览一下试卷的内容，做到心里有数。

（4）从容冷静：有些学生一上场就紧张害怕，紧张是正常的，可是过度紧张就不利于发挥了。无论单招还是三校生，高考就是一次考试，应做到不急不躁，发挥出自己应有的水平即可。遇到不会的题要淡定，遇到熟悉的题更要认真。

（5）准确快速地阅题：准确地看清题目的要求，不要马虎，不犯经验主义错误，不要因为急而理解错、答错题。在准确的基础上快速阅题，快速阅读能节约时间。阅读能力强的学生准确率高，而且做题速度也快。

（6）先做会的题目，不会的暂时放下：在刚进入考场后，还没有进入角色和状态，尽量先做容易的题，把会的题的分数都拿下，当觉得有那么多会做的题时就会增加信心，为做后面的难题提供自信。在考试中，基础分占30%的比例，把基础分都拿下了，分数就不会低。对于容易的题，力争一次做对。不会的题暂时放下，容易的题做过之后再做，不可在一道题上浪费时间。

（7）及时涂卡：涂卡最晚的时间不能晚于铃响前15分钟。时间在思考中一分一秒地过去了，不知不觉时间到了而卡还没有涂，这是考试的大忌。一旦选择题做完要立即涂上，需要改动的时候再涂改。

（8）考后：试卷上交以后什么也不要再想，更不能和同学一起议论答案或者问老师答案，这样会影响下一门的考试。讨论也改变不了结局，所以不要讨论已经考过的试题，要积极备考下一门考试。

（三）三校生报考指南

三校生在高考报名时既可以报考与自己在中职阶段所学专业知识对口的高职（专科）院校，也可以报考普通高校，但不得兼报。三校生招生共设 10 个类别，即种植与养殖类、建筑类、财经类、电子类、机械类、涉外与旅游类、公关文秘类、医药与卫生类、计算机类和艺术服装类，考生在报名时可以根据自己所学的专业类别选报。在志愿填报时，也只能在自己填报的类别里根据公布的计划填报，不能跨类填报。在高考时，除语文、数学、英语外，还要考一门专业基础课，满分一般为 750 分。但是，各省每年招生也会有一些政策调整，应及时关注当年发布的招生信息。

☞ 相关链接 1

关于做好 2017 年甘肃省中等职业学校学生对口升学考试报名工作的通知

（甘招委发〔2016〕42 号）

各市（州）、东风场区招生委员会：

根据《关于做好 2017 年甘肃省普通高校招生报名工作的通知》（甘招委发〔2016〕39 号）要求，现将 2017 年我省中等职业学校学生对口升学考试报名工作有关事宜通知如下：

一、报　名

（一）报名时间及地点

时间：2016 年 12 月 26 日至 12 月 30 日。

地点：考生所在学校县（区）招生办或县（区）招生办指定地点。

中等职业学校学生对口升学专业考试报名及组考等事宜另行通知。

（二）报名条件

报名参加 2017 年中等职业学校学生对口升学考试的考生须为在甘肃省内普通中专、职业中专（职业高中）、技工学校就读的应届毕业生。

（三）报名程序及要求

1. 考生报名时须持本人身份证、户籍证明（户口簿）等证件到就读学校参加报名；由就读学校汇总后持介绍信到所在地的县（区）招生办办理集体报名手续。

2. 报名时，考生须按《关于做好 2017 年甘肃省普通高校招生报名工作的通知》要求，填写《甘肃省普通高校招生考生报名登记表》《甘肃省普通高校招生考生报名资格审查表》。

3. 市（州）、县（区）考生的学籍审核工作由考生所在学校和学校所属市（州）、县（区）教育局共同负责；省属中职学校（含技工学校）考生的学籍审核工作由考生所在学校和甘肃省职业技术教育中心负责，由学校统一为考生办理学籍审核事宜，不接受考生个人的办理申请。

4. 考生报名时须提供二代身份证（身份证号是高考注册的重要信息数据）。报名期间确实无法及时办理正式身份证的考生，可到户籍所在派出所办理带数码打印照片的户籍证明参加报名，正式考试时必须使用身份证。

5. 考生报名时必须参加县（区）招生办组织的电子档案信息采集（含数码照相）。

6. 2017年甘肃省中等职业学校学生对口升学考试类别与科目及大纲按照《甘肃省教育厅〈关于印发 2017 年甘肃省中等职业学校学生对口升学考试类别与科目的通知〉》（甘教职成〔2016〕15号）和《甘肃省教育厅〈关于印发2017年全省中职学生对口升学考试大纲的通知〉》（甘教职成〔2016〕22号）执行。

（四）报名信息采集及管理

1. 对口升学考试报名信息的采集及管理按《关于做好2017 年甘肃省普通高校招生报名工作的通知》执行。考生分农林牧造类、医药卫生类、工业类、土木水利类、信息技术类、财经商贸类、旅游服务类、教育与文化艺术类等8类进行信息采集。

2. 对口升学考试考生号、准考证号编排方法按2016年标准执行。

（五）报名资格审查

甘肃省中等职业学校学生对口升学考试报名资格审查工作按照甘肃省普通高校招生报名工作相关要求进行。

二、体　检

所有参加对口升学考试的考生必须参加由县（区）招办组织的高考体检，并按规定缴纳体检费用。凡不参加体检的考生将不能参加对口升学招生录取工作。

三、收费标准

考生报名收费按照《关于大中专院校招生报名考试费等收费标准的批复》（甘发改收费〔2010〕1915号）执行。

甘肃省高等学校招生委员会

2016年12月8日

附件 1

甘肃省普通高校招生考生报名登记表

＿＿＿＿市（州）　＿＿＿县（市区）　考试类型＿＿＿　科类＿＿＿　＿＿年＿月＿日

	姓　名		考生号	1 7 6 2			
	身份证号						
	性　别		民　族		政治面貌		
	外语语种		毕业类别		考生类别		
专业类别		体艺省统考类别		特殊考生类别			
是否残疾考生		残疾人证号		残疾类别代码		残疾等级代码	
采用何种语言答卷		加试藏语文（汉语文）		是否进城务工人员随迁子女			
通知书邮寄地址							
邮政编码		联系电话 1		联系电话 2			
本人简历（高中阶段）	自何年何月	至何年何月	在何地何单位学习或工作	任何职务	证明人		
有何特长							
何时何地受何奖励或处分							
以下由考生所在学校（单位、社区）填写（仅限中职生及普通非应届生填写）							
品德评价	负责人签字：　单位公章：　年　月　日						

考生签字：＿＿＿＿＿＿＿＿　　班主任签字：＿＿＿＿＿＿＿＿

甘肃省普通高校招生考生报名表填写说明

1. “考试类型”栏。指全国统考、中等职业学校对口招生两项。全国统考指参加 3+文/理科综合、民考民、民考汉考试的考生。中等职业学校对口招生指参加全省统考的职业高中、普通中专、技工学校的毕业生。

2. “科类”栏。分为文史类、体育文、艺术文；理工类、体育理、艺术理六类。考生应根据自己的情况选报其中一类，中职生不填写此栏。

3. “考生号”“身份证号”“邮政编码”栏。考生将自己的考生号、身份证号、邮政编码按左对齐（依照从左至右的顺序，数字之间不允许有空格出现）填写在方格内。

4. “外语语种”栏。设英、俄、日、德、法、西班牙六种外语。考生应根据自己所学的语种，选择其中一种语种填写。

5. “毕业类别”栏。分为普通中学、中等师范、职业高中、技工学校、其他中等专业学校及中等学历教育毕业等六类。

6. “考生类别”栏。考生户籍是城镇的，应届生填城市应届，往届生填城市往届；户籍是农村的，应届生填写农村应届，往届生填农村往届。

7. “专业类别”栏。艺术考生在美术与设计学类、音乐学类、舞蹈学类、戏剧与影视学类四类中选填一项。中职生在农林牧渔类、医药卫生类、工业类、土木水利类、信息技术类、财经商贸类、旅游服务类、教育与文化艺术类等 8 类中选填一项。

8. “体艺省统考类别”栏。体育考生在田径、足球、篮球、排球、体操、武术中选填一项。艺术考生在美术与设计学类、美术与设计学类（书法）、美术与设计学类（唐卡）、音乐学类（声乐）、音乐学类（器乐）、音乐学类（理论作曲）、戏剧与影视学类（广播电视编导）、戏剧与影视学类（播音与主持艺术）、舞蹈学类中选填一项。

9. “特殊考生类别”栏。设保送生、自主招生、高水平运动员、艺术特长生、运动训练、武术与民族传统体育、特殊教育（残障生）、体育特长生。

10. “是否残疾考生”栏。仅限残疾人考生填写，填写内容以《残疾人证》为准。

11. “采用何种语言答卷”和“加试藏语文（汉语文）” 栏。仅限民考民、民考汉考生填写。民考民指使用本民族语言答卷并加试汉语文的考生，民考汉指使用汉语答卷并加试藏语文的考生。

12. “是否进城务工人员随迁子女”栏。仅限非我省户籍务工人员随迁子女填写。

13. “通知书邮寄地址”栏。原则上要求应届考生一律填写毕业学校通信地址，往届考生一律填写报名县（市、区）招生办通信地址。此栏专为邮寄考生《录取通知书》设置，填写务必准确，如因地址不详或书写错误造成投递失误产生的后果，由考生本人承担。

14. “联系电话”栏。联系电话是招生录取的重要联络途径，务必填写畅通电话。

以上内容必须由考生本人填写并签字确认，班主任审核无误后签字确认。《报名登记表》是招生录取的重要依据，请务必认真填写。如因报名信息错误或不诚信等造成的后果，由考生本人承担。

15. “品德评价”栏。限中职生及普通非应届生所在学校（单位、社区）审查填写。评语要求准确、简练。普通应届考生不填写，相关评价使用《考生综合信息表》综合评语内容。

附件 2

甘肃省普通高校招生考生报名资格审查表

考生号：　　　　　　　　　　　　　　　　　　　　　　　　　　　年　　月　　日

<table>
<tr><td colspan="2">姓　　名</td><td></td><td>曾 用 名</td><td></td><td>民　　族</td><td></td><td>性别</td><td></td></tr>
<tr><td colspan="2">身份证号</td><td colspan="3"></td><td>籍　　贯</td><td colspan="3"></td></tr>
<tr><td rowspan="6">学籍栏</td><td>高中或中职毕业证编号
（往届生填写）</td><td colspan="3"></td><td>发证单位</td><td colspan="3"></td></tr>
<tr><td>何时在何地、何校参加学考
（会考）</td><td colspan="7"></td></tr>
<tr><td>应往届类别</td><td></td><td>学籍辅号（学考号）</td><td colspan="5"></td></tr>
<tr><td>学籍学校</td><td colspan="3"></td><td>学籍学校所在县（区）</td><td colspan="3"></td></tr>
<tr><td>实际就读学校</td><td colspan="3"></td><td>实际就读学校所在县（区）</td><td colspan="3"></td></tr>
<tr><td>学籍变动说明</td><td colspan="7"></td></tr>
<tr><td rowspan="11">户籍民族栏</td><td>户　　号</td><td colspan="3"></td><td>户　　别</td><td colspan="3"></td></tr>
<tr><td>户口登记机关</td><td colspan="3"></td><td>登记时间</td><td colspan="3"></td></tr>
<tr><td>户籍所在县（区）</td><td colspan="3"></td><td>户籍地址</td><td colspan="3"></td></tr>
<tr><td>父亲姓名</td><td></td><td>民族</td><td>籍贯</td><td>户　　别</td><td colspan="3"></td></tr>
<tr><td>身份证号</td><td colspan="7"></td></tr>
<tr><td>现户口所在地</td><td colspan="7"></td></tr>
<tr><td>母亲姓名</td><td></td><td>民族</td><td>籍贯</td><td></td><td>户别</td><td colspan="2"></td></tr>
<tr><td>身份证号</td><td colspan="7"></td></tr>
<tr><td>现户口所在地</td><td colspan="7"></td></tr>
<tr><td>户籍变动说明</td><td colspan="7"></td></tr>
<tr><td colspan="9">以 上 内 容 由 考 生 本 人 填 写</td></tr>
<tr><td>考生承诺</td><td colspan="8">1. 已知晓国家对高考报名弄虚作假的处理规定：“通过伪造证件、证明、档案及其他材料获得报考资格的，其高考各阶段、各科成绩无效，并按照有关规定处理相关责任人。”
2. 我对高考报名时所填写的各类表格内容及提供的证明资料的真实性、有效性负责，如有虚假，愿意承担一切后果。

考生签字：__________　　　　　　　　监护人（父或母）：
年　　月　　日　　　　　　　　　　　　　年　　月　　日</td></tr>
</table>

<table>
<tr><td rowspan="3">学籍审核</td><td>学籍学校意见</td><td>该同学于　　年　　月起至　　年　　月在我校注册高中学籍。特此证明。

班主任签字：　　　　　校长签字：　　　　　盖　　章：
年　　月　　日</td></tr>
<tr><td>实际就读学校意见</td><td>该同学于　　年　　月起至　　年　　月在我校实际就读。特此证明。

班主任签字：　　　　　校长签字：　　　　　盖　　章：
年　　月　　日</td></tr>
<tr><td>学籍部门意见</td><td>审核人签字：　　　　　盖　　章：
年　　月　　日</td></tr>
<tr><td>户籍审核</td><td>派出所意见</td><td>审核人签字：　　　　　盖　　章：
年　　月　　日</td></tr>
</table>

相关链接 2

关于做好 2017 年甘肃省中等职业学校学生对口升学专业考试工作的通知

（甘招委发〔2017〕6 号）

各市（州）、东风场区招生委员会，省属中等职业学校：

根据《甘肃省高等学校招生委员会关于做好 2017 年甘肃省中等职业学校学生对口升学考试报名工作的通知》（甘招委发〔2016〕42 号）要求，为做好 2017 年我省中等职业学校学生对口升学专业考试工作（以下简称“中职对口升学考试”），现将有关事宜通知如下：

一、考试对象

参加了 2017 年甘肃省普通高考报名的普通中专、职业中专（职业高中）、技工学校应届毕业生，可根据所学专业进行专业考试报名。

二、考试报名

（一）考试报名时间为 4 月 5 日至 4 月 16 日。

（二）考试报名工作由各市（州）教育局组织实施。考试费按《甘肃省发展和改革委员会甘肃省财政厅关于中等职业学校学生对口升入普通高等学校报名考试费收费标准的批复》（甘发改收费〔2011〕123 号）规定收取（每生 120 元）。

（三）考生须在规定期限内根据所学专业和考试类别，填报《甘肃省普通高校招生考生报名登记表》（详见甘招委发〔2016〕42 号文件）。

（四）考生的专业技能成绩的计分按照《甘肃省教育厅关于印发 2017 年全省中职学生对口升学考试大纲的通知》（甘教职成〔2016〕22 号）和《甘肃省教育厅关于印发 2017 年甘肃省中等职业学校学生对口升学考试类别与科目的通知》（甘教职成〔2016〕15 号）有关规定执行，由市（州）教育局负责审核和加分，并对专业技能成绩进行公示，公示时间不少于 10 个工作日。

三、考生数据库的报送

（一）省教育考试院负责对已参加高考报名的考生数据库进行汇总，下发给市（州）教育局，由市（州）教育局负责完善相关信息后上报省职业技术教育中心。

（二）考生数据库采用 Foxpro 格式，具体库结构见附件 1。

（三）市（州）教育局对下发的考生数据库已有项目进行认真核对，需要市（州）教育局填写的项目为：准考证号（ZKH）、专业技能成绩（ZYJN）、备注（BZ）。未参加专业考试报名的考生不填准考证号，并在备注栏填写“未报名”字样。

（四）考生数据库内已有的考生信息不得随意改动。只有库内考生才有资格参加专业考试报名。

（五）考生数据库的填报按照分工负责、属地管理的原则，严格执行“谁主管、谁审查、谁签字、谁负责”的工作制度。

（六）数据库的下发时间另行通知。

四、考试组织

（一）考试在省招委会领导下，由省教育考试院负责管理与监督。各市（州）教育局负责辖区内考生《准考证》印制与发放，专业技能成绩审核、信息上报、考场安排、考试组织等各项工作。

（二）请各市（州）教育局有关负责人于5月10日下午3点在省职业技术教育中心会议室参加考务工作会议。

（三）考试日程安排

日期	时间	科目
2017年5月13日	9:00—11:30	公共基础
2017年5月15日	14:30—17:00	专业基础

（四）5月14日至15日，各市（州）将试卷送交省职业技术教育中心。6月中旬公布成绩，考生可登录甘肃职教信息网（www. gszjxx.cn）和甘肃省教育考试院（www.ganseea.cn）查询。

（五）各市（州）要按照《关于印发甘肃省普通高等教育对口招收中等职业学校学生招生考试教务工作细则（试行）》（甘教厅〔2012〕69号）要求，切实加强对报名和考试工作的组织领导，强化管理，完善制度，周密安排，确保考试工作顺利进行。考试要安排在普通高考标准化考场内进行，考场实行全监控、全封闭、全屏蔽管理。考点安排要相对集中，原则上每个市（州）只安排一个考点。所有监考人员均由市（州）教育局负责跨县（区）抽调，要严格考生的资格及条件审查，落实考风考纪分级责任制，确保招生考试公平、公正。

五、报送材料及相关要求

（一）《2017年甘肃省中等职业学校学生对口升学专业考试试卷定购表》（见附件2）和《2017年甘肃省中等职业学校学生对口升学专业考试报考人数汇总表》（见附件3）。

（二）经签字盖章后的《2017年甘肃省中等职业学校学生对口升学专业考试数据库报名册》封面（见附件4）和考生数据库（库结构见附件1，包括纸质版和光盘）。

（三）《2017年甘肃省中等职业学校学生对口升学专业考试考点安排与考试组织方案》（由市（州）制定）。

请各市（州）教育局将以上材料于4月20日前报省职业技术教育中心。

甘肃省高等学校招生委员会

2017年3月20日

☞ 相关链接 3

关于做好2017年甘肃省普通高校招生高职（专科）层次单独测试和综合评价录取的通知

（甘招委发〔2017〕4号）

各市（州）、东风场区招生委员会，有关高等学校：

为贯彻落实《国务院关于深化考试招生制度改革的实施意见》（国发〔2014〕35号）和《国务院关于加快发展现代职业教育的决定》（国发〔2014〕19号）要求，加快推进我省高职院校分类考试招生改革，拓展培养渠道，构建符合甘肃省实际的现代职业教育体系，进一步做好我省2017年单独测试和综合评价录取工作，现就有关事宜通知如下：

一、招生院校

（一）实施单独测试院校名单

1. 省内院校（18所）

兰州石化职业技术学院、兰州资源环境职业技术学院、甘肃林业职业技术学院、酒泉职业技术学院、武威职业学院、兰州文理学院（高职〈专科〉层次）、兰州工业学院（高职〈专科〉层次）、河西学院（高职〈专科〉层次）、甘肃民族师范学院（高职〈专科〉层次）、甘肃医学院（高职〈专科〉层次）、甘肃建筑职业技术学院、兰州职业技术学院、甘肃农业职业技术学院、甘肃卫生职业学院、陇南师范高等专科学校、甘肃交通职业技术学院、定西师范高等专科学校（甘肃中医药大学定西校区）、甘肃工业职业技术学院。

2. 省外院校（2所）

北京社会管理职业学院、重庆城市管理职业学院。

（二）实施综合评价录取院校名单

2017年，安排甘肃畜牧工程职业技术学院、甘肃机电职业技术学院、白银矿冶职业技术学院、甘肃有色冶金职业技术学院、甘肃钢铁职业技术学院、兰州外语职业学院、兰州科技职业学院、庆阳职业技术学院、临夏现代职业学院、甘肃能源化工职业学院、甘肃财贸职业学院、兰州现代职业学院、平凉职业技术学院和兰州航空工业职工大学等14所院校实施综合评价录取。

二、招生计划

（一）实施单独测试的省内院校按照不低于当年本校招生计划的50%，其中：50%的计划面向全省单独测试招生，50%的计划面向省内75个贫困县（包括58个连片特困县和17个插花型贫困县）实施分县定向单独测试招生；省外院校单独测试计划由院校通过教育部计划管理系统下达至我省，具体计划数由院校决定。

（二）实施综合评价录取的院校按照不低于当年本校招生规模的 30%面向全省组织综合评价录取招生（主要面向 75 个贫困县）。

三、工作规定

（一）报考资格

凡报名参加单独测试和综合评价录取的考生，须是已参加我省 2017 年普通高等学校招生全国统一考试报名的毕业生。其中，中等职业学校及参加综合评价录取的考生必须是应届毕业生。

考生参加单独测试和综合评价录取报名时，须向招生院校提供本人考生号、身份证号等相关高考报名信息。

（二）招生方式

1、单独测试

（1）测试时间：4 月中上旬，具体时间由招生院校自行确定。

（2）测试地点：招生院校本部或院校指定地点。

（3）测试方式：具体方式由招生院校自行确定。

2、综合评价录取

全省普通高中应届毕业生和中等职业学校应届毕业生均可向考生所在中学或中职学校申请 1 所综合评价录取院校，由所在学校推荐，高校审核录取。普通高中毕业生由所在学校以普通高中学业水平考试成绩和综合素质评价为依据做出评价；中职学校毕业生以所在学校文化基础与职业技能为依据做出评价。

实施单独测试或综合评价录取的院校须制定本校有关单独测试或综合评价录取的方案，并于 2017 年 3 月 8 日前报省教育考试院备案，未按时备案的将取消其相关录取资格。

（三）录取

1、单独测试和综合评价录取工作实行“院校负责，省教育考试院监督”的原则。

2、已录取的考生不再参加我省 2017 年普通高等学校招生全国统一考试和全省中等职业学校学生对口升学招生考试。

3、实施单独测试的院校须按规定格式于 4 月 20 日至 21 日将录取库上报省教育考试院审核备案；实施综合评价录取的院校须按规定格式于 4 月 26 日至 27 日将录取库上报省教育考试院审核备案。省教育考试院负责向教育部报库进行学籍电子注册。

四、招生费用

凡参加 2017 年单独测试和综合评价录取的考生须在高考报名时向县（区）招办全额缴纳高考报名费；参加单独测试的考生向招生院校缴纳单独测试费 100 元；综合评价录取的院校不得向参加申请综合评价的考生收取相关费用。

凡被 2017 年单独测试和综合评价录取的考生，入学报到时由招生院校负责退还每生普通高考考试费 100 元。

五、工作要求

（一）加强组织领导

各有关招生院校要成立 2017 年单独测试或综合评价录取工作领导小组，强化对单独测试和综合评价录取的组织领导，各院校校（院）长为第一责任人，对本校的招生录取工作负全面领导责任。要建立健全招生实施办法及招生管理制度。院校纪检监察部门要全程参与考试及录取工作，重点加强对考试命题、制卷、评阅、录取等环节的监管力度，确保2017年单独测试和综合评价录取工作安全、平稳、顺利进行。

（二）加大招生宣传

各有关招生院校要加强与各地招生考试机构的沟通协调。各地中学、中职学校、招生考试机构要积极配合招生院校，及早开展形式多样的招生宣传工作，积极引导，深入解读实施单独测试和综合评价录取的重要意义、政策措施、程序规则等，让社会和考生及时、准确知晓相关政策内容，鼓励贫困县优秀学生踊跃报名，保证招生计划顺利完成。

（三）落实信息公开

各有关招生院校要按照教育部有关信息公开工作要求，切实扩大信息公开范围，做到信息采集准确、实施程序规范、内容发布及时。各招生院校对拟录取考生的信息，各中学和中职学校对单测和综合评价录取的考生信息要在本单位醒目位置和网站进行公示，公示时间不少于10个工作日。同时，公布举报电话、受理部门和通信地址。对公示有异议的考生要调查核实，确保录取公平公正。

（四）严肃招生纪律

各有关招生院校要进一步规范考务工作的组织和管理，严格执行教育部“30个不得”招生工作禁令，严肃工作纪律。要进一步严肃考风考纪，强化对招生录取工作过程的监管，各招生院校、中学和中职学校要切实加强对考生资格的审核，实行 “谁签字，谁负责”的原则。所有考生的原始资料均要保存备查。对在组考及综合评价过程中违规违法考生及有关工作人员将按照《刑法（九）修正案》《国家教育考试违规处理办法》（教育部令第33号）和《普通高等学校招生违规行为处理暂行办法》（教育部令第36号）等法律法规严肃处理。

甘肃省高等学校招生委员会

2017年3月1日

☞ 相关链接 4

甘肃省教育厅关于印发 2017 年甘肃省中等职业学校学生对口升学考试类别与科目的通知

（甘教职成〔2016〕15 号）

各市（州）教育局、省属中等职业学校：

为贯彻落实《国务院关于加快发展现代职业教育的决定》（国发〔2014〕19 号）《国务院关于深化考试招生制度改革的实施意见》（国发〔2014〕35 号）和全省职教工作会议的部署要求，进一步深化我省职业教育考试招生制度改革和中等职业教育教学改革，全面提高人才培养质量，在总结 2016 年全省中等职业学校学生对口升学考试工作的基础上，省教育厅对 2017 年对口升学考试大纲作了修订和完善。现将考试类别和科目印发你们，请遵照执行。同时，就有关情况说明及要求如下：

一、公共基础科目中，取消《计算机基础》，新增《人文素养》（含计算机应用基础），分值为 40 分。根据教育部和省教育厅关于深化中等职业学校教育教学改革、推进素质教育和学生全面发展的有关要求，主要考查学生的艺术素养、人文素养、现代信息技术素养以及学生对甘肃本土文化、人文常识等的了解情况。

二、工业类专业基础科目中，将《电工电子技术与技能》的分值由 140 分调整为 120 分，将《机械基础》的分值由 70 分调整为 90 分。

三、旅游服务类专业基础科目中，与《酒店管理基础知识》并列，增加选做课目《旅游基础知识》，分值由 80 分调整为 120 分。将《公共关系基础》和《应用文写作基础》的分值由 100 分和 120 分，均调整为 90 分。

四、对专业技能计分办法做了微调，具体为：获市级职业教育技能大赛一等奖计 150 分，二等奖计 140 分，三等奖计 130 分；获甘肃省级职业教育技能大赛一等奖计 180 分，二等奖计 170 分，三等奖计 160 分；获教育部举办的年度国家级 职业教育技能大赛并获奖的考生，一等奖计 200 分，二等奖计 195 分，三等奖计 190 分；参加教育部举办的国家级职业教育技能大赛获三等奖以上的考生，在现有计分政策的基础上，再额外加 20 分；参加由教育部行指委组织的全国行业性比赛并获奖（其他社会团体、行业协会和企业等组织的比赛除外），按照甘肃省级职业教育技能大赛计分政策予以加分。

五、在甘肃省中等职业学校有正式学籍的应届中职毕业生均可报名参加 2017 年度全省中等职业学校学生对口升学考试。甘肃省户籍、外省学籍的应届中职毕业生不得参加考试。

六、2017 年对口升学考试大纲正在修订和完善，待确定后下发，具体事宜另行通知。修订后的考试大纲不指定各考试科目的参考教材，由学校从教育部公布的两批《“十二五”职业教育国家规划教材书目》和国家正规出版社发行的教材中自主选用。

七、中职学校学生对口升学考试是适应国家考试招生制度改革和社会对技术技能人才的需求，改革评价制度，调整教育结构，促进教育公平，构建现代职业教育体系的重要手段，是普通高考的重要组成部分。请高度重视，认真组织，吃透政策，积极稳妥地做好考试各项工作。同时，要正确把握职业教育办学导向，指导职业学校严格 按照专业教学计划和人才培养标准，开齐开足开好规定的专业教学课程，特别是要组织开齐公共基础课、公共艺术课，开好地方课程和校本课程，强化技能训练，注重学生综合素质培养和终身学习发展，全面提高人才培养质量。

附件：2017年甘肃省中等职业学校学生对口升学考试类别、科目

甘肃省教育厅

2016年10月26日

附件

2017年甘肃省中等职业学校学生对口升学考试类别与科目

考试类别	专业代码	专业	考试科目 公共基础 250分	考试科目 专业基础 300分	考试科目 专业技能 200分
1 农林牧渔类	1	设施农业生产技术	一、语文70分 二、数学50分 三、英语40分 四、德育50分 1. 职业道德与法律30分 2. 哲学与人生20分 五、人文素养40分 （含计算机应用基础）	一、化学90分 二、遗传学基础90分 三、选做120分（二选一） 1. 植物生产与环境 2. 动物营养与饲料	一、学生在校期间县（校）级技能测试或技能竞赛成绩不得超过80分。获县（校）级技能竞赛一等奖计80分，二等奖计70分，三等奖计60分，参加竞赛未获奖计50分。未参加竞赛的考生，由所在学校根据其在校期间学业、技能情况综合评判技能成绩，最高不得超过40分。县（校）级技能竞赛获奖人数按参赛人数的比例确定，一等奖占15%，二等奖占25%，三等奖占35%。同时取得国家认可的中级职业技能证书计20分。两项最高计100分。县（校）级技能成绩须由市州教育局核定后方可计分。 二、获市级（甘肃）职业教育技能大赛一等奖计150分，二等奖计140分，三等奖计130分。 三、获甘肃省级职业教育技能大赛（包括由教育部公布的全国行指委组织的全国行业性比赛）一等奖计180分，二等奖计170分，三等奖计160分。 四、经甘肃省教育厅推荐，参加教育部每年度举办的国家级职业教育技
	2	现代农艺技术			
	3	种子生产与经营			
	4	植物保护			
	5	果蔬花卉生产技术			
	6	茶叶生产与加工			
	7	园林技术			
	8	园林绿化			
	9	现代林业技术			
	10	农村环境监测			
	11	畜禽生产与疾病防治			
	12	特种动物养殖			
	13	畜牧兽医			
	14	其他			
2 医药卫生类	1	护理		一、解剖学基础120分 二、生理学90分 三、病理学90分	
	2	助产			
	3	农村医学			
	4	营养与保健			
	5	康复技术			
	6	药剂			
	7	中药			
	8	制药技术			

续表

	9	生物技术制药			能大赛并获奖的考生，一等奖计 200 分，二等奖计 195 分，三等奖计 190 分（已取得的国家认可的中级职业技能证书不再重复加分）。
	10	中医护理			
	11	中医			
	12	中医康复保健			
	13	医学检验技术			
	14	医学影像技术			
	15	口腔修复工艺			
	16	其他			
3 工业类	1	机械制造技术		一、机械制图 90 分 二、电工电子技术与技能 120 分 三、机械基础 90 分	说明： 1. 考生在校各种测试成绩和各级技能大赛成绩只计最高分，不重复计分。技能大赛成绩以获奖文件和证书原件为准。 2. 职业教育技能大赛成绩是指每年由省、市、县教育行政部门或职业学校举办的省、市、县（校）级中等职业学校技能大赛以及由省教育厅推荐参加教育部主办的全国技能大赛（包括由教育部行指委组织的全国行业性比赛）成绩。其他行业、社会团体和部门举办的技能大赛或有关竞赛的成绩不计入对口升学考试。 3. 参加教育部举办的国家级职业教育技能大赛获三等奖以上的考生，额外加 20 分
	2	机械加工技术			
	3	农业机械使用与维护			
	4	数控技术应用			
	5	模具制造技术			
	6	机电设备安装与维修			
	7	焊接技术应用			
	8	机电产品检测技术			
	9	矿山机械运行与维修			
	10	矿山机电			
	11	矿井通风与安全			
	12	电气运行与控制			
	13	电气技术应用			
	14	电子电器应用与维修			
	15	电子技术应用			
	16	汽车运用与维修			
	17	汽车车身修复			
	18	汽车美容与装潢			
	19	汽车整车与配件营销			

续表

3 工业类	20	制冷和空调设备维修			
	21	楼宇智能化设备安装与运行			
	22	电子材料与元器制造			
	23	服装制作与生产管理			
	24	轻纺类相关专业			
	25	硅酸盐工艺及工业控制			
	26	化学工艺			
	27	工业分析与检验			
	28	资源环境类相关专业			
	29	新能源类相关专业			
	30	其他			
4 土木水利类	1	建筑工程施工		一、工程制图100分 二、工程测量基础100分 三、建筑材料100分	
	2	建筑装饰			
	3	给排水工程施工			
	4	市政工程施工			
	5	道路与桥梁工程施工			
	6	水利水电工程施工			
	7	工程测量			
	8	工程造价			
	9	其他			
5 信息技术类	1	计算机应用		一、计算机网络基础120分 二、数据库90分 三、电子基础90分	
	2	数字媒体技术应用			
	3	计算机动漫与游戏制作			
	4	计算机网络技术			
	5	网站建设与管理			
	6	通信技术			
	7	计算机平面设计			
	8	电子信息与技术			
	9	其他			

续表

6财经商贸类	1	会计		一、基础会计120分 二、经济法基础90分 三、市场营销90分	
	2	会计电算化			
	3	金融事务			
	4	市场营销			
	5	电子商务			
	6	物流服务与管理			
	7	财政事务			
	8	其他			
7旅游服务类	1	酒店服务与管理		一、公共关系基础90分 二、应用文写作基础90分 三、选做120分（二选一） 1. 酒店管理基础知识 2. 旅游基础知识	
	2	旅游服务与管理			
	3	导游服务			
	4	烹饪			
	5	文秘			
	6	服装设计与工艺			
	7	物业管理			
	8	商务英语			
	9	美容美体			
	10	美发与形象设计			
	11	其他			
8教育与文化艺术类	1	学前教育		一、幼儿教育学120分 二、幼儿心理学90分 三、幼儿卫生学90分	
	2	其他			

第十四章　学生心理健康教育

青少年的身心健康状况一直受到党和国家的高度重视,《中共中央国务院关于加强青少年体育增强青少年体质的意见》中明确指出，广大青少年身心健康、体魄强健、意志坚强、充满活力，是一个民族旺盛生命力的体现，是社会文明进步的标志，是国家综合实力的重要方面。

第一节　班主任是学生心理健康教育的主力军

《中小学心理健康教育指导纲要（2012 年修订）》，其中规定："学校应将心理健康教育始终贯穿于教育教学全过程。全体教师都应自觉地在各学科教学中遵循心理健康教育的规律，将适合学生特点的心理健康教育内容有机渗透到日常教育教学活动中。要注重发挥教师人格魅力和为人师表的作用，建立起民主、平等、相互尊重的新型师生关系，要将心理健康教育与班主任工作、班团活动、文体活动、社会实践活动等有机结合，充分利用网络等现代信息技术手段，多种途径开展心理健康教育。"

学生心理健康教育并不是心理辅导教师一个人的事情，班主任作为学生生命中的重要角色，与学生接触最多，对学生的了解也最深。优秀班主任关注的绝不仅仅是自己所教学科的教学成绩，以及自己班级在年级、学校的排名，更应该护佑孩子的幸福人生。

一、心理健康教育的含义

（一）心理健康的概念

心理健康是指一种良好的、持续的心理状态与过程，表现为个人具有生命的活力、积极的内心体验、良好的社会适应性，能够有效地发挥个人的身心潜力以及作为社会一员的积极社会功能。所以，心理健康不仅指没有心理疾病或心理变态，不仅指个体对社会生活适应良好，还指人格的完善和心理潜能的充分发挥，即在一定的客观条件下将个人心境发挥至最佳状态。目前在我国，心理健康既指心理健康状态，也指维持心理健康、预防心理障碍或行为问题，进而全面提高人的心理素质的过程。

（二）心理健康教育的概念

中职学校学生的心理健康教育是根据中职学生生理、心理发展特点，运用有关心理教育方法和手段，培养学生良好的心理素质，促进学生身心全面和谐发展和素质全面提高的教育活动，是素质教育的重要组成部分，是培养跨世纪高质量人才的重要环节。

要理解上述“心理健康教育”的概念，需说明以下内容：

1. 心理健康教育，要立足教育，突出预防性与发展性

心理健康教育的重点不在于心理与行为障碍的矫治，而是面对全体正常学生，培养学生的良好心理素质，促成学生的积极适应，预防各种心理问题的出现，并开发学生的心理潜能，实现学生的主动发展。

2. 心理健康教育是素质教育的重要组成部分

这是因为心理素质是个体素质结构的重要组成部分，而心理健康水平是心理素质的一个重要反映和评价指标。

实施中职学生心理健康教育，即全面提高中职学生的心理素质，在教育活动中不断完善其结构，使其心理系统的运行达到最高、最佳状态。

二、心理健康教育的目标

心理健康教育的总目标是：提高全体学生的心理素质，充分开发他们的潜能，培养学生乐观、向上的心理品质，促进学生人格的健全发展。

心理健康教育的具体目标是：使学生不断正确认识自我，增强调控自我、承受挫折、适应环境的能力；培养学生健全的人格和良好的个性心理品质；对少数有心理困扰或心理障碍的学生，给予科学有效的心理咨询和辅导，使他们尽快摆脱障碍，调节自我，提高心理健康水平，增强自我教育能力。

三、中职学生心理健康教育的主要内容

中职学生心理健康教育主要内容为：帮助学生适应新的学习、生活环境；乐于与老师、同学交往，在谦让、友善的交往中体验友情；帮助学生树立明确的学习目标，调整学习心态，提高对所学专业的兴趣，正确对待自己的学习成绩，克服厌学心理，体验学习成功的乐趣；培养集体意识，在班级活动中，善于与更多的同学交往；培养健全开朗、合群、自立的健康人格；培养关心集体、主动参与活动的能力；明确升学政策，把握升学方向；了解自己，学会克服青春期的烦恼，逐步学会调节和控制自己的情绪，抑制自己的冲动行为；正确对待和异性伙伴的交往，建立对他人的积极情感反应和体验；加强自我认识，客观地评价自己，积极与同学、老师和家长进行有效的沟通；逐步适应生活和社会的各种变化，培养对挫折的耐受能力；提高承受挫折和应对挫折的能力，形成良好的意志品质。

案例 1

2011 年，胡小兵从西北师范大学毕业，毕业后到某市一所中职学校任教，刚入校就被安排成了班主任。上大学时，胡老师所学的专业是学前教育，学习了不少教育学生的方式、方法。刚接到带班任务时还觉得带个班“小菜一碟”，但给学生开完第一次班会后，他心里一下没了底，班里几个男生开会时一直在说话，一个女生时不时拿出手机玩。军训结束后第一天上课，就有两位男生上课时睡觉，两个女生在从教学楼到宿舍的路上抽烟被抓。这下胡老师紧张了，抽烟的女生通过教育慢慢不抽了，可是那两个睡觉的男生说了也不听。班级学生的问题困扰着胡老师，很长一段时间他都睡不好觉。

思　考：

（1）胡老师是不是出现心理问题，出现这些问题的原因有哪些？

（2）针对这些问题学生，胡老师应该如何去教育疏导？

案例分析：

胡老师虽然毕业于师范类学校，系统地学习了教育学、心理学等课程，但是理论实际与应用还是有差距的，当他面对班级中的一些“问题学生”时，还是出现了一些不适应。

四、心理健康教育是班主任工作的重要内容

（一）心理健康教育是提高德育工作成效的重要途径

在班主任的诸多工作中，德育工作是核心工作。而针对当前中职学生“生源质量”下降所带来的心理健康问题及学生数量大幅增加问题，中职学校班主任心理健康教育难度增大。心理健康教育工作成为约束德育教育的瓶颈，原因如下。

1. 心理健康是进行德育教育的前提

一个学生要形成优良的道德品质，首先必须能够正确认识自己、接纳自己、对自己负责，有较强的自我调控能力，能够与他人正常交往，恰当地表露与控制自己的情绪，准确感受他人的处境和情感，理解他人。相反，如果一个学生心理不够健康，自卑、孤僻，不信任他人，遇到挫折怨天尤人，听到批评怒气冲天，那么他就失去了接受道德教育的基本条件，德育工作也就停滞不前，达不到预期效果。

2. 心理健康是进行德育教育的基础

如果一个学生想在较高层次上有所实现，并具备实现这些目标的技术和能力，但缺乏适应日常社会生活的基本层次的做人能力，如自我调整、应付生活压力、选择生活目标、恰当地表达自己的愿望、妥善地处理同伴友谊等，则他们的政治方向、思想倾向会因缺乏坚实的心理基础而终究落空。

3. 心理健康教育强调对学生的尊重、理解与信任，对学生更多采用的是倾听、关注的态度

在这样的教育互动中，学生感到被关心、被接纳、被支持，因而愿意敞开思想，这就大大减少了思想工作的阻力，为学生接受德育教育准备好了充分的内部条件，也激发了学生解决问题的主动性。

（二）心理健康教育利于学生学业的发展

学习是学生生活的主要内容，心理健康是正常进行学业的基础。如果忽视或根本不注重学生心理健康教育，学生的学习成绩会大打折扣，难如人愿。因此，注重学生心理健康教育，培养他们良好的学习心理品质，如良好的学习行为习惯、顽强的学习意志、合理的学习方法、善于学习反思与自我监控等，是促进学生提高学习成绩的重要基础，也是班主任搞好学习管理的重要基础。

（三）心理健康教育能促进班级日常管理工作

随着中国经济不断发展，人民生活水平的不断提高，90 后独生子女在职业学校闪亮登场，社会、家庭对学校教师特别是班主任的要求越来越高，越来越苛刻。班主任们常常不得不掩饰自己的喜怒哀乐，默默地承受着来自社会、学校、家庭及个人前程等方方面面的压力。在新形势下，如何减轻这方面的压力，班主任要善于给自己“减负”。怎样“减负”？关键是要提高班级管理工作的效率，把自己从日常管理、警察式的纪律维持中解放出来。而班级心理健康教育是提高班级管理工作效率的“法宝”。其具体作用体现在下列 3 个方面。

1. 有利于构建和谐的师生关系

实施心理健康教育，帮助师生双方了解彼此的内心世界，促进师生的相互理解与认同，避免师生间的互相埋怨、互不尊重的局面，使师生之间不断趋向理解、亲近、合作，真正变成一种良师益友型的和谐师生关系，为教育教学创设良好的人际环境。

2. 有利于学生自我管理能力的培养

实施心理健康教育，能激发学生自我认识、自我教育、自我约束的动机，增强学生主动发展、自我管理的意识与能力，从而降低班主任的常规管理工作的难度，减少管理工作的负担。

3. 有利于形成积极向上的班风

实施心理健康教育，能帮助学生树立自尊、自信、耐挫能力、待人友善等积极心态，增强学生抵御外界腐蚀与伤害的能力。这些良好的心理素质有助于良好班风的形成，实现班级管理的良性循环。

五、班主任实施心理健康教育的优势

班主任作为一个与学生接触最为密切的师长，学校德育工作最直接的承担者，应当将心理健康教育引入班级管理，利用班主任的工作优势，适应并肩负起学生心理健康教育，甚至是心理咨询的责任，做好学生心理健康教育的导师。

（一）鲜明的针对性

班主任接触学生的机会多，因而对学生了解全面、深入，能及时察觉学生的心理变化，容易发现学生的不良心理倾向，然后，根据本班的整体情况、突出问题和学生特点开展班级心理健康教育活动。

（二）氛围营造的便利性

学生心理健康水平往往是学生个性心理特点和环境互动作用的结果。作为班主任，可以为学生营造一个和谐的班级氛围来消除环境的不良刺激，达到培养学生良好心理素质、开发学生心理潜能、防治学生心理问题的目的。在班级氛围营造方面，班主任因其管理者的角色地位，比其他一般任课教师、专职心理教师更容易、更方便营造出预期的班级氛围。

（三）实施的系统性

（1）班主任作为一个班集体的引领者，有利于调动多方力量（任课教师、家长、班级同学），形成合力，共同作用于学生的心理健康。

（2）班主任与学生接触的机会多、时间长，便于对学生进行跟踪系统辅导。对学生进行心理健康教育，对他们进行心理素质的训练，不是一朝一夕可见成效的，长期的支持和帮助，才能促使学生养成正确的思维方式和良好的行为习惯，从而建立良好的心态。在中职学校中，班主任一般长期带班，除去实习时间，班主任一般都会带班两年。授课教师可以变化，但班主任必须长期陪在学生身边，可以根据本班学生各阶段的特点和出现的问题进行全程式的系统的心理健康教育。

案例 2

某职业院校大二女生，少言寡语，在班上独来独往，难见笑脸，在周记、作文中反映出思想消极、悲观的倾向。班主任刘老师通过观察、与该生接触和谈话了解到其问题的主要原因是她的父母离异，现在由爸爸管她。爸爸在外地打工，除了每月按时寄给她生活费外很少过问她在学校的情况。学习成绩一般，因为每月生活费很少，她也舍不得去打扮自己，长期不被他人关注而陷入自卑。

思　考：

班主任如何帮助该女生走出自卑的阴影，树立自信？

案例分析：

针对该同学的情况刘老师制定的辅导方案是：① 多次与家长交流，让家长经常与女儿进行沟通，了解其在校期间的学习和生活；② 与任课老师沟通，给该生多一些关注，充分挖掘她身上的闪光点；③ 帮助该生制定学习与个人特长发展计划，让其通过努力，获得学习的进步；④ 开展宿舍联谊会，鼓励同宿舍同学相互帮助，相互促进。进而对该同学进行系统性的心理健康教育。

（四）现实的可行性

就心理健康教育的现状而言，班主任更具有实施心理健康教育的可行性。目前，中职学校普遍存在的一个突出问题是：专业心理辅导教师极度缺乏，即便设置了专业的心理咨询室也很少有学生主动去咨询。这种状况下，我们不能把解决学生心理问题全部寄托在专职的心理教师身上，而只能寄希望于班主任。而且，一般来说，班主任也是能胜任这项工作的。一是他们大多都学习过教育学、心理学；二是班主任有较多的实践经验；三是班主任具有较强的责任心，有治理好班级的强烈愿望，因此具有实施心理健康教育的可行性。

第二节　班主任实施心理健康教育的原则

班主任实施心理健康教育的原则是指班主任对班级学生开展心理健康教育的整个过程中应该遵循的一些基本指导思想，也是处理心理健康教育过程中的基本矛盾和诸要素之间关系的基本准则。班主任实施心理健康教育原则的确立须以心理健康教育的目标为出发点，以心理健康教育的规律为依据，以提高心理健康教育的科学性和实效性为归宿。

一、面向全体学生原则

素质教育的内涵之一就是要求所有学生的素质都要能够得到提高，达到某一阶段所提出的素质标准和要求，因而学校心理健康教育也应以大多数乃至全体学生的心理素质水平的提高为基本出发点和根本归宿。它既不是“精英教育”，以少数所谓“尖子”学生为对象，又不像单纯的心理咨询和心理治疗那样，以存在心理障碍的少数学生为对象。心理健康教育要面向全体学生还表现在当对全体学生心理教育工作做得富有成效时，个别学生心理问题的发生率也会大大降低，或出现的问题更易于解决。

贯彻面向全体学生原则要求班主任在制定班级心理健康教育计划时要着眼于全体学生的发展；确定心理健康教育内容时要考虑大多数学生的共同需求与普遍存在的问题；组织团体

辅导活动时，要创造条件，让尽可能多的学生参与其中，特别要给那些内向、胆小、表达能力差、不大引人注目的学生提供参与和表现的机会。

二、预防与发展相结合原则

学校心理健康教育的功能分为三个层次：矫治、预防和发展。矫治功能是解决个别学生已经形成的心理和行为问题，如强迫症、自闭症、学校恐怖症、抑郁症等。预防功能指帮助学生形成正确的认知，学会用有效、合理的方式满足自己的需要，提高人际交往水平，学习自主应付生活中各种不顺带来的心理困扰，防止心理问题的产生，保持正常的生活秩序与学习状态。发展功能指培养学生积极的心理品质，如自尊、自信、坚韧、善于调控情绪、情感丰富等，充分发挥个人潜能，过健康、充实、有意义的生活。

班主任实施心理健康教育，应是预防、发展重于矫治，这首先是由心理健康教育是以全体学生为工作对象这一特点决定的，出现心理和行为问题的学生毕竟是少数；其次也是因为就专业素养而言，班主任目前还难以深入到“心理治疗”的层次；而从根本上来说，还是由于预防、发展比矫治更具有积极意义。因为任何严重的心理问题与行为偏差的产生都有一个发展过程。青少年在成长过程中难免有各种不顺与不适，难免遭遇失败与挫折，如学业不理想、家庭破裂、与他人人际关系紧张等。此时，如果没有及时的心理帮助，加上个人性格的因素，心理阴影日积月累，最后可能导致心理疾患的产生。若个体在遭遇逆境时，施以及时而恰当的心理健康教育措施，可以帮助当事人脱离困境，使其回到正常的生活轨道，这比等到当事人已经有了严重的心理问题再来矫治要有效得多、省事得多，解决问题也要彻底得多。另外，预防功能仍然偏于消极。

为贯彻这一原则，班主任需注意两点。一是主动开展班级心理辅导活动，未雨绸缪，防微杜渐。针对正常学生开展各种适合其年龄特点的辅导活动，以培养学生良好的心理品质。二是对于那些处于不适、不顺状态（如生活发生了重大变故、学习一直很努力但成绩不理想、很不适应新学校新班级学习生活等）的学生，应能及早发现，并能及时进行早期干预。这要求班主任有觉察学生心理与行为变化的高度敏感性。

三、学生主体性原则

学生主体性原则，直接、集中地体现着学校心理健康教育的本质特征。学生主体性原则的基本含义包括两个方面：一是学校心理健康教育以全体学生为出发点、以增进全体学生心理健康为目的，一切教育内容和形式都是根据学生不同年龄阶段设计、组织和按排的；二是学校心理健康教育的任何内容和形式唯有为学生喜闻乐见，所认可，所接受，所内化，亦即通过学生个体的自我活动，才能充分调动他们的积极性和主动性，才能形成其智慧和潜力，从而形成健康的心理。离开学生的主体地位，任何形式的心理健康教育都是毫无意义的。

四、尊重与理解学生原则

尊重与理解是心理健康教育过程中对待学生态度及师生关系方面应该遵循的基本原则。尊重，就是尊重学生的人格与尊严，承认每个学生是不同于其他人的独立个体，承认他与教师、与其他人在人格上具有平等的地位。理解，就是能设身处地站在学生的角度去关注学生、考虑问题。

心理健康教育之所以要遵循尊重与理解学生原则。首先是因为当学生体验到被尊重与理解时，容易树立自尊、自信，并从中学会尊重他人、理解他人。而自尊、自信正是健全人格的重要特征，能尊重、理解他人是建立和谐人际关系的前提。其次，尊重、理解学生，可以获得学生的信任，师生交流无戒备，学生愿意向老师敞开心扉，诉说内心困扰、苦闷。这种良好的师生关系，是心理健康教育获得成效的基本保证。

为贯彻这一原则，班主任要注意以下三点。

1. 以平等、民主的态度对待学生

在师生交往中，班主任不能居高临下地训斥学生，不能羞辱、挖苦、讽刺学生，不能用粗暴的、强制性的手段解决学生身上的问题。对学生不成熟的意见或奇怪的想法能给予宽容和理解。

2. 能进行换位思考

站在学生的角度去了解学生的所作所为，了解学生的内心需求和心态，能理解学生出现差错的原因。

3. 学会倾听学生

以耐心的态度、关注的神情听学生说话，让学生有充分表达的机会，能体会学生的内心感受，并适时给予温馨的回应。

案例 1

有个业务员曾说过这样一个例子。他的工作是为 QS 公司拉主顾，主顾中有一家是药品杂货店。每次他到这家店里去的时候，总要先跟柜台的营业员寒暄几句，然后才去见店主。有一天，他到这家商店去，店主突然告诉他今后不用再来了，他不想再买强生公司的产品了，因为强生公司的许多活动都是针对食品市场和廉价商店而设计的，对小药品杂货店没有好处。这个业务员只好离开商店，他开着车子在镇上转了很久，最后决定再回到店里，把情况说清楚。

走进店里的时候，他照常和柜台上的营业员打过招呼，然后到里面去见店主。店主见到他很高兴，笑着欢迎他回来，并且比平常多订了一倍的货。这个业务员对此十分惊讶，不明白自己离开店后发生了什么事。店主指着柜台上一个卖饮料的男孩说：“在你离开店铺以后，卖饮料的男孩走过来告诉我，你是到店里来的推销员中唯一会同他打招呼的人。他告诉我，如果有什么人值得同其做生意的话，就应该是你。”从此，店主成了这个推销员最好的主顾。这个推销员说：“我永远不会忘记，关心、尊重每一个人是我们必须具备的特质。”

案例 2

一位商人看到一个衣衫褴褛的铅笔推销员，顿生一股怜悯之情。他不假思索地将 10 元钱塞到卖铅笔人的手中，然后头也不回地走开了。走了没几步，他忽然觉得这样做不妥，于是连忙返回来，并抱歉地解释说自己忘了取笔，希望不要介意。最后，他郑重其事地说："您和我一样，都是商人，您是卖家，我是买家。"一年之后，在一个商贾云集、热烈隆重的社交场合，一位西装革履、风度翩翩的推销员迎上这位商人，充满感激地自我介绍道："您可能早已忘记我了，而我也不知道您的名字，但我永远不会忘记您，您就是那位重新给了我自尊和自信的人。我一直觉得自己是个推销铅笔的乞丐，直到您亲口对我说，我和您一样都是商人为止。"

思　考:

（1）案例 1 和 2 中，业务员和铅笔推销员取得成功的主要原因是什么？

（2）如何理解"尊重别人也是尊重自己"？

（3）换位思考，如果你是这位商人，面对衣衫褴褛的铅笔推销员你会怎么做?

案例分析:

案例 1 中的业务员获得了比平常多一倍的货，原因是他在工作时，不忘记关心和尊重每一个人；案例 2 中，商人塞给衣衫褴褛的铅笔推销员 10 元钱，但是为了尊重这个推销员他拿走了一支笔，这位推销员因为得到了他人的尊重而找回了 自尊和自信，最终取得了成功。生活中随时随地都需要我们学会尊重。对自己的同窗不取笑、不打闹、不揭短，以诚相待，是对同学最起码的尊重，是纯真友谊的基础；生活中，对父母长辈打声招呼是一种对长辈亲人的尊重，是对亲人辛勤养育最珍贵的抚慰；上课专心听讲是对老师辛勤劳动的尊重……

五、整体发展原则

心理健康教育追求的是学生人格的整体发展，注重的是学生知、情、意、行等方面的协调发展。学生心理发展往往受多方面因素影响，心理偏差的出现也往往是多种不良因素共同作用的结果。如厌学，表面上看是一个对学习缺乏兴趣、学习动力不足的有关学习方面的心理问题，但若仔细去了解那些存在厌学心理的学生，也许隐藏在背后的原因是对父母过高的期望值、严格管理的消极对抗，或是生活中遭受重大事件打击后的一蹶不振，或是长期被同学、老师忽视而失去生活热情的反应。如果我们总是头痛治头、脚痛治脚，则往往是解决了这个问题，另一个问题又出现了。

所以，班主任在实施心理健康教育时，需注意贯彻整体发展原则，具体来说，要注意以下两点。

1. 树立"全人教育"的理念

眼中有"人"，而不仅仅是"教书"。在以智能学习为教育重点时，不要忽视对学生智能学习会产生极大影响的情意成分，实现学生的整体发展。

2. 采用综合的心理健康教育模式

实施心理健康教育有多种途径和方法，为促进学生人格的整体发展，班主任最好能根据学生的具体情况，综合运用各种途径和方法。同时，还可以调动其他任课教师、家长、心理咨询师等资源，为学生建立积极的心理支持系统，发挥各种因素在统一的教育活动中的作用。

六、个别对待原则

个别对待原则就是要重视学生的个体差异，具体问题具体分析，因势利导，采用灵活多样的教育策略对待学生的个别化问题。

☞ 案例 3

考试不是一堵墙

一、主题

克服考试焦虑

二、活动目的

（1）了解考试焦虑的含义及其对学习的影响。

（2）使学生知道如何减轻考试焦虑。

三、理论分析

考试焦虑是一种情绪困扰。存在考试焦虑的原因是人的观念中存在一系列不合理的信念。它由一定的应试情景引起，以担心为基本特征，以防御或逃避为行为方式，受个体认知评价、人格因素及其他身心因素制约。引发考试焦虑的原因是多方面的，有客观方面的原因，也有主观方面的原因。学生对考试产生一定程度的心理紧张和焦虑是正常现象，但问题是焦虑只能适度，而不能过度，否则会影响学习效率。

四、活动过程

（一）班主任先请学生将桌面收拾干净，向学生宣布演讲题目，并给他们 2 分钟的时间准备即席演讲，之后抽学生 2～3 位上台演讲 1 分钟。演讲结束后，询问学生刚才准备演讲的心情。引导学生回想当时的生理和心理状态。

（二）班主任针对刚才学生演讲所表现出来的焦虑状态，结合临考期间学生的表现，询问学生这些情况出现的频率是否增加？可请学生以自身经验补充说明。

（三）探究、讨论

（1）考试焦虑产生的原因。

（2）如何减轻考试焦虑？最好能提供亲身经验。

（四）教师引导学生明确

1. 考试焦虑产生的原因。

来自家庭的压力、社会的压力、教师的压力和以往的失败，太看重得失。

2. 减轻压力的方法就是放松自我。

① 呼吸放松：端坐，将双手放在膝盖上面，将注意力放在自己的呼吸上，慢慢地吸气，将气吸到肚子里，吸到不能吸为止，再慢慢地吐气，自然地吐。吸气的时候，面带微笑，吐气的时候，放松心情，享受这个时刻。如此反复练习几次。

② 心理暗示：当感到压力的时候，闭上眼睛，想象自己非常放松的样子。并且在心里默念道：我很放松……我的头很放松……我的脸很放松……我的脖子很放松……我的肩很放松……我的手臂很放松……我的腰很放松……我的大腿很放松……我的小腿很放松……我的脚尖很放松……

③ 自信是克服考试焦虑的法宝。紧张的背后是不自信，一个非常自信的人是很少紧张焦虑的。增加自信的法宝是自我暗示。选择一两句鼓励自我的话，如“我能考好”“我有信心考好”“困难是纸老虎”等。将它背诵下来，每天早晨起床认真说三遍。

第三节　班主任实施心理健康教育的方法

一、谈话技术

怎样与学生谈话，才能体现出对学生的尊重与理解，才能建立信任、融洽的谈话氛围，并进入学生真实的内心世界？班主任在实施心理健康教育之初，掌握一定的谈话技术是必要的。

（一）倾　听

倾听属于有效沟通的必要部分，以求思想一致和感情通畅。狭义的倾听是指凭借听觉器官接收言语信息，进而通过思维活动达到认知、理解的全过程；广义的倾听包括文字交流等方式。倾听的主体者是听者，而倾诉的主体者是诉说者。两者一唱一和，有排解矛盾或者宣泄感情等优点。倾听者作为诉说者真挚的朋友或者辅导者，要虚心、耐心、诚心和善意为诉说者排忧解难。

倾听是辅导的第一步，是每个心理健康教育工作者的基本功。倾听并不容易做到，因为倾听与一般社交场合的你讲我听不一样。所谓“倾听”，就是倾身、倾心地听学生讲话。要面对学生，身体前倾，眼睛看着学生，表达出这样的信息：我愿意听你说话，我在全神贯注地听，我会认真体会你的意思。班主任要注意培养自己倾听的态度与习惯。

另外，如何通过倾听建立良好的师生关系，明了学生的情况，达到助人的效果，还需要掌握一些倾听的技巧。

（二）询　问

封闭式询问通常使用“是不是”“对不对”“有没有”“行不行”等语句，而回答也是“是”

“否”式的简单答案。这种询问常用来收集资料、澄清事实、获取重点、缩小讨论范围。当学生的叙述偏离正题时，需适当地终止其叙述，以避免谈话漫无边际。

过多地使用封闭式询问，会使学生陷入被动回答中，压制学生自我表达的愿望和积极性，使学生产生压抑感、被讯问感；对于话语不多、不善言辞、说话不得要领的学生可较多运用。

开放式询问是以“什么”“怎样”“为什么”等词句发问，以引出学生对有关问题、思想、情感的详细说明。开放式询问的使用，应建立在良好的师生关系或融洽的班级氛围上，否则，学生可能会产生被窥探、被剖析的感觉。问话的方式不要太生硬，多用商讨式、征询式的语气，如“你能不能告诉我（或我们）你为什么这么害怕黑夜？”“你愿不愿意与我（或我们）详细谈谈你是怎样看待这件事的？”一般来说，将封闭式询问与开放式询问结合起来，效果更好。

（三）鼓励和重复

鼓励，即重复学生所说的部分话，或用某些词语如“嗯”“哦”“是这样”或“后来呢”等来强调学生叙述的内容，并鼓励学生进一步讲下去。鼓励和重复可表现出对学生的积极关注，促进谈话继续进行，引导学生的谈话朝着一定方向深入。

（四）释　义

释义，也叫说明、内容反应，就是把学生谈话的基本内容、意思，用教师自己的话反馈给学生。释义的作用在于：检查教师是否准确理解了学生的意思；给学生以支持感；帮助学生重新审视、思考自己所说，从而激发学生的领悟。释义的掌握要领：听取学生的其基本意思；提纲挈领地向学生复述其基本意思；观察学生的反应，看他是否感到被准确理解了。

（五）情感反应

情感反应与上述的释义类似，二者的区别在于，释义着重于对学生言谈内容的反馈，而情感反应则着重于对学生的情绪反馈。如“你感到很失望”“你觉得委屈”“这事你现在想起来还很气愤”。

案例 1

吴某，男，19 岁，某大学二年级学生。家庭无精神病史及遗传病史，本人体检未见异常。

吴某出生于工人家庭，有一个弟弟。父母对他和他弟弟在生活上的管束比较严格，但在学习问题上对孩子们无过分要求。吴某上高中以前身心状况良好，性格开朗而倔强，好学上进，成绩优良，与同学关系很好；进入高中后，由于班主任工作方法不当，使其受到长时间的精神刺激。

吴某自述：“自高中三年级到考入大学后，长期郁郁寡欢，对什么事情都提不起兴趣，时常心烦意乱，学习感到吃力，考试成绩处于中下水平。现在，我对未来感到迷茫，毫无信心。与同学相处得也不好，整天忧心忡忡，不想与他人说话。时常感到神疲乏力，有时还感到气短、心悸、胸闷，心情极为痛苦烦闷，有时还会产生轻生的念头。我想尽快恢复正常的身心状态，却始终找不到正确有效的方法。这样的状态已持续达三年多。”

心理医生：“你不妨回忆一下，自己怎么会有如此心境。比如，回忆一下哪件事情曾给你很大刺激。”

吴某：“记忆最深的就是高中班主任对我的不公。有一次，班主任叫我父亲办一件私事，我父亲是个正直的人，认为办那件事是违反原则的，就拒绝了班主任。以此班主任便记了仇，在很多事情上故意刁难我。当我取得优异的学习成绩时，班主任便会在班上点名批评我骄傲自大、目中无人等等；如果我考糟了，他也要在课堂上点名批评我，说我学习态度不端正、学习方法一窍不通、自甘落后等等。更使人受不了的是，班主任还唆使其他教师一起整我，还用种种手段让班上的同学不理我。每当班上丢了什么东西，班主任就在课堂上点名质问我。最恶劣的是，他还散布流言说我与某女生有关系，作风不好，思想意识很坏，手脚不干净等等。由于他的所作所为，我在学校里成了一个孤家寡人，几乎没有同学与我来往，甚至邻居也对我存有戒心，不让自己的孩子与我来往。

“而我的父母听到了这些流言后，不加辨析，也根本不听我的申辩，就一味地对我训斥、打骂。还勒令我除上学时间以外，一律不准离开家门一步。我在这种恶劣的环境中苦苦熬过了高中三年。那时候，我的心情十分苦闷、沮丧，但又无处诉说，时时刻刻都感到压抑。高中三年级下半学期，我感到身心已极度疲惫，经常失眠，睡着了也是噩梦不断，这一切使我觉得生不如死，很想自杀。但我又有所不甘，我想，如果我自杀了，大家不会同情我，只会说我果真是个没出息的人。所以，我就把所有的心思都放到学习上，发誓要考上大学。我认为，只有考上大学，才能为自己争口气，也才能离开那个‘鬼地方’和那些‘小人’。

“可是，考上大学后，我的心情并没有从此就好起来。学习负担重，与同学的关系仍然不好。一学年下来，各科考试的成绩都不理想。我觉得真是应了那句话：‘天下乌鸦一般黑’！很多同学都跟我吵过架，很多同学都不愿和我交往。我现在真的感到人生毫无意义，生活枯燥无味。我现在脾气很暴躁，谁要是伤害了我，我是不会让他好受的。我的身体状况也是每况愈下，经常感到乏力、心悸、胸闷、气短，有时会无端地感到紧张，紧张时语言表达不流畅，结结巴巴。以前我可是从不口吃的。”

吴某在做上述陈述时，表情麻木，面容憔悴，两眼无神，说话吃力，语速缓慢，但意识清楚，能有条理地自诉病史。

思　考：

（1）吴某为什么会形成孤僻、多疑的病态人格和歪曲的自我意识，甚至产生自杀倾向？

（2）通过吴某对个人情感反应变化经过的描述，班主任应该如何正确对待这样的学生，如何帮助这样的“问题学生”走出心理阴影？

案例分析：

由于吴某长期受到不公正的对待，精神创伤严重，心情十分压抑，形成了孤僻、多疑的病态人格和歪曲的自我意识，并有自杀倾向。同时，由于长期抵制外界压力和为考大学付出了巨大体力和精力，以及对大学繁重的学习任务感到难以承受，吴某已患有一定程度的神经衰弱。这一切使他在适应大学集体生活的过程中遇到了障碍。

经心理医生对他做16PF测试（16种人格因素测试），结果显示：在次级人格因素中，其心理健康水平低，焦虑性高；在16种人格因素中，稳定性、恃强性和兴奋性得分低，聪慧性、紧张性、世故性得分高。在此心理状态下，吴某呈现出情绪低落、无生活兴趣、沮丧忧伤、感到生活无意义和前途无望的忧郁症状。上述症状使其学习效率和生活质量明显下降，并持续达三年多。由于吴某无脑器质性疾病和其他躯体性疾病，故应诊断为抑郁症。

心理治疗方案：主要采用支持性心理治疗方法。

咨询与治疗：首先，让吴某将压抑多年的郁闷全部倾诉出来，然后解释之所以会出现目前这些症状的原因，使其正确认识自己目前的心理问题及其性质，纠正其对社会和人际关系的片面认识，从而客观地对待他人和所遇到的现实生活问题。其次，分析吴某所具有的优点，在人际交往的方法上给他以具体的指导。

情感反应最有效的方式是针对学生现在的情感，而不是过去的。如“你此时的情绪似乎是对你的妈妈非常不满”比另一句“你一直对你的妈妈非常不满”更有效。

一般来说，对学生的情感与内容的反馈是同时的。如“你说你的同桌在背后挑拨是非”（释义）“对此你感到非常气愤”（情感反应）“你的同桌在背后挑拨是非，你对此感到非常气愤，是这样吗？”（综合二者）

要注意及时、准确地捕捉学生瞬间的情感体验，并及时反应，使学生深切体会到被理解，让谈话走向深入。

（六）概述（或总结）

概述，也称总结，就是当谈话的一个自然段落完成时，或在一次谈话结束前，把前一段话所涉及的主要内容小结一下。概述的关键是条理分明、重点突出。

概述的作用：使谈话显得有结构、有条理，通过回顾与归纳，对我们做了些什么、现在说到哪里了会有明确定向；帮助强化学生已获得的认识，加深其印象，为下次谈话的主题做好准备。

（七）影　响

要使谈话更富有积极意义，以达到心理健康教育的目的，在倾听的基础上，班主任还需学会通过谈话巧妙地引导学生，给学生以及时的干预。影响即干预。

1. 指　导

指导即直接指示学生做什么、说什么或如何说、如何做，是最直接、明显的一种影响技术。指导技术有很多，如角色扮演，学习方法指导，人际交往指导，各种行为训练，如系统脱敏法、放松训练、自信训练等。

使用指导技术，教师应事先明了自己对学生指导些什么、效果可能会怎样；指导过程中叙述要清楚，确保学生真正明白了指导内容。如果让学生复述一遍“我刚才对你提的要求”，注意所提要求应建立在学生理解与接受的基础上，不能强迫学生去执行。

2. 面　质

面质，又叫质疑、对质、挑战等，就是让学生面对或觉察自己态度、想法及行为的矛盾之处。举例如下：

学生：“我谁都不在乎。有什么了不起的！反正把这几年读完，就各走各的阳关道了。”

教师：“你真的不在乎吗？（停顿一下）事实上，从你的话语中我感觉到你很生气，很难过。（停顿一下）因为他们都不理解你，是这样吗？”

使用面质技术要注意的是，一般用在个别谈话中，而在班级心理辅导活动中慎用；面质的表达最好是尝试性的，不要咄咄逼人、无情攻击，如不要用“你说话怎么自相矛盾呢”这类过于直接的质问。

3. 建议和提供信息

建议和提供信息就是对学生关心的问题提出建议，给予参考信息，以帮助学生获得解决问题的思路，做出决策。举例如下：

选文理科的困惑，建议找家长、老师、年长一点的朋友征求意见。

要不要继续与他（她）交往？要不要去竞选干部？可列出利弊，让学生自己权衡后做出选择。

给学生提供建议时注意，不要采用命令、指使的语气，可用诸如“也许这样做比较稳妥些”这样的语言，比较有效的方法是用比较温和的语言，不要代替学生做出决策，始终把决定权交给学生。

4. 自我揭示

自我揭示，也叫自我暴露、自我开放等。即班主任公开、表露自己的某些经历、经验、情感等，与学生分享。通过自我揭示，起到示范作用，可以增强学生对班主任的信任感，促进学生的开放。但自我揭示时，教师应避免让自己成为辅导活动中的主角，不能去宣泄自我，且揭示的内容最好是积极方面的。

案例 2

李某，男，高三刚毕业学生，他是一个很文静，很有礼貌，也曾经很有理想、很有抱负的男孩子。在初中时成绩非常出色，是父母的骄傲、老师的宠儿、同学心中的榜样。刚进高中时进行了摸底考试，结果成绩离理想中的相去甚远，想到自己曾经的辉煌，不由失落感倍增。特别是初中的同学、现在的同桌小董成绩远远超过了他，这无疑使他更受打击。他强烈地想把成绩搞上去，总怕自己上课漏听什么。结果，他一听到上课铃声心就会猛烈跳动，整个上课过程就像得了严重的心脏病似的，很难受，可一下课就一切正常了。每次考试他都想着要翻本，可事实却是一次比一次差，甚至拿到试卷就会发抖，脑中一片空白。从此，他一度萎靡，上课提不起精神，甚至连头也不敢抬，总感觉老师和同学都在笑话他，都在歧视他。就在这时，他和小董在宿舍因一点小事发生了冲突，经过班主任的教育和开导，事情很容易就解决了，小董也没再把这件事放在心上。可李某却认为这是小董对他轻视践踏的突出表现，又联想到从开学到现在，很多次他自认为小董侮辱他的事情，断定自己有今天全是小董这个小人背后搞的鬼。他越想越气，决心要报复，但又没胆量，总这样憋着，渐渐地感觉胸闷、心慌、头痛和厌食。最后，他终于无法控制自己，向小董发出了挑战书，邀小董晚上到厕所决斗。幸亏班主任及时得到消息并予以阻止，否则后果不堪设想。

思　考：

（1）成绩优秀的李某为什么会出现考试焦虑的表现？

（2）班主任通过干预阻止了这次打架事件的发生，班主任如何通过有效的“干预”手段引导李某排除抑郁和暴力倾向？

案例分析：

其实，李某的这些心理问题主要和学习压力有关。他不能正确面对各种学习压力，特别是竞争压力，对自己的要求又过于高，这样就导致了内心的矛盾和冲突。针对这种情况，接下来班主任心理干预的重点就放在了建立正确的压力观上。

（1）得失心不要太重。

得失心太重往往会使自己患得患失，更增加心中的压力和紧张。人一生中最大的光荣，不在于从不失败，而在于每次跌倒后，都能勇敢地爬起来。能从考试失败中站起来，才是真正勇者的表现。

（2）正视考试的价值。

不要怕考试，把考试当作自己努力成效的检测工具。考试不但能指出你该努力的方向，也能帮你衡量阶段性学习的效果，实际上考试是我们学习的“益友”。我们要吸取考试经验，才能使今日的失败为明日的胜利打下基础。

（3）充实实力最重要。

如果每天都在想“考不好怎么办？”只会造成无谓的烦恼，占用宝贵的时间，对自己丝毫没有帮助。倒不如把心思和时间花在读书上，有了实力，还怕考不好吗？学习永远不嫌迟，只要努力再努力，成功必然属于你。

在谈话阶段，我发现李某的变化是让人欣喜的，他重新拿起了他曾经厌恶的课本和练习卷，甚至还会找同学问问题，看来他已经准备认真投入学习了。

二、理性情绪辅导方法

理性情绪辅导方法是一项教育效果来得较快、且较为容易掌握的心理辅导方法。

美国心理学家艾利斯（Ellis）认为，人的情绪是由他所持的观念决定的，合理的观念导致健康的情绪，不合理的观念导致消极的情绪。人有许多非理性的观念，如“我‘必须’成功，并得到他人赞同”“别人‘必须’对我关怀和体贴”“事情‘应该’做得尽善尽美”“课堂上的回答问题有错误是很糟糕的事”等等。他提出了一个解释人的行为的 A-B-C 理论。

A：个体遇到的主要事实、行为、事件。

B：个体对 A 的想法、观念。

C：个体对 A 的情绪反应。

我们的情绪反应 C 是由 B（我们的观念）直接决定的。可是我们往只注意了 A 与 C 的关系，而忽视了 C 是由 B 造成的。B 如果是一个非理性的观念，就会造成消极情绪。若要改善情绪状态，必须驳斥（D）非理性观念 B，建立新观念（E）。这就是艾利斯理性情绪辅导方法的 ABCDE 步骤。

例：

A：事件——考试没考好。

B：观念——同学会取笑我，真丢面子。

C：情绪——难过、沮丧。

D：驳斥——这不是事实，只是我的主观想法，我怎么知道同学会取笑？即使有人取笑，难道我就真的无法忍受？

E：新观念——可能无人取笑我；被取笑只是一时，只要用功，成绩可以改善；何况我还有其他长处。

三、行为塑造技术

行为塑造技术是建立在行为主义理论基础上的一类方法的总称，是学校心理健康教育中常用的方法。

（一）代币奖励法

代币是一种象征性的强化物，小红旗、小红星、小红花、盖章的卡片、特制的塑料币等都可作为代币。当学生做出我们所期待的良好行为后，我们发给数量相当的代币作为强化物，学生用代币可以兑换有实际价值的奖励物或活动。代币奖励的优点是可使奖励的数量与学生良好行为的数量、质量相适应，不会因产生“饱足”现象而使强化失效。所以，代币奖励法可有效培养学生良好的学习行为习惯。

（二）行为限制法

有时候学生，不愿意完成某项任务，是因为我们对他的期望值过高。学生怕做得不理想，达不到要求，所以干脆就不去做。此时，我们对行为要求做限制，学生觉得自己可以做到，反而会轻松愉快地做。例如，一个学生不按时交作业或不完成作业是因为作业太多太难，假如我们规定他每天只要完成二分之一的作业，他反而会积极地做功课，待他有了进步后，再来提高要求。

（三）示范法

观察、模仿教师呈示的范例（榜样），是学生习得社会行为的重要方式。由于范例的不同，示范法有以下几种情况。

1. 班主任自身的示范

对于爱迟到的学生，班主任做到不迟到；对于爱撒谎的学生，班主任做到真诚以待。班主任与学生沟通的方式、对学生尊重的态度、分析问题的思维方式等对学生都有示范作用。

2. 他人提供的示范

如一个学生在某次竞赛中未获得名次，心情很低落。这时，班主任可启发学生："别人是如何看待这件事的？""其他未获得名次的学生此刻心情怎样？"

3. 电视、录像等媒体及有关读物等提供的示范

让学生观看电视、录像，向学生推荐有关读物，可帮助学生通过观察学习形成良好的行为习惯。

4. 角色的示范

通过角色扮演，让学生在模仿、再现角色行为过程中学习正确的行为模式。

（四）消退法

消退法就是不去强化引起学生不良行为的刺激或对于学生的不良行为不给予强化，以减少或消除学生的不良行为。如有的学生上课喜欢制造一些恶作剧，引同学发笑，干扰课堂秩序，班主任常因为气愤做出过激反应。其实这种学生搞恶作剧的目的是"设法引起他人注意"。同学发笑与教师的过激反应对学生的恶作剧行为都起到了强化作用。如果班主任在指出学生恶作剧行为不当后，采取不理睬的态度，继续讲课，学生的恶作剧行为则会因得不到强化（不能引起他人注意）而消退。

案例 3

要训练一只鸽子按训练者开亮的色灯颜色去啄击标有相应颜色字样的木牌，训练者通常要设置这样一个特殊的环境：在一个小房间的天棚上安装不同颜色的色灯（如红、黄、绿和蓝色灯），在房间的一侧立放着一块木板，木板的后边的木槽中盛着食物。还要准备四块白色小木牌，上边用黑墨水分别写着红、黄、绿、蓝四个字。

训练者可以通过下述步骤使鸽子学会按出示的灯光颜色啄击标有相应字样的木牌。① 将一个小木牌（如写有"红"字的木牌）挂到木板上，把一只禁食 8～12 小时的鸽子放入小房间内。经过尝试错误的学习过程，使鸽子学会通过啄木牌而获取食物。② 待鸽子已牢固地掌

握这一工具式反应后，加入辨别刺激：只有在开亮红灯时啄木牌才出现食物，使鸽子“明白”开亮红灯是通过啄木牌取得食物奖励的条件。③ 增挂写有“黄”字的小木牌，使鸽子学会在黄灯开亮时啄此木牌以获取食物，红灯开亮时啄原先的木牌得到食物，不开灯或开灯时啄错木牌都得不到食物。④ 再增挂写有“绿”字的小木牌，训练鸽子在开绿灯时啄此木牌获得食物，同时巩固对红灯和黄灯的习得反应。⑤ 最后将写有“蓝”字的小木牌也挂到木板上，使鸽子学会在蓝灯开亮时啄此木牌，并继续巩固以前学会的复杂反应。这样，鸽子就逐渐地学会了一整套复杂反应，一种新的行为形式就被建立起来了。自然，这整个学习需要坚持很长时间，每一个步骤又需精心地再细分为若干小步骤，每一小步骤都有自己的小目标。这些小目标都为最终的目标服务，是逼近和达到最终目标所必需的。

思 考：

（1）何为行为塑造法？

（2）鸽子最终学会了整套复杂反应，但过程相当缓慢。行为塑造是一个缓慢的、循序渐进的过程，急功近利反而会适得其反。

案例分析：

人类具有比动物高得多的学习能力。就人类的学习能力来说，许多新行为甚至无须通过复杂的行为塑造过程即可直接掌握。然而具有高度的学习能力不等于就一定能掌握新的行为方式。关于人类学习的许多研究表明，学习的效果是受许多因素影响的。例如，动机便是一个很重要的因素。即使一个人具有学习能力和适当的动机，也不是想学什么就能学会什么的。掌握新的行为方式还需要一定的客观条件，何况人的许多新行为方式的建立往往意味着必须破除旧有的、习惯的行为方式。

一个人的习惯行为，作为他的生活方式或风格的一个组成部分，是在长期的生活中逐渐形成的。因此，不良的习惯行为是不易一下子消除的；新的健康的行为方式也不可能在一夜之间便形成，更不可能一经出现便巩固下来，成为个体生活风格的一部分。在临床上，患者新的健康行为必须在逐渐摆脱不健康行为（疾病行为）的同时一步步地加以培育和巩固，这就需要采取许多措施以促进这一过程，行为塑造法便是其中的一项重要措施。

临床上，行为塑造法的采用，首先要求治疗者与患者一起首先确定最终要达到的目标，而后选好为实现最终目标所需要塑造的靶行为，选好塑造的起点和逐渐逼近最终目标应采取的步骤与每一步骤的子目标。此外，还需要确定达到每一个子目标的有效强化物或奖励。强化物可以是物质性的，也可以是社会性的，只要它们对患者有吸引力即可。

参考文献

[1] 麦志强，潘海燕. 班主任工作培训读本[M]. 北京：中国轻工业出版社，2007.
[2] 齐学红，黄正平. 班主任专业基本功[M]. 南京：南京师范大学出版社，2017.
[3] 阳海华，肖胜阳，李炳祥. 班主任工作实战[M]. 北京：中国人民大学出版社，2016.
[4] 王宝祥. 班主任必读[M]. 北京：教育科学出版社，2010.
[5] 孔晓惠. 激励理论在学生管理工作中的应用[J]. 中山大学学报论丛，2000（4）：86-87.
[6] 李祖超. 教育激励理论探讨[J]. 教育评论，2001（5）：2.
[7] 李茂. 今天怎样“管”学生[M]. 上海：华东师范大学出版社，2008.
[8] 魏书生. 班主任工作漫谈[M]. 南京：译林出版社，2013.
[9] 曹永洁. 班主任工作“第一现场”与“理论串烧”[M]. 广州：广东高等教育出版社，2014.
[10] 刘素梅. 教师职业大解读[M]. 长春：东北师范大学出版社，2010.
[11] 蔡颖. 优秀教师必备的20种素养[M]. 长春：东北师范大学出版社，2010.
[12] 阿米琪斯. 爱的教育[M]. 王干卿，译. 北京：中国画报出版社，2010.
[13] 高建仁. 为了理想的教育[M]. 兰州：甘肃教育出版社，2011.
[14] 王晓春. 问题学生诊疗手册[M]. 上海：华东师范大学出版社，2010.
[15] 王宝祥. 班主任必读[M]. 北京：教育科学出版社，2010.
[16] 时伟，高伟，刘红艳. 中小学班主任工作的理论与实践[M]. 合肥：合肥工业大学出版社，2012.
[17] 刘平平. 合作教学与学习的策略[M]. 长春：东北师范大学出版社，2010.
[18] 石中英. 教育哲学[M]. 北京：北京师范大学出版社，2007.
[19] 纪微. 教师怎样与学生做朋友[M]. 长春：东北师范大学出版社，2010.
[20] 李希贵. 学生第一[M]. 北京：教育科学出版社，2011.
[21] 马英志. 教师法律知识巧读[M]. 长春：东北师范大学出版社，2010.
[22] 李迪. 做一个优秀的中职班主任[M]. 北京：教育科学出版社，2011.
[23] 李镇西. 爱心与教育：素质教育探索手记[M]. 南京：译林出版社，2013.
[24] 刘朝锋，王晶. 教师如何开发学生的潜能[M]. 长春：东北师范大学出版社，2010.
[25] [美]约翰·杜威. 学校与社会，明日之学校[M]. 北京：人民教育出版社，2004.
[26] 陈琦，刘儒德. 当代教育心理学[M]. 北京：北京师范大学出版社，2007.